PABLO ESCOBAR
MEU PAI

D1728000

2ª edição
3ª reimpressão

JUAN PABLO ESCOBAR

PABLO ESCOBAR
MEU PAI

AS HISTÓRIAS QUE NÃO DEVERÍAMOS SABER

TRADUÇÃO
MIGUEL DEL CASTILLO E BRUNO MATTOS

 Planeta

Preparação: Lizete Mercadante
Revisão: Jane Pessoa
Diagramação: Vivian Oliveira
Capa: Adaptada do projeto original

CIP-BRASIL. CATALOGAÇÃO NA PUBLICAÇÃO
SINDICATO NACIONAL DOS EDITORES DE LIVROS, RJ

E73p
2. ed.
    Escobar, Juan Pablo
       Pablo Escobar: meu pai / Juan Pablo Escobar; [tradução Miguel Del
Castillo , Bruno Matos]. - 2. ed. - São Paulo: Planeta, 2015.
      Tradução de: Pablo Escobar : mi padre
      ISBN 978-85-422-0597-8

      1. Escobar, Pablo, 1949-1993. 2. Fugitivos da justiça - Colômbia -
Biografia. 3. Narcotraficantes - Colômbia - Biografia. 4. Estados Unidos
- Relações exteriores - Colômbia . I. Del Castilho, Miguel. II. Matos,
Bruno. III. Título.

15-26299   CDD: 920.9861
                                    CDU: 929:98(61)

2016
Todos os direitos desta edição reservados à
EDITORA PLANETA DO BRASIL LTDA.
Rua Padre João Manoel, 100 - 21º andar
Edifício Horsa II - Cerqueira César
01411-000 – São Paulo – SP
www.planetadelivros.com.br
atendimento@editoraplaneta.com.br

Para meu filho, que me dá a força e a energia necessárias para
ser um homem de bem.
Para minha eterna amada e companheira de aventuras.
Para minha corajosa mãe.
Para minha irmã de sangue e de alma.
Para minha querida família.
E para os poucos amigos que conseguiram transpor o medo.

SUMÁRIO

NOTA DA EDIÇÃO

Pablo Escobar, meu pai talvez seja um dos projetos editoriais mais complexos em que o grupo Planeta embarcou nos últimos anos.

Achávamos que tudo já havia sido dito acerca de Pablo Escobar. Sobre ele escreveram as melhores mãos, os jornalistas mais respeitados e até seus irmãos. O cinema também já recriou a vida do *capo* (chefe do tráfico).

Foi necessário que se passassem mais de duas décadas para que Juan Pablo Escobar, seu filho, resolvesse esmiuçar a fundo a vida que não escolheu e revelasse a todos nós as curiosas formas de amor paternal manifestadas num contexto de excessos e de violência. Os incontáveis detalhes inéditos que esta abordagem traz revelam um personagem ainda mais complexo.

E não apenas isso. Este livro também expõe uma versão diferente acerca de muitos episódios ocorridos naquela época na Colômbia.

Juan Pablo Escobar – que mudou sua identidade para Juan Sebastián Marroquín – e a editora Planeta trabalharam durante mais de um ano nesta obra, que precisou passar por rigorosos crivos editoriais e checagem de fontes de informação.

A extrema importância do tema, as feridas ainda abertas, as milhares de vítimas que ficaram pelo caminho, as investigações concluídas e as ainda em andamento contribuem para o fato de que, desde já, *Pablo Escobar, meu pai* se torne inevitavelmente uma referência incontornável, tanto na Colômbia quanto em outras latitudes.

APRESENTAÇÃO

Mais de vinte anos de silêncio se passaram enquanto eu recompunha minha vida no exílio. Para tudo há um tempo, e este livro, bem como seu autor, precisavam passar por um processo de amadurecimento, autocrítica e humildade. Só assim estaria pronto para sentar e começar a escrever sobre histórias que ainda hoje para a sociedade colombiana são duvidosas.

A Colômbia também amadureceu os ouvidos, e por isso considerei que era chegada a hora de compartilhar com os leitores a minha vida ao lado do homem que foi meu pai, a quem amei incondicionalmente e com quem, por obra do destino, vivi momentos que marcaram parte da história da Colômbia.

Desde o dia do meu nascimento até o dia em que ele morreu, meu pai foi meu amigo, guia, professor e conselheiro. Uma vez lhe pedi que escrevesse sua verdadeira história, mas ele não quis: "Grégory, primeiro a gente faz a história, só depois é que escreve sobre ela".

Prometi que vingaria a morte de meu pai, mas quebrei a promessa dez minutos depois. Todo mundo tem o direito de mudar, e há mais de duas décadas vivo totalmente imerso em regras claras de tolerância, convivência pacífica, diálogo, perdão, justiça e reconciliação.

Este não é um livro de repreensões e julgamentos; é um livro que propõe profundas reflexões sobre a configuração da pátria colombiana e de suas políticas, e sobre por que figuras como meu pai podem surgir em suas entranhas.

Respeito a vida, e foi com isso em mente que escrevi este livro; parti de uma perspectiva diferente e única na qual não tenho qualquer intenção oculta, ao contrário da maioria dos textos sobre meu pai que circula por aí.

Este livro tampouco é a verdade absoluta. É um exercício de busca e uma aproximação à vida de meu pai. É uma investigação pessoal e íntima. É a redescoberta de um homem, com todas as suas virtudes, mas também com todos os seus defeitos. A maior parte dos relatos aqui presentes me foi transmitida por ele, nas noites longas e frias de seu último ano de vida, ao redor de fogueiras; outros, ele me deixou por escrito, quando seus inimigos estavam muito perto de aniquilar a nós todos.

Esta aproximação à história de meu pai me levou a conversar com personagens que por muito tempo permaneceram escondidos, e que só agora se dispuseram a contribuir para este livro, para que o meu juízo e o da editora não fossem parciais. E, sobretudo, para que ninguém, nunca mais, herde ódios como os que existiram.

Nem sempre estive ao lado de meu pai; não sei todas as suas histórias. Quem disser que as conhece em sua totalidade estará mentindo. Todas as lembranças que estão neste livro me foram contadas muito depois de os fatos terem ocorrido. Meu pai jamais pediu a minha opinião sobre qualquer decisão que iria tomar, nem a de ninguém; era um homem que resolvia tudo por conta própria.

Muitas "verdades" sobre meu pai são conhecidas pela metade, ou nem sequer são conhecidas. Por isso, contar sua história implicava muitos riscos – deveria ser narrada com um enorme senso de responsabilidade, porque, infelizmente, muito do que já se disse parecia corresponder à verdade. Tenho certeza de que o crivo ferrenho que a Planeta e o editor Edgar Téllez mantiveram sobre o texto contribuiu para o sucesso desta empreitada.

O que faço aqui é explorar de maneira pessoal e profunda as entranhas de um ser humano que, além de ser meu pai, chefiou uma organização mafiosa de proporções que a humanidade nunca havia visto.

Peço perdão publicamente a todas as vítimas que meu pai fez, sem exceções; sinto uma dor profunda na alma ao pensar que essas pessoas sofreram as consequências de uma violência indiscriminada e sem igual, que matou muitos inocentes. A todos esses, digo do fundo da minha alma que busco hoje honrar a memória de cada um. Este livro foi escrito com lágrimas, mas sem rancores. Sem espírito de denúncia, nem de revanchismo, nem como desculpa para promover a violência, muito menos para fazer apologia ao crime.

O leitor se surpreenderá com o conteúdo dos primeiros capítulos, porque neles revelo pela primeira vez o profundo conflito que vivemos com meus parentes paternos. São vinte e um anos de desencontros, que me levaram a concluir que vários deles colaboraram ativamente para o desenlace final que matou meu pai.

Não seria errado dizer que a família de meu pai nos perseguiu mais que os piores inimigos dele. Sempre agi para com eles com amor e respeito absoluto pelos valores da família, que não deveriam se perder nem mesmo na pior das guerras e muito menos por dinheiro. Deus e meu pai sabem bem que eu, mais que qualquer outro, imaginei e quis acreditar que essa dolorosa tragédia familiar fosse apenas um pesadelo, e não uma realidade que eu precisava enfrentar.

Agradeço a meu pai por sua sinceridade bruta, aquela que por força do destino precisei e procurei compreender, embora sem qualquer tentativa de justificá-lo.

Após meu pedido de perdão no documentário *Pecados de mi padre*, os filhos dos líderes assassinados Luis Carlos Galán e Rodrigo Lara Bonilla me disseram: "Você também é uma vítima". Minha resposta continua sendo a mesma desde então: se por acaso de fato sou vítima, serei a última de uma longa lista de colombianos.

Meu pai foi um homem responsável por seu destino, por seus atos, por suas escolhas de vida como pai, como indivíduo e, também, como o criminoso que produziu, na Colômbia e no mundo, feridas que permanecem abertas. Meu sonho é que algum dia elas cicatrizem e se transformem em algo que sirva para o bem, para que ninguém ouse repetir essa história, apenas aprenda com ela.

Não sou um filho que cresceu cegamente fiel ao pai, pois mesmo enquanto ele estava vivo questionei duramente a violência e os métodos que usava, e lhe pedi, de todas as maneiras possíveis, que abandonasse seus ódios, largasse as armas e encontrasse soluções não violentas para seus problemas.

No universo de opiniões e escritos a respeito da vida de meu pai, só há um ponto em que todos são unânimes: seu amor incondicional por esta, sua única família.

Sou um ser humano que espera ser lembrado por seus próprios atos, e não pelos de seu pai. Convido o leitor a não me esquecer enquanto avança por meus relatos, nem a me confundir com meu pai. Esta também é a minha história.

Juan Pablo Escobar

CAPÍTULO 1

A TRAIÇÃO

Era 19 de dezembro de 1993, já haviam transcorrido duas semanas após a morte de meu pai, e nós continuávamos confinados e fortemente protegidos no vigésimo nono andar do apart-hotel Residencias Tequendama em Bogotá. De repente, recebemos uma ligação de Medellín em que nos informaram sobre um atentado contra meu tio Roberto Escobar, que recebera uma carta-bomba na prisão de Itagüí.

Preocupados, tentamos saber o que havia acontecido, mas ninguém dava notícias. Os telejornais diziam que Roberto abrira um envelope enviado pela Procuradoria, que explodiu e lhe causou feridas graves nos olhos e no abdômen.

No dia seguinte, minhas tias ligaram e nos informaram que a Clínica Las Vegas, para onde ele havia sido transferido em caráter emergencial, não possuía os equipamentos de oftalmologia requeridos para operá-lo. E, como se não bastasse, corria um boato de que um comando armado estava disposto a matá-lo no próprio quarto do hospital.

Minha família então decidiu transferir Roberto para o Hospital Militar Central de Bogotá, não apenas por ser mais bem equipado, mas também por oferecer condições adequadas de segurança. Assim foi feito, e minha mãe pagou os 3 mil dólares do aluguel de um avião-ambulância. Tão logo confirmei que ele já estava hospitalizado, decidimos ir visitá-lo com meu tio Fernando, irmão de minha mãe.

Quando estávamos para sair do hotel, estranhamos que os agentes do CTI [Corpo Técnico de Investigação] do Ministério Público, responsáveis por nossa proteção desde o fim de novembro, houvessem sido substituídos justamente naquele dia, sem qualquer aviso prévio, por homens da Sijin [Seção de Investigação Criminal], a inteligência da polícia em Bogotá. Nada comentei com meu tio, mas tive o pressentimento de que algo ruim poderia acontecer. Em outras áreas do edifício, realizando diversas tarefas relacionadas a nossa segurança, havia também agentes da Dijin [Direção de Investigação Criminal] e do DAS [Departamento Administrativo de Segurança]. Do lado de fora a vigilância estava a cargo do Exército.

Algumas horas após chegarmos ao centro cirúrgico do Hospital Militar, um médico veio nos dizer que precisavam da autorização de algum parente de Roberto pois seria preciso extrair-lhe os dois olhos, muito danificados na explosão.

Nos negamos a assinar e pedimos ao especialista que, mesmo que as chances fossem mínimas, fizesse o que estivesse a seu alcance para o paciente não ficar cego, não importava o custo. Também dissemos que ele tinha carta branca nossa para trazer o melhor oftalmologista, qualquer que fosse o lugar onde ele estivesse.

Horas depois, Roberto saiu da cirurgia ainda anestesiado e foi transferido para um quarto onde um guarda do Instituto Carcerário e Penitenciário, o Inpec, estava à sua espera. Tinha ataduras no rosto, no abdômen e na mão esquerda.

Aguardamos pacientemente até ele começar a acordar. Ainda grogue por causa da anestesia, nos disse que enxergava luzes, mas não conseguia identificar nenhuma figura.

Quando vi que havia recobrado um pouco da lucidez, falei que estava desesperado, porque se o haviam atacado, era provável que seguissem a lista de parentes próximos e tentassem algo contra mim, minha irmã e minha mãe. Angustiado, perguntei se meu pai tinha um helicóptero escondido em algum lugar para fugirmos.

No meio da conversa, interrompida pela entrada de enfermeiras e médicos que vinham atendê-lo, perguntei várias vezes como iríamos sobreviver ante a clara ameaça dos inimigos de meu pai.

Roberto ficou em silêncio por alguns segundos, e então me disse para pegar papel e lápis e anotar uma coisa.

— Escreve o seguinte, Juan Pablo: "AAA"; e vai embora pra embaixada dos Estados Unidos. Pede a ajuda deles, diz que fui eu que te enviei.

Guardei o papel no bolso da calça e disse a Fernando para irmos até a embaixada, mas nesse momento o médico que havia operado Roberto entrou e nos falou que estava otimista, que fizera o possível para salvar os olhos dele.

Agradecemos o esforço do médico e nos despedimos para voltar ao hotel, mas ele me impediu, taxativo, afirmando que eu não podia sair do hospital.

— Como assim, doutor? Por quê?

— Porque a sua escolta não veio — respondeu.

As palavras do médico aumentaram ainda mais a minha paranoia. Como ele poderia estar tão a par do nosso esquema de segurança se permanecera na sala de cirurgia?

— Doutor, eu sou um homem livre. Diga logo que estou preso aqui, porque seja como for eu vou embora. Tenho motivos para acreditar que neste momento há um complô contra mim, cujo objetivo é me matar ainda hoje. Já até trocaram os agentes do CTI que estavam nos protegendo — respondi, muito assustado.

— Preso, não; protegido. Aqui neste hospital militar somos responsáveis pela sua segurança, e só podemos te entregar nas mãos da segurança do Estado.

— Os que deveriam responder pela minha segurança lá fora, doutor, são justamente os que virão me matar — insisti. — Então veja se me ajuda com a autorização para eu poder sair do hospital, ou vou ter que fugir daqui. Não vou entrar no carro daqueles que vêm para me matar.

O médico deve ter visto meu rosto aterrorizado e assegurou em voz baixa que não tinha qualquer objeção, e que assinaria imediatamente a ordem para que meu tio Fernando e eu saíssemos. Voltamos secretamente para o Residencias Tequendama e decidimos que no dia seguinte iríamos à embaixada.

Acordamos cedo e fui com meu tio Fernando para o quarto do vigésimo nono andar no qual os responsáveis por nossa proteção estavam alojados. Cumprimentei o "A-1" e disse que precisávamos que eles nos acompanhassem até a embaixada dos Estados Unidos.

– Fazer o que lá? – respondeu, de má vontade.

– Não preciso lhe informar o que vou fazer lá. Só me diga se vocês vão nos escoltar ou se vou ter que chamar o promotor geral e dizer a ele que você não quer nos proteger.

– No momento não há homens suficientes para levá-lo até lá – respondeu o funcionário do Ministério Público, incomodado.

– Como não há homens suficientes? Vocês têm um esquema permanente de segurança aqui com cerca de quarenta agentes do governo e veículos destinados especificamente para a nossa proteção!

– Pode ir se quiser, mas eu não vou tomar conta de você. E me faça um favor, assine aqui um papel dizendo que você renuncia à proteção que estamos oferecendo.

– Pode trazer o papel que eu assino – respondi.

O "A-1" foi a outro quarto a fim de pegar algo para escrever e nós aproveitamos esse momento para sair do hotel. Descemos correndo e pegamos um táxi que demorou vinte minutos para chegar à embaixada norte-americana. Naquela hora, oito horas da manhã, havia uma longa fila de pessoas esperando para dar entrada em vistos a fim de viajar para o país.

Eu estava muito nervoso. Fui abrindo caminho entre as pessoas, dizendo que iria realizar um trâmite diferente. Ao chegar à guarita da entrada peguei o papel com os três "A" que Roberto me havia ditado e decidi encostá-lo no vidro escuro e blindado.

Em instantes, quatro homens corpulentos apareceram e começaram a nos fotografar. Fiquei em silêncio, e alguns minutos depois um dos que tirava as fotos de nós se aproximou e me pediu que o acompanhasse.

Não perguntaram meu nome, não pediram meus documentos, não me revistaram, não precisei nem passar pelo detector de metais. Claramente o AAA era uma espécie de salvo-conduto que meu tio Roberto havia me dado. Eu estava assustado. Talvez por isso nem tenha pensado em questionar que tipo de contato o irmão de meu pai tinha com os norte-americanos.

Estava prestes a sentar numa sala de espera quando apareceu um homem mais velho, com o cabelo quase todo branco, muito sério.

— Meu nome é Joe Toft, sou diretor da DEA [Drug Enforcement Administration] para a América Latina. Por favor, me acompanhe.

Levou-me para uma sala contígua e me perguntou, sem maiores delongas, qual era o motivo da minha ida à embaixada.

— Vim pedir ajuda, porque estão matando minha família inteira... Como o senhor sabe, meu tio Roberto me disse para eu vir aqui dizendo que era da parte dele.

— Meu governo não pode lhe garantir nenhum tipo de ajuda – Toft disse, num tom ríspido e distante. – O máximo que posso fazer é recomendar um juiz nos Estados Unidos para que possa avaliar a possibilidade de dar a vocês residência lá, em troca de alguma colaboração sua.

— Colaboração em quê? Eu ainda sou menor de idade.

— Você pode colaborar muito conosco, sim... com informações.

— Que tipo de informações?

— Sobre os arquivos do seu pai.

— Vocês enterraram esses arquivos junto com ele.

— Não estou entendendo – disse o funcionário.

— No dia que vocês resolveram colaborar para assassinar meu pai... Os arquivos estavam na cabeça dele, e agora ele está morto.

Guardava tudo na memória. A única coisa que guardava em arquivos, em agendas, eram informações sobre números de placas de carros e os endereços onde seus inimigos do cartel de Cali moravam, mas essas informações a polícia colombiana já tem, há muito tempo.

– Enfim, é o juiz que decide se você pode ser aceito lá ou não.

– Então não temos mais nada para conversar, senhor, vou embora, muito obrigado – eu disse para o diretor da DEA, que se despediu normalmente e me entregou seu cartão pessoal.

– Se algum dia você se lembrar de algo, não hesite em me contatar.

Saí da embaixada dos Estados Unidos com muitas perguntas. O inesperado e surpreendente encontro com a figura principal da DEA na Colômbia e na América Latina não serviu para melhorar nossa complicada situação, mas revelou algo que não sabíamos: os contatos de alto nível que meu tio Roberto tinha com os norte-americanos, os mesmos que três semanas antes ofereciam 5 milhões de dólares pela captura de meu pai, os mesmos que haviam mandado para a Colômbia todo o seu aparato de guerra para caçá-lo.

Parecia-me inconcebível pensar que o irmão de meu pai tivesse alguma ligação com seu inimigo número um. Essa possibilidade gerava novas inquietudes, como a ideia de que Roberto, os Estados Unidos e os grupos que integravam os Pepes (Perseguidos por Pablo Escobar) tivessem se juntado para capturar meu pai.

A hipótese não era descabida. De fato, ela nos fez pensar num episódio em que não havíamos reparado no momento em que se deu: quando meu pai e todos nós estávamos escondidos numa casa de campo na região montanhosa de Belén, distrito número 16 de Medellín. Foi quando meu primo Nicolás Escobar Urquijo, filho de Roberto, foi sequestrado por dois homens e uma mulher na tarde do dia 18 de maio de 1993. Pegaram-no no Catíos, um restaurante de beira de estrada que fica entre os municípios de Caldas e Amagá, em Antioquia.

Ficamos sabendo disso quando estávamos nesse esconderijo, por uma ligação de um parente. Pensamos o pior, porque naquele momento, no afã de localizar meu pai a qualquer custo, os Pepes já tinham atacado muitos integrantes das famílias Escobar e Henao. Por sorte, acabou sendo só um susto; cinco horas depois, às dez horas da noite, Nicolás foi solto, sem um arranhão sequer, perto do hotel Intercontinental de Medellín.

Como a cada dia que passava ficávamos mais e mais isolados e sem comunicação, o sequestro de Nicolás acabou caindo no esquecimento, embora meu pai e eu nos perguntássemos como ele teria feito para sair vivo de um sequestro, que na dinâmica daquela guerra equivalia a uma sentença de morte.

De que maneira Nicolás se salvou? Em troca de que os Pepes o libertaram horas depois de sequestrá-lo? É provável que Roberto tivesse decidido fazer um pacto com os inimigos de meu pai em troca da vida do filho.

A confirmação dessa aliança veio em agosto de 1994, oito meses depois da minha visita à embaixada dos Estados Unidos. Num daqueles dias, eu, Andrea (minha namorada), minha mãe e minha irmã Manuela fomos até as ruínas do pouco que restava da fazenda Nápoles. Tínhamos uma autorização do Ministério Público para ir até lá, pois minha mãe precisava se encontrar com um poderoso *capo* da região para lhe entregar algumas propriedades de meu pai.

Numa dessas tardes, andávamos pela velha pista de pouso da fazenda quando recebemos uma ligação da minha tia Alba Marina Escobar, dizendo que precisava falar conosco naquela mesma noite, pois o assunto que tinha para tratar era muito urgente.

Assentimos imediatamente porque ela utilizara a palavra "urgente", que nos códigos de nossa família significava que alguém corria perigo de morte. Então ela chegou à fazenda de noite, sem nenhuma mala. Nós a esperávamos na casa do administrador, a única construção que havia sobrevivido às operações de busca e à guerra.

Os agentes do Ministério Público e da Sijin que eram responsáveis por nossa segurança esperaram do lado de fora da casa, e nós fomos até a sala de jantar, onde minha tia bateu um prato de *sancocho*. Depois, sugeriu que apenas eu e minha mãe ficássemos para ouvir o que ela tinha a dizer.

— Eu trouxe uma mensagem do Roberto para vocês.

— O que houve, tia? — indaguei, nervoso.

— Ele está muito feliz, porque existe uma possibilidade concreta de vocês receberem um visto para ir aos Estados Unidos.

— Que bom, e como foi que ele conseguiu isso? — perguntamos, e provavelmente ela notou a mudança na expressão de nossos rostos.

— Não é que os vistos vão chegar amanhã, assim do nada. Vocês precisam fazer uma coisa antes — disse, e seu tom me deixou desconfiado. — É muito simples... Roberto esteve falando com a DEA e pediram a ele um favor em troca dos vistos para todos vocês. A única coisa que precisam fazer é escrever um livro sobre o tema que quiserem, mas mencionando de algum jeito uma ligação entre seu pai e Vladimiro Montesinos, o chefe da inteligência de Fujimori no Peru. Além disso, têm de afirmar que Montesinos foi visto aqui na Nápoles falando com seu pai, e que ele vinha de avião até aqui. O resto do conteúdo do livro não importa.

— Não é uma notícia tão boa, tia — interrompi.

— Como assim, vocês por acaso não querem os vistos?

— Uma coisa é a DEA pedir que a gente diga algo que é verdade e que não haja problemas em contar, outra é me pedir para mentir com a intenção de causar um dano dessa proporção.

— É, Marina — minha mãe interveio —, isso que eles estão pedindo é muito delicado; como é que a gente vai fazer para explicar coisas que não são verdade?!

— Mas qual é o problema? Por acaso vocês não querem os vistos? Qual o problema de não conhecerem Montesinos e Fujimori e afirmar o contrário... O que vocês querem é viver tranquilos, não é?

Enfim, aquela gente mandou dizer que a DEA ficaria muito agradecida a vocês e que ninguém iria incomodá-los nos Estados Unidos a partir de então. Eles também oferecem a possibilidade de levar dinheiro para lá e usá-lo sem problemas.

— Marina, não quero me meter em problemas novos, afirmando coisas que não são verdade.

— Coitadinho do meu irmão Roberto, todos os esforços que ele está fazendo para tentar ajudar vocês... E, na primeira ajuda que consegue, vocês dizem logo não.

Incomodada, Alba Marina partiu de Nápoles naquela mesma noite.

Poucos dias depois desse encontro e já de volta a Bogotá, recebi uma ligação. Era minha avó Hermilda, de Nova York, onde estava a passeio com Alba Marina. Depois de explicar que viajara como turista, perguntou se eu queria que ela trouxesse algo de lá. Ingenuamente e ainda sem entender o enorme significado que o fato de minha avó estar naquele país representava, pedi que ela comprasse vários frascos de um perfume que eu não encontrava na Colômbia.

Desliguei o telefone, desconcertado. Como era possível que minha avó estivesse nos Estados Unidos sete meses após a morte de meu pai, se até onde eu sabia os vistos das famílias Escobar e Henao haviam sido cancelados?

Já eram muitos os acontecimentos em que meus parentes apareciam com vínculos nebulosos com os inimigos de meu pai. No entanto, na luta por nos mantermos vivos, deixamos o tempo passar, sem indagar mais, ficando apenas na suspeita.

Passaram-se vários anos e, já radicados na Argentina, onde tínhamos ido parar após o exílio, espantamo-nos ao assistir no telejornal a notícia de que o presidente do Peru, Alberto Fujimori, havia fugido para o Japão e notificado sua renúncia por fax.

A surpreendente renúncia de Fujimori, que já tinha dez anos de governo, acontecera uma semana depois de a revista *Cambio* ter publicado uma entrevista em que Roberto afirmava que meu pai fizera um aporte de 1 milhão de dólares para a primeira campanha presidencial de Fujimori, em 1989.

Também afirmava que o dinheiro fora enviado por intermédio de Vladimiro Montesinos, que, segundo ele, viajara várias vezes para a fazenda Nápoles. Meu tio disse ainda à revista que Fujimori se comprometera a facilitar a vida para meu pai traficar em seu país quando assumisse a presidência. Na parte final da entrevista, esclareceu que não tinha provas do que estava dizendo, porque, segundo ele, a máfia não deixava rastros de suas ações ilegais.

Semanas depois foi publicado o livro *Mi hermano Pablo* (Meu irmão Pablo), de Roberto Escobar, com 186 páginas, pela editora Quintero Editores, em que ele "recriava" a relação de meu pai com Montesinos e Fujimori.

Em dois capítulos, Roberto narra a visita de Montesinos à fazenda Nápoles, a maneira como traficava cocaína com meu pai, a entrega de 1 milhão de dólares para a campanha de Fujimori, as ligações em que o novo presidente agradecia a meu pai e a maneira como ofereceu sua colaboração em troca da ajuda econômica prestada. No final, uma frase chamou a minha atenção: "Montesinos sabe que eu sei disso. E Fujimori sabe que eu sei também. Por isso ambos caíram".

Roberto relatou episódios nos quais garantia ter estado presente, mas que minha mãe e eu jamais vimos ou ouvimos falar.

Não sei se trata-se do mesmo livro que foi sugerido que escrevêssemos para obter os vistos norte-americanos. Minha única certeza sobre esse assunto veio acidentalmente no inverno de 2013, com a ligação de um jornalista estrangeiro a quem eu havia expressado minhas suspeitas em algumas ocasiões.

— Sebas, Sebas, tenho que te contar uma coisa que acaba de acontecer comigo, não aguento esperar até amanhã!

— Me diz, o que houve?

— Acabo de jantar aqui em Washington com dois antigos agentes da DEA que participaram da perseguição de seu pai; encontrei-me com eles para falar sobre a possibilidade de juntar você e eles numa futura série de tevê norte-americana sobre a vida e a morte do Pablo.

— Tá, mas o que foi que aconteceu? – insisti.

— Eles sabem muito sobre o assunto, e surgiu uma oportunidade para eu mencionar sua teoria sobre a traição do seu tio, de que tanto falamos. Então, é verdade! Eu não conseguia acreditar quando eles me confessaram que seu tio de fato colaborou diretamente na morte do seu pai.

— Viu como eu tinha razão? De outro modo, como explicar que os únicos exilados da família de Pablo Escobar sejamos nós? Roberto continuou vivendo tranquilamente na Colômbia, minhas tias também, sem ninguém sequer tocar neles ou ir atrás deles.

CAPÍTULO 2

ONDE FICOU O DINHEIRO?

Voltamos para o Residencias Tequendama no dia 3 de dezembro de 1993, após a dolorosa e acidentada viagem para sepultar meu pai em Medellín. Decidimos seriamente que tentaríamos levar a vida mais normal possível que as circunstâncias permitissem.

Eu, minha mãe e Manuela tínhamos acabado de viver as vinte e quatro horas mais dramáticas de nossas vidas, porque tivemos de lidar não apenas com a dor de perder violentamente o cabeça de nossa família, mas também com um enterro que foi ainda mais traumático.

Foi assim. Horas depois de Ana Montes, a chefe nacional do Ministério Público, ter nos confirmado pessoalmente a morte de meu pai, ligamos para o cemitério Campos de Paz em Medellín e eles se negaram a realizar o funeral. Algo parecido teria ocorrido com o Jardines de Montesacro caso os familiares de nosso advogado na época, Francisco Fernández, não fossem os proprietários do local.

Minha avó Hermilda tinha dois jazigos nesse cemitério, e decidimos sepultar neles meu pai e Álvaro de Jesús Agudelo, o "Limón", o último guarda-costas que o acompanhava.

Avaliando os riscos de ir ao enterro, pela primeira vez desacatamos uma antiga ordem de meu pai: "Quando eu morrer, não vão ao cemitério, porque algo pode acontecer com vocês lá". Na época, ele havia dito também que não precisávamos levar-lhe flores, nem visitar seu túmulo.

Ainda assim, minha mãe disse que iria a Medellín "contra a vontade de Pablo".

– Então vamos todos, e se matarem a gente, que assim seja – eu disse, e alugamos um aviãozinho para ir a Medellín. Dois funcionários do Ministério Público nos escoltaram.

Após aterrissar no aeroporto Olaya Herrera e vencer o assédio de dezenas de jornalistas, que chegaram a se expor ao perigo de atravessar a pista de pouso antes que a aeronave parasse completamente, Manuela e minha mãe foram levadas numa caminhonete vermelha e eu e minha namorada numa preta.

Quando chegamos ao Jardines de Montesacro, fiquei muito surpreso com a multidão ali presente. Testemunhei o amor que as pessoas humildes tinham por meu pai e fiquei muito emocionado ao escutá-las repetir os mesmos coros que cantavam quando ele inaugurava quadras esportivas ou centros de saúde em áreas marginais: "Pablo, Pablo, Pablo".

De repente, dezenas de pessoas rodearam o carro vermelho quando se dirigia ao lugar em que meu pai seria sepultado e começaram a bater violentamente nele. Preocupado, um dos agentes do Ministério Público me perguntou se eu iria sair do carro; senti que algo ruim poderia acontecer e falei para sairmos dali e irmos para a administração do cemitério, esperar por minha mãe e por minha irmã. Naquele momento, lembrei da advertência de meu pai e decidi que a coisa mais prudente a se fazer era voltar atrás.

Ficamos numa sala, e em poucos minutos chegou uma secretária em pânico, chorando, dizendo que alguém acabara de ligar para anunciar um atentado. Corremos e entramos de novo no carro preto, e não saímos dele até que tudo tivesse acabado. Eu estava ali, a menos de trinta metros, mas não pude comparecer ao enterro, não pude me despedir de meu pai.

Logo minha mãe e Manuela chegaram, e partimos rumo ao aeroporto, para voltar a Bogotá. Sentia-me derrotado, humilhado. Lem-

bro que uns quarteirões antes de chegar ao hotel paramos num semáforo. Do lado de fora, por trás dos vidros blindados do carro, vi um
homem gargalhando na calçada, e a seguir observei que ele não tinha
as mãos nem os pés. Essa imagem tão pesada me levou a refletir que,
se aquele deficiente não tinha perdido a capacidade de rir, que motivo
eu tinha para ficar me sentindo tão mal? O rosto daquele desconhecido ficou gravado para sempre em minha memória, como se Deus
o tivesse colocado ali para me mandar uma mensagem, dizendo-me
para ser forte.

Tendo voltado ao Residencias Tequendama, compreendemos
que a tranquilidade que buscávamos após a morte de meu pai era
efêmera e que em breve teríamos de enfrentar um dia a dia nebu-
loso e cheio de incertezas. Sentíamos profunda dor pelo que havia
acontecido com meu pai, e o fato de estarmos cercados por agentes
secretos e com dezenas de jornalistas à espreita era um indício de que
o confinamento naquele hotel no centro de Bogotá seria um verdadeiro tormento.

Ao mesmo tempo, o fantasma da falta de dinheiro surgiu quase
de imediato, como um pesadelo. Meu pai estava morto e não tínhamos a quem recorrer para pedir ajuda.

Estávamos hospedados naquele hotel caro de Bogotá desde 29 de
novembro, quando retornamos de uma viagem frustrada à Alemanha,
e para minimizar os riscos em nosso entorno tínhamos reservado todo
o vigésimo nono andar, embora ocupássemos apenas cinco quartos.
Nossa situação econômica se complicou em meados de dezembro,
quando o hotel mandou a primeira fatura da hospedagem e da alimentação, que, para nossa surpresa, incluía o consumo de todos os
agentes de segurança do governo.

A soma era astronômica por conta dos excessos de comida e
bebida daqueles que tomavam conta de nós. Consumiam camarões,
lagostas, mariscos e carnes refinadas, bem como todo tipo de bebi-

das alcoólicas, especialmente uísque. Pareciam escolher os pratos e as marcas mais caras.

Pagamos a conta, mas a preocupação com a falta de dinheiro só crescia a cada momento, e não havia solução à vista. Até que um dia minhas tias Alba Marina, Luz María, seu marido Leonardo e seus três filhos, Leonardo, Mary Luz e Sara, chegaram ao hotel, e, embora não nos víssemos há meses e a relação familiar fosse distante, a visita acabou nos fazendo muito bem.

Minha irmãzinha finalmente tinha alguém com quem brincar de boneca, pois estava havia praticamente um ano confinada, sem sequer olhar pela janela, sem saber onde estava e sem receber uma explicação de por que havia sempre por perto mais de vinte homens com fuzis, como que esperando uma guerra.

Sentamo-nos à mesa de jantar. Após conversarmos sobre os acontecimentos das semanas anteriores, minha mãe começou a demonstrar sua inquietação com a falta de dinheiro. Falamos sobre o assunto por um bom tempo e, pela atitude compreensiva e generosa que a família de meu pai demostrava, pensei que Alba Marina seria a pessoa adequada para recuperar uma quantia indeterminada em dólares que meu pai havia escondido em dois compartimentos secretos da casa azul. Pareceu-me que era hora de recuperar esses dólares para termos um respiro financeiro.

Sentei na cadeira a seu lado, porém antes de fazer a proposta lembrei que o apartamento em que estávamos hospedados continuava sendo monitorado pelas autoridades, que não apenas haviam grampeado o telefone como também tinham implantado microfones em todos os cantos. Eu havia procurado esses aparelhos até cansar: desmontei luminárias, telefones, móveis e todo tipo de objetos, revirei até as tomadas, mas acabei gerando um curto-circuito que apagou as luzes do andar inteiro.

Optei por sussurrar ao pé do ouvido dela, mas antes liguei a televisão, aumentei muito o volume e contei que uma noite, em meio ao confinamento asfixiante na casa azul, meu pai resolveu fazer um balanço de sua situação econômica. Enquanto todos dormiam, mostrou-me dois lugares da residência, um na sala perto da lareira e outro na área de serviço atrás de uma parede grossa, onde havia mandado construir os compartimentos secretos. Mostrou-me as caixas em que o dinheiro em espécie estava e disse que, além dele e de mim agora, o único que sabia sobre o lugar era o "Gordo". Depois, acrescentou que nem minha mãe, nem minha irmã e muito menos os irmãos dele deveriam saber daquele segredo. Segundo meu pai – minha tia escutava atentamente o meu relato –, os dois compartimentos secretos continham uma quantia suficiente para vencer a guerra e se recuperar financeiramente. Por isso, advertiu, deveríamos administrar bem o dinheiro. Disse-me também que algum tempo antes havia mandado para seu irmão Roberto 6 milhões de dólares, 3 milhões para os gastos dele na prisão e os outros 3 milhões para que guardasse, como uma poupança para nós. Terminou o discurso me dizendo que, se algo acontecesse com ele, Roberto tinha uma ordem específica de nos entregar esse dinheiro. Finalizei meu relato e fui direto ao ponto:

– Tia, você teria coragem de ir até Medellín no meio dessa guerra e recuperar esse dinheiro escondido nos compartimentos secretos da casa? Não temos outra pessoa a quem pedir esse favor, e para nós é impossível ir até lá.

Ela, que sempre teve fama de ser despachada, disse logo que sim. Então, revelei os lugares exatos onde estavam os dois compartimentos na casa azul, e sugeri que ela não dissesse nada a ninguém, que fosse sozinha, de noite, de preferência num carro que não fosse o dela, desse muitas voltas antes de chegar à casa azul e que vigiasse os espelhos retrovisores para evitar que alguém a seguisse. Por fim, escrevi uma carta na qual dizia ao "Gordo" que minha tia estava autorizada a retirar as caixas com a grana toda.

Terminadas as instruções, perguntei se ela não tinha medo de ir buscar o dinheiro.

– Não vejo problema algum... Eu vou atrás desse dinheiro, onde quer que esteja – respondeu, firme.

Minha tia voltou três dias depois, e quando entrou no quarto do hotel seu semblante não era dos melhores. Cumprimentou-nos olhando para baixo e imediatamente pensei que algo devia ter acontecido com o dinheiro. Então, pedi a chave de um dos quartos vazios do vigésimo nono andar e fiquei a sós com ela.

– Juan Pablo, na casa em que o "Gordo" está só tinha alguns dólares e mais nada – disse, de uma vez só.

Fiquei calado por vários minutos, remoendo meu desconcerto. Não duvidei da versão dela de cara; concentrei minha raiva no "Gordo", o guardião do esconderijo, que certamente teria procurado e procurado incessantemente até encontrar as caixas com a grana.

O desaparecimento do dinheiro nos deixou muitas dúvidas, mas tivemos de ficar calados porque não tínhamos como confrontar a versão contada por minha tia. Até então eu não me atrevia a desconfiar dela e não tinha nada a dizer, pois em diversas ocasiões havia notado que era fiel a meu pai. Contudo, estávamos longe de resolver os assuntos relacionados a dinheiro com meus tios paternos.

Em meados de março de 1994, três meses depois de nossa chegada ao Residencias Tequendama, alugamos um duplex grande no bairro de Santa Ana, visando reduzir os custos enquanto resolvíamos nossa situação, que continuava precária.

Além da falta cada vez maior de dinheiro, nossas vidas continuavam em perigo, e por isso mantinham à nossa volta o cordão de segurança formado por Dijin, Sijin, DAS e Ministério Público.

Como havia urgência, e já que dávamos praticamente por perdido o conteúdo dos dois compartimentos secretos, resolvemos perguntar para meus tios sobre os 3 milhões de dólares que meu pai havia entregue a Roberto e que eram para nós.

Já imaginávamos que àquela altura eles teriam gastado boa parte do dinheiro. Por exigência nossa, a explicação chegou rápido. E veio por intermédio de minha avó Hermilda e de meus tios Gloria, Alba Marina, Luz María e Argemiro, que chegaram uma tarde ao apartamento em Santa Ana.

Para evitar que os agentes que faziam a segurança no térreo escutassem nossa conversa, reunimo-nos no quarto de minha mãe, no andar de cima.

Pegaram várias folhas arrancadas de um caderno, como se fossem as contas de uma lojinha de bairro, nas quais apareciam anotados os gastos dos últimos meses: 300 mil dólares para mobiliar o novo apartamento de minha tia Gloria, 40 mil dólares para um carro para minha tia Gloria, e incontáveis remessas de dinheiro para meu avô Abel, para pagamento de mordomos, conserto de veículos e compra de um carro para repor um dos automóveis que lhe haviam sido apreendidos, entre muitos outros itens.

Enfim, uma lista enorme cujo único fim era justificar que Roberto havia torrado 75% dos dólares que meu pai lhe entregara para guardar. Em outras palavras, Roberto só estava disposto a reconhecer o montante que restara.

Incomodado, questionei a maior parte dos gastos, que mais pareciam excessos sem justificativa alguma, e concentrei minhas críticas no insólito valor dos móveis de minha tia Gloria, que ficou transtornada e indagou se não podia ter o direito de repor as coisas que perdera na guerra. Mas, para além das afetações, a verdade é que as contas eram totalmente despropositadas, porque não era plausível que os móveis custassem mais que o apartamento. Alba Marina reforçou o argumento e disse, sarcasticamente, que não fora com comida que Roberto havia gastado a grana.

O encontro com minha avó e minhas tias acabou do pior jeito, porque eu disse que elas não iriam me convencer com aquele balanço tão "alegre". Eu tinha clareza de que não recuperaria o dinheiro gasto. Pensei no que então poderia fazer, e lembrei que havia algumas semanas que estávamos recebendo ameaças de ao menos trinta homens que trabalharam para meu pai, ficaram à deriva após sua morte e estavam presos. Então, para evitar mais problemas com eles, pedimos a Roberto que ajudasse esses rapazes e suas famílias com o dinheiro.

Conforme meus cálculos, o dinheiro que Roberto tinha daria para um ano. Esse era um compromisso que sentíamos ter para com aqueles que acompanharam meu pai na guerra, que foram detidos e cumpriam longas penas. Meu pai sempre dizia que não se podia deixar as pessoas abandonadas à sua própria sorte numa prisão, que era justamente nessa situação que mais precisavam de ajuda. Eu observava que sempre que alguém lhe dizia "Patrão, fulano caiu", ele enviava advogados para defender a pessoa e dava dinheiro para a família. Foi assim que agiu com todos que iam caindo por participar de seus crimes.

Porém, como o que começa mal acaba mal, o uso desse dinheiro haveria de se tornar uma nova dor de cabeça para nós e, de quebra, seria a fagulha que pioraria ainda mais as relações com meus parentes, que a cada dia se deterioravam mais.

Semanas após o fatídico encontro, começaram a chegar notícias vindas de algumas prisões e que nos deixaram muito preocupados. Um dos relatos indicava que minha avó Hermilda visitara vários dos homens que trabalharam para meu pai e lhes dissera que o dinheiro que estavam recebendo vinha da parte de Roberto.

Vi-me na obrigação de enviar cartas a várias prisões, nas quais contava a verdade e pedia a eles que a transmitissem para os demais detentos: que os filhos e a esposa de Pablo haviam solicitado a Roberto que os ajudassem com aqueles recursos. Eu sabia que a única maneira de conseguir que Roberto devolvesse aquela grana era fazê-lo reparti-la entre os presos.

Enquanto isso, e como era de esperar, logo começaram os problemas com os criminosos que trabalharam para meu pai, porque o dinheiro que Roberto estava mandando parou de chegar. Inquieto, liguei para ele indagando o que havia acontecido, e Roberto não teve a menor vergonha de dizer que o dinheiro havia sido suficiente para apenas cinco meses.

A primeira mensagem que refletia a insatisfação dos antigos capangas de meu pai chegou no fim de abril de 1994, quando recebemos uma carta na qual vários deles se queixavam de não receberem ajuda havia um mês, e diziam que não tinham como sustentar suas famílias nem suas defesas, que haviam dado tudo pelo "Patrão" e que nós éramos uns ingratos, pois, como Roberto lhes dissera, não mandaríamos mais dinheiro.

Como havia na mensagem uma ameaça velada, mandei uma resposta a eles, na qual explicava que o dinheiro que haviam recebido até então não era de meu tio, e sim de meu pai: "Todos os salários, advogados, toda a comida de vocês foram pagos até agora com o dinheiro do meu pai, e não do Roberto. Que isso fique bem claro. [...] Não é culpa nossa que Roberto tenha acabado com o dinheiro. Quando nos disseram por que a grana havia acabado, a explicação era que minha tia Gloria tivera de gastar tudo, mas para nós nunca ficou claro para as mãos de quem esse dinheiro foi".

Roberto deve ter ficado sabendo disso, porque poucos dias depois de minha carta ele mandou um bilhete a minha mãe por conta do Dia das Mães. Sua caligrafia transparecia claramente as sequelas do atentado que sofrera em dezembro. "Tata, não sou mais o mesmo de antes; estou muito deprimido por causa de tudo o que estou passando, embora eu tenha melhorado um pouco, mas já são cinco meses de sofrimento pelo que aconteceu com meu irmão e também comigo. Não dê bola para as fofocas, tem muita gente que não nos quer bem. Tenho muitas coisas para falar com você, mas meu estado atual me deixa muito depressivo."

A discussão em família por conta do sustento dos presos do cartel de Medellín logo chegou aos ouvidos de Iván Urdinola, um dos *capos* do cartel do norte do Valle, com quem minha mãe tinha se encontrado algumas vezes no presídio Modelo de Bogotá.

Em papel timbrado com seu nome, Iván Urdinola enviou uma carta a minha mãe em que usava um tom cordial e ao mesmo tempo peremptório: "Senhora, a presente carta é para dizer que por favor esclareça todos os mal-entendidos com a família Escobar, e que esses rapazes não têm culpa do problema do Roberto; por favor, colabore com eles, porque todos estamos aqui para isso, e você é a mais próxima e a cabeça da família. Enquanto não der um jeito nisso, terá problemas. E vá à reunião de Cali para que isso tudo acabe".

E tinha mais. Na manhã do dia 19 de agosto de 1994, eu estava deitado em minha cama quando chegou um fax que me deu um frio na espinha. Era uma carta de vários dos "rapazes" que trabalharam para meu pai, detidos na prisão de Itagüí, e que continha graves acusações contra meu tio Roberto:

Dona Victoria, saudações especiais para a senhora e por favor mande lembranças para Juancho e Manuela. Escrevemos para esclarecer certos rumores por parte do senhor Roberto Escobar. Estamos mandando explicações a você porque percebemos o que ele realmente pretendia ao enviar sua irmã Gloria para "dedurar" o Juancho.
Através do Rey mandamos dizer a ele que, caso não se retratasse por certas coisas, levaria aquilo a cabo. Queremos que nossa posição fique muito clara: aqui ninguém gosta desse jogo de mentiras e abuso, não queremos conflitos com ninguém, só queremos viver em paz.
Se ele levar a cabo algo disso é por sua própria conta e risco, porque de nossa parte não vai sair nada para lugar nenhum, porque se fomos fiéis com o patrão também seremos com a senhora.

A mensagem era assinada por Giovanni ou "a Modelo", "Comanche", "Mistério", "Tato" Avendaño, "Valentín", "a Garra", "Icopor", "Gordo Lambas" e William Cárdenas.

Após ler os nomes dos que subscreviam a mensagem, fiquei preocupado e por isso decidimos contar tudo para o promotor De Greiff, para que ele tentasse neutralizar uma possível armação de meu tio. De Greiff recebeu a mim e a nosso advogado Fernández, e falei para ele sobre minha inquietação, porque não havia dúvidas de que estava em curso um plano para me capturar. Também esclareci para o promotor que alguns dos presos que não assinaram a carta e estavam detidos em Itagüí – Juan Urquijo e "Ñeris" – tinham se aliado a Roberto naquela ação criminosa, e que além do mais pretendiam nos cobrar supostas dívidas de meu pai relacionadas ao tráfico de drogas.

Roberto não esperava que tivéssemos a capacidade ou a coragem para enfrentá-lo, e se sentiu acuado quando fomos a todas as prisões esclarecer que era ele quem detinha o dinheiro – de meu pai – para eles. Não tive outra opção a não ser pegar no ar e me esquivar das pedras que ele me atirava.

Mal tínhamos saído desse momento crítico quando outro evento viria a ocorrer, a respeito do qual o velho ditado de que a mentira tem perna curta cabe muito bem.

Às onze horas da noite de um dia em setembro de 1994, um agente da Sijin interfonou da portaria do edifício de Santa Ana e disse que havia chegado um senhor que se identificava pelo apelido de "Gordo" e que queria me ver, mas que se negava a dar o número de sua identidade e seu nome, como todos que quisessem falar com qualquer um de nós deveriam fazer.

O policial foi inflexível, algo que não estranhei, porque sempre tivemos a certeza de que, tanto em Altos como no Residencias Tequendama e agora em Santa Ana, aqueles que nos protegiam também trabalhavam para a inteligência, no sentido de determinar que pessoas nos procuravam ou se relacionavam conosco.

A surpresa foi grande, porque tratava-se nada mais nada menos que do guardião do esconderijo da casa azul, a quem eu culpava pelo roubo das caixas com dólares que meu pai havia ocultado por lá. "Já que ele teve a cara de pau de aparecer a uma hora dessas aqui, vou perguntar sobre o dinheiro desaparecido", pensei. Após uma rápida discussão, consegui convencer o agente da Sijin a deixar o "Gordo" entrar sem os documentos, sob meu próprio risco.

Assim que chegou à porta, onde eu o esperava, o "Gordo" me abraçou e desatou a chorar.

– Juancho, meu irmão, que alegria te ver.

Não pude esconder o desconcerto, porque o abraço e as lágrimas daquele homem me pareceram nobres e sinceros, sem qualquer maldade. Além do mais, chegou vestido como sempre, com sua aparência bonachona e de gente humilde, roupas simples e um tênis prestes a rasgar. Não tinha o aspecto de alguém que poucos meses atrás roubara muitos dólares. Para que iria até nós se aquele dinheiro já tinha resolvido sua vida?

Depois de examiná-lo detidamente, de olhar para ele com algum receio e de escutar com desconfiança o que dizia ter lhe acontecido desde que nós e meu pai abandonamos a casa azul em novembro de 1993, concluí que continuava sendo o homem fiel que um dia conhecemos.

Depois de vários minutos de conversa na varanda do segundo andar, onde ninguém podia nos escutar, achei que havia chegado o momento de perguntar pelo dinheiro perdido.

– Gordo, me conte o que aconteceu com o compartimento secreto da casa azul. Minha tia foi lá? Você esteve com ela? O que aconteceu com a grana?

– Juancho, recebi a sua tia como você mandou; quando ela me entregou o seu bilhete, fomos aos dois lugares, pegamos as caixas e a ajudei a colocar tudo na caminhonete em que ela tinha ido. Nunca mais soube dela. Eu só vim ver vocês, saber como estavam, porque amo muito vocês e quero me pôr à inteira disposição.

— Pois é, acontece que ela diz que só havia alguns poucos dólares lá.

— É mentira! Eu a ajudei a colocar no carro aquele monte de dinheiro; ficou tão cheio que fazia peso nas rodas de trás; juro que sua tia levou tudo e se você quiser eu fico, e você liga para ela e jogamos isso na cara dela – disse, meio chorando.

— Meu gordinho querido, perdoe a minha desconfiança, mas é que isso que você está contando é inacreditável. Mas acredito no que me diz, e não estranho que minha tia tenha sido capaz de tal coisa.

CAPÍTULO 3

PAZ COM OS CARTÉIS

O anúncio de que o criador de cavalos Fabio Ochoa Restrepo chegara para nos fazer uma visita no Residencias Tequendama nos tirou de um poço de tristeza e incerteza naquele dia 5 de dezembro de 1993, menos de quarenta e oito horas após o enterro de meu pai em Medellín. Nós o conhecíamos desde o começo dos anos 1980.

Autorizei a entrada. Dom Fabio chegou e nos deixou boquiabertos: trazia dezenas de panelas de todos os tamanhos, repletas de comida. Era como se tivesse desocupado todo o seu restaurante Margarita del 8, um refúgio de Antioquia na autoestrada do norte de Bogotá. Levou algo em torno de cinquenta *bandejas paisas*, que deram para nós e para soldados, policiais, detetives do DAS e agentes do CTI, da Dijin e da Sijin que nos protegiam. Um exagero no melhor estilo *paisa*, que foi muito bem recebido.

O banquete de feijóes, *arepas*, carne moída, linguiça, torresmo, ovo e carne foi a única boa notícia que o patriarca dos Ochoa nos trazia. Como o que é bom dura pouco, no fim do encontro, lá pelas cinco horas da tarde, ele nos disse em tom sereno porém grave que haviam lhe dito que Fidel Castaño, o chefe dos Pepes, mantinha a ordem de assassinarem a mim, minha mãe e minha irmã.

– Fidel Castaño diz que Pablo Escobar foi um verdadeiro guerreiro, mas que cometeu o erro de formar uma família; e que é por isso que ele próprio não tem ninguém, para não ter a possibilidade de sofrer esse tipo de dor – dom Fabio Ochoa acrescentou, citando as palavras de Castaño ao justificar a intenção de nos matar.

A informação trazida por dom Fabio Ochoa nos chegou como uma sentença de morte. Sabíamos do enorme poder que Castaño possuía, pois encabeçara o grupo que perseguiu e assassinou meu pai.

A partir desse dia, e até deixarmos a Colômbia, nove meses depois, mantivemos com Fabio Ochoa Restrepo uma relação muito mais próxima do que tínhamos quando meu pai estava vivo. Constantemente nos mandava comida de seu restaurante e com alguma frequência minha irmã Manuela ia ao Margarita del 8 e montava os melhores cavalos dele.

Sabendo que Castaño mantinha sua decisão de nos matar, resolvemos dar uma última e desesperada cartada: mandamos uma mensagem para ele, assinada por minha mãe, na qual clamava pela vida de seus filhos, esclarecia que ela nunca havia se envolvido na guerra e se mostrava disposta a buscar a paz com os inimigos de seu falecido marido.

Minha mãe estava levemente otimista porque, como lembrou, ela e Fidel Castaño compartilhavam o gosto pela arte. Na época, ele era um amigo próximo de meu pai e juntos traficavam cocaína por diversas rotas bem-sucedidas. Castaño viajava com frequência para a Europa, em especial a Paris – onde dizia ter um luxuoso apartamento com grande parte de sua coleção de arte –, para visitar museus, visitar as melhores exposições e comprar obras de arte.

Em certa ocasião, Castaño foi até o edifício Mónaco em Medellín, e minha mãe lhe mostrou sua coleção de pinturas e esculturas, distribuídas pelos dois andares da cobertura de 1500 metros quadrados. Praticamente não havia uma única parede sem um quadro pendurado ou uma escultura próxima. Ela se orgulhava muito daquilo, porque um galerista famoso lhe havia dito que sua coleção de arte era a mais importante da América Latina naquele momento.

Naquele dia, Fidel Castaño ficou muito impressionado com a qualidade das obras que minha mãe havia adquirido de artistas como Fernando Botero, Édgar Negret, Darío Morales, Enrique Grau, Francisco Antonio Cano, Alejandro Obregón, Débora Arango, Claudio Bravo, Oswaldo Guayasamín, Salvador Dalí, Igor Mitoraj e Auguste Rodin, bem como valiosas antiguidades, como vasos chineses e peças pré-colombianas de ouro e barro.

Para devolver a gentileza, semanas depois Castaño convidou meus pais para jantar em sua enorme mansão conhecida como Montecasino, que ficava entre Medellín e Envigado. Um verdadeiro forte, rodeado por muros altos, onde os Pepes nasceram, e por trás de cujas paredes foram decididos os maiores crimes do paramilitarismo.

O encontro acabou sendo tenso porque meu pai se sentiu muito incomodado. Não estava acostumado a tanta ostentação de elegância: a presença de garçons, Fidel vestindo um smoking, a mesa posta com uma refinada louça de prata e cinco jogos de talheres. Na hora de comer, meu pai perguntou a minha mãe em voz baixa como se usavam as pinças para partir as patas de caranguejo, para não ser mal-educado à mesa.

Terminado o jantar, Fidel lhes mostrou a casa e sua adega de vinhos franceses, e disse ter preparado um banho turco de vapor e enchido a banheira de hidromassagem com água quente e espuma.

– Para a gente relaxar um pouco, Pablo.

Meu pai não conseguiu esconder o aborrecimento e declinou o convite com a péssima desculpa de que tinha outro compromisso.

Sempre pensei que Fidel Castaño sentia alguma atração por minha mãe, e vinha daí o incômodo de meu pai, que no fundo estava com ciúmes – chegou ao extremo de proibi-lo de visitar minha mãe no edifício Mónaco.

O otimismo moderado que tínhamos ao enviar a mensagem para Castaño se transformou em tranquilidade quando chegou sua resposta, numa carta de breves três parágrafos na qual ele dizia não ter nada contra nós e que, além do mais, havia mandado devolverem várias obras de arte que os Pepes roubaram de algum esconderijo, entre elas a caríssima pintura *Rock and Roll* do artista espanhol Salvador Dalí.

Tínhamos nos livrado de Fidel Castaño, mas não sabíamos que ainda precisaríamos percorrer um longo caminho.

Com efeito, com o passar dos dias começaram a chegar ao Residencias Tequendama as esposas ou companheiras dos mais importantes tenentes de meu pai, os que se entregaram à Justiça após a fuga de La Catedral, entre eles: Otoniel González, de apelido "Otto"; Carlos Mario Urquijo, o "Arete"; e Luis Carlos Aguilar, o "Mugre".

Aquelas mulheres, que por vezes ficavam durante vários dias no hotel, traziam mensagens que indicavam que os *capos* dos cartéis que enfrentaram meu pai estavam pedindo dinheiro a todos como compensação pela guerra. A generosidade de meu pai com seus homens era conhecida entre a máfia, porque ele pagava grandes somas pelos serviços que prestavam, como sequestrar alguém, assassinar determinada pessoa ou realizar atentados. Por tudo que fizessem recebiam dinheiro, e eles se esforçavam para levar a cabo tudo o que era ordenado.

Uma das mulheres que nos visitou naquela época foi Ángela, a namorada de "Popeye", que nos disse para visitarmos o traficante Iván Urdinola no Presídio Modelo de Bogotá, porque ele tinha uma mensagem da parte dos *capos* de Cali. Esse nome não era desconhecido para nós, porque em alguma ocasião meu pai nos havia mostrado umas cartas em que Urdinola lhe garantia não ser aliado dos *capos* do cartel de Cali e deixava transparecer certa simpatia por ele.

Embora a mensagem que Urdinola nos enviou pela namorada do "Popeye" tivesse parecido estranha, naquele momento não sabíamos que estava para começar uma das fases mais críticas e duras de nossas vidas, que chegou a ser até mais difícil e perigosa que os piores momentos que passamos escondidos com meu pai, quando os inimigos dele estavam o tempo todo em seu encalço. Estávamos prestes a iniciar um processo que era quase impensável: tentar a paz com os cartéis do narcotráfico. Eu ia fazer dezessete anos e fiquei apavorado só de pensar em ter de enfrentar essa realidade, mas não podia evitar isso, por mais que quisesse. Afinal de contas, eu era o filho de Pablo Escobar, e, com ele morto, era eu que estava agora na mira de seus inimigos.

Enquanto ainda decidíamos se iríamos ter com Urdinola, minha mãe e eu começamos a visitar os presídios Modelo e La Picota, com uma autorização do Ministério Público Federal, que, além de nos proteger, encarregava-se das permissões de entrada. Apesar de irmos escoltados, preferimos fazê-lo separadamente por temermos ser alvo fácil de um ataque. Nossa intenção era falar com todos os trabalhadores de meu pai, para saber qual seria sua postura diante da possibilidade de negociar a paz. Não foi muito difícil persuadi-los a deixar de lado qualquer hostilidade, porque nenhum deles possuía poderio militar e achavam que voltar para a guerra era suicídio. Além disso, muitos deles se entregaram pela segunda vez à Justiça sem sequer consultar meu pai porque estavam evidentemente cansados de tanta violência.

Num desses dias fui até o presídio La Picota, onde estavam presos "Arete", "Tití" e "Mugre"; vi pela primeira vez, de longe, o lendário *capo* Leonidas Vargas, cujo centro de poder ficava no estado de Caquetá, perto da fronteira com o Equador.

De repente, um dos empregados de meu pai veio até mim e disse que Leonidas Vargas lhe havia pedido para me dizer que meu pai devia a ele 1 milhão de dólares e que nós deveríamos pagar a dívida. Achei que não devia ser verdade, mas vários dos detentos corroboraram a estreita relação de meu pai com "Dom Leo". Um deles acrescentou:

— Juancho, é melhor vocês verem logo como fazer para pagar esse cara. Ele é muito sério, mas também é muito bravo. Então, é melhor que as coisas fiquem tranquilas com ele para que vocês não tenham nenhum problema.

Havia a dúvida, mas o problema maior era que não tínhamos dinheiro. Tínhamos recebido a notícia de que o Ministério Público ordenara a devolução definitiva de um dos aviões de meu pai, que havia sido confiscado dez anos antes. Chamamos um avaliador e o preço estimado foi em torno de 1 milhão de dólares, justamente o que devíamos a Leonidas Vargas. Num hangar abandonado do aeroporto Olaya Herrera de Medellín apareceram peças de reposição que só serviam para aquela aeronave e custavam 300 mil dólares. De modo que fizemos a proposta: ele receberia o luxuoso avião, e de quebra as peças de presente; sairia ganhando. Aceitou, depois de seus pilotos terem verificado que a aeronave estava em boas condições de voo.

Assim pagamos mais uma das dívidas de meu pai, e tiramos de cima de nós outro inimigo em potencial. Não queríamos mais guerra. Precisávamos desfazer qualquer possibilidade de violência e isso só era possível com dinheiro ou com bens.

Depois desse extenso périplo por algumas prisões, chegou a hora de enfim visitarmos Urdinola no presídio Modelo. Minha mãe já tinha ido falar com ele, mas ele insistiu que eu também fosse.

Eu estava pálido quando saí do Residencias Tequendama; os seguranças e o motorista que me acompanhavam naquela manhã do início de 1994 num carro blindado do Ministério Público devem ter percebido. Chegamos ao presídio na região de Puente Aranda em Bogotá; eu me preparava para descer do carro em frente a um edifício de dois andares, de onde o diretor do presídio despacha, quando o motorista me segurou pelo braço e me deu de presente um chaveirinho quadrado, branco e dourado, com a imagem do menino Jesus.

– Juan Pablo, quero te dar essa imagem para que ela te proteja, porque sei que você está passando por um dos momentos mais difíceis de sua vida – disse o homem, e eu agradeci, comovido, olhando em seus olhos.

Usando óculos escuros enormes para não ser reconhecido por nenhum detento, os guardas me facilitaram o acesso ao pavilhão de segurança máxima, onde encontrei "Otto" e o "Popeye", que me deram o recado de que Urdinola me esperava. Nesse mesmo pátio avistei velhos conhecidos, ex-trabalhadores de meu pai, como José Fernando Posada Fierro e Sergio Alfonso Ortiz, apelidado de o "Pássaro".

— Fica tranquilo, Juancho, dom Iván é gente boa, não vai acontecer nada contigo... Ele é padrinho do meu filho até — "Popeye" me disse, ao término de várias frases elogiosas sobre Urdinola que me pareceram excessivas.

Entrei na cela e encontrei Urdinola acompanhado de dois homens que não reconheci. Logo entraram mais cinco, um deles alto, com certo ar misterioso, que me chamou a atenção.

— Bem, meu irmão, você sabe quem ganhou a guerra; e sabe que o novo *capo* dos *capos*, o que manda em tudo, é o dom Gilberto (Rodríguez Orejuela); então, é você que vai ter que ir até Cali resolver o problema com eles, mas antes tem que dar um sinal de boa vontade.

Perguntei o que eu precisaria fazer para conseguir a benevolência deles, e ele disse que eu deveria me retratar de uma declaração no Ministério Público em que acusei os *capos* de Cali de plantar a bomba no edifício Mónaco no dia 13 de janeiro de 1988. Senti que não tinha opção, e respondi que não haveria problema em fazê-lo. Então Urdinola disse que uma advogada me procuraria nos dias seguintes. Voltar atrás em uma velha acusação em troca de continuar vivo parecia algo simples, mas olhei Urdinola nos olhos e fiquei cheio de medo.

— Dom Iván, sinto muito, mas tenho muito medo de ir a Cali. Ninguém em sã consciência vai sozinho a um lugar para ser morto. Isso vai contra meu instinto de sobrevivência. Sei que muita gente foi e voltou com vida, mas não é o mesmo eu ir, vou acabar voltando numa sacola; é que sou filho do Pablo — respondi, e Urdinola ficou incomodado.

— Quem você pensa que é para não ir até Cali? Os que estão cuidando de você são os mesmos que já estão a postos para matá-lo; só estão esperando a gente ligar e dar a ordem; você acha que matá-lo dá muito dinheiro? Acha que os bandidos estão pedindo muito? Sua cabeça vale 300 milhões e se quiser podemos ligar já para os rapazes que vão fazer o serviço. Ah, vão embora daqui seus filhos da puta, que eu vou "*pichar*" (ter relações sexuais) com minha mulher – Urdinola concluiu a diatribe, enquanto sua esposa, Lorena Henao, entrava na cela.

As palavras de Urdinola me deixaram atordoado. Saí da cela com uma angústia indescritível; pensei que era a morte me encarando. Eu tinha apenas dezessete anos.

Estava distraído em meus pensamentos quando senti dois tapinhas leves no ombro. Era o homem alto e misterioso que minutos antes havia chamado a minha atenção. Ele me separou do grupo e falou para acompanhá-lo, pois queria conversar comigo.

– Juan Pablo, sei que você deve estar morrendo de medo de ir a essa reunião e entendo seus temores, que são válidos. Mas fica sabendo que o pessoal de Cali está cansado de tanta violência e por isso você deve aproveitar essa oportunidade para falar com eles e resolver de uma vez por todas os seus problemas. Urdinola acaba de dizer que sua morte está decidida, então se você não for vão matá-lo de qualquer maneira. Você não tem muitas opções, e é mais fácil se salvar se for lá e der a cara a tapa – disse o homem, e suas palavras pareceram sinceras.

– Obrigado pelo conselho, mas não sei quem você é... Que papel você tem nisso tudo?

– Meu nome é Jairo Correa Alzate, fui inimigo do seu pai desde a época de Henry Pérez (chefe paramilitar do Magdalena Medio). Sou dono da fazenda El Japón em La Dorada, Caldas, e tive muitos problemas com seu pai; estou detido porque estamos brigando na Justiça para saber se vou ser extraditado ou não.

O curto diálogo com Jairo Correa foi providencial, porque consegui ver uma luz no fim do túnel. Entendi que existia uma ínfima possibilidade de sair com vida de Cali.

Ao nos despedirmos, Jairo me apresentou a Claudia, sua esposa, e a uma das filhas mais novas, e pediu a elas que nos visitassem no apartamento para que a menina brincasse com minha irmã Manuela.

"Popeye" se ofereceu para me acompanhar até a porta de saída, e enquanto caminhávamos por um longo e estreito corredor ele disse que tinha algo para me contar:

– Juancho, tenho que lhe dizer que fui obrigado a ajudar o "Otto" a roubar de vocês a fazenda La Pesebrera, que fica no fim da Loma del Chocho. Tive que ajudar o "Otto" nesse serviço porque senão ia ficar mal na fita com ele.

A realidade indicava que até os velhos camaradas de meu pai agora estavam contra nós. Já não nos viam como a família do patrão que os tornara muito ricos, e, sim, como despojos. Dos homens de meu pai que sobreviveram depois de sua morte, posso dizer com certeza que apenas um foi leal. Nos demais vi apenas ingratidão e ganância.

Como combinado com Urdinola, alguns dias depois da visita à Modelo chegou uma advogada, com quem me reuni no segundo andar do apartamento de Santa Ana, onde os agentes do Ministério Público e da Sijin, que tinham um quarto dentro do imóvel, não poderiam nos ouvir.

A advogada foi direto ao ponto e me pediu para dizer que meu pai me havia forçado a apontar os *capos* do cartel de Cali como responsáveis pela explosão no edifício Mónaco em 1988, e que eu não tinha qualquer prova de sua autoria ou de que eles tivessem participado de qualquer maneira daquele atentado.

Acertamos isso e minutos depois chegaram a promotora do caso e seu secretário, que anotaram a nova declaração no térreo do apartamento, enquanto a advogada esperava no segundo. A expressão no rosto dos funcionários deixava claro que haviam percebido que eu estava sob uma enorme pressão. Em seus gestos transparecia a impotência de ver desmoronar um dos poucos casos sólidos que tinham contra os *capos* de Cali.

Mas não tinham o que fazer, e quando terminamos me entregaram uma cópia da declaração, que levei para a advogada. Após ler a retratação, pegou o celular na bolsa, ligou para alguém e disse: "Senhor, não se preocupe que está tudo resolvido". Ter recebido o conselho de Jairo Correa foi tão importante que em outras três ocasiões visitei-o na prisão para pedir opiniões sobre diversos temas, pois sentia que era sincero. Lembro que passamos horas e horas falando de coisas da vida, refletindo sobre o que havia acontecido, numa atmosfera extremamente respeitosa e cordial. Tive a oportunidade de me desculpar pelo estrago que meu pai havia causado a ele e a sua família, e disse que não conseguia entender como era possível que eu e ele nos entendêssemos tão bem e o mesmo não tivesse ocorrido com meu pai. Lamentei o fato de os dois não terem conseguido conversar para resolver seus assuntos e viver em paz. Ele respondeu que meu pai sempre esteve cercado por maus conselheiros. Numa dessas visitas encontrei Urdinola muito bêbado, na companhia de um italiano que lhe estava vendendo máquinas industriais. Quando me viu, cumprimentou-me em bom tom – certamente porque estava embriagado – e abriu uma caixa com pelo menos cinquenta relógios, todos de marcas refinadas.

– Escolha o que você quiser.

– Não, dom Iván, para quê isso? Agradeço, mas não é necessário – insisti três vezes assim, mas ele estava decidido.

– Leve este, que me custou cem mil dólares. – Entregou-me e me obrigou a usá-lo, embora ficasse apertado em meu braço. Era um relógio Philippe Charriol com uma coroa de diamantes ao redor do mostrador e uma pulseira em ouro maciço.

As idas e vindas ao presídio Modelo tiveram uma primeira consequência: o primeiro contato direto entre os inimigos de meu pai e nós.

Urdinola interviu e facilitou um primeiro encontro entre Ángela – a namorada do "Popeye" – e Ismael Mancera, advogado de meu tio Roberto Escobar, com os irmãos Miguel e Gilberto Rodríguez Orejuela, os *capos* do cartel de Cali. Urdinola sabia que "Popeye" não era importante dentro do cartel e por isso sempre quis que Vicky, a esposa de "Otto", fosse a Cali, em vez de Ángela, mas como Vicky ficou com muito medo não restou outra opção a não ser enviar Ángela.

Os dois emissários viajaram para a capital do Valle e transmitiram nossa intenção e a dos homens que integraram o aparato criminoso de meu pai de acabar definitivamente com a guerra e procurar uma saída que nos permitisse sair com vida. Ao voltarem, Ángela e Mancera contaram que, embora tivessem sido comedidos, os Rodríguez se mostraram dispostos a aceitar uma aproximação direta conosco.

O plano deve ter surtido efeito, porque poucos dias depois recebemos uma chamada telefônica na qual um homem áspero nos ordenava que o recebêssemos porque trazia uma mensagem dos Rodríguez. Acabamos almoçando com um personagem muito conhecido, antigo inimigo de meu pai, cujo nome me abstenho de mencionar por questões de segurança. A conversa foi muito tensa, embora em alguns momentos ele tenha se mostrado compassivo. A mensagem que trazia era direta: viver teria um custo alto em dinheiro, porque cada um dos *capos* queria recuperar tudo o que tinha investido e mais um pouco.

– Juan Pablo, na guerra contra seu pai gastei mais de 8 milhões de dólares e tenho a intenção de recuperar tudo – disse, sereno, mas com o tom de quem está disposto a cobrar uma dívida por bem ou por mal.

Estávamos encurralados e assim entendemos a situação, porque o inesperado visitante nem sequer havia sido revistado nos cordões de segurança que nos "protegiam" no Residencias Tequendama. Já não restavam dúvidas de que permanecer com vida dependia única e exclusivamente da entrega de todos os bens de meu pai.

As mensagens, ameaças e incertezas teriam um desfecho na última semana de janeiro de 1994, quando Alfredo Astado, um parente distante de minha mãe, chegou sem avisar para falar conosco, tendo acabado de voltar dos Estados Unidos. Estava havia vários anos radicado naquele país, para onde emigrou para fugir da guerra e proteger sua família, embora nunca tivesse se envolvido em negócios escusos ou tido imbróglios com a Justiça na Colômbia.

Ainda assustado, contou-nos que estava em casa quando recebeu uma ligação no celular de ninguém menos que Miguel Rodríguez Orejuela.

– Alfredo, quem fala é Miguel Rodríguez... Precisamos que você venha a Cali; queremos falar com você – disse o *capo*, seco, sem preâmbulos.

– Senhor, tenho várias coisas pendentes aqui ainda, só posso ir à Colômbia daqui a dois ou três meses.

– Te dou quatro dias. E se você sumir, eu te acho, mas de outra maneira.

O relato de Alfredo era de fato muito inquietante porque poucas pessoas sabiam seu número, e ele estava havia seis anos numa cidade média dos Estados Unidos, na qual esbarrar com colombianos era algo muito raro. Por isso viajou para a Colômbia e veio falar conosco antes de ir ter com os *capos* de Cali.

Estava claro que os *capos* de Cali haviam rejeitado o movimento que o advogado Mancera e a namorada de "Popeye" haviam iniciado, e optado por ir atrás de um contato direto conosco.

Alfredo partiu imediatamente para Cali, hospedou-se no hotel Intercontinental e um homem foi buscá-lo no dia seguinte e o levou a uma luxuosa casa no sul de Cali, onde o esperavam os irmãos Rodríguez Orejuela e mais três pessoas que ele nunca havia visto.

– Senhor Astado, sabemos muitas coisas a seu respeito, porque investigamos a fundo. Você teve muita relação com a família Henao em Palmira, e é uma das pessoas que pode resolver este problema. A guerra com Pablo foi ficando cada vez mais feia e morreram muitos inocentes; queremos acabar com a raiz de tudo isso, e para tanto precisamos que você fale com a viúva – Miguel Rodríguez explicou, como porta-voz dos que ali estavam.

Alfredo entendeu a mensagem e ficou mais tranquilo, porque parecia não correr perigo. Depois tomou a palavra e, além de se oferecer para o que fosse preciso, propôs que eu e minha mãe fôssemos a Cali falar com eles.

Mas a resposta foi taxativa e dessa vez quem falou foi Gilberto Rodríguez:

– Ela sim, mas Juan Pablo Escobar não; ele come que nem um pato, anda que nem um pato, é um pato, igualzinho ao Pablo; é um menino e tem que ficar na barra da saia da mãe.

Apesar das palavras duras e do ódio mortal que os *capos* demonstraram para com meu pai, Alfredo voltou a Bogotá com uma mensagem tranquilizadora e com a ideia fixa de voltar o quanto antes a Cali, dessa vez com minha mãe.

Como não tínhamos outra saída, gastamos muito pouco tempo debatendo se convinha ou não entrarmos no incerto processo de aproximação aos inimigos de meu pai.

Então começamos a montar um plano para deixarmos o Residencias Tequendama sem que o Ministério Público percebesse. Depois de repassarmos diversas opções, concordamos em utilizar como escudo a psicóloga, que fazia terapia conosco uma vez por semana durante o dia todo. Não foi difícil explicar a ela o momento crítico em que vivíamos, e ela aceitou colaborar. Assim, minha mãe fingiu estar a portas fechadas com sua psicóloga durante todo o dia, com a desculpa de que iria se submeter a um tratamento especial para a depressão. Nenhum dos homens encarregados de nos proteger suspeitou de nada. Minha mãe desceu pela escada de incêndio do vigésimo primeiro andar até a rua, onde Alfredo a esperava num carro alugado.

A viagem foi relativamente normal, embora temperada com as incertezas próprias de quando se está prestes a encontrar pessoas violentas, que já haviam demonstrado seu enorme poderio econômico, político e militar. Não era exagero dizer que se tratava de lidar com os todo-poderosos chefes da máfia do país, que agiam a seu bel-prazer, pois tinham se livrado de meu pai, o único a enfrentá-los a ferro e fogo durante vários anos.

Tendo chegado em Cali, Alfredo ligou para Miguel Rodríguez, que se surpreendeu pela rapidez com que minha mãe havia aceitado ir a um encontro com a máfia toda. O *capo* disse que esperassem num hotel no centro, do qual era dono, enquanto convocava os demais.

Passaram-se vinte horas e incrivelmente o próprio Miguel Rodríguez chegou para buscá-los de carro e levou-os a uma propriedade na região de Cascajal, na estrada que vai para Jamundí, sede esportiva do time de futebol América de Cali.

Em trajes de luto, minha mãe entrou com Alfredo num salão onde já estavam sentadas cerca de quarenta pessoas que representavam a nata do narcotráfico da Colômbia; em outras palavras, a cúpula dos Pepes.

Haviam deixado para minha mãe uma cadeira na parte central da mesa, do lado esquerdo de Miguel Rodríguez e na diagonal direita de Gilberto Rodríguez, que a olhava com desprezo. Os outros lugares estavam ocupados por Hélmer "Pacho" Herrera, José "Chepe" Santacruz, Carlos Castaño e também por três representantes das famílias de Gerardo "Kiko" Moncada e Fernando Galeano, que foram assassinados por ordem de meu pai no presídio La Catedral. Alfredo se sentou em uma das quinas da mesa.

A reunião foi, do começo ao fim, cheia de tensão. O lugar estava repleto de seguranças fortemente armados. Minha mãe tinha uma garrafa de água mineral na mão.

– Senhora, diga o que veio dizer – Gilberto começou, num tom de voz distante e repreensivo.

– Vejam, senhores, esta guerra foi perdida; estamos aqui para chegar a um acordo com vocês para salvar a minha vida e a dos meus filhos, da família Escobar, de nossos advogados, enfim, das pessoas que estavam em volta de Pablo Escobar.

Miguel Rodríguez tomou a palavra e de cara começou a falar contra meu pai, a quem acusou de ter roubado muito dinheiro de todos eles, e reiterou o fato de que a guerra havia custado mais de 10 milhões de dólares para cada um deles, que esperavam recuperar.

– A senhora não venha pedir nada pelos irmãos daquele filho da puta do seu marido. Nem pelo Roberto, nem pela Alba Marina, nem pelo Argemiro, nem pela Gloria, nem por aquela velha malparida da mãe dele, porque são eles que vão arrancar até os seus olhos; a gente escutou todas as fitas que gravamos durante a guerra, e quase todos eles pediam mais e mais violência contra nós...

A intervenção do *capo* terminou dez minutos depois, quando explicou que o motivo principal daquele encontro era estabelecer se a família Escobar realmente tinha a intenção de procurar a paz. Depois passou a palavra para os presentes, que se referiram a meu pai em termos grosseiros e começaram uma espécie de inventário do que tínhamos que lhes pagar para saldar a dívida e para que nossas vidas fossem poupadas.

– Aquele filho da puta matou dois irmãos meus. Quanto que isso vale em dinheiro, além da grana que investi para matá-lo? – indagou um deles.

– Ele me sequestrou e tive que pagar mais de 2 milhões de dólares e dar umas propriedades a ele para ser solto. E como se fosse pouco, tive que fugir às pressas com a minha família – acrescentou outro, visivelmente furioso.

– Queimou uma das minhas propriedades, tentou me sequestrar, mas escapei e tive que ficar fora do país por anos. Quanto vocês vão pagar para compensar isso? – falou mais um.

Enfim, a lista de reclamações era interminável.

— Eu quero saber, quero que você me responda: e se nossas mulheres estivessem aqui sentadas com aquele filho da puta do seu marido, o que ele estaria fazendo com elas? Qualquer coisa horrorosa, porque ele era terrível. Responda! — exigiu um dos mais afetados pela guerra.

Minha mãe respondeu:

— Deus é muito sábio, meus senhores, e só ele pode saber por que motivo sou eu que estou sentada aqui, e não suas esposas.

Mais adiante, Carlos Castaño interviu, referindo-se a meu pai nos piores termos, e depois disse:

— Senhora, quero que saiba que a gente procurou você e a Manuela que nem agulha no palheiro, porque a ideia era pegar vocês, picar bem picadinhas e mandar para o Pablo embaladas num pacote.

Gilberto Rodríguez falou novamente, e repetiu o que já havia dito a Alfredo sobre mim:

— Olha, nós aqui podemos ficar em paz com todo mundo, menos com seu filho.

Minha mãe caiu em prantos e respondeu energicamente:

— O quê? Paz sem meu filho não é paz. Eu respondo pelos atos dele diante de vocês, até mesmo com a minha própria vida; garanto a vocês que ele vai seguir o caminho do bem.

— Senhora, entenda que existe aqui um temor, que é justificável, de que Juan Pablo fique cheio da grana e um dia desses se descompense e resolva formar um bando e comece a guerrear contra a gente. Por isso nossa decisão é que só as mulheres fiquem vivas. E vai haver paz, mas seu filho a gente vai precisar matar — insistiu.

Para acalmar os ânimos, Miguel Rodríguez explicou a razão pela qual tinham aceitado que minha mãe se reunisse com a máfia toda:

— A senhora está sentada aqui porque nós escutamos as suas conversas e você sempre procurava resolver as coisas; nunca disse a seu marido que fizesse mais guerra, que matasse a gente. Mas como você conseguia apoiar incondicionalmente aquele animal? Como escreveu cartas de amor para aquele filho da puta, que a traiu tanto? A gente colocou nossas esposas para escutar o que você falava nas gravações, para elas aprenderem como é que uma mulher deve apoiar o marido.

Mais tarde, e como aquilo era uma espécie de inventário, Miguel Rodríguez sentenciou:

– Senhora, precisamos que fale com o Roberto Escobar e com os capangas que estão presos, e diga que eles precisam nos pagar. Roberto deve 2 ou 3 milhões de dólares para a gente, e os detentos um outro tanto. Você deve algo em torno de 120 milhões de dólares, e pode ir pensando como vai nos pagar, mas tem que ser em dinheiro. Esperamos vocês daqui a dez dias, com uma resposta séria e concreta.

Um longo silêncio tomou conta do ambiente, e imediatamente minha mãe e Alfredo partiram de regresso a Bogotá; ela só fez chorar, inconsolável, durante todo o trajeto, enquanto Alfredo dirigia. Não disse uma única palavra nas dez horas do percurso. Estava abatida, baqueada, porque agora teria de enfrentar, sozinha, a corja que semanas antes havia caçado seu marido e que agora queria assassinar seu filho mais velho e se apropriar de tudo o que ainda lhe restava.

O sinuoso retorno à capital terminou sem que ninguém notasse a ausência de minha mãe, que entrou no Residencias Tequendama pela escada de incêndio, mesmo lugar por onde havia saído.

Após descansarem, Alfredo e minha mãe fizeram um relato completo do que havia acontecido, incluindo a decisão dos *capos* de me matar. No meio da conversa, minha mãe comentou que lhe havia chamado atenção o fato de "Pacho" Herrera, *capo* do cartel de Cali, não ter sido grosseiro durante a reunião, nem ter pedido uma indenização em dinheiro.

Nos dias seguintes, dedicamo-nos a fazer um balanço das propriedades de meu pai e das poucas obras de arte que tinham se salvado, do estado físico e legal em que se encontravam e de seu valor aproximado. Eu, minha mãe, sete advogados e outros assessores passamos horas compilando dados; perguntamos aos detentos e a pessoas próximas, porque nós não tínhamos conhecimento de mais de 30% dos bens de meu pai, que estavam espalhados por todo o país. Com essas informações, montamos planilhas que enviamos para Cali, para que cada *capo* escolhesse com qual dos bens queria ficar.

O mais importante era deixar claro para os *capos* que não tínhamos dinheiro em espécie, porque o montante do compartimento secreto desaparecera e meu tio Roberto havia torrado os 3 milhões de dólares que meu pai deixara com ele.

Na data indicada, minha mãe e Alfredo voltaram a Cali e se reuniram com o mesmo grupo de traficantes da primeira vez. Os *capos* insistiram demasiadamente em receber dinheiro em espécie, pois sabiam bem quantos anos de ataques foram necessários para que enfim conseguissem debilitar um pouco o poder econômico de meu pai; mas também sabiam que meu pai abandonara o tráfico de droga anos antes, pois a guerra o distraíra de seu negócio e ele acabara usando todo o dinheiro para lutar. Sabiam que os sequestros em troca de dinheiro que ocorreram a mando do meu pai se deviam justamente à sua falta de dinheiro corrente.

A situação de meu pai nessa época está relatada num livro à parte, *Así matamos al Patrón* (Assim matamos o patrão), publicado em setembro de 2014 por Diego Murillo Bejarano, de apelido "Berna". "Pablo era um homem sozinho, completamente encurralado; de seu poder e fortuna não restava praticamente nada. O homem que em determinando momento chegou a ser um dos mais ricos do mundo, entrou na lista da 'Asotrapo', Associação dos Traficantes Pobres."

Dessa vez, a reunião em Cali foi muito mais longa, porque examinaram um a um os bens inclusos na lista que minha mãe levou, embora tivessem dito que aceitariam 50% da dívida em bens confiscados pelo Ministério Público e os outros 50% em propriedades livres de amarras judiciais e prontas para serem vendidas.

Não ficamos surpresos com o fato de quererem receber bens apreendidos. Poder-se-ia pensar que era uma estupidez, mas obviamente a luta contra meu pai conseguira unir traficantes, agentes e funcionários de altíssimo nível do governo colombiano e de outros países, e por isso tinham quem facilitasse a coisa para que tomassem posse "legalmente" daqueles bens. Propriedades que, a nós, o governo nunca teria devolvido.

Enfim, na enorme lista de bens que entregamos havia um lote de nove hectares que naquela época custava uma fortuna e que Fidel Castaño pediu através de "Alex" – como era chamado seu irmão Carlos nos Pepes –, porque era vizinho a Montecasino, sua mansão. Assim, ampliou mais ainda sua enorme propriedade.

Também entregamos outros lotes muito valiosos dentro da cidade, onde hoje funcionam dois hotéis e atividades comerciais muito rentáveis.

As reuniões a que minha mãe comparecia não eram realizadas apenas em Cali. Houve muitas em Bogotá, e numa delas ela levou dois quadros de Fernando Botero e algumas esculturas com a respectiva avaliação. Assim ia pagando os inimigos de meu pai pelos danos e prejuízos que ele lhes causara. No fim, restaram apenas peças de arte decorativas, que não interessaram a ninguém.

O complexo de torres de apartamentos Miravalle, em El Poblado, próximo à Loma del Tesoro, construído por meu pai na década de 1980, também não se salvou. Embora muitos apartamentos tivessem sido vendidos, ainda restavam mais de dez, que também entregamos. Por muitos anos minha avó Hermilda morou lá, numa cobertura.

Lembro que apareceu no inventário uma propriedade de que eu nunca tinha ouvido meu pai falar. Ficava nas Planícies Orientais, e quando vi a extensão que tinha pensei que se tratasse de um erro de digitação: 100 mil hectares.

A lista incluía aviões, helicópteros, todo tipo de veículos nacionais e também Mercedes, BMW, Jaguar, motos novas e antigas das melhores marcas, lanchas e jet ski. Entregamos tudo. Tudo. Não podíamos nos arriscar a mentir nem a esconder algum bem. Sabíamos que os Pepes tinham todas essas informações, pois haviam sido amigos de meu pai no passado.

Embora tivéssemos entregue muitas propriedades, sabíamos que ainda não era o suficiente para chegar na cifra descomunal que os *capos* haviam indicado; mas Carlos Castaño interveio de repente e lançou um pequeno bote salva-vidas para minha mãe:

– Senhora, eu tenho um Dalí que lhe pertence, o *Rock and Roll*, que vale mais de 3 milhões de dólares; estou lhe devolvendo agora, para que coloque aqui à disposição – disse Castaño, certamente cumprindo ordens de seu irmão Fidel, que já havia prometido devolver a obra.

– Não, Carlos, não se preocupe em devolver esse quadro; eu mando para você os certificados de origem, fique com ele – minha mãe respondeu, quase instintivamente, diante do olhar surpreso dos *capos*.

O encontro agitado teve outro tom dessa vez, porque a enorme mesa parecia mais a escrivaninha de um oficial de cartório em que os novos proprietários – assessorados por cinco advogados – escolhiam propriedades como se brincassem de figurinhas.

Três horas mais tarde, e à guisa de encerramento, Miguel Rodríguez disse:

– Aconteça o que acontecer daqui para a frente, nunca mais um monstro como Pablo Escobar vai nascer na Colômbia.

Voltando de Cali, minha mãe novamente só fazia chorar. Porém, dessa vez, receberam uma ligação no meio do caminho. Era Miguel Rodríguez, ligando no celular de Alfredo.

– A viúva do Pablo não é boba; que golaço que ela fez hoje. Com a coisa do quadro do Dalí pôs no bolso ninguém menos que Carlos Castaño.

Na terceira reunião, dez dias depois e no mesmo lugar, havia menos *capos* presentes, pois vários já haviam considerado que sua dívida estava paga com os bens que receberam.

Mas esse novo encontro teve um ingrediente a mais: eu.

– Senhora, não se preocupe que depois disso tudo vai haver paz, mas seu filho a gente vai ter que matar – Gilberto Rodríguez reiterou.

Apesar do momento dramático e da sentença de morte, minha mãe insistiu repetidas vezes em garantir que eu não tinha nenhuma intenção de prolongar a guerra de meu pai; foram tantas e tão variadas razões que ela apresentou que no fim os *capos* a autorizaram a me levar à reunião seguinte, que ocorreria dentro de duas semanas. Lá, então, decidiriam meu futuro.

Eu, minha namorada e minha mãe começamos a entender que mais cedo ou mais tarde eu precisaria ir a Cali. Não incluíamos minha irmãzinha nesse drama todo, e a fazíamos acreditar que estava tudo bem e que nada de ruim iria acontecer.

Fugir e morrer na tentativa? Poderia sobreviver escondido por um tempo na Colômbia e depois no exterior, porque no fim das contas algo havia aprendido observando a forma como meu pai viveu mais de uma década na clandestinidade. Mas não comparecer ao encontro podia ter consequências para minha mãe e para minha irmãzinha. Também estava claro que o poder que os Pepes haviam alcançado era enorme, e poderiam me localizar em qualquer canto do mundo.

Não parecia fazer muito sentido me esconder, pois esse caminho perpetuaria uma guerra que eu não comecei, não inventei e muito menos comandei, uma guerra que na verdade me fez sofrer e da qual fugi desde que me entendo por gente. No fim, na hora de tomar a decisão, pesaram para mim os sentimentos mais íntimos, aqueles que me diziam que se eu quisesse a paz verdadeira deveria ir lá e tratar de fazê-la, honrá-la, selá-la, e apertar a mão dos inimigos de meu pai.

Na solidão e no frio da varanda de nosso apartamento alugado no bairro de Santa Ana, para onde havíamos ido após a ingrata estadia no Residencias Tequendama, refleti sobre o fato de que sempre tive de fugir, desde antes mesmo de nascer, desde que me recordo; desde criança me tratavam como se tivesse sido o próprio autor de todos os crimes de meu pai.

Deus sabe que em minhas preces nunca pedi a morte, nem a prisão, nem a ruína, nem a enfermidade, nem a perseguição, nem a justiça para os inimigos que herdei de meu pai – o que não é o mesmo que dizer meus inimigos, porque não fui eu que os fiz. A única coisa que pedi ao Criador foi que os mantivesse ocupados, que eu não fosse prioridade para eles, e que não me vissem como uma ameaça, porque não sou.

Novamente me encontrava numa encruzilhada. Tinha de comparecer à reunião em Cali e estava aterrorizado, porque ao que tudo indicava seria uma viagem sem volta.

O ambiente no apartamento de Santa Ana era tenso e profundamente triste. A estranha sensação de que minhas horas poderiam estar contadas me levou, dois dias antes da viagem, a escrever um testamento no computador, em que deixava para minha namorada e para a família de minha mãe as duas ou três coisas que eu ainda possuía.

Tinha a esperança de que, se me apresentasse voluntariamente, a vingança dos inimigos de meu pai viria apenas contra mim e não se estenderia a Manuela e a minha mãe. Devo ter entrado numa espécie de choque preventivo que me anestesiou ante a grande possibilidade de que minhas unhas, meus dentes e olhos fossem arrancados e de que meu corpo fosse desmembrado, como ocorreu com muitos amigos durante a cruel guerra entre os cartéis.

Assim, lá pelas quatro horas da madrugada e quando os guardas que nos protegiam estavam dormindo, descemos as escadas e partimos rumo a Cali – eu, minha mãe e meu tio Fernando Henao, que dirigia uma caminhonete Toyota. O trajeto foi tranquilo, e na maior parte do tempo falamos sobre como seria o encontro com os *capos*. Não havia muito o que pensar. Eu já me considerava morto.

Chegamos a Cali às seis horas da tarde e nos hospedamos num hotel, no qual entramos pelo subsolo e seguimos direto para um quarto grande no oitavo andar. Não fizemos check-in porque o cartel era dono do local. Uma vez instalados, tivemos a precaução de não falar em voz alta, porque achamos que os quartos poderiam estar cheios de microfones. Também não pedi comida, com medo de ser envenenado, e só tomei água da torneira.

Naquela noite, fiquei ajoelhado por um longo tempo, chorei e orei muito, pedindo a Deus que me salvasse, que me desse uma nova oportunidade e que amolecesse o coração de meus carrascos.

Sabíamos que nada aconteceria até a manhã seguinte, de modo que decidimos ir a Palmira para encontrar alguns familiares de minha mãe. Jantamos lá e pouco depois das dez horas da noite minha mãe recebeu uma ligação no celular. Era "Pacho" Herrera, que pediu que ela organizasse uma reunião com a família de meu pai para falar da herança e da divisão dos bens.

– Dom Pacho – minha mãe respondeu –, não se preocupe que isso a gente resolve sozinho, como família; Pablo deixou um testamento. Estamos aqui porque dom Miguel Rodríguez nos convocou para falar de paz e só faltava a presença do Juan Pablo, meu filho, que agora veio comigo resolver a situação dele.

Por volta das dez horas da manhã do dia seguinte um homem veio nos buscar; dirigia um Renault 18 branco com insulfilm e vinha da parte de Miguel Rodríguez.

Eu tinha acordado às sete, horário incomum para mim porque, como meu pai, costumava dormir tarde, de madrugada, e começar o dia já perto do meio-dia. Tomei um banho de mais de uma hora, como normalmente fazia, e fiquei pensando o pior. Fui tomar um pouco de ar, limpei a garganta e repeti diversas vezes para mim mesmo: "Hoje essa perseguição vai acabar. A partir de agora não vou ficar fugindo de mais nada nem ninguém".

Minha mãe também não conseguia esconder a angústia; estava muito calada, e meu tio Fernando tentava animá-la, sem sucesso.

– Fiquem tranquilos, não vai acontecer nada – disse, várias vezes, mas ele também demonstrava estar preocupado.

Entramos no carro e em menos de dez minutos o motorista chegou ao subsolo de um edifício próximo à sede da rádio Caracol. Ninguém percebeu, mas naquele momento uma angústia terrível me invadiu, o mesmo desassossego que alguém que caminha para a morte deve sentir. O motorista nos acompanhou até o último andar, onde se despediu e disse para esperarmos numa sala lá longe. A ausência de homens armados ali e o fato de eu não ter sido revistado chamaram-me a atenção.

Andamos em direção à sala, e ficamos pasmos quando vimos sentados minha avó Hermilda, minha tia Luz María com o marido Leonardo, meu tio Argemiro e meu primo Nicolás.

As janelas escuras do lugar davam um aspecto lúgubre ao inesperado encontro com meus parentes, que devem ter percebido nosso desconcerto, porque até aquele momento achávamos que minha mãe era a única que estava em contato com os adversários de meu pai para tentar fazer a paz entre as famílias.

Como chegaram até ali? Quem os trouxera antes? Era muito estranho e suspeito que enquanto informávamos a meus parentes sobre os esforços para alcançar a paz, eles nunca tivessem nos contado que já tinham acesso direto aos *capos* de Cali. Foi um verdadeiro soco no estômago ver como eles se movimentavam à vontade na área de nossos inimigos. Vimos inclusive Nicolás pegando comida na geladeira.

Obviamente nossas saudações foram frias e distantes, e nos breves minutos que permanecemos na sala de espera trocamos poucas palavras, apenas as de praxe. Eu olhava para minha mãe, atônito, diante do quadro familiar que presenciávamos ali. Não conseguia acreditar que uma reunião em que supostamente se discutiria se eu seria condenado ou não à morte tivesse sido adiada – a pedido de minha própria avó por parte de pai! – para antes discutirmos a herança de seu filho Pablo.

Um garçom vestido de preto pediu para nos transferirmos para uma sala maior, onde havia dois sofás de três lugares, duas cadeiras nos cantos e no meio uma mesa de vidro.

Acabávamos de nos acomodar quando Miguel Rodríguez Orejuela entrou, e atrás dele vinham também Hélmer "Pacho" Herrera e José Santacruz Londoño, os *capos* do cartel de Cali. Gilberto Rodríguez não apareceu.

Eu, minha mãe e Fernando sentamos num sofá, e logo depois entraram meus parentes por parte de pai, que ocuparam o outro sofá disponível. Os Escobar Gaviria olhavam para o chão e desviavam o olhar de nós; sabiam que a partir daquele dia cortaríamos qualquer vínculo com eles, porque era óbvio que tinham traído meu pai e a família dele. De longe se via que a maneira como os tratavam era diferente. Lembrei que minha mãe comentara que, em reuniões anteriores, quando oferecera dinheiro para salvar a família de meu pai, Miguel Rodríguez lhe dissera:

– Senhora. Não dê nenhum dinheiro por essa gentalha. Não vale a pena. Você não percebe que são eles que vão arrancar tudo de você e dos seus filhos? Deixe-os pagarem a parte deles, eles têm condições de pagar. Além disso, eles não merecem a sua generosidade. Acredite em mim – insistiu várias vezes com minha mãe, que, como eu, até esse dia ignorava o jogo duplo das pessoas de nosso próprio sangue.

Já na reunião percebi que havia duas posturas opostas. "Pacho" Herrera claramente tomava partido de minha avó e de meus tios paternos, mas Miguel estava do lado de minha mãe e de seus filhos.

Todos olhamos para Miguel Rodríguez, que se sentou numa das cadeiras, tendo a seu lado "Pacho" Herrera e "Chepe" Santacruz. Esperamos que ele dissesse algo, ou pelo menos quebrasse o gelo. Estava com o semblante extremamente sério, áspero até, eu diria, a julgar pela testa franzida. Finalmente resolveu falar.

– Vamos conversar sobre a herança de Pablo – disse, sem maiores saudações. – Ouvi as reclamações da mãe e de seus irmãos, porque querem que na divisão sejam incluídos os bens que deu aos filhos em vida.

Minha avó interveio e o encontro ficou ainda mais tenso.

– Sim, dom Miguel, estamos falando dos edifícios Mónaco, Dallas e Ovni, que Pablo pôs nos nomes de Manuela e Juan Pablo, para proteger os bens das autoridades, mas eram dele e não dos filhos. Por isso exigimos que façam parte da herança.

Enquanto minha avó falava, só consegui pensar em como era absurda aquela situação: minha avó e meus tios tinham procurado o cartel de Cali para resolver um problema que só dizia respeito aos Escobar Henao de Medellín. Pensei que meu pai devia estar se revirando no caixão ao ver as armações de sua própria mãe e irmãos contra seus filhos.

Então foi a vez de minha mãe falar:

– Dona Hermilda, desde que Pablo construiu esses edifícios ficou muito claro que ele queria que fossem para os filhos dele, porque deixou muitas outras coisas para o resto da família; a senhora sabe que foi assim, por mais que venha agora aqui, com todo respeito, dizer coisas que não são verdade.

Miguel Rodríguez interveio na discussão:

– Vejam eu, por exemplo. Tenho sociedades no nome dos meus filhos, e essas sociedades possuem bens que eu, em vida, decidi que eram para eles; Pablo fez exatamente o mesmo. Então, os bens que ele queria que fossem dos filhos ficam assim e não se fala mais nisso.

O que é dos meus filhos é dos meus filhos e o que Pablo decidiu que era para os filhos dele é para os filhos dele. O restante, vocês repartem entre vocês, conforme o testamento.

Todos se calaram.

Após o longo silêncio que sucedeu à conclusão de Miguel Rodríguez, meu primo Nicolás fez sua intervenção, e pronunciou uma frase que por sorte acabou com aquela reunião estranha.

— Esperem aí, e como a gente faz com os 10 milhões de dólares que meu tio Pablo ficou devendo para o meu pai, porque todo mundo aqui sabe que era meu pai quem sustentava o Pablo, né?

O comentário desatinado e incoerente de meu primo provocou risadas nos *capos* do cartel de Cali, que se entreolharam sem acreditar no que ouviam.

Então não me restou outra opção a não ser intervir.

— Olhem o que esse cara está falando. Nessa ninguém vai acreditar, Nicolás. Seu pai sustentava o meu... E eu sou o Papai Noel, né? Não fode.

Sorrindo, Miguel Rodríguez, "Pacho" Herrera e "Chepe" Santacruz se levantaram e foram em direção ao fundo do salão, sem se despedir.

Desconcertado, fiz um gesto pedindo para minha mãe retomar o verdadeiro motivo do encontro, porque era a minha vida que estava em jogo. Ela entendeu na hora, ficou de pé, foi atrás dos *capos* e pediu cinco minutos para falar com eles. Eles concederam, e minha mãe fez um sinal com a mão direita para que eu me aproximasse.

Cheguei e estavam sentados em outra sala, com os braços cruzados; nesse momento entendi que havia chegado a hora de ir para o tudo ou nada.

— Senhores, eu vim aqui porque quero dizer para vocês que não tenho nenhuma intenção de vingar a morte do meu pai; o que quero fazer, e vocês sabem bem, é sair do país para estudar e ter possibilidades diferentes das que existem aqui para a minha vida; minha intenção é sair da Colômbia, para não incomodar ninguém, mas me sinto impossibilitado de fazer isso porque esgotamos todas as opções e não conseguimos encontrar uma saída para essa situação. Para mim é muito claro que, se quiser continuar vivo, tenho que ir embora.

– Moleque, o que tem que ser claro para você é não se meter com tráfico nem com gangues ou coisas assim; entendo o que você sente, mas você precisa saber, e aqui todo mundo sabe, que um monstro que nem seu pai nunca mais pode voltar a nascer – Santacruz interveio.

– Não se preocupe, senhor, porque se eu aprendi uma lição na vida, foi essa; e por isso acho que o tráfico de drogas é uma maldição.

– Espere aí, jovem – replicou Miguel Rodríguez, elevando a voz –; como você pode dizer que o tráfico de drogas é uma maldição? Olhe, a minha vida é boa, minha família vive bem, tenho uma casa grande, uma quadra de tênis, saio para caminhar todos os dias...

– Dom Miguel, por favor me entenda, a vida me mostrou algo muito diferente. Por causa do tráfico perdi meu pai, familiares, amigos, minha liberdade e minha tranquilidade e todos os nossos bens. Me desculpe se o ofendi de alguma maneira, mas não consigo ver isso tudo de outro jeito. Por isso quero aproveitar essa oportunidade para dizer a vocês que da minha parte não vai haver nenhum tipo de violência; já entendi que a vingança não vai trazer meu pai de volta; e quero insistir: nos ajudem a sair do país; me sinto tão limitado para procurar essa saída que não quero que fiquem achando que eu não quero ir; é que nem as companhias aéreas vendem passagens para mim.

Com o embalo dessas afirmações e já muito mais relaxado, resolvi propor:

– Que tal, em vez de colocar cem quilos de cocaína num avião, vocês me colocarem lá, já que eu peso a mesma coisa, e assim me tiram do país?

A intensidade e a transparência de minha fala devem ter surtido efeito, porque de repente Miguel Rodríguez mudou o tom duro e hostil e voltou a ponderar como um juiz.

— Senhora. Nós decidimos que vamos dar uma oportunidade para o seu filho. Entendemos que ele é um garoto e deve continuar sendo assim. De agora em diante você responde com sua própria vida pelos atos dele. Tem que prometer que não vai deixá-lo sair da linha. Vocês podem ficar com os edifícios, para terem algo. Vamos ajudar vocês a recuperá-los. Para isso você vai precisar colaborar também com uma grana para as campanhas à presidência. Qualquer um que ganhar a gente vai pedir que ajude vocês, porque vamos lhes dizer que vocês colaboraram com as causas deles.

Depois, "Pacho" Herrera, que havia ficado calado, tomou a palavra.

— Fique tranquilo, garoto, que se você realmente não se meter no tráfico nada vai lhe acontecer. Não precisa mais ter medo. Queríamos que viesse aqui para nos certificarmos de que tinha boas intenções. A única coisa que não podemos permitir é que você fique com muita grana, para que não resolva enlouquecer por aí, longe do nosso controle.

— Não se preocupem mais — Miguel Rodríguez interveio novamente. — Vocês inclusive podem ficar e morar aqui em Cali, se quiserem, que ninguém vai fazer nada contra vocês. Vão conhecer a loja de roupas da minha mulher. E esperem para ver o que vai acontecer agora com o novo presidente que chegar, porque a gente ajudou na campanha — resumiu o *capo*, e deu por encerrada a conversa, que durou vinte minutos.

Naquele momento não reparei na frase de Miguel Rodríguez sobre "o novo presidente que chegar", mas viríamos a entendê-la algumas semanas depois.

Depois de se despedir com certa amabilidade, o *capo* ligou para o motorista que nos buscara no hotel de manhã e mandou que nos levasse até a loja de Martha Lucía Echeverry, sua esposa.

Saímos, enfim. Eu nunca sentira tantos dissabores de uma tacada só, pois precisaria digerir a inegável realidade dupla que tinha pela frente: a confirmação de que meus parentes por parte de pai haviam nos traído e a permissão para permanecer com vida que os *capos* de Cali me tinham outorgado. Sempre esperei o pior deles, mas agora me vejo na obrigação de reconhecer com gratidão a atitude de dom Miguel e de todos os Pepes, que respeitaram a minha integridade física, bem como a de minha mãe e a de minha irmã.

Com o motorista de Miguel Rodríguez, não demoramos a chegar a uma região comercial de bom nível em Cali, e ele apontou uma loja de roupas, na qual minha mãe entrou enquanto eu esperei do lado de fora. Caminhei pelos arredores e me detive em frente a uma loja de roupas masculinas que exibia na vitrine um roupão com uma estampa tradicional escocesa. Comprei-o.

Era uma sensação estranha; sentia-me vivo. Tinha ido para um encontro com a morte e de uma hora para outra estávamos no meio dos domínios dos mafiosos todo-poderosos de Cali, sem sofrer um arranhão sequer. Poucas horas depois o chofer nos deixou no hotel, e naquela mesma noite viajamos de volta para Bogotá.

Pela primeira vez depois de muito tempo sentimos uma enorme tranquilidade, pois havíamos tirado de cima de nós um peso gigante ao entregar uma grande quantidade de propriedades aos *capos* de Cali e aos Pepes. Mas ainda faltavam vários *capos*, muito poderosos, que esperavam sua parte. Enquanto eu tirava a calça, minha namorada perguntou se eu tinha lido um bilhete que ela enfiara em meu bolso para aquela viagem em direção à morte, no qual reiterava seu amor por mim e a certeza de que tudo ficaria bem.

Como era preciso pegar o boi pelos chifres, minha mãe logo se encontrou com Diego Murillo Bejarano, o "Berna", a pedido de Carlos Castaño, que os convocou para irmos a uma casa na chamada Loma de los Balsos ao lado de Isagen, em Medellín. Mas esse primeiro encontro acabou mal porque "Berna" a xingou por ter sido casada com Pablo, e ela, já cansada das ameaças, dos impropérios e da perseguição de tantos mafiosos, respondeu grosseiramente à altura, e assim o encontro acabou suspenso.

– Sou uma senhora e você não vai me insultar nem maltratar mais. Não tenho por que ficar ouvindo suas palavras sujas quando já ganhei o respeito do resto dos seus amigos. Faça o favor de me respeitar, não abuse, não seja cara de pau desse jeito.

Castaño ligou para minha mãe aquela noite e a fez ver que "Berna" estava muito descontente e que era urgente acalmá-lo.

– Dona Victoria, o homem está muito bravo; entendo que ele a tenha provocado e dito coisas terríveis, mas você precisa entender que ele é um homem mau, e você vai precisar dar algum presente extra para acalmar os ânimos dele.

O incidente sairia muito caro, porque num encontro seguinte, também organizado por Carlos Castaño, minha mãe teve de dar para "Berna" um valioso apartamento e pedir desculpas. Só assim pôde dar sequência à negociação dos demais bens.

Em nossa morada em Santa Ana tornou-se normal alguém vir buscar minha mãe para levá-la a mais reuniões com *capos* que viviam ou estavam de passagem pela capital. Por vezes esses encontros se davam em casas próximas, no mesmo bairro em que morávamos; era evidente que se aproveitavam do fato de estarem sozinhos para pedir mais dinheiro, mais quadros, mais coisas. E convidavam-na para tomar uísque com eles, ao que ela sempre se negou, e isso também não os agradava. Queriam claramente abusar dela. Viam-na como um troféu de guerra. Por sorte, meu tio Fernando esteve muito próximo de nós nesses momentos e soube se impor, sempre com muito tato, para evitar mais abusos.

Mas talvez a negociação mais complicada daqueles dias tenha sido a que minha mãe precisou realizar com o comandante "Chaparro", um poderoso chefe paramilitar e traficante do Magdalena Medio, inimigo de morte de meu pai.

Com a autorização do Ministério Público, Carlos Castaño levou-a numa Mercedes blindada até o aeroporto de Guaymaral, no norte de Bogotá, onde entraram num helicóptero que os transportou até uma propriedade na fronteira entre Caldas e Antioquia.

Durante o trajeto, Castaño revelou a ela detalhes que desconhecíamos sobre a morte de meu pai.

– Senhora, os Pepes já estavam desmoralizados. Tínhamos matado 99% do pessoal do Pablo na rua, nas nada de chegar a ele. Quase jogamos a toalha porque dezembro estava chegando e nessa época era mais difícil. Inclusive alguns Pepes importantes começaram a dizer que, se em dezembro não houvesse resultados, abandonariam a perseguição. E como se não bastasse, já haviam dado um ultimato para os coronéis do Bloco de Busca da polícia.

Minha mãe ouviu em silêncio a confissão de Castaño.

– Para localizar o Pablo tivemos que trazer da França o equipamento de interceptação de ligações mais avançado do mundo, porque o dos gringos não bastava.

– Quem realmente matou Pablo? – minha mãe perguntou.

– Eu participei pessoalmente da operação final. A polícia sempre mandava a gente na frente nas operações. Naquela vez estavam esperando no obelisco. Quando matamos o Pablo, ligamos para eles. Pablo escutou a primeira batida da marreta com que tentamos quebrar a porta e correu descalço para o segundo andar, aonde se chegava por uma escada reta. Disparou várias vezes com a pistola Sig Sauer dele, e um desses tiros parou no meu colete à prova de balas e me fez cair de costas no chão. Nesse momento o "Limón" já estava morto no quintal da entrada da casa. Pablo aproveitou o instante em que ninguém estava atrás dele, abriu uma janela, desceu por uma escada metálica que havia colocado previamente ali para fugir e chegou ao telhado da casa vizinha. Mas não contava que alguns dos meus homens já estivessem lá, e tentou voltar. Foi nessa hora que tomou o disparo de fuzil que entrou pela parte de trás do ombro dele. Depois levou outra bala na perna. Logo a seguir cheguei à janela por onde ele havia saído, e vi que já estava morto.

Minha mãe não teve tempo de comentar o relato que acabara de escutar porque naquele momento o helicóptero que os transportava aterrissou num descampado com duzentos homens armados com fuzis em volta do comandante "Chaparro", que se dirigiu a minha mãe depois de cumprimentar Castaño calorosamente.

– Senhora, bom dia; sou o comandante "Chaparro" e olhe, esse é meu filho. Seu marido matou meu outro filho e fez treze atentados contra mim, dos quais saí vivo por milagre.

– Senhor, entendo sua situação, mas saiba que eu não tive nada a ver com a guerra; simplesmente era a esposa e a mãe dos filhos do Pablo. Me diga, o que preciso fazer para ficar em paz com você? – minha mãe respondeu.

O problema com o comandante "Chaparro" não era pequeno. Lembro que meu pai até ria quando seus homens o informavam que haviam fracassado numa nova tentativa de matá-lo. Em duas ocasiões partiram um carro e uma lancha ao meio com bombas poderosas, mas nem assim ele morreu. Meu pai, resignado, disse que ele tinha mais vidas que um gato.

Era o final da década de 1970. "Chaparro" era um homem que vinha do campo; ele e meu pai se distanciaram por motivos que não conheço em detalhes, e "Chaparro" acabou se aliando a Henry Pérez, um dos primeiros chefes paramilitares do Magdalena Medio. Então meu pai declarou guerra contra "Chaparro" por ter se aliado a Pérez, e declarou guerra contra Pérez também por não ter recebido dele dinheiro para financiar a luta contra a extradição. No fim, Pérez foi assassinado por capangas de meu pai, mas até o dia de sua morte ele não conseguiu eliminar o "Chaparro".

Ao fim de muitas horas de intensas negociações, minha mãe e o comandante "Chaparro" chegaram a um acordo que resolveu as coisas. Demos vários bens para ele, entre os quais dois terrenos de quatrocentos hectares, dedicados à mineração e ao gado. Ficou também com o gerador da fazenda Nápoles, do qual "Chaparro" já tinha se apropriado tempos antes e que era tão potente que iluminava um povoado inteiro. Minha mãe disse para ele levar o que quisesse da fazenda, pois já não a considerávamos nossa.

Como favor, minha mãe pediu a Carlos Castaño a localização dos corpos de ao menos cinco de seus empregados, incluindo uma professora e a babá de Manuela, que os Pepes haviam matado e escondido na última etapa da guerra, quando meu pai estava praticamente sozinho e nós permanecíamos trancafiados num apartamento no edifício Altos de Medellín. Castaño respondeu que não era fácil encontrá-los porque os Pepes haviam sumido com mais de cem pessoas, e não lembrava com exatidão onde os tinham sepultado.

– Senhora, encontrar essas pessoas é praticamente impossível, pois muitos foram enterrados como indigentes em vários cemitérios, como o de San Pedro.

No final do encontro minha mãe e o comandante "Chaparro" deram-se as mãos e ele a autorizou a ir a qualquer momento à fazenda Nápoles, que naquela época continuava nas mãos do Ministério Público.

Minha mãe voltava novamente a Bogotá, com menos outro inimigo.

Assim, passamos por alguns dias de tranquilidade, interrompidos quando de vez em quando chegavam visitas inesperadas, como a de um advogado que veio ao edifício no bairro de Santa Ana e disse que trabalhava para os irmãos Rodríguez Orejuela e vinha a pedido deles.

Tendo escutado sua explicação para a visita, entendemos que os *capos* de Cali tinham acabado de nos incluir – sem se importar se concordávamos ou não – em sua estratégia que visava obter benefícios legais com propinas. Exigiu que contribuíssemos com 50 mil dólares porque estavam propondo incluir um *"mico"* – um artigo redigido por eles – numa lei que começava a tramitar no Congresso e que protegia os bens da máfia dos processos de extinção de domínio. O recado ameaçador do advogado não nos deixou outra opção senão conseguir o dinheiro emprestado.

Mas o assunto não terminou aí. Em maio de 1994 recebemos outra visita de um emissário de Cali, mas dessa vez não era um advogado, e sim um homem conhecido da associação mafiosa. Reticentes, o recebemos em casa e fomos comunicados de que um grupo grande de traficantes do sudoeste do país estava querendo fazer um aporte de uma grande quantia de dinheiro para financiar a campanha de Ernesto Samper à presidência, sob a premissa de que nós também seríamos beneficiados com a ajuda do futuro governo, tanto para recuperar nossas propriedades como para conseguir refúgio em outro país. Nesse momento entendemos o que Miguel Rodríguez quis dizer com "o novo presidente que chegar": referia-se a ter a seu lado o sucessor de César Gaviria.

Novamente não pudemos nos negar a participar, e nos comprometemos com o emissário de Cali a entregar essa quantia em várias somas menores em dinheiro, sem que soubéssemos de fato o destino real do dinheiro. Demos a contribuição, mas nunca recuperamos nossos bens e tampouco recebemos qualquer ajuda para sair da Colômbia. Em outras palavras, essa graninha se perdeu.

O pior de tudo era que a máfia continuava nos vendo como caixas registradoras, porque os pedidos de dinheiro eram contínuos e com os argumentos mais inverossímeis. Mas quem iria se negar a lhes dar o dinheiro naquelas circunstâncias? Denunciar ao Ministério Público era inútil, porque naquela época a coisa estava tão descarada que os *capos* de Cali tinham seu escritório próprio na sede principal do Ministério Público, no mesmo andar em que o promotor De Greiff despachava.

Todos que queriam viajar a Cali iam até a sede para resolver qualquer problema ou pendência. O Ministério Público era o primeiro escalão. Não estou inventando. Era normal ver os Pepes entrando e saindo, como se ali fosse a casa deles. A cada vez que íamos ter com o promotor geral para falar sobre qualquer assunto, tínhamos antes de perguntar se o pessoal de Cali estava de acordo, mas não era necessário sair do edifício para fazer essa consulta de praxe.

Não seria falso dizer que nessa época as relações do cartel de Cali com o Ministério Público Federal eram quase carnais. A tal ponto que um dia o promotor De Greiff disse publicamente que o cartel de Cali não existia. Não existia para ele, pois estava muito entretido com sua nova e belíssima secretária – escolhida a dedo pelos *capos* de Cali – que o levou até a tingir o cabelo de preto.

De Greiff sabia das viagens secretas de minha mãe, porque, apesar de os seguranças não notarem sua saída, os de Cali lhe comunicavam que ela estava reunida com eles. Em várias reuniões que tivemos com ele em seu escritório, De Greiff fez comentários jocosos a respeito disso.

Em meados de agosto de 1994, aceitamos a oferta do comandante "Chaparro" e fomos até a fazenda Nápoles, acompanhados por dois agentes do Ministério Público e um da Sijin. Minha mãe avisou ao comandante e ele disse que não nos preocupássemos, pois ele garantiria nossa segurança na região. Foram umas miniférias. Eu, minha mãe, Andrea, Manuela e Fernando Henao fomos de Bogotá até lá; outra parte da família saiu de Medellín para ficar conosco, entre eles minha avó Nora.

Chegamos à noite na fazenda e encontramos Octavio, administrador desde sempre, que nos esperava e havia preparado as camas em quatro pequenas cabanas com banheiro, mas só uma tinha ar-condicionado. Essa parte de Nápoles era conhecida como "O outro lado", porque ali havia apenas um posto de saúde, uma sala de cirurgia, uma farmácia com remédios de todo tipo e o bar El Tablazo, onde meu pai mantinha uma considerável coleção de LPs e de antiguidades penduradas nas paredes, no melhor estilo de um rock café.

No entanto, em nossa curta estadia em Nápoles, sentimos como se fôssemos estranhos ali. Fazia alguns anos que não íamos, e já quase não restava nada do luxo e da ostentação dos anos 1980, quando o quadro de funcionários chegou a contar com 1700 pessoas. Percorremos a propriedade de carro e foi doloroso ver que a mata havia tomado a casa principal; não dava para ver nem as paredes. Nos lagos, viam-se os olhos de alguns hipopótamos entediados.

Na segunda noite em Nápoles acordei morrendo de calor e tomei um susto quando vi dois homens armados com fuzis AK-47. Mas sua atitude não me pareceu hostil, de modo que saí para falar com eles. Com efeito, disseram-me que o comandante "Chaparro" os enviara para nos proteger, porque dias antes haviam tido um enfrentamento com o ELN (Exército de Libertação Nacional da Colômbia) num setor de Nápoles conhecido como Panadería, onde meu pai tinha um de seus esconderijos. Disseram para ficarmos tranquilos, pois havia muitos homens patrulhando a região.

Ofereci-lhes *guarapo* – uma mistura de "água de cana" e limão – porque estavam com muita sede e encharcados de suor. As voltas que a vida dá: os ódios de antigamente haviam desaparecido graças ao diálogo franco entre minha mãe e o comandante "Chaparro".

No final de agosto de 1994 já tínhamos entreguado todos os bens que meu pai nos deixara, exceto os edifícios Dallas, Mónaco e Ovni, que, segundo os acordos feitos, eram meus e de minha irmã.

Ainda assim havia certas dúvidas sobre a propriedade de um avião e um helicóptero de meu pai, motivo pelo qual os *capos* de Cali convocaram minha mãe novamente para uma reunião naquela cidade. Ela foi logo e comprovou que o clima em relação a nós mudara radicalmente.

O encontro foi com cerca de trinta pessoas, quase as mesmas que participaram da primeira cúpula no começo do ano. No fim, e quando o assunto das aeronaves estava resolvido, Miguel Rodríguez perguntou a minha mãe por que não tentara se aproximar deles antes, pois teria podido evitar a guerra contra meu pai.

– Eu quis fazer isso, mas Pablo não me ouviu. Devo lembrar a vocês, senhores, que uma vez localizei um cunhado de um primo meu em Palmira, segurança de um de vocês, e pedi a ele que solicitasse uma aproximação para uma conversa. A resposta foi positiva. Então contei a Pablo e disse que estava fazia um tempo procurando contatos com o pessoal de Cali e já havia conseguido mais ou menos combinar um encontro, pois estava muito preocupada com meus filhos. Mas ele me disse que eu estava louca, que nunca me deixaria ir a Cali. Você só vai até Cali no dia em que eu estiver morto, disse, e acrescentou que eu era muito ingênua, que precisava ter mais malícia, que não sabia nada da vida, que os inimigos dele iriam me mandar de volta enrolada em arame farpado.

No fim das contas, meu pai tinha razão em uma coisa: ele precisou morrer para que minha mãe se aproximasse de seus inimigos e vivesse para contar a história.

CAPÍTULO 4

AMBIÇÃO DESMEDIDA

Pouco antes do meio-dia do dia 20 de março de 2014, uma quinta-feira, Alba Marina e Gloria Escobar Gaviria chegaram sem aviso e tocaram a campainha do apartamento de tia Isabel no edifício Altos, em Medellín.

As duas mulheres nem repararam que minha esposa Andrea saía do apartamento em frente, onde naquele momento eu repassava dezenas de fotografias e cartas para compor este livro.

— Nem pense em sair, que as suas tias Gloria e Alba Marina acabaram de chegar aqui no prédio; acho que elas não me viram — minha esposa disse, após voltar correndo.

— Bom, vamos ver qual é a novidade dessas aí. Não vejo as duas há vinte anos e resolvem aparecer agora. Muito estranho.

A chegada de minhas parentes naquela manhã foi inesperada; elas não anunciaram a vinda, mesmo as famílias de meu pai e de minha mãe estarem declaradamente distantes há muitos anos.

Dez minutos depois, quando confirmei que tinham ido embora, fui falar com a pessoa que as recebeu.

— Vieram procurá-lo, disseram que sabiam que você estava na cidade e que você as tinha prejudicado com o tal processo de cinco anos atrás; querem encontrá-lo para acertar as coisas.

— Não tenho nada para falar com essas duas. Negociar o quê? O que estou pedindo é justo, que elas nos deem o que tiraram de mim e da minha irmã, o que é nosso direito legítimo como herdeiros do avô Abel. Os bens dele estão embargados preventivamente, é melhor deixar a Justiça decidir – respondi.

– Receba as tias, vai, você não tem nada a perder. Fale com elas, aproveite que está aqui e faça isso.

Minha tia Isabel interveio na conversa e disse que notara que as Escobar pareciam com boas intenções, com vontade de acertar as coisas. Então liguei para minha mãe, que também se encontrava em Medellín, e contei o que havia acontecido; ela, como a irmã, concordava que eu deveria me reunir com as duas.

Então liguei para meu novo advogado, Alejandro Benítez, que me convenceu a tentar um acordo, pois nos aproximávamos de uma etapa longa e complexa do processo que tinha se iniciado em setembro de 2009, contra quase todos os meus tios por parte de pai – Alba Marina, Gloria, Argemiro e Roberto –, por causa da forma arbitrária e ilegal com que tomaram posse das propriedades que meu avô Abel deixara após sua morte, em 26 de outubro de 2001.

Naquele momento, o litígio tinha a ver com o espólio dos bens de meu avô, mas na verdade era o terceiro pleito judicial em que entrávamos com meus parentes paternos por conta de questões de herança. O primeiro dizia respeito à divisão dos bens de meu pai, o segundo ao testamento de minha avó Hermilda e o terceiro à herança de meu avô Abel, o qual já estava havia treze anos sem solução, e por isso eu precisaria encontrar minhas tias.

O pleito com os Escobar Gaviria pelos bens de meu pai ocorreu assim: um dia em setembro de 1983, dez anos antes de morrer, meu pai nos contou que tinha acabado de escrever seu testamento e validá-lo no Quarto Cartório de Medellín. O documento permaneceu oculto durante esse tempo todo, mas não tivemos dificuldade em encontrá-lo depois que baixou a poeira de notícias advinda de sua morte violenta. Mas, independentemente do que meu pai tivesse disposto no testamento, eu tinha certeza de que não faltaria nada para meus avós e para meus tios, irmãos dele.

Na divisão dos bens, meu pai deixara uma porcentagem para os Escobar Gaviria, e nós os comunicamos imediatamente. Estávamos dispostos a cumprir ao pé da letra a vontade expressa dele: 50% correspondia a minha mãe como cônjuge, 37,5% para mim e os 12,5% restantes seriam destinados, em livre disposição, a meus avós Hermilda e Abel, a meus tios paternos e a uma tia dele.

O documento estipulava claramente as porcentagens a serem distribuídas, mas representava um desafio legal, pois meu pai tinha em seu nome apenas 30 mil dólares em ações e um Mercedes-Benz modelo 1977; mas tanto as ações como o automóvel estavam confiscados, de modo que não fazia sentido dar início ao espólio.

De cara surgiu um problema muito sério, porque meu pai adquirira uma grande quantidade de imóveis e outras possessões, mas as escrituras não estavam em seu nome. Era preciso recuperá-las. Havia muitas em meu nome e no de Manuela, mas já estavam em processo de extinção de domínio no Ministério Público.

O primeiro sinal de que a questão da herança de meu pai não seria resolvida facilmente com meus parentes veio em maio de 1994, quando Argemiro Escobar nos visitou no apartamento de Santa Ana e afirmou que a porcentagem que correspondia a eles segundo o testamento era de 25%. Expliquei que na verdade era a metade disso, e ele ficou furioso. No fim, concordamos que nosso advogado e uma engenheira especialista em assuntos cadastrais os procurariam para resolver o impasse.

Após algumas reuniões, nossos parentes entenderam que meu pai havia lhes deixado 12,5% dos bens, e foi sobre essa base que estruturamos os acordos particulares para cumprir o testamento.

Assim, os Escobar Gaviria receberam uma grande quantidade de propriedades livres de amarras judiciais. Os bens eram, em sua maioria, terrenos em zonas rurais e lotes em Medellín; havia também a casa azul de Las Palmas, um apartamento perto da Quarta Brigada do Exército e a casa no bairro Los Colores, aquela que meu pai comprou quando era recém-casado e que minha tia Gloria reivindicou como sua porque, segundo ela, havia dado a casa de presente a meu pai.

Nós ficamos com os edifícios Mónaco, Dallas e Ovni e a fazenda Nápoles, sabendo que estavam nas mãos do Ministério Público, mas com esperanças de recuperá-los.

A divisão dos bens foi aprovada naquela época por meus avós e por meus tios, mas eles nunca assinaram os documentos devidos. Em outras palavras, a herança de meu pai foi distribuída, mas nunca foi iniciada legalmente.

Embora tivessem recebido os bens acordados, eles consideraram a divisão de bens insuficiente e tentaram tirar de nós os três edifícios, com o argumento de que Pablo os havia construído, e não seus filhos, e que por isso também deveriam ser repartidos conforme os termos do testamento. No afã de se apropriarem desses bens valiosos, chegaram ao extremo de envolver o cartel de Cali, prestando queixa a eles.

As feridas que a divisão da herança de meu pai deixou ficaram em segundo plano no fim de 1994, quando saímos do país e conseguimos refúgio na Argentina, onde nos concentramos em começar uma nova vida.

Por um bom tempo conseguimos deixar para trás os assuntos relacionados a meus parentes da família Escobar, mas em outubro de 2001, sete anos após a nossa chegada em Buenos Aires, ligaram-nos de Medellín para avisar do falecimento de meu avô Abel.

Lamentamos profundamente a sua morte, porque ele sempre manteve uma postura equilibrada em meio às confusões que envolveram a família desde o começo da década de 1970, quando meu pai optou por viver na ilegalidade.

Lembro da discrição dele, de sua decisão radical de não abandonar sua condição de homem do campo. Mesmo nos piores momentos, quando corríamos de esconderijo em esconderijo fugindo das autoridades, meu avô dava um jeito de mandar para todos um saco de batatas, que cultivava em seu sítio. Essa foi sempre sua maneira silenciosa de demonstrar o amor que sentia por nós.

Meu avô falecera e, pela lei, eu e Manuela éramos herdeiros da parte de seus bens que corresponderiam em vida a meu pai, representados por várias propriedades situadas no leste de Antioquia, em La Ceja, El Uchuval e El Tablazo.

Demos uma procuração para que o advogado Francisco Salazar Pérez pudesse ir adiantando os trâmites do espólio na Colômbia. Ele já administrava os processos em que tentávamos recuperar os bens apreendidos pelo Ministério Público.

De acordo com as notícias que recebíamos do advogado Salazar nos meses seguintes, o processo judicial referente à herança de meu avô caminhava a passos lentos e sem maiores dificuldades.

Tempos depois, em novembro de 2005, recebi uma mensagem da jornalista Paula López, do jornal *La Chiva* de Medellín, em que pedia minha opinião pois estava prestes a publicar uma matéria que revelava a existência de um testamento de minha avó Hermilda.

Paula acrescentou que o documento havia sido registrado no Cartório Único do município de La Estrella e, segundo estava escrito, ela deixava os bens para seus cinco filhos – Pablo e Fernando já haviam morrido –, para a irmã, para seus dezesseis netos na época e para os quatro bisnetos. Como meu pai, minha avó Hermilda decidira escrever seu testamento antes de morrer.

Após ler o documento que Paula me encaminhou por e-mail, confirmamos que minha avó havia renegado seu filho no testamento, e que mais uma vez eu e Manuela nos encontrávamos muito longe dos afetos de nossa família paterna. O dia a dia em Buenos Aires ocupou toda nossa atenção e guardamos esse incômodo na gaveta do esquecimento.

No entanto, precisaríamos ter um último contato com ela em setembro de 2007. Minha mãe estava em Medellín para resolver alguns assuntos pessoais e contaram a ela que a saúde de Hermilda havia se deteriorado muito nas últimas semanas devido a diabetes. Então minha mãe foi visitá-la no edifício Abedules em El Poblado, e o encontro entre as duas foi muito emotivo. Quase no fim da conversa e quando minha mãe já começava a se despedir, minha avó pronunciou algumas palavras que pareceram demonstrar arrependimento.

– Antes que eu morra, queria pedir a vocês que honrem os compromissos pendentes e entreguem o que corresponde a cada um dos filhos de Pablo – disse ela, na presença de tios paternos, que a acompanhavam naquele momento.

Finalmente, em outubro de 2007, a diabetes desencadeou a morte de minha avó Hermilda, que foi sepultada no cemitério Jardines de Montesacro, ao lado do túmulo de meu pai. Dias depois, já em Buenos Aires, recebemos um e-mail de Luz María Escobar pedindo que designássemos um advogado para nos representar na questão do espólio de minha avó.

Assim o fizemos; liguei para o advogado Salazar de um telefone público perto de casa e pedi que ele cuidasse também desse processo de espólio. Assim, ele estaria à frente da divisão de bens dos meus dois avós.

Combinamos que seus honorários seriam 15% do que ficasse para nós, embora soubéssemos de antemão que seria muito pouco, pois tínhamos certeza de que a família de meu pai não faria esforço algum para entregar o que era nosso por direito.

Com efeito, as boas intenções de minha avó antes de morrer não serviram de nada, porque logo soubemos que meus tios haviam rifado entre eles vários carros, móveis, obras de arte e diversos objetos. E também repartiram entre eles algo que não estava escrito no testamento e que era talvez a coisa mais valiosa: uma fortuna em joias e milionários certificados de depósito bancário expedidos por minha avó em favor de terceiros.

Não era segredo para ninguém na família que, na época das vacas gordas, meu pai chegava com sacolas de plástico repletas de joias e as repartia com minhas tias, e especialmente com minha avó. Em algumas ocasiões, para se divertir um pouco, rifava-as comigo sentado em seu colo, dizendo para eu escolher o número vencedor. Esses anéis, pulseiras, colares e relógios eram ou um pagamento pelas dívidas daqueles que haviam perdido carregamentos de cocaína, ou um oferecimento daqueles que queriam entrar no negócio.

A verdade é que, sete anos após a morte de minha avó, não recebemos tudo aquilo de sua herança que era nosso por direito. Segundo os filhos dela, seus bens haviam praticamente desaparecido nas mãos de credores, que para nós nunca existiram. Meus tios deram um jeito de tirar de nós o pouco que nos pertencia.

Ainda resta resolver a situação do apartamento no edifício Abedules no qual ela morava, que hoje está vazio e cheio de dívidas acumuladas, mas com uns vinte herdeiros esperando por ele.

O espólio da avó Hermilda abriu nossos olhos para o comportamento de Salazar, nosso advogado, pois descobrimos que ele não comparecia às audiências relacionadas ao espólio de meu avô Abel, cujo processo havia adentrado uma etapa de definições. Se não nos movimentássemos a tempo, correríamos o risco de perder tudo.

Até então acreditávamos no advogado, que nos enchia de esperanças por telefone e dizia que os trâmites avançavam normalmente.

Mas a desconfiança foi maior e um dia viajei secretamente para a Colômbia e confirmei que Salazar estava mentindo o tempo todo. É o que mostram os inúmeros autos do processo, pois em pouquíssimos ele se apresentara como nosso representante, e quando esteve lá não realizou trâmite algum.

Decepcionado, fui até a vara da família, onde o processo do espólio de meu avô tramitava. Tive uma sorte enorme, pois faltavam apenas quarenta e oito horas para a prescrição do prazo. Lá mesmo desfiz a permissão para ele nos representar. Quando soube que havia sido descoberto, Salazar disse por telefone que reconhecia seus equívocos na administração do caso e perguntou quanto me devia pelo erro.

– Isso é o cúmulo, doutor! Não é questão de dizer o quanto você me deve. Você conhece melhor que ninguém a nossa realidade econômica; sabe o quanto precisamos desse dinheiro para pagar nossa permanência na Argentina. Já roubaram de mim e da minha irmã uma vez, com a história da herança do meu pai, e agora, graças a sua negligência, vão conseguir de novo.

Sem Salazar, ficamos à deriva, e tivemos de procurar uma firma de advocacia especializada em todos os assuntos porque os processos ficaram sem ninguém à frente. Chegamos enfim a Darío Gaviria, que se interessou em administrar os casos, embora através de outro advogado que assinasse por ele, pois não queria se envolver diretamente com assuntos da família.

Mas essa relação também terminaria muito mal, porque nosso novo advogado de defesa não apenas cometeu todos os erros possíveis ao longo dos processos como também descobrimos que ele era cúmplice de meu tio Roberto, e deixava expirar os prazos judiciais do processo.

Indignado, liguei para reclamar com Gaviria, pois o acordo inicial era que ele coordenaria o advogado, mas ele saiu pela tangente e disse não ter nada a ver com esses casos. Após vários dias de discussões duras, em que eu inclusive disse que o processaria, cancelei os serviços do escritório de Gaviria e contratei o advogado Alejandro Benítez, que por fim nos conduziu pelo caminho certo.

Tendo Benítez assumido o processo referente ao espólio de meu avô, dirigimo-nos à Nona Vara da Família de Medellín, onde apresentamos uma ação em que solicitávamos o embargo preventivo de todos os bens de meu avô Abel, porque tínhamos informações que indicavam que meus tios paternos os estavam vendendo pelas nossas costas.

Dias depois, disseram-nos que meus tios haviam tido uma surpresa desagradável ao saber que as propriedades incluídas no espólio de meu avô tinham sido congeladas.

Pela primeira vez em muitos anos tínhamos virado o jogo e agora estávamos com a faca e o queijo na mão.

Os anos de abuso estavam prestes a ter um fim. Lembro que o autor da arbitrariedade mais exacerbada de todas foi o juiz de um dos processos, um sujeito do litoral que passava os dias de chinelo no escritório, com os pés em cima da mesa, e sempre procurava uma maneira de abusar de nossos direitos.

Como a vez em que convocou a mim e a minha mãe para uma audiência e negou nosso pedido de a realizarmos à distância, no consulado de Buenos Aires. Não teve jeito, tivemos de ir até Medellín. Fiquei preocupado com o fato de que, depois de tantos anos de conflito, a família de meu pai soubesse com muita antecedência a hora exata em que estaríamos na vara. Assustado, pedi ajuda e proteção a familiares e amigos, que me emprestaram um carro blindado e quatro guarda-costas, e tomamos medidas para garantir que nada acontecesse conosco.

A audiência começou muito tempo depois da hora marcada porque o juiz demorou a chegar. Alguns de meus tios estavam representados pela advogada Magdalena Vallejo, que tomou a palavra e começou a fazer perguntas com a clara intenção de me confundir. Consegui sair do aperto com uma frase, que havia pensado muito tempo antes, e que tirou a advogada do sério:

— Independentemente disso tudo que a doutora me pergunta, a única verdade é que meus tios não cumpriram nada, ficaram com todos os bens e não deixaram nada para nós.

A advogada, visivelmente desesperada, deu-se por vencida depois da quinta pergunta a que respondi com essa mesma frase.

Antes de encerrar a audiência, o secretário perguntou se eu queria acrescentar algo ainda, e eu disse que sim. Olhei para Magdalena e disse que não entendia porque ela ficava tão furiosa se sabia que estavam cometendo um verdadeiro abuso com minha irmãzinha e comigo.

– Juan Pablo, não estamos mais nos anos 1980 e vocês não mandam mais aqui; tenho muitos amigos e conhecidos com poder, que me protegem.

Então eu disse ao secretário que queria dizer algo para constar nos autos: "Quero deixar muito claro que sinto vergonha de ter de recorrer à Justiça para lembrar aos irmãos de meu pai que Pablo Emilio Escobar Gaviria existiu, e que, além do mais, era irmão deles e seu único benfeitor. Ninguém em minha família paterna, sem exceções, jamais trabalhou por conta própria, e se até hoje têm o que vestir ou a possibilidade de tomar um café na rua, é por conta do meu pai, e não deles. A Colômbia não esquece quem foi Pablo Escobar. Mas parece que sua família, sim".

Então, com os bens embargados, tornava-se claro que a bola estava do nosso lado do campo e que essas arbitrariedades seriam coisa do passado. A família Escobar seria obrigada a negociar conosco e enfim nos dar o que era nosso por direito.

Esse novo cenário foi o que levou minhas tias Alba Marina e Gloria a virem atrás de mim no edifício Altos em março de 2014. Embora a visita inesperada tenha me deixado muito incomodado, depois de ouvir as opiniões de minha mãe, de minha tia e de meu advogado aceitei falar com elas na tarde do sábado, dia 22, naquele mesmo mês.

O primeiro a chegar foi meu advogado, com quem combinei duas coisas: que nós falaríamos depois de minhas tias e que de maneira alguma voltaríamos a assuntos do passado, para não nos perdermos em discussões inúteis.

Cinco minutos depois tocou o interfone e a empregada acompanhou minhas tias. Saí para recebê-las no hall, e elas me cumprimentaram sorridentes, com aquele sorriso falso que eu estava cansado de ver.

– Oi, como você está? – disseram, quase em uníssono.

Estiquei a mão para que entendessem a distância de meu cumprimento, mas Alba Marina se aproximou, me deu a mão e me puxou bruscamente para me dar um beijo na bochecha. Ela não era mais minha tia. Nenhuma das duas.

Pedi para que fossem direto ao ponto, para não perdermos tempo. Estava com o estômago embrulhado. Levei-as para a mesa de jantar, sentei-me na cabeceira e disse que era todo ouvidos.

– Juan Pablo, nós estamos sendo muito prejudicadas pelo que está acontecendo; não era necessário que vocês nos processassem por causa da herança, porque sempre estivemos dispostos a entregar a vocês as coisas do vovô – disse Marina.

"Começou bem", pensei com meus botões. "Nada melhor que uma mentira do tamanho do mundo para começar uma reunião conciliatória." Lembrei que uns anos antes, quando requeríamos o que era nosso por direito, elas respondiam, indolentes: "Com muito prazer; vamos dar a parte de vocês assim que pagarem todos os gastos, as escrituras, os impostos que devem ser pagos por essas propriedades". Por meio de nossos advogados respondíamos que o justo era pagar proporcionalmente. Mas eles sempre se faziam de desentendidos.

– O que queremos é encontrar uma saída para isso. O que vocês querem? O que pretendem? A quanto aspiram? – Marina replicou.

Respondi que queríamos uma única parte de uma das propriedades do vovô, para não ter um pedacinho em várias, e além do mais economizaríamos com os gastos de várias escrituras. Expliquei que pretendíamos ficar com catorze quadras, uns nove hectares, da fazenda La Marina, em La Ceja.

– E por que catorze quadras? Vocês não teriam direito a tudo isso! Dez, no máximo, se muito – Marina respondeu, elevando a voz.

– Porque pela lei o mínimo que nos corresponderia seriam dez quadras, mas consideramos que os danos causados valem quatro quadras a mais – expliquei.

– Não estamos nem falando da questão penal, porque houve falsificação de documentos e foram cometidos delitos pelos quais todos vocês deveriam responder, incluindo seus advogados, pelas graves omissões que ocorreram dentro do processo. Mas a ideia não é essa, a ideia é procurar uma saída amigável – meu advogado interveio.

– Vou contar a verdade para vocês: Roberto é dono de 25% dessa propriedade, mas como está endividado vendeu tudo para um homem muito perigoso que está na cadeia – Marina falou.

– E quem é esse homem? – perguntei.

– Tenho até medo de dizer quem é. Pergunte para o Roberto. Uma advogada desse homem embargou a parte que Roberto vendeu, mas ela sabe que não pode fazer muito mais até que vocês suspendam a medida que impede qualquer transação. Esse homem está furioso e quer tomar posse da propriedade. Então não sabemos o que fazer. Um dia, Roberto estava lá e nós duas chegamos... O homem ficou furioso, nos xingou, nos chamou de tudo um pouco e nos expulsou aos gritos, dizendo que ele era dono de tudo, falando para não voltarmos a aparecer por lá. Se você não ceder, Juan Pablo, Roberto vai acabar vendendo as propriedades do meu pai e, nesse ritmo, todos vamos ficar sem nada.

Quase sem me deixar abater, respondi que a minha briga estava na Justiça, e que se elas achavam meu pedido muito alto, não fazia sentido continuarmos tentando achar uma saída, deixaríamos então tudo nas mãos do juiz, mesmo que ele decidisse a favor de Roberto. Disse ainda que poderia apelar a instâncias superiores, e que tinha certeza de que ganharia.

– Juan Pablo, ponha a mão no coração. Diminua o que está pedindo, para ir com uma proposta sensata a esse homem na cadeia; com Roberto é impossível, porque ele não nos deixa entrar na casa dele, a casa azul que era do pai dele e que nos corresponde uma parte – Marina propôs.

– Olhe, Marina, minha intenção é acabar com esse processo que tem desgastado a todos nós. Vou falar com o doutor Benítez e por intermédio dele comunicarei qual é nossa proposta final. Mas aí vai ser pegar ou largar.

Dois dias depois, e após se reunir com minhas tias, o advogado me ligou e disse que finalmente haviam chegado a um acordo. Naquele mesmo dia suspendemos o embargo sobre os bens de meu avô Abel e tudo ficou resolvido. Por fim. Após treze anos, encerrávamos um longo litígio no qual só queríamos que reconhecessem aquilo que era nosso por direito.

Tendo superado esse obstáculo, lembrei de uma carta que havia escrito para meus tios paternos uma tarde, quando o conflito parecia não ter saída. Aqui estão alguns trechos:

Para a família que não tive:
Esta talvez seja a última carta que enviarei aos irmãos e irmãs de meu pai. [...] Meu desejo de alcançar a paz é tão grande que me atrevo a sentir apenas o legítimo desejo de cobrar de vocês tanto por suas ações quanto por sua falta de ação, ou por sua deslealdade à pessoa e à memória de meu pai, ao homem que chegou a dar a própria vida para que as nossas pudessem continuar. [...] Não vou falar de dinheiro, não vou enumerar a imensurável (embora já velha e corroída) lista de danos sofridos. Não sei de quantas maneiras vocês ainda lucrarão com a história de meu pai, mas isso já não me importa. Quero apenas preservar as gratas lembranças que tenho dele e, com o tempo, com a ajuda de Deus e a sabedoria da vida, talvez eu possa, como um arquiteto, reconstruir as ruínas dessa família e projetar sobre elas um futuro mais nobre e digno.

CAPÍTULO 5

AS ORIGENS DE MEU PAI

– Minha filha, você está disposta a ficar levando quentinhas para o Pablo na prisão pelo resto da vida?

– Estou disposta sim, mãe.

Esse curto diálogo entre Victoria Eugenia Henao Vallejo e sua mãe, Leonor, em 1973, selaria o destino daquela que poucos anos depois seria minha mãe.

Leonor – a família a chamava de Nora –, fez essa pergunta à filha de treze anos porque de alguma maneira havia se dado por vencida; não conseguia acabar com o namoro da filha com Pablo Emilio Escobar Gaviria, um homem onze anos mais velho, malvestido, mulherengo, baixinho, sem um trabalho sério e que, além do mais, não escondia sua inclinação para o crime.

Minha avó Nora queria, na verdade, que Victoria, uma menina bonita, alta, esbelta e que era boa aluna, se juntasse com alguém mais abastado e de família, e não com Pablo, claramente a pessoa menos indicada para ela.

≡ ★ ≡

Os Escobar e os Henao chegaram ao incipiente bairro de La Paz em 1964, mas só se conheceriam muitos anos depois. Naquela época, o acesso a essa zona rural do município de Envigado era por uma longa e estreita estrada de terra.

Em janeiro desse mesmo ano, o Instituto de Crédito Territorial (ICT) – a entidade do governo encarregada de construir moradias populares para famílias de baixa renda –, designou para os Escobar uma casa na última das três etapas da nova urbanização, composta por casas térreas idênticas, com telhados cinza e pequenos jardins com flores das mais vivas cores, mas sem água e sem luz.

A chegada de Hermilda e Abel e seus sete filhos àquele bairro encerrou um longo período de peregrinação iniciado vinte anos antes, quando ela foi contratada como professora na escola primária de El Tablazo, um pequeno povoado frio e brumoso no município de Rionegro, leste de Antioquia, que possui extensos terrenos em que se cultivam amora, tomate-francês e uma grande variedade de flores.

Depois de vários meses, Abel, que morava com os pais numa propriedade na parte alta de El Tablazo, a seis quilômetros de distância da escola, ficou vidrado na professora Hermilda – chamaram-lhe a atenção seu porte, a cultura que ela tinha e seu espírito empreendedor. Então ele, agricultor inquieto e solitário, pediu-a em casamento, e ela aceitou imediatamente. Casaram-se no dia 4 de março de 1946 e ela deixou o magistério, porque assim ditavam as normas da época, e se mudou para morar com o marido na casa dos sogros.

Dez meses depois, no dia 13 de janeiro de 1947, nascia meu tio Roberto, e em 1º de dezembro de 1949 seria a vez de meu pai, a quem deram o nome do avô: Pablo Emilio.

Em abril de 2014 voltei a El Tablazo para recriar algumas passagens deste livro e percorri a propriedade de meu avô Abel, que se mantém de pé, embora notadamente deteriorada. Ainda assim, o passar dos anos não conseguiu apagar a marca que minha família paterna deixou naquele lugar. Do lado de fora, à direita, próximo à entrada, está o quarto que meu pai ocupou, de dois metros de largura por dois e meio de comprimento. A porta de madeira é a mesma, mas me chamou a atenção a cor das paredes porque, apesar da sujeira e do desgaste, ainda se via o tom azul-claro, que seria sua cor predileta em vários momentos da vida.

Minha avó se dedicou incondicionalmente a criar Roberto e Pablo, negando a si mesma, mas Abel não conseguia sustentá-los, porque a propriedade não rendia o suficiente, de modo que meu avô teve de ir procurar emprego. Conseguiu um com o vizinho, um respeitado político de Antioquia, Joaquín Vallejo Arbeláez, que o contratou como administrador de sua fazenda El Tesoro.

Meus avós e seus dois filhos foram morar na propriedade de Arbeláez, que se tornou um verdadeiro protetor para eles. Minha avó Hermilda, que adorava contar suas histórias, me disse uma vez que, quando chegaram para morar com Arbeláez, ele deixou claro que seu administrador era Abel, e que de maneira alguma ela seria sua funcionária. Como minha avó contou, Arbeláez foi muito bom para eles, e por isso o convidaram para ser padrinho de batismo de Pablo. Ele aceitou com gosto, e no dia 4 de dezembro de 1949 compareceu à cerimônia com sua esposa Nelly, na paróquia de San Nicolás de Rionegro, em Antioquia.

Mas minha avó estava longe de aceitar as penúrias diárias e o aperto econômico, e um belo dia, contra a vontade de Abel, solicitou sua readmissão como professora, em qualquer lugar do estado. Os burocratas de então aceitaram o pedido, mas a castigaram pelo fato de estar casada e mandaram-na para uma escola no município de Titiribí, sudoeste de Antioquia.

Foram todos para lá e, como era costume naquela época, os professores podiam morar nos alojamentos escolares, de modo que os Escobar Gaviria se acomodaram numa pequena casa anexa à escola. Enquanto Hermilda dava aulas, Abel tentava sem sucesso encontrar algum trabalho como agricultor, pintor ou jardineiro.

Mas o longo braço da violência partidária, que eclodia no país após a morte do caudilho liberal Jorge Eliécer Gaitán em abril de 1948, haveria de alcançá-los naquela inóspita região.

Era o ano de 1952 e o confronto entre liberais e conservadores forçou meus avós a se esconderem várias vezes. Os bandidos chegavam procurando por eles para matá-los, armados com facões. Durante aqueles anos, tiveram de mudar de escola em ao menos quatro ocasiões para fugir dos "*chusmeros*". De Titiribí, mudaram-se para Girardota e para outros povoados, onde o perigo era seu café da manhã de todos os dias.

Anos depois, num fim de semana na fazenda Nápoles, minha avó juntou vários netos ao lado da piscina, mandou a gente sentar e contou com detalhes sobre essa época terrível em que estiveram à beira da morte. Ainda comovida, relatou que, numa noite chuvosa e fria, quatro bandidos foram atrás deles, armados com facões, e precisaram se esconder numa das salas de aula da escola e trancá-la à chave para evitar que entrassem lá e lhes cortassem as cabeças, comportamento comum entre os liberais e conservadores naquela época. Aterrorizada, minha avó falou para o marido e os filhos ficarem em absoluto silêncio, não saírem do chão nem irem até as janelas, porque via nas paredes a sombra projetada dos assassinos. Naquele momento, e quando achava que estava tudo perdido, minha avó entregou a vida deles à única imagem religiosa que havia no lugar: a do Menino Jesus de Atocha. Em voz baixa, prometeu que construiria uma igreja em sua honra caso os salvasse aquela noite.

Todos saíram com vida, e a partir daí minha avó se tornou devota do Menino Jesus de Atocha, cuja imagem carregava em todo tipo de santinhos. Chegou até a montar um altar no próprio quarto. A promessa de construir uma igreja em sua homenagem viria a se cumprir muitos anos depois, num dos terrenos que meu pai comprou para seu projeto de habitação popular gratuita chamado Medellín sin

Tugurios (Medellín sem Favelas). Ele pagou pela obra e minha avó ficou em paz, pois havia cumprido a promessa que salvara sua vida.

A angústia e a instabilidade finalmente terminaram quando a Secretaria de Educação de Antioquia transferiu minha avó para a escola de Guayabito, em Rionegro, uma velha construção com duas salas, banheiro e uma casa grande onde se acomodaram meus avós e seus filhos, que então já eram seis, pois durante o périplo pelas escolas rurais do estado nasceram Gloria, Argemiro, Alba Marina e Luz María, que se somaram a Roberto e Pablo.

Em Guayabito, Roberto e Pablo cursaram os primeiros anos do primário com a mãe, mas como a escola só ia até a quarta série, foram transferidos para outra maior, dessa vez na zona urbana de Rionegro. Os irmãos Escobar entraram na escola Julio Sanín, mas ela ficava longe e tinham de caminhar duas horas para ir e duas para voltar, muitas vezes descalços, por uma estrada de terra.

Minha avó observava com pesar as agruras dos filhos e resolveu economizar para comprar a primeira bicicleta para Roberto. Foi um alívio. De manhã, quando saíam para a escola, Roberto dava impulso e Pablo subia na garupa. Pouco tempo depois, e por conta das repetidas queixas de Roberto por ter de carregar Pablo, minha avó conseguiu comprar a segunda bicicleta, que resolveu as diferenças.

Com o tempo, Roberto foi se tornando um corredor, e a rivalidade entre os dois cresceu – Roberto morria de raiva porque treinava diariamente, esforçava-se, mas Pablo, que era mais preguiçoso nesse sentido, era quem ganhava todas as corridas.

Essa brincadeira, aparentemente inocente, foi enraizando em Roberto um ressentimento contra Pablo, que se acentuaria depois, quando Pablo de novo ganhou de Roberto em outra corrida: a de quem ficava milionário primeiro. Além disso, Pablo começaria a se encontrar cada vez com mais frequência com seu primo Gustavo Gaviria, que vinha visitá-los e passava os fins de semana na casa.

O destino daria uma guinada inesperada na vida dos Escobar Gaviria quando minha avó Hermilda – de novo contra a vontade de Abel, que queria permanecer no campo – conseguiu ser transferida para uma escola em Medellín. Ela sabia que seus sete filhos – Fernando, o último, já tinha nascido – só poderiam receber uma educação decente na capital de Antioquia, e acionou todas as suas influências e amizades até conseguir a transferência.

Chegaram à casa grande e confortável de minha bisavó Inés – mãe de Hermilda – no bairro Francisco Antonio Zea, em Medellín, onde possuía uma próspera fábrica de corantes. Minha avó começou a dar aulas na escola do bairro de Enciso, um lugar no alto de um morro, habitado por famílias de baixa renda.

Os Escobar Gaviria tinham enfim chegado a Medellín, mas sua peregrinação estava longe de terminar. Com efeito, nos dois anos seguintes, minha avó foi transferida para as escolas Caracas e San Bernadita, e a família teve de se mudar várias vezes.

Até que, em meados dos anos 1960, fincaram raízes no bairro de La Paz. A casa tinha três quartos, um banheiro, sala, cozinha e pátio. Uma vez instalados, acomodaram-se do jeito que deu nos dois primeiros quartos e, no terceiro, o que dava para a rua, meu avô Abel instalou um pequeno negócio, que por falta de clientes acabou fechando alguns meses depois.

Pablo, então, esperto como sempre foi, passou a ocupar esse espaço e o pintou de azul-claro, como seu antigo quarto em El Tablazo; além disso, montou uma pequena biblioteca com as tábuas de madeira que sobraram do fechamento do negócio de meu avô. Nela colocou, perfeitamente ordenados, alguns livros de política, sua coleção de *Seleções do Reader's Digest* e textos dos líderes comunistas Vladimir Ilich Ulianov, Lênin e Mao Tsé-tung. Num canto de sua biblioteca improvisada pôs um crânio de verdade.

– Grégory, um dia resolvi que ia enfrentar meus medos e decidi que o melhor a fazer seria entrar num cemitério à meia-noite e tirar um crânio de uma tumba. Ninguém me enxotou de lá, não aconteceu nada comigo. Depois de limpar, pintei a caveira e coloquei em cima da minha escrivaninha, para usar como peso de papel – meu pai me contou um dia.

Meu pai ia fazer quinze anos quando a família chegou ao bairro de La Paz, e poucas semanas depois ele já estudava no turno da tarde no Liceu de Antioquia, que ficava a meia hora de ônibus de casa.

De noite, encontrava-se com "Rasputín", os Toro, os Maya e "Rodriguito" na sorveteria La Iguana, onde tomavam café e ele anotava numa cadernetinha os pensamentos que lhes vinham à cabeça.

A camaradagem era tão forte que fundaram os Boy Scouts do bairro, recolhiam dinheiro nos incipientes bailes caseiros, cortavam grama aos sábados e iam acampar nos fins de semana em um morro na parte alta do bairro.

Também se tornaram assíduos no Teatro Colombia de Envigado; iam duas ou três vezes por semana até lá para ver filmes de James Bond, filmes mexicanos e de faroeste.

Os correligionários tinham a particularidade de fazer piadas muito pesadas entre eles, e todos tinham de aguentar. Meu pai só impunha uma condição: não podiam chamá-lo de anão, banana ou cotoco. Para ele era muito humilhante se sentir baixinho; medir 1,67 metro sempre foi um carma.

A política bateu à porta do grupo de amigos, que naquela época – especialmente meu pai – tinha como referência mais próxima o processo revolucionário de Fidel Castro em Cuba e o assassinato, em janeiro de 1961, do líder anticolonial congolês Patrice Lumumba. Meu pai se interessou pela vida deste último e constantemente se referia a sua personalidade marcante.

A agitação mundial se refletia nas universidades públicas de boa parte do país e os estudantes se viram imersos em grandes manifestações de rua. Meu pai compareceu a um desses protestos na Universidade de Antioquia, e nessa noite disse o seguinte para seus amigos na sorveteria La Iguana: "Um dia vou fazer uma revolução, mas uma revolução para mim".

A birra enorme que meu pai sempre teve da polícia começou naquela época, por causa da maneira como ela reprimia as manifestações estudantis. Tanto que, a partir desse momento, cada vez que uma patrulha passava pelo bairro, ele jogava uma pedra e gritava "policiaizinhos filhos da puta" para eles.

No dia a dia de meu pai já aparecia constantemente a figura de seu primo, Gustavo Gaviria, porque além do mais estudavam no mesmo colégio; por sua parte, meu tio Roberto se dedicou com afinco às corridas de ciclismo e competiu na Volta da Colômbia e em outras provas regionais; também competiu com algum êxito na Itália e na Costa Rica. Ainda assim, não dispunha de dinheiro suficiente para bancar os gastos nas competições, mas conseguiu um patrocínio da loja de eletrodomésticos Mora Hermanos.

Mesmo meu pai evitando falar do assunto, após várias conversas entrecortadas nos esconderijos em que ficávamos, concluí que sua carreira no crime começou no dia em que descobriu a maneira de falsificar os diplomas de formatura do Liceu em que estudava.

Para cometer a fraude, meu pai e Gustavo pediram emprestadas as chaves da sala de professores e secretamente fizeram uma cópia delas, usando um molde de massinha; em seguida, roubaram os diplomas, que então eram expedidos em papel selado, e mandaram fabricar os selos do colégio. Também aprenderam a copiar a letra dos professores para colocar as notas finais, bem como suas assinaturas. Assim, dezenas de jovens se formaram no Liceu de Antioquia sem sequer terem assistido às aulas.

O molho de chaves também serviu para durante um tempo venderem para os alunos o gabarito das provas mais complicadas, como matemática e química. Até que alguém ficou desconfiado das notas altas naquelas matérias e os diretores do liceu modificaram os sistemas de avaliação e mudaram as respostas.

Pablo Escobar já tinha conseguido juntar um dinheirinho e isso o animou a seguir com seus ainda "pequenos" delitos.

Ao mesmo tempo que lucravam com os diplomas falsos, meu pai e Gustavo roubavam laranjas de uma propriedade conhecida como "a dos Negros" – situada muitas ruas acima de La Paz – e as vendiam no mercado ou nas casas do bairro. Em outras ocasiões, passavam por uma vendinha na parte alta da zona urbana e fingiam que tropeçavam para que as laranjas caíssem no chão e rolassem rua abaixo, onde as recolhiam e à noite as vendiam de novo para o dono do estabelecimento.

Foi por aqueles dias que a coleção das *Seleções* começou a crescer em sua estante. O motivo? Ele pedia que os meninos do bairro pegassem escondidos essas revistas em suas casas e as dessem para ele de presente. Assim, recebia as mais recentes; e falava tão bem e com tantos argumentos que os vizinhos do bairro alugavam-nas para ler aos fins de semana, e depois as devolviam.

Meu pai e os amigos dele começaram a ganhar confiança em cometer delitos, e um dia roubaram o Cadillac do bispo de Medellín, que viera para a inauguração de uma obra no bairro. Um deles estudava no Sena e sabia como ligar um carro sem chave. Conseguiram dar a partida e foram dar umas voltas pelos municípios próximos a Medellín, e quando voltaram perceberam que o bairro estava cheio de policiais procurando o veículo. Então, foram até um lugar entre os bairros de La Paz e El Dorado, no caminho para Envigado, e o abandonaram lá.

Com o dinheiro que economizou durante esse tempo, Pablo deu entrada para a compra de uma Vespa, uma moto italiana modelo 1961, cinza, com a qual do dia para a noite virou o garanhão do bairro; as garotas de repente descobriram um galã apaixonado, de conversa fácil e muito detalhista, mas também exótico ao se vestir, pois não se importava se a roupa combinava ou não; além do mais, gostava de deixar a camisa para fora da calça e dobrar a manga. De vez em quando aparecia pelas ruas do bairro dentro de um poncho de lã branca, parecido ao que anos depois vestia quando recém-chegara ao presídio La Catedral.

A moto ocupava toda sua atenção, mas o dinheiro ainda era curto, e por isso na gaveta de roupas tinha apenas quatro camisas, duas calças jeans e um par de mocassim.

Apesar de tudo e das limitações, Pablo adotou quatro costumes que o acompanhariam pelo resto da vida: um deles era que o primeiro botão da camisa deveria ser abotoado exatamente na metade do peito. Nem mais acima, nem mais abaixo. É curioso, mas já vi dezenas de fotos de meu pai e em todas, sem exceção, ele aparece com o primeiro botão abotoado da camisa no lugar que preferia.

Outro costume era o de sempre cortar o próprio cabelo. Não gostava de barbeiros e havia se acostumado a aparar as pontas com uma tesoura. Nunca foi a um barbeiro, e só permitiu que minha mãe cortasse o cabelo dele algumas poucas vezes; ela insistiu em diversos momentos para chamarem urgentemente um cabeleireiro, mas ele nunca aceitou.

O terceiro costume era usar o mesmo tipo de pente para o cabelo. Era um pente de tartaruga pequeno, e o mantinha sempre à mão no bolso da camisa. Ajeitar com frequência o penteado durante o dia era uma das poucas demonstrações de vaidade de meu pai; não seria exagero dizer que num dia normal sacava o pente pelo menos umas dez vezes. Sua fixação com o pente de tartaruga era tal que, anos depois, na época da abundância, mandava trazerem até quinhentos deles dos Estados Unidos de uma vez.

E o quarto hábito era tomar banhos demorados. Era impressionante. Como estudava de tarde e ficava até altas horas da noite com os amigos, acostumou-se a acordar depois das dez horas da manhã. Ficava até três horas debaixo do chuveiro. Essa rotina não mudou nem nas piores épocas, quando vivia de esconderijo em esconderijo, com a sombra de seus inimigos muito próxima. O simples ato de escovar os dentes durava no mínimo quarenta e cinco minutos, e sempre com uma escova para crianças.

Anos depois, eu brincava com ele por causa da demora na escovação dos dentes, mas ele respondia:

— Filho, vivendo na clandestinidade eu não posso me dar ao luxo de ir ao dentista... Você, diferente de mim, pode.

Quando meu pai e Gustavo ainda começavam pouco a pouco a se envolver em assuntos obscuros, minha avó convenceu o filho a tentar prestar vestibular para a faculdade de ciências contábeis da Universidade Autônoma de Medellín. Passou sem muita dificuldade, mas só permaneceria ali até meados do primeiro semestre, quando decidiu sair porque estava farto das dificuldades econômicas de sua família e da falta de dinheiro em seu bolso.

Então, meu pai se dedicou em tempo integral a seu grupo de amigos, com quem passava muitas horas na sorveteria La Iguana. Nessa época, para eles, ver passar as mulheres do bairro ficara mais interessante do que falar de política.

A música começou a ocupar um lugar importante em seu dia a dia. Era o ano de 1970 e Pablo se deleitava com os ritmos alegres e contagiosos das orquestras Billos Caracas Boy's, Los Graduados e a recém-formada banda de Fruko y sus Tesos; também gostava de ouvir Piero, Joan Manuel Serrat, Camilo Sesto, Julio Iglesias, Miguel Bosé, Raphael, Sandro, Elio Roca, Nino Bravo e seu ídolo máximo, Leonardo Fabio. Mas houve uma música que escutou numa noite na La Iguana pela qual durante muito tempo sentiria uma devoção especial. Trata-se de "En casa de Irene", uma canção pop interpretada pelo italiano Gian Franco Pagliaro.

O bairro de La Paz crescia a cada dia, e as festas de garagem nos fins de semana ficaram famosas porque os rapazes de Medellín terminavam suas farras por lá, atraídos também pelas sorveterias, que não fechavam.

Porém, logo as festas acabariam dando problema, porque Pablo se enfurecia com a chegada de jovens bem vestidos em carros luxuosos, que tiravam as meninas do bairro para dançar. E mesmo quando não estava de namorico com nenhuma delas, ficava com muita raiva de os "rapazes bonitos" de Medellín arrastarem as asas para as moças de La Paz. A turma de Pablo atirava pedras nos carros dos visitantes e as confusões sempre terminavam em brigas, com cada bando se juntando numa esquina e de lá atirando nos rivais todo tipo de coisa, incluindo cadeiras e garrafas.

Vários conflitos desses ocorreram com a conhecida Gangue dos Onze, um grupo encabeçado por Jorge Tulio Garcés, um jovem rico que chegava bancando o donjuán para levar consigo as moças em seu carro conversível. Até que uma noite Jorge Tulio chegou sem ser convidado a uma festa de quinze anos, e aquilo foi a gota d'água para meu pai. Furioso, ele se aproximou do forasteiro e disse:

— Olha aqui, seu riquinho filho da puta, você acha que só porque tem um carro desse pode sair levando as gostosinhas do bairro?

A confusão estava armada. Foi uma pancadaria só entre os dois, que terminou quando Jorge Tulio acertou um soco no nariz de Pablo que o fez cair no chão.

Não muito tempo depois, Pablo teve uma desavença com Julio Gaviria, um homem que costumava ir ao bairro para dançar, mas sempre bebia demais. Uma noite, Gaviria chegou a uma festa e fez um escândalo porque uma jovem se negou a dançar com ele. Pablo estava lá e, sem pensar duas vezes, sacou um revólver muito pequeno, que comportava cinco balas, e deu um tiro no pé dele. Gaviria o denunciou e pela primeira vez Pablo recebeu um mandado de prisão e foi encarcerado, mas por poucos dias, pois Gaviria retirou a queixa e Pablo foi solto.

Para confirmar que o episódio não havia ficado registrado em sua ficha nos órgãos de investigação, no dia 2 de junho de 1970 ele foi à sede do Departamento Administrativo de Segurança, o DAS, em Medellín, e requisitou o certificado judicial, que foi expedido quase imediatamente. Assim que o recebeu, escreveu na última página: "Caso este documento seja extraviado, favor ligar para Pablo Escobar no telefone 762976".

Enquanto isso, o dia a dia de Pablo transcorria ao lado de Gustavo, sempre em busca de algum negócio ou delito para terem dinheiro no bolso. Um dia, roubaram um caminhão carregado de sabonetes Rexona e Sanit K, que venderam a varejo e pela metade do preço das lojas do bairro. Com o dinheiro que conseguiram pela venda dos sabonetes, trocaram imediatamente a Vespa por outra motocicleta italiana, uma Lambretta modelo 1962, placa A-1653, na qual os passeios com as garotas do bairro se tornaram mais frequentes.

A necessidade de dinheiro levou-os um dia a se tornar vendedores de lápides, aqueles pequenos blocos que são colocados na frente dos túmulos nos cemitérios, com o nome dos defuntos. O negócio era atraente porque o pai de Gustavo era proprietário de uma fábrica que fazia lápides e relevos, e isso lhes dava uma boa margem de lucro.

Os dois sócios iam de Lambretta visitar os clientes em povoados próximos a Medellín e levavam lápides de amostra. Claro que não demoraram a descobrir que seria mais lucrativo comprar as lápides dos coveiros de cada local, os quais certamente as roubavam à noite e as ajeitavam para parecerem novas.

Entre as lápides do negócio do pai de Gustavo e as que traziam usadas para gravar os nomes de novos mortos, não demorou a correr o rumor em La Paz de que Pablo e Gustavo roubavam lápides de cemitérios, gravavam novos nomes e depois as vendiam.

O boato foi tão forte que um dia o pai de uma vizinha muito próxima à família Henao faleceu, e Pablo foi oferecer a lápide de presente. A viúva se negou a aceitar, e, embora não lhe tivesse dito nada na hora, depois comentou que não colocaria uma lápide roubada no túmulo do marido.

Pablo e Gustavo deixaram enfim o negócio das lápides porque não era tão rentável quanto desejavam. Essa constante busca por alternativas levou meu pai a pronunciar uma frase que muitos dos que integraram seu grupo de amigos não esqueceriam nunca. Foi numa noite em que conversavam na sorveteria La Iguana; num tom sério, decidido, Pablo disse a eles: "Se eu não tiver conseguido 1 milhão de pesos até completar trinta anos, eu me suicido".

Decidido a bater essa meta o quanto antes, ele e Gustavo se dedicaram a roubar as bilheterias dos teatros e cinemas no centro de Medellín. As salas de cinema El Cid, La Playa, o Teatro Avenida, o Odeón e o Lido foram vítimas dos dois sócios, que, pistola em mãos, levavam todo o dinheiro arrecadado.

O segundo passo que deram foi começar a roubar carros. E o faziam de várias maneiras. Uma delas consistia em levar veículos novos, recém-saídos da concessionária. O cúmplice era um despachante, que legalizava os documentos do novo dono e tirava escondido uma cópia da chave do carro e a entregava a meu pai. Quando o desprevenido proprietário recebia o carro, seguiam-no até sua casa, esperavam que ele o estacionasse e minutos depois levavam o veículo.

Outra modalidade de roubo que usaram muito foi a troca de carros novos por outros para os quais as seguradoras haviam declarado perda total. Meu pai e Gustavo compravam esses veículos "sinistrados", isto é, estropiados, e os levavam a uma mecânica onde tiravam as plaquetas de identificação. Depois, roubavam um veículo novo e colocavam nele os registros numéricos do antigo.

Mas também utilizavam formas muito simples para roubar os carros; se a atividade não fosse um crime, qualquer um morreria de rir com elas. Como por exemplo a vez em que meu pai viu um senhor com um carro estacionado no meio da rua, perguntou qual era o problema e se ofereceu para consertá-lo. A seguir, disse que ficaria ao volante para tentar dar partida e pediu que o inocente dono empurrasse. Nesse momento arrancou e foi embora com o veículo.

Com o dinheiro que ganhavam roubando carros, meu pai e Gustavo compraram um barulhento Studebaker azul-escuro de teto branco, modelo 1955, com o qual ampliaram seu clube de fãs no bairro; os passeios de fim de semana com meninas e as longas viagens do grupo de amigos se tornaram um costume.

Conversei com vários dos correligionários de meu pai daquela época e eles lembram de uma viagem que fizeram até o município de Piendamó, no estado do Cauca, para ver se era verdade que uma virgem havia aparecido para uma menina em sua casa. Era maio de 1971 e o país inteiro estava comovido com o suposto milagre. Minha avó Hermilda ficou entusiasmada com o motivo da viagem e pediu para ele trazer um pouco de água benta.

A peregrinação em Piendamó era de fato enorme e ele encheu uma garrafa com uma água que recolheu próximo ao local onde a imagem supostamente havia aparecido. Contudo, na volta, quando já estavam por chegar à serra de Minas, já muito perto de Medellín, o Studebaker esquentou e tiveram de despejar aquela água no radiador. Para não ficar mal, meu pai encheu novamente a garrafa com água de um rio e a entregou para minha avó, que ficou convencida de que o líquido era abençoado.

Poucos dias depois de voltar do Cauca, meu pai e Gustavo assinaram um contrato temporário com a Carvajal S.A. para distribuírem 3 mil listas telefônicas em Envigado e recolher as do ano anterior. Não demorou para serem reconhecidos como os melhores naquilo, pela velocidade com que realizavam o trabalho, mas ninguém percebeu que eles saíam entregando as listas indiscriminadamente, sem nem olhar os endereços.

Como ganhar dinheiro era sua prioridade, tiveram a ideia de arrancar metade das páginas das listas antigas para vendê-las como reciclagem. Isso lhes dava mais rendimentos do que a entrega das listas novas, mas o trabalho duraria apenas doze dias, porque alguém na Carvajal descobriu que as pilhas de listas telefônicas despencavam, porque todas estavam pela metade. O contrato que tinham foi cancelado.

Cometer crimes havia se tornado o pão de cada dia de meu pai e de seu primo Gustavo, e em pouco tempo já eram proprietários do Studebaker e de duas motos Lambretta.

A bonança econômica começava a ser mais visível, e o dinheiro foi enfim suficiente para ele abrir sua primeira conta poupança no Banco Industrial Colombiano, o BIC. Em fevereiro de 1973, fez seu primeiro depósito, de 1160 pesos, que na época equivaliam a cinquenta dólares. Em novembro, depositou mais 114.062 pesos, ou seja, 4740 dólares. Começava a ter uma boa condição econômica.

No fim desse ano, meu pai viu na rua uma jovem alta, esbelta, bonita e de pernas compridas, que vestia calças curtas – também chamados de shorts ou calções esportivos –, e cuja família havia chegado alguns anos antes ao bairro. Tinha treze anos, chamava-se Victoria Eugenia Henao Vallejo, estudava no colégio El Carmelo no município vizinho de Sabaneta, e era a sexta de oito irmãos, cinco mulheres e três homens.

Os Henao tinham talvez a melhor situação econômica do bairro de La Paz: Nora, a mãe, tinha uma próspera loja onde vendia tecidos para uniformes escolares, camisas, calças, eletrodomésticos, material escolar e loções que trazia da longínqua zona franca de Maicao, na fronteira com a Venezuela; Carlos Emilio, o pai, vendia docinhos numa caminhonete Ford do final dos anos 1950, muito bem cuidada. Os doces eram produzidos pela empresa La Piñata e por isso as Henao eram conhecida no bairro como "as piñatas".

Meu pai tinha 24 anos, onze a mais que ela, mas ficou tão encantado que dias depois soube que a melhor amiga de Victoria era

Yolanda, de modo que foi procurá-la e pediu ajuda para convidar a amiga para sair. Nenhum dos dois sabia que naquele momento estavam prestes a iniciar um relacionamento intenso, cheio de bons e maus momentos, de fato mais maus que bons, que terminaria somente vinte anos depois, com a morte dele.

A estratégia funcionou, e meus futuros pais começaram a se encontrar às escondidas, embora o contraste entre os dois chamasse a atenção – ela era mais alta que ele e tinha um porte esbelto, pois nadava mil metros em piscinas olímpicas toda semana e andava de patins com muita frequência.

No começo, encontravam-se aos sábados, das sete às nove horas da noite, tendo como cúmplices Yolanda e o grupo de amigos de meu pai. Durante a semana não se viam porque ele dizia que viajava a negócios. Ela ainda não desconfiava que seu pretendente andava por maus caminhos.

Yolanda foi o cupido da relação, que rapidamente encontrou uma opositora ferrenha: Nora, a mãe de Victoria, que ficou furiosa quando lhe disseram que a filha estava saindo com um tal de Pablo Escobar, mais velho que ela, mulherengo, sem ocupação definida, mal relacionado, um delinquente em potencial. O pai da menina e Mario, um dos irmãos, que além do mais já conhecia Pablo e tinha certo contato com ele, também não ficaram contentes com a coisa toda.

O casal continuou se encontrando apesar da dura oposição de minha avó Nora, que começou a opor obstáculos, como só deixar Victoria permanecer nas festas do bairro até certa hora e acompanhada dos irmãos. Entretanto, Pablo não iria se render, e começou a encher a moça de presentes, que eram enviados por intermédio de Yolanda. O primeiro foi um relógio de marca que ele usava, e depois um anel de pérolas com pedras turquesas que comprou numa joalheria de Medellín por 1600 pesos, uma fortuna na época.

Mas Nora não cedia, e suas dúvidas sobre o pretendente da filha só aumentavam a cada dia.

– Minha filha, para que se emperequetar tanto e ficar tão bonita se você vai andar por aí com um rapaz que parece mais um motorista – disse certa vez.

– Fale para ele deixar o poncho em casa, porque aqui não vai entrar daquele jeito – disse meu avô Carlos.

– Trate de lembrar que você precisa respeitar muito a minha filha, porque dessa porta você não passa – Nora disse uma vez, quando permitiu enfim que ele deixasse minha mãe em casa, depois de saírem juntos numa tarde de sábado.

A relação começou a ficar séria e os encontros se tornaram mais frequentes. Pablo se ofereceu para ensiná-la a dirigir em seu Renault 4 amarelo-mostarda – que logo trocou pelo Studebaker. E, muito à sua maneira, levou-a várias vezes para lugares perigosíssimos, inclusive alguns com precipícios, sempre terminando os passeios subindo pela estrada Las Palmas até o El Peñasco, um restaurante de beira de estrada que tinha uma imponente e romântica vista de Medellín.

Nunca pensei em perguntar a minha mãe por que ela se apaixonou por meu pai – até agora, quando estava terminando de escrever este livro. Foi uma paixão tão grande que a levou a perdoá-lo por tudo o que fez. Depois de pensar por um instante, ela respondeu:

– Por causa daquele sorriso maroto dele. Do olhar. Me apaixonei porque ele era muito romântico. Era um verdadeiro escritor e poeta comigo, muito detalhista; me conquistava com músicas românticas, sempre me dava discos de presente. Era muito de abraçar, muito carinhoso. Um grande sedutor. Um amante da natureza. Me encantei pela vontade que ele tinha de ajudar os outros e pela compaixão que sentia pelos dramas que as pessoas viviam. Quando já estávamos namorando, percorríamos no carro dele os lugares onde ele sonhava em construir universidades e escolas para os mais pobres. Do primeiro até o último dia em que estivemos juntos, nunca me insultou ou maltratou; sempre foi um cavalheiro comigo, até o fim.

O romance incipiente foi interrompido no segundo semestre de 1974, quando a polícia prendeu meu pai num Renault 4 que ele havia roubado de um depósito. Levaram-no para a prisão de La Ladera, onde conheceria uma figura-chave em sua carreira no crime: Alberto Prieto, o grande *capo* do contrabando da época, conhecido pelo apelido de "O Padrinho".

Meu pai encontrara um personagem poderoso que ganhou uma fortuna contrabandeando uísque, cigarros, eletrodomésticos e outros produtos que trazia da fronteira de Urabá para vender em Medellín e em outros lugares do país. Mas também descobriu que seu companheiro de cela tinha contatos na classe política de Antioquia e se gabava de suas relações com congressistas e juízes de Bogotá.

Nos poucos meses que esteve detido, porque logo foi solto, meu pai se tornou amigo do "Padrinho" e aprendeu o negócio dele. Nunca falou desse assunto comigo, mas em minha pesquisa para escrever este livro soube que ele deu um jeito de sumir com as evidências do roubo do Renault 4 e por isso o juiz se viu obrigado a arquivar o processo.

Semanas depois, meu pai reencontrou o "Padrinho" – que também saíra da prisão – e ele ofereceu a meu pai o trabalho de escoltar os caminhões que traziam sua mercadoria de Urabá. Meu pai aceitou, com a condição de que seu primo Gustavo pudesse participar com ele. Em pouco tempo os dois fizeram fama no meio dos contrabandistas pela ousadia e pelo sangue-frio na hora de resolver problemas. Como na vez em que a polícia apreendeu cinco caminhões carregados com cigarros Marlboro quando saíam de Urabá, e meu pai e Gustavo foram até lá e os recuperaram em menos de 24 horas.

Guiados pelo "Padrinho", meu pai e Gustavo se viram de repente num mundo em que os crimes menores não existiam mais, e a morte era um assunto comum e frequente. Esse ambiente obscuro e cada vez mais pesado levou meu pai a cometer seu primeiro assassinato. Há várias versões desse fato; mas os que acompanharam de perto o ocorrido me contaram que um homem cujo sobrenome era Sanín se autosse-questrou e ficou trancado numa propriedade perto de Envigado, para tentar que seu irmão, um contrabandista milionário, pagasse o resgate.

Meu pai e meu tio Mario haviam aceitado participar do crime e por isso sabiam do plano; enquanto o primeiro ia recolher o di-nheiro do contrabandista, o segundo ficaria acompanhando o suposto sequestrado. Por um azar terrível a polícia acabou indo até o local, pois alguns vizinhos ligaram para relatar movimentações estranhas. Sanín não pensou duas vezes e, sem a menor vergonha, disse para os policiais que havia sido sequestrado e que Mario, que estava com ele, era um dos responsáveis. Assim, meu tio acabou indo para a cadeia, onde ficou nove meses, mas meu pai não perdoou o ocorrido e uma noite seguiu Sanín até um prédio em Medellín, e, quando entrava na garagem, meu pai atirou várias vezes nele. Provavelmente esse foi o primeiro caso de um pistoleiro de moto na história de Medellín.

Enquanto isso, o "Padrinho", satisfeito com os serviços de meu pai e Gustavo para a proteção de suas rotas de contrabando, deu-lhes outra responsabilidade: guiar caravanas de trinta a cinquenta veículos carre-gados de mercadorias que saíam do porto de Turbo, em Urabá, e iam até Medellín. O carregamento do "Padrinho" chegou a salvo depois de passar sem problema algum pelos controles da polícia, da Marinha e da Alfândega de Antioquia, graças à astúcia de Pablo e Gustavo.

Foi nessa época que minha mãe começou a sofrer com as contí-nuas ausências de meu pai, que desaparecia por vários dias e depois voltava com algum presente, sem dar maiores explicações. Chamou--lhe a atenção que de uma hora para outra começou a trazer cober-tores de lã estampados com quatro tigres, feitos à mão por indígenas do Equador.

O que minha futura mãe não sabia naquele momento era que Pablo havia enfim descoberto o negócio que o tornaria milionário em pouco tempo: a cocaína.

Com efeito, conforme me contaram muitas pessoas que viveram naquela época ao lado dele, a proximidade com o "Padrinho" o levou a descobrir que em algumas casas de fazenda dos municípios de Caldas, La Estrella, Guarne e San Cristóbal, todos perto de Medellín, existiam pequenos lugares em que se processava uma pasta trazida do Equador, do Peru e da Bolívia, que ia se transformando num pó branco chamado cocaína.

Inquieto, meu pai logo localizou Atelio González, um homem já mais velho, e perguntou-lhe como poderia se envolver no negócio. Atelio contou que era responsável por um desses lugares, conhecido como "cozinha", onde misturava o produto trazido de fora do país com algumas substâncias químicas, como éter e acetona, e o fervia em altas temperaturas para secá-lo. Disso resultava a cocaína.

O interesse de meu pai pelo assunto levou-o a descobrir rapidamente que os donos nas cozinhas eram três figuras absolutamente desconhecidas, que vendiam a cocaína para compradores que chegavam de avião dos Estados Unidos.

Tendo se inteirado do básico do negócio, meu pai não teve dúvidas: convocou Gustavo e partiram para a primeira viagem de carro até o porto de Guayaquil, no Equador, onde compraram os primeiros cinco quilos de pasta de cocaína. Para driblar a fiscalização na fronteira pela ponte Internacional Rumichaca, haviam mandado construir previamente um compartimento secreto em cima do tanque de gasolina do Renault 4 de meu pai.

Atelio González processou os cinco quilos de pasta e deles tirou um quilo de cocaína, que venderam a um comprador por 6 mil dólares. A partir desse momento, tudo ficou para trás: o roubo de carros, a entrega de listas telefônicas e as complicadas viagens para trazer o contrabando de Urabá. Meu pai e Gustavo acabavam de entrar para o tráfico de drogas. Como costumava acontecer com eles, não demoraram a montar sua própria cozinha numa fazenda próxima, da qual tornaram meu tio Mario – que ainda não estava de acordo com a relação entre Pablo e sua irmã Victoria – seu encarregado, e arrumaram alguém que lhes vendesse os produtos químicos necessários – em algumas ocasiões, tiveram de esconder essas substâncias nos laboratórios da escola de La Paz, com a ajuda de Alba Marina, sua irmã, que lecionava lá.

As viagens ao sul do país foram ficando muito frequentes, até que chegaram à província equatoriana de La Loja, na fronteira com o Peru, onde conheceram vários distribuidores de pasta de coca e se associaram a Jorge Galeano, um homem de Antioquia que tinha acabado de entrar no negócio e com quem começaram a trazer maiores quantidades de pasta, mas sempre em carros e correndo o risco de serem parados na fronteira, onde de vez em quando pequenos carregamentos da substância eram apreendidos.

Meu pai progredia lentamente no tráfico de cocaína e, embora acidentada, a relação com minha mãe continuava de vento em popa. Ela ficava furiosa com as viagens inesperadas e porque ele sempre arranjava uma desculpa para esconder suas verdadeiras motivações. Quando minha mãe completou quinze anos, em setembro de 1975, tiveram uma briga grande, porque meu pai desapareceu por uma semana. Ele arruinou uma comemoração que para ela era importante. Depois soube que ele havia ido para o Equador.

Nesse ano, tendo processado e vendido uns bons quilos de cocaína, meu pai cumpriu com louvor sua antiga aspiração de ser rico antes dos trinta anos. Tinha 26 quando pediu a seu grupo de amigos que o acompanhassem até o Banco Industrial Colombiano, o BIC, no município de Sabaneta, para depositar não 1, mas 100 milhões de pesos em cheque (3.225 milhões de dólares).

Embora a situação econômica de meu pai melhorasse a cada dia, boa parte da família de minha mãe permanecia contra o romance entre os dois, ferozmente. Minha avó Nora continuava pensando que

Pablo não era o homem adequado para a filha, e por isso se opunha a seus encontros e tentava convencê-la de todas as maneiras possíveis a terminar com ele.

Até que uma saída proibida daria um rumo definitivo à relação.

Na tarde de um sábado no fim de março de 1976, meu pai deu um jeito de avisar Victoria que iria viajar e a convidou para se despedirem na sorveteria El Paso, não muito longe de sua casa. Ela pediu permissão à mãe, mas ela lhe disse para não sair, para deixar que ele fosse embora. Ansiosa por vê-lo, minha mãe saiu escondido e lhe contou o que havia ocorrido. Então meu pai se irritou profundamente com a sogra intransigente por não ter permitido que minha mãe fosse se despedir dele, já que sua viagem duraria vários meses; assim, ele resolveu arriscar tudo e disse que daquele jeito não conseguiriam desfrutar de sua relação, e propôs que fugissem para Pasto e se casassem lá. Minha mãe disse imediatamente que sim, sem pestanejar. Partiram e passaram a noite na casa de Gustavo Gaviria e sua esposa, que prontamente lhes deram abrigo. Já na casa de Gustavo, souberam que meu tio Mario estava furioso, procurando meu pai para matá-lo por levar "a menina", como se referia à irmã, para o mau caminho. Então, decidiram ir para Pasto, e a única maneira de fazê-lo era viajar de avião até Cali e esperar a conexão. No bairro de La Paz, o alvoroço era geral. Desesperada, a família Henao interrogava a todos, até que alguém lhes disse que os fugitivos haviam viajado até Cali e que a saída para Pasto demoraria seis horas. Minha avó Nora ligou para a mãe dela, Lola, que morava perto da catedral de Palmira, e pediu-lhe que fosse até lá e os impedisse de partir.

Alfredo e Rigoberto, dois dos melhores amigos de meu pai, já haviam saído em direção a Cali numa caminhonete, com a esperança de encontrá-los. Assim aconteceu, e quando chegaram ao aeroporto viram minha bisavó com o casal e foram testemunhas do momento em que Pablo a convenceu de que queria se casar.

As palavras de meu pai foram tão convincentes que minha bisavó disse para irem a Palmira, pois tinha certeza de que conseguiria convencer o bispo de lá a casá-los. Ela era próxima dos religiosos porque havia anos morava ao lado da catedral, e além do mais costumava visitar todos os presos e as pessoas mais pobres, oferecendo-lhes ajuda. Assim, não foi difícil conseguir a autorização, e Victoria e Pablo se casaram, sem nenhuma pompa. Minha mãe teve de usar por vários dias a mesma calça verde-militar de *terlete* – um tecido elástico que dispensava o ferro de passar – e um suéter laranja e bege que vestia quando fugiu de casa. Sem nunca abandonar o costume de fazer piadas pesadas entre si, os amigos Alfredo e Rigoberto deram o único presente de casamento que o casal recebeu: votos por escrito que tinham um tom de pêsames: "Pela péssima decisão que acabam de tomar".

Os recém-casados passaram a lua de mel num quarto da casa de minha bisavó, e uma semana depois voltaram para o bairro de La Paz e se hospedaram por vários meses num pequeno quarto de uma casa que meu pai emprestara a minha tia Alba Marina.

Minha mãe sempre soube que meu pai adorava banana frita, e sempre que podia preparava o prato do jeito que ele gostava: a banana cortada em quadradinhos e mexida com ovo e cebolinha. Completavam a refeição arroz branco, carne assada e salada de beterraba, sua preferida. Para acompanhar, um copo de leite gelado e uma *arepa* redonda, pequena e grossa.

Embora minha mãe se feche e não goste de falar do assunto, como eu poderia não mencionar as muitas infidelidades de meu pai, que continuaram poucas semanas depois do casamento? Os rumores sobre suas andanças com mulheres chegavam aos ouvidos dela, que sofria e chorava em silêncio, mas ele, jeitoso, tranquilizava-a dizendo que era a mulher de sua vida, que o casamento deles duraria para sempre, e que ela não devia ligar para todas aquelas pessoas mal-intencionadas e invejosas que queriam vê-los separados. Em parte foi verdade:

meu pai e minha mãe ficaram juntos até que a morte os separou, mas ele sempre foi infiel.

Um de seus primeiros romances paralelos foi com a diretora do colégio do bairro; depois, esteve por vários meses com uma morena jovem e bonita, viúva de um ladrão famoso. Conquistar mulheres era uma espécie de desafio para meu pai, que não deixava passar uma oportunidade de seduzi-las. Como na noite em que uma famosa empresa de Medellín fez uma festa de confraternização no salão Antioquia do hotel Intercontinental, à qual meu pai e várias de minhas tias compareceram. À meia-noite deu um jeito de que minha mãe voltasse para casa e continuou lá, dançando. Uma hora depois, já estava muito afetivo com a esposa de um de seus trabalhadores, o que levou à ira uma de minhas tias, que não hesitou em lhe dar uma bofetada.

Mas a relativa tranquilidade com que viviam em seu lar foi quebrada subitamente no dia 7 de junho de 1976, quando meu pai recebeu uma ligação em que um de seus trabalhadores lhe informou que os agentes do DAS haviam interceptado o carregamento de cocaína que estavam trazendo do Equador num caminhão, mas o tranquilizou porque, segundo ele, os detetives estavam dispostos a receber dinheiro para deixar o caminhão chegar até Medellín. Meu pai confiou e aceitou o trato, e ficou esperando os homens chegarem à cidade para pagar o suborno.

Às cinco horas da manhã do dia seguinte, meu pai soube que os agentes do DAS o aguardavam numa sorveteria do La Mayorista, o mercado central de Medellín, para receberem o dinheiro. Meu pai ligou para meu tio Mario e pediu que ele o acompanhasse, e este por sua vez entrou em contato com Gustavo e ficaram de se encontrar no local indicado. Antes de entrarem, meu pai contou dentro do carro os 5 mil dólares com que se propunha a comprar o silêncio dos investigadores.

Mas era tudo uma armadilha; longe de se deixar subornar, os agentes tinham era montado uma emboscada para capturar toda a gangue em flagrante e apreender os oito quilos de pasta de coca escondidas dentro do estepe do caminhão. Assim, esperaram que meu pai oferecesse os dólares e naquele instante disseram que ele, Mario, Gustavo e os dois motoristas do caminhão estavam presos por tráfico de drogas e tentativa de suborno.

Foram imediatamente levados para a carceragem do DAS em Medellín, onde passaram a noite, e na manhã seguinte foram transferidos para a prisão Bellavista, no município de Bello, ao norte de Medellín. No registro de entrada da penitenciária meu pai foi identificado com o número 128482 e tiraram uma foto sua em que aparece sorrindo, talvez por ter certeza de que sua estadia ali seria curta.

No entanto, os primeiros dias naquela prisão foram muito difíceis para meu pai, Mario e Gustavo, porque começou a correr o rumor de que eles eram agentes infiltrados da polícia que procuravam informações sobre as gangues ou pequenas facções que mandavam e desmandavam nos distintos pátios da penitenciária. O boato foi tão longe que alguém lhes disse que seriam atacados em breve durante a noite.

Contudo, as coisas mudaram de repente quando um homem detido ali, e que conhecia meu pai, esclareceu para os demais detentos que eles não eram "P-2", e disse para deixarem-nos em paz. Assim ocorreu, e o perigo se foi. O inesperado benfeitor era Jorge "Negro" Pabón, um criminoso que cumpria uma pena curta e que de fato sabia quem era meu pai. Os dois dariam início ali a uma relação muito próxima, e anos mais tarde Pabón teria um papel-chave nos cartéis de Cali e Medellín.

Mesmo com a intervenção do "Negro" Pabón, que melhorou a situação carcerária de meu pai e de Mario e Gustavo, a verdade é que Bellavista era uma prisão muito hostil e perigosa. Foi lá, naquele ambiente terrivelmente malcheiroso e superlotado que minha mãe descobriu que estava grávida. Foi num dia de visita, quando estava indo vê-lo junto com a esposa de Gustavo e minha tia Alba Marina e começou a vomitar na fila da entrada.

Meu pai recebeu com grande alegria a notícia da gravidez de sua esposa, mas seu confinamento, que já lhe parecia longo demais, e as limitações econômicas forçaram minha mãe a voltar para a casa de sua família e abandonar a residência no bairro de Los Colores, pois não tinha dinheiro suficiente para continuar se mantendo ali.

Desesperado com o confinamento e com o regime restrito da prisão de Bellavista, meu pai pediu a seu advogado que fizesse o que fosse necessário – suborno inclusive – para que ele fosse transferido para outra prisão. A manobra da defesa foi efetiva, pois dias depois ele e Gustavo foram levados para uma casa de fazenda em que funcionava a prisão estadual de Yarumito, no município de Itagüí. Lá, as coisas melhoraram substancialmente, porque minha mãe e minha avó podiam ir todos os dias levar café da manhã e almoço para meu pai, mas mesmo assim ele não queria continuar preso. Um dia tomou coragem e resolveu fugir, escondendo-se na casa de um vizinho no bairro de La Paz. Escapou durante um jogo de futebol e com a cumplicidade de alguns dos jogadores, a quem pediu que chutassem a bola cada vez mais forte e para mais longe para ele fingir que iria buscá-la e fugir.

As coisas eram muito diferentes nessa época na Colômbia, e o diretor da prisão logo ligou para minha avó e contou que Pablo fugira; depois, pediu-lhe que o convencesse a voltar, garantindo que não sofreria punições. Algumas horas depois, Pablo ligou para a casa de minha avó Hermilda, que lhe disse para parar de fazer minha mãe sofrer, pois ela, grávida de três meses, estava só com quarenta quilos, se tanto; a seguir, meu pai ligou para minha mãe, que suplicou que ele voltasse à prisão imediatamente. Ele concordou e naquela mesma noite se apresentou na prisão, onde foi recebido pelo diretor.

Apesar das boas condições da prisão de Yarumito, meu pai estava muito preocupado porque a juíza do caso, Mariela Espinosa, se mostrava empenhada em condenar todos eles porque as provas eram contundentes.

Então combinaram com o advogado que ele moveria uma ação que viria a ser fundamental: pedir a transferência do processo para a cidade de Pasto, na fronteira com o Equador, onde o DAS havia interceptado o caminhão com pasta de coca. O Tribunal Superior do estado de Nariño deu razão ao advogado de defesa de meu pai, que argumentara que a coca havia sido comprada naquela cidade do sul do país e por isso o processo deveria ser julgado lá. Assim, os magistrados ordenaram a transferência imediata dos detentos para a penitenciária de Pasto, o que ocorreu justo quando minha mãe chegava para visitá-los em Yarumito. Meu pai estava algemado e se alegrou ao vê-la, mas ficou irado quando um policial bateu nela com o fuzil para tirá-la do caminho.

Nas semanas seguintes, minha mãe e minha avó viajaram com alguma frequência a Pasto para visitar meu pai, meu tio Mario e Gustavo Gaviria. Foi muito fácil para eles subornar os guardas, que por isso os tratavam bem. Permitiam inclusive que meu pai fosse ao hotel Morasurco, o mais conhecido da cidade, para passar os fins de semana com minha mãe.

A situação judicial dos três detentos começou a se resolver em agosto de 1976, quando o juiz de Pasto mandou soltar meu tio Mario e Gustavo Gaviria. Em novembro do mesmo ano, cinco meses depois de ter sido preso, meu pai foi dispensado e voltou imediatamente para sua terra.

Entretanto, sua captura deixaria consequências duradouras, porque pela primeira vez o nome de meu pai apareceu nas fichas criminais, e um meio de comunicação do porte do *El Espectador* de Bogotá revelou sua identidade. Sua carreira no crime não tinha mais volta, e ele sabia disso.

⋏Meus pais se conheceram no bairro de La Paz, em Envigado. Ele era onze anos mais velho que ela. Mantiveram uma relação intensa e acidentada que só terminou com a morte dele.

⋖Em 1976, meu pai foi transferido da prisão de Yarumito, em Antioquia, para a penitenciária de Pasto. Enfrentava um processo por tráfico de pasta de coca. Minha mãe, grávida naquele momento, visitava-o com minha avó Hermilda. Os guardas permitiam que ele saísse para encontrá-las no hotel Morasurco.

➤Poucos meses depois de meu nascimento, em fevereiro de 1977, meu pai começou a prosperar no tráfico de drogas. Ele e minha mãe saíram do bairro de La Paz e foram morar nos melhores lugares de Medellín. ➤

CAPÍTULO 6

NÁPOLES: SONHOS E PESADELOS

– Quando eu morrer, a única coisa que peço é para ser enterrado aqui, e que plantem uma paineira em cima de mim. Ah, e não quero que venham me visitar, nunca, porque o corpo é uma coisa que a gente recebe para usar só enquanto estivermos vivendo na Terra.

Essa foi a terceira e última vez que meu pai deu a mim e a minha mãe as instruções do que deveríamos fazer com seu corpo depois que tivesse morrido, porque sabia que mais cedo ou mais tarde isso iria acontecer.

Era uma tarde agradável de sábado e tínhamos saído em sua caminhonete Nissan Patrol conversível para dar um passeio pelos arredores do zoológico da fazenda, e de repente ele parou para apontar o local exato onde queria ser sepultado. Ainda não conseguimos cumprir sua vontade; hoje ele está enterrado num cemitério de Medellín. Nápoles foi, sem dúvida alguma, a propriedade mais importante para meu pai.

Ele chegou àquelas cálidas terras do Magdalena Medio antioquenho no começo de 1978, após procurar por mais de um ano um local que tivesse selva, água e montanha no mesmo lugar. A bordo do primeiro helicóptero que havia comprado quando a cocaína começou a torná-lo um homem rico, sobrevoou Caucasia, Santafé de Antioquia, Bolombolo e boa parte do estado de Antioquia, mas não encontrou um lugar que reunisse os três quesitos.

Até que um dia Alfredo Astado chegou a seu escritório e lhe contou que no jornal *El Colombiano* havia um anúncio de uma fazenda no município de Puerto Triunfo, muito próximo à futura autoestrada Medellín-Bogotá. Alfredo explicou que aquela região central do país era muito bonita e tinha futuro garantido, pois a estrada já estava em construção.

Meu pai aceitou a ideia e Alfredo ligou para o vendedor para marcar um encontro e verem a terra. A viagem ficou marcada para o fim de semana seguinte, mas foi sendo postergada por três meses porque sempre havia um problema mais urgente para meu pai e Gustavo Gaviria resolverem.

Enfim combinaram de se encontrar às duas horas da tarde de um sábado no Piedras Blancas, um restaurante de beira de estrada na saída para o município de Guarne. Naquela época, meu pai e Gustavo estavam fissurados em motocicletas, inclusive competiam em algumas corridas, e por isso pensaram que viajar a bordo de suas motos seria muito divertido.

Os aventureiros chegaram na hora marcada para a partida trazendo uma maleta de roupas para o fim de semana, mas não se lembraram de que naquela época do ano chove muito na região e não levaram nada impermeável. Mal tinham saído caiu um temporal que os deixou completamente encharcados, mas preferiram continuar para não pegar a estrada à noite.

Após muitas quedas, arranhões e várias paradas para fumar maconha, chegaram ao município de San Carlos por volta de meia-noite. O povoado estava quase totalmente no escuro, mas meu pai e seus acompanhantes resolveram ir de casa em casa perguntando quem eram e onde moravam os donos da loja de roupa, do restaurante e do hotel.

Em poucos minutos estavam abertos a loja de roupa, o restaurante e o hotel. À uma hora da manhã, de roupas novas e tendo comido fartamente, foram finalmente dormir.

Então, no domingo, após alguns percalços, chegaram enfim à fazenda Hezzen, já em Puerto Triunfo, onde o vendedor lhes apresentou o proprietário, Jorge Tulio Garcés, que era um velho inimigo de meu pai, o mesmo com quem anos antes tinha entrado numa briga numa festa no bairro de La Paz.

Não obstante, cumprimentaram-se sem mencionar o assunto e saíram para percorrer o terreno a cavalo. Na volta, meu pai fez uma proposta para comprar a propriedade de Jorge Tulio, mas ele respondeu que não estava à venda, pois era um patrimônio da família.

No dia seguinte saíram para percorrer mais propriedades, até que meu pai deparou com uma bela fazenda de oitocentos hectares conhecida como Valledupar. Ao lado desta havia outra, menor: Nápoles.

Enfim, após uma longa negociação em que Jorge Tulio pedia valores exorbitantes, como se não a quisesse vender, meu pai e Gustavo ficaram com a propriedade de Valledupar por 35 milhões de pesos, 915 mil dólares na época.

Mas achou que era pouca terra, e nos quatro meses seguintes não se deteve: comprou Nápoles e outras nove propriedades, que no fim somaram 1920 hectares, e custaram 90 milhões de pesos (2,35 milhões de dólares). Era o que ele queria: um terreno enorme com rios, selva, montanha e um clima agradavelmente quente porém seco.

Eu tinha um ano de idade. Meu pai se dedicou inteiramente a realizar o projeto que havia sonhado. Para tanto, começou a viajar todos os fins de semana para Puerto Triunfo em seu helicóptero, e a primeira coisa que fez foi reconstruir e ampliar a casa principal de Valledupar, que pouco depois rebatizou de Nápoles – numa homenagem a Al Capone, o célebre gângster norte-americano dos anos 1920, cujo pai, Gabrielle, nascera na cidade de Nápoles, na Itália. Meu pai admirava Al Capone e por isso lia qualquer livro ou revista que falasse sobre sua carreira no crime. Uma vez, numa das poucas entrevistas que deu, um jornalista japonês perguntou se ele se considerava maior que Al Capone. Ele respondeu: "Não sei quanto de altura o Al Capone tinha, mas acho que sou alguns centímetros mais alto que ele".

Cem trabalhadores construíram, em tempo recorde, a casa da nova Nápoles, que logo ficou conhecida como La Mayoría. Era uma mansão de dois andares, de arquitetura improvisada mas cheia de comodidades.

O quarto de meu pai não fazia sentido: media cinco metros quadrados, um tamanho diminuto e despropositado diante da vasta superfície total da casa principal.

No térreo havia oito quartos praticamente iguais, com capacidade para até oito pessoas cada. Na parte de trás foram construídas três grandes garagens, pensadas originalmente para comportar até cinco veículos cada, mas as visitas eram tantas que meus pais acabaram fazendo delas pequenos quartos e construíram novos banheiros.

Ao lado da piscina para crianças e adultos e sob um teto semicoberto com telhas de barro ficava a sala de televisão, que comportava até trinta pessoas; a seguir havia um bar enorme, que contava com dez mesas de quatro lugares, um balcão adornado com garrafas gigantes de uísque e todo tipo de jogos eletrônicos dos anos 1980, como Pac-Man, Galaxian e Donkey Kong, entre muitos outros.

Um dia um trabalhador levou uma muda de *mamoncillo* já crescida e meu pai simplesmente a plantou ao lado da piscina. Quando a árvore cresceu, ele trepava nela, orgulhoso, e atirava as frutas lá de cima a quem estivesse se banhando ali.

Depois resolveu comprar o maior guindaste que havia na Colômbia naquele momento e o levou para Nápoles a fim de transplantar árvores grandes; também plantou milhares de árvores frutíferas, como mangueiras, laranjeiras, limoeiros e pés de *guama*. Seu sonho era entrar na fazenda e colher as frutas sem nem precisar descer do carro.

As despensas para armazenagem de comida pareciam armazéns, e em cada uma das três geladeiras da cozinha caberiam até oito pessoas;

também havia garçons por toda parte, sempre dispostos a oferecer "o que precisar": desde roupas de banho para todas as idades, fraldas caso alguém tivesse esquecido, sapatos, bonés, bermudas e camisetas, até doces importados. Se alguém pedisse uma dose de cachaça recebia uma garrafa inteira. Nápoles foi concebida como um lugar onde outros sempre atenderiam a nossas necessidades ou às dos convidados.

Minha mãe e suas amigas usavam com muita frequência a quadra de tênis, e até faziam torneios; se alguma não soubesse jogar, contratavam um professor particular, que traziam de helicóptero de Medellín.

Não conheci o rancho Neverland de Michael Jackson nos Estados Unidos, mas acho que Nápoles deixava pouco a desejar perto dele, pois ali tudo era uma grande aventura, desde o dia da chegada até a partida.

Não sei de onde meu pai tirou a ideia de construir vários dinossauros e um mamute em tamanho real, mas o fato é que foram feitos por um renomado artista do Magdalena Medio conhecido como "El Diablo", muito tempo antes de Steven Spielberg lançar o filme *Jurassic Park*. Os enormes animais de cimento e pintados com cores vivas ainda estão lá. Um tempo atrás, numa operação de busca das autoridades, perfuraram-nos, achando estarem cheios de dólares.

As famílias Escobar e Henao desfrutaram muito de Nápoles, viajavam praticamente todos os fins de semana para lá. No momento de maior esplendor da fazenda, minha mãe ligava para os convidados e perguntava se queriam vir de helicóptero, jatinho, caminhonete ou moto, e pedia-lhes informações sobre a hora de chegada e a hora de partida.

Meu pai gostava de esportes radicais, e encontrou um lugar no rio Claro com o qual ficou muito entusiasmado. Para fazer a coisa ficar mais emocionante, ligou para um amigo em Miami, o automobilista Ricardo "Cuchilla" Londoño, e encomendou um monte de aerobarcos, um caminhão *rolligon*, bugres e aviões ultraleves.

Seu hobby de fim de semana era pilotar os barulhentos aerobarcos, que eventualmente batiam nas pedras ao subir e descer em alta velocidade pelo rio. Cada máquina danificada era imediatamente substituída por outra, que traziam de Nápoles. Às vezes eu e ele íamos rio abaixo nadando juntos ou flutuando em pneus, e um dia quase me afoguei.

Os repetidos voos de helicóptero sobre os rios que rodeavam a fazenda, entre eles o Doradal, um dos mais caudalosos, deram a meu pai a ideia de construir uma represa para gerar energia e praticar esportes náuticos. Setecentos peões chegaram para trabalhar na obra faraônica, mas ele acabou cancelando-a um ano depois, porque o gasto de dinheiro foi gigantesco e porque o projeto carecia de estudos técnicos – a ponto de alguns especialistas terem advertido meu pai de que se ele continuasse a obra haveria o risco de inundar a incipiente comunidade de Doradal, bem como outras pequenas aldeias, com consequências imprevisíveis.

Um dia, meu pai voltou da fazenda Veracruz, propriedade dos irmãos Ochoa Vásquez, com a ideia de ter seu próprio zoológico. Eles haviam construído um belíssimo, no município de Repelón, no estado de Atlántico, com grande quantidade de animais exóticos, que cativaram meu pai. Foi várias vezes à fazenda dos Ochoa para perguntar como se montava um zoológico, e entendeu que a sobrevivência dos animais dependia do habitat onde fossem viver. Para se inteirar bem do assunto, comprou a biblioteca inteira da *National Geographic*, na qual examinou o clima da região e selecionou as espécies de animais que se adaptariam ali.

A ideia de ter um zoológico próprio começou a tomar forma em 1981, quando meu pai viajou pela segunda ou terceira vez para os Estados Unidos comigo e com minha mãe. Como bons *paisas*, fomos em comboio familiar: todos os irmãos e irmãs de meu pai, com suas esposas e filhos, alguns primos e meus avós Abel e Hermilda.

Conforme minha mãe me contou, a torração de dinheiro foi inacreditável, porque todos compraram o que viam pela frente e trouxeram dezenas de malas cheias de roupas e de todo tipo de quinquilharia. Cada grupo da família tinha um guia que os assessorava nas compras e nos passeios e um carro com motorista para os traslados. Tudo o que desejaram naquela viagem, tiveram.

A gastança foi tanta que um dia meus parentes entraram na joalheria Mayor's em Miami e ficaram até tarde comprando diversas joias e relógios. A quantidade era tão grande que os funcionários fecharam a loja para atendê-los com exclusividade.

Ninguém estava armado e também não havia seguranças, porque essas figuras ainda não faziam parte do dia a dia de nossa família. Essa foi a única época em que meu pai pôde aproveitar e gastar o que quisesse sem se preocupar.

Quando estávamos perto de voltar para a Colômbia, meu pai encarregou Alfredo de procurar nos Estados Unidos um zoológico em que pudesse comprar elefantes, zebras, girafas, dromedários, hipopótamos, búfalos, cangurus, flamingos, avestruzes e outras espécies de aves exóticas. Tirou da lista os tigres e os leões porque achava-os perigosos, além de querer que todos os animais vivessem livres, sem jaulas.

Semanas depois, Alfredo lhe disse que havia entrado em contato com os proprietários de um criadouro de animais em Dallas, Texas, que capturavam os bichos na África e os levavam para os Estados Unidos.

Entusiasmado, meu pai organizou uma nova viagem com toda a família para realizar o negócio. Quando chegamos ao aeroporto de Dallas, ficamos surpresos porque entre oito e dez luxuosas limusines nos esperavam logo na pista de pouso. Eram tantas que fui sozinho em uma daquelas banheiras, assistindo na televisão às aventuras de Tom e Jerry com um pote gigante cheio de chocolates nas mãos.

Meu pai ficou fascinado com a variedade de animais e não teve problemas em subir por alguns minutos em cima de um elefante. Sem hesitar por um segundo, negociou com os donos do zoológico – dois irmãos corpulentos, de sobrenome Hunt –, pagou 2 milhões de dólares em dinheiro e ficou de mandar buscar em breve os animais.

Na volta para o hotel meu pai comprou um balão de hélio. Subimos para brincar com ele no quarto e, de repente, ele me fez uma proposta:

– Grégory, quer ver sua mamadeira voar pelo céu com o balão? – perguntou-me, sorrindo.

– Quero, papai, que legal – respondi, animado, em minha ingenuidade.

– Então venha aqui e me ajude a amarrar ela bem forte, para não soltar e cair do balão.

Eu estava feliz porque em breve veria minha mamadeira voando. Ele amarrou o fio e juntos jogamos o conjunto no ar. Até tiramos uma foto com uma Polaroid. Mas percebi que a mamadeira não voltava e comecei a perguntar por ela e a pedi-la.

– Meu filhinho, acho que a mamadeira não vai descer tão rápido, olha como ela está indo para o céu. Já está na hora de você começar a beber no copo, que nem os homens adultos.

O primeiro grupo numeroso de animais para o zoológico de Nápoles chegou num barco alugado que atracou no porto antioquenho de Necoclí, no mar do Caribe, a quatrocentos quilômetros de Medellín.

Como as viagens de barco eram mais demoradas e os animais ficavam expostos a riscos maiores, meu pai decidiu trazê-los em voos clandestinos, com desembarques express. Para tal tarefa, escolheu seu amigo Fernando Arbeláez, que alugou vários aviões Hercules que aterrissariam no aeroporto Olaya Herrera, em Medellín, quando as operações aéreas do dia já tivessem terminado. A estratégia foi facilitada pelas precárias condições de segurança do aeroporto e porque meu pai era dono de dois hangares contíguos à pista principal.

Arbeláez conseguiu uma precisão incrível: os aviões chegavam poucos minutos depois das seis horas da tarde, quando a torre de controle e as luzes da pista de pouso já tinham se apagado. Nesse instante, o Hercules surgia ao longe. Enquanto a enorme aeronave aterrissava, vários caminhões saíam do hangar de meu pai e, com uma rapidez espantosa, tiravam as jaulas com os animais do avião, que não desligava os motores. Depois, decolava novamente. Quando as autoridades chegavam, alertadas pelo barulho, encontravam apenas algumas caixas de madeira vazias e muitas penas e pelos no chão. Desde então, Fernando foi apelidado de "Animalero". Os desembarques express permitiram que em pouco tempo meu pai enchesse de animais o zoológico de Nápoles, justo quando a autoestrada Medellín-Bogotá estava quase pronta.

Mas faltava um casal de rinocerontes. Para trazê-los dos Estados Unidos, meu pai alugou um velho avião DC-3, cujo piloto era macaco velho e se comprometeu a aterrissar em Nápoles, embora fosse preciso uma pista de 1200 metros, trezentos a mais do que a da fazenda tinha.

Assim, tendo medido as distâncias e calculado o tempo de frenagem, a aeronave desceu pelos céus de Nápoles, aterrissou ostensivamente e o hábil piloto fez com que girasse pelo menos dez vezes sobre a roda traseira, até que freou no limite do rio Doradal. O avião tinha pintado no bico um enorme peixe com dentes afiados e olhar malicioso, mordendo um charuto aceso.

O zoológico estava praticamente pronto, mas meu pai queria mais e mais animais. E era um gosto muito caro. Como o casal de papagaios-negros que comprou em Miami, para onde havia ido a fim de cobrar uma dívida de 7 milhões de dólares de um distribuidor de cocaína. Embora tivesse um encontro marcado com o credor às duas horas da tarde, preferiu ir até o dono dos animais, que havia pedido para se encontrarem na mesma hora e no outro extremo da cidade. Assim, os papagaios se tornaram os animais mais caros do zoológico, porque os comprou por 400 mil dólares. Semanas depois, furioso, meu pai ligou para se queixar porque um veterinário descobriu que haviam sido castrados.

Meu pai passava horas e horas admirando as enormes gaiolas em que se exibiam as aves mais exóticas do mundo. Os papagaios eram seus preferidos, e havia de todas as cores, incluindo os negros. Mas isso também não era suficiente, porque durante a viagem que fez ao Brasil, em março de 1982, para celebrar sua eleição a deputado, descobriu uma ararinha-azul com olhos amarelos, única de sua espécie e protegida pelas leis do país. Contudo, e como ele não tinha limites, deu um jeito de seu piloto contrabandeá-la. A arara viajou sozinha no jatinho de meu pai. O custo? 100 mil dólares.

Os últimos animais que chegaram ao zoológico foi um casal de belos botos-cor-de-rosa que mandou comprar no Amazonas e que foram colocados num dos lagos que meu pai mandou fazer na fazenda Honduras, a uns dez minutos de Nápoles. Eu costumava ir de tarde brincar com os botos, apesar do odor horrível que soltavam.

Finalmente, meu pai considerou que o zoológico, que contava com cerca de 1200 animais exóticos, estava pronto para ser aberto ao público. Mas percebeu que faltava algo: a entrada. Então mandou construir um enorme portal branco com a palavra Nápoles nas colunas principais. Ambas eram encimadas por um aviãozinho monomotor modelo PA 18 Piper e matrícula HK-671, também pintado de branco e com uma faixa azul de lado a lado.

A história dessa aeronave foi objeto de todo tipo de especulação, como a de que nela meu pai teria transportado seu primeiro carregamento de cocaína. Mas não era nada disso. O pequeno monomotor pertenceu a um amigo dele, até que se acidentou ao aterrissar numa lateral da pista do aeroporto Olaya Herrera em Medellín. O avião permaneceu abandonado por vários meses, até que meu pai viu os destroços e pediu a seu amigo que os desse de presente a ele. Depois, fez com que fosse trazido para Nápoles, onde foi desmontado e restaurado, mas sem o motor. A particularidade daquele pequeno avião era que seu revestimento externo era de tecido.

Há muitas histórias inventadas também sobre o velho e esburacado automóvel que meu pai mandou colocar no acesso ao primeiro dos três principais setores do zoológico, a um quilômetro da entrada da fazenda. A mais célebre delas diz que foi naquele carro que morreram, em maio de 1934, os famosos ladrões norte-americanos Bonnie e Clyde, a quem meu pai admirava com devoção. Assisti com ele a todos os filmes que Hollywood fez sobre a história dos dois.

A verdade é que o veículo era uma fusão que Alfredo Astado fez de dois carros diferentes. O primeiro, o chassi de uma caminhonete Toyota, a única peça utilizável que restou do violento acidente de trânsito no qual morreu Fernando, o irmão mais novo de meu pai, quando estreava o carro num passeio com sua namorada. O segundo, a carroceria de um velho Ford modelo 1936 que Alfredo ganhara de presente. Do chassi da caminhonete Toyota e da carroceria do Ford, Alfredo fez um único carro.

Mas, um dia, enquanto Alfredo resolvia umas coisas no centro da cidade, meu pai foi até sua casa e descobriu o Ford remodelado. Sem nem perguntar, mandou levarem o automóvel para exibi-lo em Nápoles. No fim de semana seguinte, quando chegou para ver como tinha ficado o veículo, meu pai foi até o lugar, pegou sua metralhadora e ordenou a vários de seus homens que pegassem suas armas e disparassem na carroceria, para simular as 167 balas que foram disparadas contra o carro original de Bonnie e Clyde. O fuzilamento esteve a ponto de terminar em tragédia porque justo naquele momento ouviram os gritos desesperados de um trabalhador da fazenda que havia adormecido dentro do carro.

Assim, com o aviãozinho na entrada, o carro baleado perto dali e dezenas de animais belos e exóticos no zoológico, meu pai abriu

Nápoles ao público. O sucesso foi imediato, porque além da entrada gratuita, os turistas podiam percorrer o imenso parque em seus próprios veículos. Num fim de semana com feriado chegaram a passar por ali 25 mil automóveis. Famílias inteiras, de todos os cantos da Colômbia, viajaram para desfrutar do lugar. Meu pai estava feliz, e eu lhe perguntava por que não cobrava entrada, se aquilo poderia se tornar um bom negócio.

– Filho, esse zoológico é do povo. Enquanto eu estiver vivo nunca vou deixar cobrarem a entrada, porque gosto que as pessoas pobres possam vir e ver esse espetáculo da natureza.

A avalanche de turistas chegou a proporções tão grandes que meu pai mandou construir uma estrada nova, pois até para ele começou a ficar difícil de chegar. O percurso normal de sete minutos entre a entrada e a casa principal chegou a demorar até duas horas.

Houve apenas uma espécie que não se adaptou ao habitat de Nápoles: as girafas. As seis que meu pai comprou no zoológico do Texas – três fêmeas e três machos – rejeitaram o alimento e também não se acostumaram aos comedouros que ele mandou construir na parte alta das árvores. No fim, todas morreram, e foram enterradas num lugar distante da fazenda.

A abertura do zoológico se deu concomitantemente a uma intensa vida social. As festas ficaram mais frequentes, com nossas famílias ou com os amigos de meu pai, embora estas últimas fossem mais reservadas. Em nosso primeiro fim de ano em Nápoles, as comemorações duraram um mês. Do meio de dezembro ao meio de janeiro. O convidado foi o cantor venezuelano Pastor López e sua orquestra, que começavam a tocar às nove horas da noite e só paravam às nove horas da manhã do dia seguinte. Houve noites em que vinham até mil pessoas para as festas, muitas das quais nem sequer conhecíamos.

A pista de pouso de Nápoles parecia um aeroporto. Num fim de semana era fácil ver uma dúzia de aeronaves estacionadas lá. Nessa época, meu pai era amigo de muita gente, ninguém o perseguia e muitos de seus convidados chegavam com presentes e caixas repletas de bebidas.

O luxo absoluto tomava conta de tudo. Meu tio Mario Henao também tinha seu jatinho particular e era comum vê-lo saindo cedo de Nápoles, dizendo: "Vou tomar café da manhã em Bogotá e volto para o almoço. Vou trazer para o Pablo aquele queijo com recheio de goiabada que vendem no aeroporto".

Um dia, meu primo Nicolás – que então pesava cerca de 130 quilos – ficou com desejo de comer um hambúrguer que só era vendido no Centro Comercial Oviedo, em Medellín. Pois mandou ligarem o helicóptero e algumas horas depois recebeu seu duplo cheeseburger com uma porção enorme de batatas fritas.

O zoológico nunca deixou de ser a menina dos olhos de meu pai, e ele cuidava e se preocupava com todos os detalhes. Como no dia em que andava pela fazenda em sua caminhonete e notou que os flamingos haviam perdido sua bela cor rosada e a plumagem estava quase branca. Convencido de que a descoloração se devia à má alimentação, consultou um veterinário inexperiente que mandou dar camarões para eles comerem durante seis meses. Claro que não funcionou.

Outro dia, notou que os elefantes pareciam aborrecidos com a comida; não sabiam muito bem com o que alimentá-los. Tentaram dar grama picada de todo tipo e até cana-de-açúcar, mas os paquidermes continuaram sem apetite por muito tempo. Entre outras tantas tentativas, um dia meu pai mandou comprar três toneladas de cenoura para ver se eles se animavam. Nem isso surtiu efeito.

Numa ocasião, eu e meu pai saímos sozinhos para percorrer o zoológico numa caminhonete Nissan azul conversível, e ele pediu que eu segurasse sua metralhadora enquanto ele dirigia e observava o estado dos animais.

Uma hora depois de termos saído, encontramos um veado estirado ao lado da estrada, com uma perna fraturada. O pequeno animal de longas pernas brancas e lombo marrom com pintinhas amarelas se revirava de dor, porque o osso quebrado estava exposto. Diante da gravidade da lesão, meu pai disse que a única opção seria sacrificá-lo, e se dirigiu à caminhonete para pegar sua lendária pistola Zig Sauer P-226 preta de 9 mm, a qual adorava pois era muito precisa e não disparava com facilidade. Além do mais, era a única das muitas que tivera que não travava nunca.

– Você quer sacrificá-lo, Grégory? – ele me perguntou e, sem me dar tempo para responder, disse-me para apontar para a cabeça do veado e disparar, assim ele não sofreria mais.

Meu pai deve ter visto minha cara de susto, porque me mandou esperá-lo no carro, mas eu respondi que era sim capaz de fazer aquilo. Tomado de pavor, peguei a arma das mãos dele e tive de apertar o gatilho com os dois dedos. Embora estivesse muito perto, a menos de um metro, errei o primeiro tiro, acertei na terra. O segundo também, mas na terceira tentativa não falhei.

Nápoles ficou tão conhecida em todo o país que no dia 31 de maio de 1983 meu pai emprestou os terrenos da fazenda para a filmagem de um comercial de um minuto da Naranja Postobón, uma empresa de refrigerantes das organizações Ardila Lülle. Para a gravação, utilizaram o aviãozinho Twin Otter de meu pai, os veículos anfíbios e os bugres, e também zebras, elefantes, girafas, cisnes, cangurus, alces e avestruzes. Claro que eu não podia deixar de aparecer: saí de perfil, quase no fim do comercial, com uma câmera em mãos filmando meu amiguinho Juan Carlos Rendón – filho de Luis Carlos Rendón, colaborador de meu pai em seus negócios obscuros nos Estados Unidos –, que estava vestido com um macacão amarelo e uma camiseta verde.

Alguns dias depois, chegou a nossa casa no bairro de Santa María de los Ángeles um gigantesco arranjo de flores com chocolates finos, nozes, amendoins, amêndoas e uma garrafa de licor. O presente vinha da parte da engarrafadora de refrigerantes e era para meu pai.

O dinheiro em excesso não era direcionado apenas para luxos e excentricidades. Enquanto durou, meu pai se esforçou para ajudar as pessoas. Lembro de alguns Natais em que ele distribuía presentes para todas as crianças dos povoados vizinhos. Eu fui com ele diversas vezes para entregar os presentes, que eram bons de verdade, não coisinhas baratas. Passamos tardes inteiras na parte traseira de um caminhão entregando dois ou três brinquedos para cada garoto e garota que vinham.

Mas ele não dava presentes apenas em Antioquia. Escolhia comunidades mais pobres para fazer a distribuição pessoalmente. Uma vez, inclusive, quatro de seus helicópteros partiram de Nápoles cheios de remédios e presentes para as comunidades indígenas das selvas de Chocó.

A comunidade que mais agradecia era a de Puerto Triunfo, que encontrou em Nápoles oportunidades de trabalho e entrada gratuita ao parque zoológico. Essa gratidão ficou clara numa madrugada de um fim de ano, quando fomos com toda a família à missa do galo na igreja que havia sido construída com a ajuda de meu pai e de Gustavo Gaviria.

Quase ao final da liturgia, o pároco se dirigiu a meu pai e lhe entregou uma chave de papelão, que segundo ele significava dar as chaves do céu para alguém que ajudava as pessoas. Mas o momento solene foi interrompido por um bêbado:

– Padre, não tem uma cópia para mim?

A congregação caiu na gargalhada.

Termina aqui a versão colorida da fazenda Nápoles, que não deixa dúvida alguma de por que meu pai foi tão feliz naquele lugar que havia encontrado e moldado do seu jeito. Também fica entendido por que em três ocasiões ele nos disse que queria que o sepultássemos ali e plantássemos uma paineira em cima.

Mas este relato ficaria incompleto se eu não contasse que em Nápoles aconteceram coisas ruins. E muitas.

Desde que começou a construir a fazenda, meu pai previu que no futuro ela lhe serviria de proteção contra seus inimigos, e que lhe serviria também para o tráfico de cocaína. Nesse momento, ele já era um influente narcotraficante, com um poderoso aparato criminoso sob seu comando e com vontade de incidir na vida política do país.

Meu pai preferia que eu continuasse entretido com os brinquedos da fazenda, mas a crueldade da guerra era cada vez mais difícil de esconder. Nápoles foi seu centro de operações, e boa parte de minha infância foi passada ali.

A primeira coisa que fez quando começou a construir a casa principal foi pensar num esconderijo para ficar caso tivesse alguma situação emergencial. Foi feito um lugar para isso no armário do quarto principal. Ali, colocou um cofre médio onde guardava algum dinheiro e um revólver de calibre 38 curto que durante muito tempo levou amarrado ao tornozelo. Do lado esquerdo foi construído um compartimento secreto de dois metros de altura por dois de largura e três de profundidade, que não se via pois sua entrada se dava por uma pequena porta escondida.

Na primeira vez em que entrei nesse lugar havia pelo menos uma centena de fuzis Colt AR-15, Aug, pistolas e metralhadoras Uzi e MP-5. E também uma valiosa metralhadora Thompson, original de 1930, com um provedor de trezentas balas num tambor redondo em formato espiral. Nesse dia meu pai a tirou do esconderijo para mostrá-la a seus homens, que ficaram impressionados.

Eu estava acostumado a ver armas, e em Nápoles era muito comum elas serem usadas. Tanto que, ao lado da piscina, meu pai mandou instalar uma bateria antiaérea muito antiga, que tinha assento, quatro pés grandes e canhões com amortecedores. Com a morte do ministro Lara, meu pai previu a primeira operação de busca policial em Nápoles e por isso ordenou que a escondessem na selva, mas nunca se soube onde a ocultaram.

Além do esconderijo na casa principal, meu pai mandou construir dois outros refúgios em lugares distantes da fazenda: Panadería e Marionetas.

Panadería era uma casa pequena, moderna, de apenas um andar, feita com grandes vigas de madeira e situada num dos últimos trechos da fazenda, a seis ou sete quilômetros da casa principal, passando pela selva. O lugar era cheio de cobras, que saíam de tudo que é canto, e por isso era preciso fumigar e olhar bem tudo, até debaixo dos travesseiros, a cada vez que íamos dormir lá.

Marionetas era uma casa austera de quatro quartos, e para chegar até ela era preciso andar vários quilômetros de carro por estradas cheias de curvas e meandros para confundir os que ousassem passar por ali.

Quase desde o começo os parceiros de crime de meu pai frequentavam a fazenda. Lá conheci quase todos os integrantes do cartel que ele comandava, dos cargos menos importantes aos mais altos. A maioria deles gostava de se gabar com suas namoradas ao convidá-las para a "fazenda do patrão".

"O Mexicano" esteve várias vezes em Nápoles, mas meu pai preferia nos levar às propriedades dele, onde passávamos alguns dias juntos. Era um homem de poucas palavras, tímido, habilidoso e inteligente, e na maior parte do tempo ficava em silêncio, pensativo.

Carlos Lehder também aparecia com bastante frequência e sempre trajando sua calça camuflada, regata verde-oliva, boné, e com uma faca no melhor estilo Rambo, bússola, sinalizadores e fósforos que acendiam mesmo molhados, uma pistola Colt de calibre 45 e uma besta, sua arma preferida. Gostava de carregar um par de granadas no peito e um fuzil G-3 nas mãos. Parecia um personagem de videogame, armado até os dentes, o corpo atlético e até bem aparentado.

Nunca me esqueço de como era extremamente pálido; sua pele quase verde chamava muito a minha atenção. Parecia padecer de uma rara doença tropical, ocasionada por suas longas viagens pela selva.

Ele protagonizou um escândalo muito grave que tirou meu pai do sério, e por isso ele exigiu que Lehder fosse embora da fazenda. Foi no fim de 1986. Numa madrugada, entrou escondido num pequeno quarto perto da piscina e matou com um tiro de fuzil o "Rollo", um homem alto que comandava um dos grupos de pistoleiros de meu pai. O *capo* estava furioso porque "Rollo" tinha um romance com uma mulher de quem ele gostava. Após o escândalo, meu pai falou com veemência com Lehder, que não teve outra opção a não ser sair imediatamente da fazenda. Esta foi a última vez que se viram. O jornalista Germán Castro Caycedo estava lá naquela noite, numa de suas conversas noturnas com meu pai, quando se ouviu o forte estrondo; meu pai ordenou a todos que se metessem debaixo dos carros até que averiguasse o que estava acontecendo. Lehder apareceu na parte de trás, com seu fuzil G-3 em mãos, e disse:

– Pronto, matei aquele filho da puta.

Uma vez veio um convidado muito especial, a quem meu pai tratava com absoluto respeito. Era um homem de setenta anos a quem, de maneira totalmente fora do comum, meu pai fazia grande reverência.

– Grégory, venha aqui, quero apresentar dom Alberto Prieto, o único patrão que tive na vida – disse, fazendo sinais para que eu me aproximasse e o cumprimentasse dando a mão, para mostrar meu respeito.

A ascendência de Prieto sobre meu pai era tamanha que até lhe pediu permissão para contar de suas atividades do passado, quando fora contrabandista de eletrodomésticos, cigarros e bebidas. A gratidão que tinha por aquele homem era clara no semblante de meu pai, pois fora o primeiro a lhe dar a oportunidade de prosperar no mundo do crime.

Naquela noite, e num gesto que surpreendeu a todos nós, pela primeira e única vez na vida meu pai cedeu o próprio quarto para o visitante, e nos levou para dormir em outro cômodo no térreo da fazenda.

Nápoles foi utilizada também como centro de treinamento do exército de pistoleiros que acompanhou meu pai ao longo de sua carreira como criminoso.

– Aqui todo mundo é muito bravo, muito espertinho, mas não sabe nem disparar ou segurar direito uma arma – meu pai disse um dia, lamentando que constantemente seus homens ficassem feridos ou em alguns casos até morressem pela deficiência na destreza com os armamentos.

Além do mais, com frequência precisava corrigir seus guarda--costas por sua pontaria ruim e por não conseguirem usar direito uma arma mais pesada ou de longo alcance, quando necessário.

Até que um dia, em 1988, quando a guerra contra o cartel de Cali tinha acabado de começar, enquanto tomávamos café da manhã na sala de jantar de Nápoles, ele nos disse:

– Esses "rapazes" precisam de treinamento. Vai vir um estrangeiro que já treinou um pessoal do "Mexicano" e que parece ser muito bom. É um cara que o "Carlitos" (Castaño) trouxe, um israelense que ele conheceu num curso que fez com alguns militares colombianos fora do país. Vai ensinar técnicas de segurança e proteção para eles, e também como atirar de carros em alvos em movimento; vai ensinar como entrar em casas, tipo comando, para que esses bandidos não se matem uns aos outros quando estiverem fazendo algum serviço ou quando sofrerem um ataque.

Meu pai estava entusiasmado com o treinamento e prosseguiu com a explicação:

– Tivemos que arrumar uns carros roubados para praticar e um lugar com uma casa semiabandonada para simular uma retomada de reféns, para fazer o exercício de entrar e tirar alguém de lá ou libertar a pessoa.

Depois soltou uma risada maliciosa e encerrou a conversa:

– Que tal? Vir de tão longe para ensinar meus rapazes a entrar numa casa... Não é isso que eles têm feito a vida inteira?

Com efeito, três dias depois soube que o estrangeiro havia chegado muito cedo e que tinha sido levado a uma propriedade muito distante de Nápoles, embora na mesma região, à qual se chegava por um caminho muito estreito. Ouvi um dos homens de meu pai dizer o nome do estrangeiro: Yair.

Obviamente, esse nome não significava nada para mim, e meu pai também não reparou na procedência do instrutor, mas tempos depois ficaria sabendo que Yair na verdade era um mercenário israelense que viera para a Colômbia a fim de treinar o exército do "Mexicano", o qual logo se transformaria numa máquina do crime que daria origem aos paramilitares do Magdalena Medio.

Entre as duas dúzias de homens que passaram por Yair alguns sobressaíram, como os irmãos Brances e Paul Muñoz Mosquera, o "Tyson", e "Tilton", dois dos pistoleiros mais letais de meu pai, que tinham uma família enorme e evangélica.

Durante os primeiros dias, eu e meu pai ficamos de um lado da pista para vê-los disparando em garrafas e latas colocadas em cima de barris cheios de areia, mas ninguém acertava. Miravam tão mal que as balas atingiam o chão.

Dias depois, tendo o treinamento encerrado, meu pai lhes perguntou o que haviam aprendido enfim, e responderam que tinha sido muito produtivo para eles, pois haviam aprendido uma coisa nova: disparar e recarregar duas pistolas ao mesmo tempo, uma manobra muito difícil e até então desconhecida. O resto, disseram, já sabiam.

O uso de carros-bomba em atentados terroristas também teve Nápoles como epicentro.

Ocorreu quando meu pai solicitou os serviços de "Chucho", um especialista em explosivos que fora treinado em Cali por um integrante de um grupo terrorista espanhol, sujeito que Gilberto Rodríguez Orejuela conheceu quando esteve preso em Madri.

Na verdade, nunca entendemos por que motivo o *capo* do cartel de Cali trouxe o espanhol, se naquela época meu pai e os Rodríguez eram amigos e não tinham rivalidades; o mercado da cocaína nos Estados Unidos era enorme, cada um tinha sua própria região para traficar.

"Chucho" se tornou um homem de muita confiança, a quem meu pai oferecia muita proteção, pois não podia perder alguém que representava uma vantagem estratégica diante de qualquer perigo. Confiava tanto nele que, em algumas ocasiões, entrou junto com ele num esconderijo.

"Chucho" aprendera diversas técnicas para detonar veículos carregados com dinamite e para levar a carga explosiva até um lugar determinado.

Novamente, era recorrente ouvir dos "rapazes" que a pista de pouso de Nápoles fora usada para as simulações – com carros roubados, claro –, que deviam ser feitas com muito cuidado por causa do risco com as explosões.

O lugar escolhido foi a parte final da pista, onde havia ao lado um barranco que servia como escudo para evitar acidentes. Num desses ensaios, a explosão foi tão forte que o veículo ficou preso numa árvore na parte de cima do morro.

Quando fugir se tornou algo cotidiano porque meu pai decidira enfrentar o Estado, a primeira coisa que as autoridades faziam era invadir a fazenda Nápoles e procurar provas para processá-lo por qualquer coisa, mas meu pai tinha informantes em todos os órgãos de segurança, aos quais pagava altos salários para que lhe avisassem sobre as operações contra ele, dependendo de seu cargo e poder. Assim, quando chegavam não encontravam uma bala sequer, mas as autoridades simulavam que a fazenda era um refúgio de armas, explosivos e drogas. Aconteceu de tudo e houve de tudo um pouco ali, mas nada do que os meios de comunicação mostraram era realmente de meu pai. E isso o enfurecia ainda mais.

Ainda na clandestinidade, ele também se negava a entregar os animais às autoridades, que usavam o pretexto de eles terem sido introduzido ilegalmente no país. Sempre disse que apreendê-los não tinha sentido se fossem transferidos para lugares não aptos para recebê-los. Além do mais, tinha certeza de que a fazenda era o melhor lugar para aquelas espécies e que qualquer zoológico do país era de quinta categoria se comparado a Nápoles.

Numa das cada vez mais frequentes operações de busca das autoridades, agentes do Inderena, o Instituto de Recursos Renováveis e Não Renováveis, apreenderam as doze zebras do zoológico. Meu pai ficou sabendo disso e, mesmo estando na clandestinidade, ordenou imediatamente que seus homens conseguissem doze burros para substituir as zebras no lugar onde elas haviam sido abrigadas.

– Ofereça um ano de salário para o vigia – disse para um de seus empregados de confiança.

E assim foi: o vigia permitiu que a troca fosse feita, e à noite pintaram os burros de branco e preto e as zebras voltaram para Nápoles. Meu pai fez algo semelhante quando em outra ocasião apreenderam um bom número de aves exóticas e levaram-nas para o zoológico Santafé, em Medellín. Ao ficar sabendo do ocorrido, mandou comprar patos, gansos e galinhas, e à noite seus homens fizeram a troca; de novo, suas aves voltaram a Nápoles.

⌃Esta fotografia inédita mostra meu pai em cima de um elefante no zoológico de Dallas, Texas. Nessa viagem, com boa parte da família, comprou dezenas de animais que mais tarde chegariam à fazenda Nápoles.

⌃Apesar de a fazenda Nápoles ter sido invadida pelas autoridades diversas vezes, meu pai sempre deu um jeito de permanecer nela depois, como se nada estivesse acontecendo.

Nápoles marcou o começo do império de meu pai. Foi um lugar paradisíaco, no qual ele realizou todos os seus sonhos. Mas também utilizou a fazenda como epicentro de suas atividades como narcotraficante.

⋏Esta diligência original do Oeste dos Estados Unidos foi importada por meu pai e se juntou à longa lista de itens excêntricos da fazenda Nápoles.

⋏Durante vários anos, a fazenda foi o lugar de lazer preferido das famílias Escobar-Henao. Nós íamos para lá praticamente todos os fins de semana.

⋏Meu pai e eu sempre tivemos uma relação muito próxima. Nem a clandestinidade conseguiu nos distanciar. Ele costumava comparecer aos eventos mais importantes da família.

Esta foi talvez a única vez que meu pai ficou embriagado. Ocorreu em Nápoles, depois de tomar várias doses de um coquetel conhecido como Rasputín.⋗

CAPÍTULO 7

A "COCA" RENAULT

"Entre os novatos, destacam-se Lucio Bernal, de Bogotá; Pablo Escobar, Gustavo Gaviria e Juan Yepes, todos da capital de Antioquia."

"Voadores como Pablo Escobar estão em plena ascensão. Escobar está em segundo no geral, a treze pontos do líder."

Nesses dois parágrafos e de maneira breve, o jornal *El Tiempo* de Bogotá noticiou, no primeiro semestre de 1979, o desempenho de meu pai e de Gustavo Gaviria numa das corridas válidas pela Copa Renault, que era disputada no Autódromo Internacional, ao norte da capital do país. O gosto por participar de competições de alta velocidade surgira anos antes, quando haviam juntado uma boa quantidade de dinheiro por conta do tráfico de drogas e, inquietos, procuravam outras atividades para se distrair.

Antes, meu pai competira em corridas de motocross numa pista conhecida como Furesa, nos terrenos contíguos à Sofada, a montadora da Renault em Envigado e arredores; ele ia bem, ficava nas primeiras posições, mas um acidente feio causou-lhe feridas em várias partes do corpo que demoraram vários meses para cicatrizar.

Os automóveis despertavam no meu pai uma paixão enorme pela velocidade e por isso o anúncio de que, na tradicional Copa Renault – que acontecia todos os anos no Autódromo –, novatos seriam aceitos, e não apenas profissionais, avivou sua vontade de correr. Gustavo não ficou atrás.

A nova categoria não tinha muitos pré-requisitos: um Renault 4 original, ao qual era permitido fazer algumas modificações no motor e na suspensão. As demais customizações eram ao gosto do competidor.

Animados, meu pai e Gustavo compraram dez R-4 com motores de mil cilindradas e os entregaram para um engenheiro que trabalhara na Sofasa – a montadora de tais veículos em Envigado – para que fizesse as reformas que eles queriam. Assim, instalaram uma gaiola de segurança dentro da cabine, substituíram os amortecedores originais por outros de competição, rebaixaram o cabeçote do motor e alteraram o diagrama do comando de válvulas.

Com os veículos prontos para a competição, meu pai e Gustavo se inscreveram pelas equipes Bicicletas Ossito e Depósitos Cundinamarca. Juan Yepes também correu ao lado deles. Meu pai ficou com o carro número 70, e Gustavo com o 71.

Jorge Luis Ochoa patrocinou a equipe Las Margaritas, com quatro veículos, mas ele mesmo não participou, porém Fabio, seu irmão mais novo, sim.

Meu pai e Gustavo levaram tão a sério a participação que antes da primeira corrida enviaram dois de seus empregados para arranjar os últimos detalhes em Bogotá: compraram um furgão e o encheram de peças de reposição para seus R-4, contrataram por um ano um engenheiro e cinco mecânicos para cuidarem de seus veículos, e pagaram uma grana preta por um espaço grande nos pits, onde além dos mecânicos e dos carros ficava boa parte da família.

Mas ainda faltava uma excentricidade: meu pai reservou um andar inteiro no hotel Hilton – o último andar – e pagou um ano adiantado. Foi um exagero enorme, porque os quartos foram ocupados em apenas seis fins de semana.

Em meio à excitação pela novidade de participar de uma corrida de carro, meu pai pensou numa piada: que a Copa Renault devia se chamar, na verdade, Coca Renault. E tinha razão, porque naquele ano, além dele e de Gustavo, outros traficantes de Medellín e de Cali também participaram.

A primeira corrida válida foi marcada para um domingo, dia 25 de fevereiro de 1979, mas meu pai e Gustavo viajaram de helicóptero já na segunda-feira anterior para inscrever seus veículos e apresentar os exames médicos. Numa maleta, meu pai levou 200 milhões de pesos em dinheiro para os gastos daqueles dias.

Não obstante, o resultado do exame físico de meu pai não foi bom, porque o encefalograma indicou que ele não era apto para pilotar carros de corrida. Mas, como ele resolvia qualquer problema com dinheiro, subornou os médicos, pedindo na cara de pau que alterassem o exame e autorizassem a emissão do comprovante, com o qual pôde então competir.

O clima antes da abertura da Copa Renault era festivo e o autódromo estava completamente lotado de fãs do esporte. A equipe Las Margaritas causou curiosidade nos presentes, pois chegou num ônibus novo que tinha na parte de trás uma mecânica e na frente uma oficina ampla e bem equipada. Era algo nunca antes visto no automobilismo nacional, como disseram os jornalistas que cobriam o evento.

Meu pai saiu para a pista com um chamativo macacão laranja e Gustavo Gaviria com um vermelho. Na corrida de abertura, os dois novatos mostraram habilidade para pilotar, mas ficaram na terceira e quarta posições, respectivamente. Mesmo assim, os jornais do dia seguinte teceram bons comentários e os especialistas afirmaram que Antioquia havia mandado bons pilotos para se somar à acirrada competição.

Meu pai, Gustavo e toda a família foram aquela tarde comer no restaurante Las Margaritas, propriedade de Fabio Ochoa pai, que era perto do autódromo. Lá, avistaram um homem de chapéu, que parecia ser do campo, sentado sozinho a uma mesa, a quem nunca haviam visto: era Gonzalo Rodríguez Gacha, que aparecia ali nos fins de semana para vender cavalos.

Nas corridas oficiais seguintes pela Copa Renault – algumas realizadas em Cali e em Medellín –, meu pai e Gustavo chegavam no sábado de helicóptero e voltavam na segunda de manhã.

Ao longo do campeonato, os dois ocuparam lugares na parte de cima da tabela geral, e meu pai inclusive chegou a ficar em segundo, mas havia dois ótimos pilotos que não os deixavam chegar perto da liderança. Eram Álvaro Mejía, patrocinado pela empresa Roldanautos de Cali, e Lucio Bernal, que tinha o patrocínio da Supercar-Hertz de Bogotá.

O duelo entre Mejía e Bernal pelo primeiro lugar continuou até o fim do campeonato, em novembro de 1979, sem que as estratégias de que meu pai se valeu para vencê-los surtissem qualquer efeito. Primeiro, gastou muito dinheiro contratando dois engenheiros automotivos que tentaram sem êxito melhorar seu carro; chegou inclusive a lhes oferecer quantias extras de dinheiro por cada quilo que conseguissem retirar do veículo. Depois, quando alguém lhe disse que um engenheiro da Renault na França havia preparado vários motores para competir em corridas como aquela na Colômbia, mandou comprar três. Mas nada funcionou.

No fim, meu pai ficou em quarto lugar e Gustavo em nono. Decepcionados, os dois não quiseram mais saber de corridas de carro.

Como era de esperar, a participação de meu pai e de Gustavo não foi isenta de historietas e detalhes pitorescos. Primeiro: o entusiasmo e a gastação de dinheiro os levaram a comprar dois luxuosos e velozes Porsches SC-911, um deles tendo pertencido ao famoso piloto brasileiro Emerson Fittipaldi; meu pai mandou pintá-lo de branco e vermelho e colocou o número 21 no dele, e Gustavo o 23.

Segundo: numa tarde de domingo, chegaram ao Hilton após uma corrida e subiram para os quartos do último andar. Um mecânico da equipe jogou uma garrafa vazia pela janela, que acabou batendo no ombro de um guarda-costas que naquele momento acompanhava o presidente Julio César Turbay Ayala. Os homens da segurança do líder político subiram correndo para ver o que estava acontecendo e encontraram mais de quarenta pessoas numa animada confraternização. Para não aumentar a importância do incidente, os guarda-costas de Turbay retiraram do edifício quem não fosse hóspede.

Terceiro: numa outra tarde, quem chegou no hotel para falar com meu pai foram o célebre músico e pianista Jimmy Salcedo e uma das dançarinas do grupo Las Supernotas. Aquela bela mulher lhe disse que queria correr no autódromo e pediu que ele a patrocinasse. O assuntou morreu ali, porque pouco depois meu pai se retirou das competições.

Quarto: a Copa Renault foi transferida para Cali num fim de semana, e meu pai e toda sua equipe ficaram hospedados no hotel Intercontinental, onde por acaso estava o cantor espanhol Julio Iglesias, que naquela noite de sábado ia se apresentar no Los Años Locos. Meu pai comprou mais de cem ingressos e convidou todos os seus rivais.

Em sua rápida passagem pelo automobilismo, meu pai conheceu várias pessoas que mais adiante teriam papéis determinantes em sua vida, em seus negócios e em suas guerras.

Gonzalo Rodríguez Gacha, o "Mexicano", o solitário homem que vendia cavalos, seria, meses depois, o principal sócio de meu pai no tráfico de cocaína, e juntos viriam a desafiar o poder do Estado.

Ricardo "Cuchilla" Londoño, um experiente automobilista que naquele ano correu no autódromo a bordo de um Dodge Alpine – e que, além do mais, foi o primeiro colombiano a competir na Fórmula 1 –, tempos depois seria o encarregado de satisfazer os caprichos de meu pai por meio de uma empresa de importações e exportações que montou em Miami.

Héctor Roldán – patrocinador da equipe Roldanautos e cujo piloto principal, Álvaro Mejía, ganhou em 1979 a Copa Renault para novatos – e meu pai ficaram muito amigos na competição. Ele era proprietário de uma concessionária de veículos em Cali e, conforme algumas pessoas próximas a meu pai me contaram, era também um poderoso traficante de drogas no oeste do país.

Quando minha mãe não ia a Bogotá para ver meu pai correr, Roldán levava belas mulheres para ele no hotel Hilton. Fez o mesmo depois na fazenda Nápoles, onde era um convidado frequente.

Anos mais tarde, meu pai resolveu chamar Roldán para ser padrinho de minha irmã Manuela, que estava para nascer, mas minha mãe se opôs, furiosa, porque sabia que ambos ficavam andando para cima e para baixo com mulheres.

– Se você chamar esse Roldán eu não deixo a menina ser batizada, e quando ela crescer decide quem quer que seja o padrinho dela.

Meu pai cedeu, e acabou convidando Juan Yepes Flóres para ser padrinho de Manuela; Juan era um militar da reserva, jovem, de boa aparência, culto, amável com todo mundo e sempre sorridente. Com ele meu pai correu a Copa Renault, e deram-lhe o apelido de John Lada, porque foi um dos primeiros importadores das caminhonetes russas Lada, lançadas no mercado colombiano em 1977.

⊼Para competir na Copa Renault, meu pai comprou dez automóveis Renault-4, um caminhão-oficina cheio de peças de reposição e alugou um andar inteiro do hotel Hilton.

◁Meu pai e seu primo Gustavo Gaviria compraram estes Porsches caríssimos e se apresentaram neles várias vezes na Copa Renault de 1979.

◄A Copa Renault de 1979 tomou toda a atenção de meu pai. Chegou a ficar em boas posições ao longo da competição, mas nunca ocupou a liderança. Minha mãe foi com ele a algumas corridas.

Durante um ano, meu pai e seu primo Gustavo participaram de diversas corridas válidas pela Copa Renault, e nós íamos junto com alguma frequência. ➤

CAPÍTULO 8

EXCENTRICIDADES

Este relato pretende apenas mostrar como foi uma época que acabou mais de vinte anos atrás. Por conta da opulência, mergulhamos num turbilhão de excessos, gastos extravagantes e desperdícios. Minha intenção não é contar vantagem; quero apenas mostrar o mundo no qual cresci.

- Em meu nono aniversário, no ano de 1986, recebi um presente singular que, para mim, em minha imaturidade, não teve grande significado: uma caixinha com as cartas de amor originais que Manuelita Sáenz escreveu para Simón Bolívar. Também ganhei várias medalhas do libertador venezuelano.
- Dados sobre a fazenda Nápoles: tinha posto de gasolina próprio, oficina mecânica e funilaria para carros e motos; vinte e sete lagos artificiais; cem mil árvores frutíferas; a maior pista de motocross da América Latina; um parque com dinossauros em escala real; dois heliportos e pista de pouso de novecentos metros; mil e setecentos trabalhadores; três mil hectares, três zoológicos e dez casas espalhadas pelo terreno.
- No Natal, um dos helicópteros de meu pai era usado para distribuir *natilla*, bolinhos e até morcela; sem dúvida, uma maneira muito peculiar de aproximar a família.
- Os chocolates de minha primeira comunhão e os convites para ela foram trazidos da Suíça no jatinho particular de meu pai.

O chef permanente no edifício Mónaco se chamava Gregorio Cabezas. Minha mãe o mandou para o país europeu, para que escolhesse os chocolates e o design dos convites, e de quebra pagou-lhe o melhor curso de *chocolatier*. Na volta, o jato fez escala em Paris para pegar vinte garrafas de Petrvs, um Pomerol de 1971, um dos vinhos franceses mais bem cotados do mundo. Dezenove garrafas acabaram depois indo para o lixo, porque ninguém as tomou e alguém disse para serem jogadas fora pois estavam velhas.

- As flores para a cobertura de mil e seiscentos metros quadrados dos dois andares do edifício Mónaco eram trazidas duas vezes por semana de Bogotá no avião de meu pai. Quando minha mãe pediu permissão para fazer isso, meu pai respondeu: "Meu amor, se Onassis mandava buscar pão quente em Paris para Jacqueline, eu mando um avião para lhe trazer flores de Bogotá".

- Nas festas de família, eram frequentes as rifas de quadros de artistas famosos, assim como de esculturas e antiguidades.

- Eu tinha treze anos e meu pai resolveu que, para minimizar os riscos à minha segurança, eu deveria ter um apartamento de solteiro; o lugar tinha dois quartos grandes, o meu com espelhos no teto, um bar meio futurista, um tapete de zebra na sala e uma cadeira de Vênus.

- Minha mãe mandava bordar toalhas de mesa de linho em Veneza, na Itália; eram para a mesa de jantar de vinte e quatro lugares do edifício Mónaco. Por causa do tamanho e do nível de detalhe, as funcionárias demoravam entre três e quatro anos para terminá-las. Além disso, a famosa joalheria dinamarquesa George Jensen desenhou e fabricou um conjunto de louças de prata com os monogramas dos sobrenomes Escobar Henao entrelaçados. Quando minha mãe fez o pedido, lhe disseram que desde a época das realezas não recebiam uma encomenda tão grande como a nossa. A conta: 400 mil dólares. Contudo, toda a louça foi roubada em Medellín em 1993.

- Meus pais tinham a ideia de construir a casa de seus sonhos num dos melhores terrenos do bairro de El Poblado. Para tanto, contrataram os serviços de famosos arquitetos californianos que enviaram as plantas e a maquete de um projeto de quatro mil e seiscentos metros quadrados. A decoradora de minha mãe disse, aos gritos: "Esses arquitetos estão malucos, o hall da casa é maior que o do hotel Intercontinental, e dá para andar de carro pelos corredores".

- A coleção de carros de meu pai incluía uma limusine Mercedes-Benz verde-militar que pertencera a Carlos Lehder e, antes dele, a um alto funcionário do governo alemão na Segunda Guerra Mundial; uma motocicleta italiana Moto Guzzi, propriedade de um general próximo ao ditador Benito Mussolini; um Mercedes preto conversível modelo 1977; uma diligência do Velho Oeste que importou dos Estados Unidos, com interior de couro, cortinas e detalhes em madeira; e um Porsche Carrera GT cor de café, seu primeiro carro esportivo.

- Em 1988, quando fiz onze anos, já possuía uma coleção de quase trinta motos de alta velocidade, bem como motocross, triciclos, quadriciclos, karts e bugres das melhores marcas. Tinha também trinta jet skis.

- As festas temáticas eram as preferidas de minha mãe. Tanto que mandava um alfaiate até a casa das famílias convidadas com a ordem de desenhar cada fantasia. Tudo por nossa conta. Assim, comemoramos os quinhentos anos do descobrimento da América com três pequenas caravelas na piscina e trajes da época. Também houve uma festa temática sobre a vida de Robin Hood, com arcos e flechas, espadas e cavalos. Todos os encontros e festas organizados por minha mãe contavam com a presença de nosso fotógrafo pessoal, que esteve inclusive no velório de meu pai; a festa de Halloween era especial e havia um prêmio para a melhor fantasia.

- Durante os seis ou sete fins de ano que passamos em Nápoles, meu pai mandou trazer da China contêineres repletos de fogos de artifício. Gastava 50 mil dólares em cada um. A metade dava de presente para seus homens e o resto era para nós. Nos primeiros dias de janeiro sobravam tantos que muitas caixas nem eram abertas.

- Quando estava grávida de Manuela, minha mãe foi várias vezes a Barranquilla com o jato de meu pai. Uma famosa estilista lhe fazia suas roupas de gravidez.

- O maior prêmio do campeonato particular de tênis do edifício Mónaco era um automóvel zero quilômetro. Participavam apenas familiares e amigos e, se o ganhador fosse rico, doava o carro para uma família mais pobre.

OUTRAS EXCENTRICIDADES

- Um maquiador e um cabeleireiro arrumavam minha mãe todos os dias; nas toalhas era bordado o nome de cada propriedade: La Manuela, Nápoles... As empregadas domésticas usavam uma roupa especial, recebiam um curso de maquiagem e minha mãe pagava uma manicure para elas; violinistas faziam a música de fundo dos jantares no edifício Mónaco.

◄Uma excentricidade muito cara: esta louça para vinte e quatro pessoas custou 400 mil dólares.

A riqueza tomava conta de tudo: maços de dinheiro eram uma das surpresas incluídas nas *piñatas*. ▼

CAPÍTULO 9

FAZENDO DEMAIS PELOS AMIGOS

Em julho de 1981, um coronel da Quarta Brigada do Exército de Medellín entregou a um amigo de meu pai uma fita cassete com várias gravações em que militantes do M-19 (Movimento 19 de Abril, organização de esquerda na Colômbia) falavam de sequestrar um mafioso e cobrar um resgate muito alto.

Meu pai recebeu a fita. Nessa época ele já havia formado seu poderoso aparato militar, com rapazes muito jovens recrutados das regiões mais degradadas da cidade e que haviam começado a trabalhar com ele como seguranças, pistoleiros, administradores de rotas do tráfico e também como meus guarda-costas, embora eu tivesse apenas quatro anos de idade.

Após escutar com atenção a gravação, que não deixava dúvidas a respeito das intenções dos guerrilheiros, meu pai rapidamente averiguou que fora a divisão de Medellín do M-19 que dera a ordem do sequestro e resolveu ir atrás dos responsáveis.

Com os contatos que acumulara no submundo do crime e nos órgãos de inteligência do governo, em uma semana meu pai e seus homens identificaram catorze guerrilheiros, entre eles: Martha Elena Correa, Luis Gabriel Bernal, Elvensio Ruiz – que "Pinina" encontrou hospedado numa espelunca em Bogotá – e Jorge Torres Victoria, de apelido "Pablo Catatumbo".

Várias vezes meu pai me dissera que admirava o M-19 porque havia dado golpes de grande repercussão, como a tomada da embaixada da República Dominicana e os roubos da espada do libertador Simón Bolívar e de quatro mil armas de uma guarnição militar, mas acima de tudo porque no começo o grupo assaltava caminhões de leite e distribuía o produto pelos bairros pobres de Bogotá.

Mas uma coisa era o M-19 mexer com o governo; outra muito diferente era se meter com a máfia.

Correa, Bernal, Ruiz e Catatumbo foram levados sem violência para a sede da Antioquia Al Día, uma rede televisiva regional que tinha o próprio telejornal, que meu pai havia comprado para entrar de cabeça nos meios de comunicação e no jornalismo, que o fascinavam.

Essa era a fachada, porque na parte de trás da edificação funcionava um escritório do crime de meu pai. Ali, falou com os guerrilheiros a respeito do sequestro que planejavam e os fez ver que a máfia do narcotráfico era muito poderosa, e que ele dispunha de um forte braço militar que não se deixaria intimidar por ninguém; em outras palavras, lhes disse que era o rei de Medellín.

Sobre esse encontro com os membros do M-19, meu pai me contou que convocou oitenta bandidos, muniu-os de armas novas e mandou que apenas as deixassem à vista, porque seu objetivo era amedrontá-los, não matá-los. Ainda assim, disse-lhes para ficarem alertas no caso de um confronto não desejado.

Os quatro integrantes do M-19 chegaram pontualmente ao encontro, a bordo de um carro discreto, do qual saíram visivelmente nervosos. Elvencio Ruiz trazia nas mãos uma granada sem o pino.

Apesar da ameaça implícita da granada, que poderia explodir a qualquer momento, e do olhar ameaçador do grupo de meu pai, o encontro ocorreu de maneira bastante cordial, e no fim os guerrilheiros se comprometeram a não se meter com a máfia ou com suas famílias.

– A coisa comigo é muito fácil, senhores. Vocês não se metem comigo e eu não me meto com vocês. Não se enganem, prestem atenção: vocês não mexeram nem um dedo e eu já sei das suas intenções; então nem pensem em passar por cima de mim porque posso acabar com vocês todos, ou por acaso algum dos nomes, endereços ou telefones do grupo de vocês está errado aqui? – meu pai disse, olhando nos olhos de Elvencio Ruiz.

Para acabar de vez com o moral deles, sacou uma caderneta e leu um por um os nomes dos catorze guerrilheiros que integravam a divisão de Medellín do M-19, bem como os lugares por onde andavam e seus esconderijos. Por fim, conforme me contaram alguns de seus homens, deu entre 10 mil e 15 mil dólares para os quatro guerrilheiros.

A proximidade entre meu pai e os homens do M-19 se manteve com o tempo, a ponto de ele ter enviado Pablo Catatumbo para administrar um posto de gasolina perto de Miami Beach. Naquela época, os Estados Unidos enfrentavam uma crise de falta de combustível e não era fácil conseguir gasolina nos postos; por isso, as autoridades haviam decidido que ela seria fornecida num sistema rodízio entre os números pares e ímpares das placas. Comprando o posto, meu pai resolveu um problema logístico de sua organização, porque a partir de então todos os veículos que distribuíam a cocaína em diferentes partes da cidade passaram a abastecer ali. Catatumbo ficou cinco meses nos Estados Unidos e depois voltou para a Colômbia.

No entanto, o pacto com o M-19 foi quebrado em 12 de novembro de 1981, uma quinta-feira, com o sequestro de Martha Nieves Ochoa, um feito que meu pai qualificou como um ato de traição e uma afronta a ele.

Assim que Jorge Luis terminou de contar, ao telefone, que três homens armados haviam sequestrado sua irmã, meu pai foi para a casa no bairro do Prado, onde dom Fabio morava, e liderou as investigações para determinar quem estava por trás do sequestro.

Logo descobriu que eram os integrantes do M-19. Soube disso quando viu as fotografias do anuário dos formandos da escola dela, e reconheceu duas pessoas com quem havia se reunido quatro meses antes: Martha Elena Correa e Luis Gabriel Bernal.

Meu pai planejou os passos seguintes, porque certamente os guerrilheiros exigiriam uns 12 milhões de dólares pelo resgate de Martha Nieves. Não demoraram a perceber que na verdade aqueles subversivos achavam ter encontrado nos traficantes de drogas e em suas famílias uma fonte fácil e segura para financiar suas atividades. Chegaram a essa conclusão porque, além da tentativa de sequestro neutralizada por meu pai, também estiveram perto de capturar uma senhora de sobrenome Molina em Medellín e, em Armenia, Carlos Lehder, que conseguiu escapar com um ferimento de bala em uma tentativa de sequestro em sua fazenda.

Nos dias seguintes, meu pai convocou uma grande cúpula do narcotráfico na fazenda Nápoles – estiveram presentes em torno de duzentos barões do tráfico de todo o país e alguns oficiais do Exército, entre os quais foi consenso a decisão de não pagar pela soltura de Martha Nieves, e sim resgatá-la na marra.

Assim, juntaram-se à operação de resgate o "Mexicano", Lehder e Fidel Castaño, que lhes contou que seu pai havia sido sequestrado e assassinado pelas Farc (Forças Armadas Revolucionárias da Colômbia), e por isso concordava com a solução armada. A história de vida de Fidel comoveu meu pai e a partir daquele momento os dois ficaram muito próximos.

Tendo tomado a decisão, meu pai assumiu o papel de coordenador e chefe do grupo de resgate, ao qual deram o nome de Morte aos Sequestradores, o MAS. Para tornar mais fácil a operação, Gerardo "Kiko" Moncada emprestou um enorme galpão situado bem ao lado da Paróquia do Perpétuo Socorro, na rua Palacé. Enquanto isso, para proteger a família, meu pai fez minha tia Alba Marina sair da Universidade de Antioquia, porque ficara sabendo que Martha Nieves tinha sido sequestrada com a participação de uma estudante que, tempos antes, fora sua colega de classe.

Colocando em termos militares, meu pai entrou em estado de aquartelamento e adotou o toque de recolher. Nossa casa no bairro de Santa María de los Ángeles se encheu de seguranças, que nos protegiam vinte e quatro horas por dia, e 95% das saídas foram restringidas porque não se sabia como o M-19 reagiria. Meu pai costumava chegar sem ter dormido às oito ou nove horas da manhã, depois das operações de busca e invasões, que ocorriam quase todas as noites. Ele, "Pinina", "Paskín", "Chopo", "a Yuca" e "Otto" usavam uniformes do exército e saíam em caminhões militares do Batalhão de Villa Hermosa, onde a cúpula do MAS se reunia frequentemente. Nessa época, a guarda pessoal de meu pai passou de quatro para dez homens, e começaram a me levar para o jardim de infância em uma caminhonete Toyota Land Cruiser blindada. Lembro que do lado de fora da Montessori School havia uma escolta armada permanente.

– Pablo, vão matar você, cadê seu amor pelo seu filho? Você vai acabar sendo morto pelos seus amigos... como sempre. Você nem apareceu aqui em dezembro. Como a gente fica? Não vamos passar o Natal com você? – minha mãe se queixava.

– Meu amor, acontece que se eu não colaborar agora, como é que vou pedir ajuda mais para frente? Temos que ficar juntos nessa, para que não volte a acontecer – respondia meu pai, que havia assumido o resgate de Martha Nieves como se ela fosse sua própria irmã.

Fidel Castaño, Lehder, mafiosos de outros cantos do país e oficiais do Exército e da polícia interessados no avanço do resgate compareciam dia e noite ao galpão emprestado por Moncada. A família Ochoa inteira ficou praticamente trancafiada e cercada por homens que a protegiam, sem sair de sua propriedade em Envigado, onde recebiam as ligações de extorsão e gravavam as conversas com os sequestradores.

Ao mesmo tempo, os guarda-costas mais próximos a meu pai recrutaram como informantes dezenas de jovens de Medellín. Em poucos dias, pelo menos mil pessoas haviam se somado às buscas por Martha Nieves.

Logo que meu pai e seus homens começaram a caçada feroz aos sequestradores, nos jornais regionais começaram a aparecer grandes anúncios nos quais o MAS informava sua criação, alertava a respeito do sequestro de Martha Nieves Ochoa e dizia, taxativamente, que não daria um único peso ao M-19 pelo resgate.

Pouco depois, Lehder deu dinheiro para várias publicações, nas quais explicou as razões para a existência do MAS e o porquê de sua luta contra o sequestro. De igual modo, num domingo da segunda semana de dezembro foram lançados, de um aviãozinho de meu pai, milhares de panfletos sobre os estádios Atanasio Girardot de Medellín e Pascual Guerrero de Cali, com o aviso de que o M-19 não receberia um único peso como resgate pela sequestrada.

A força militar do MAS começou a ser percebida com o passar dos dias, por causa da eficaz aliança entre meu pai, seus homens, o Exército e a polícia. Dezenas de operações de busca começaram a ocorrer em diversos lugares da cidade e no Valle del Aburrá, nas quais diversos suspeitos foram capturados e levados ao quartel do MAS, onde foram interrogados com métodos violentos.

Ao mesmo tempo, meu pai mandou comprar mais de cento e cinquenta rádios de longo alcance e entregar para os rapazes recém-chegados, e mandou que ficassem próximos de telefones públicos esperando para ver se alguém se aproximava para fazer alguma ligação relacionada ao sequestro. Perto destes, dentro de um veículo, outros rapazes esperavam um sinal para sair e deter o suspeito.

A estratégia funcionou, porque os guerrilheiros se comunicaram várias vezes com a família para negociar a soltura. Como o telefone da família estava grampeado, a polícia rastreava o número e o lugar de onde a ligação havia partido e avisava imediatamente os homens de meu pai; dessa maneira, vários suspeitos foram detidos.

As capturas e os interrogatórios conduziram a uma casa no bairro La América de Medellín, onde homens de meu pai e do Exército tiveram um confronto armado com três guerrilheiros, que morreram no local. Lá, encontraram a carteira de identidade de Martha Nieves, mas ela já havia sido transferida para outro local.

A intensa busca indicou que dali ela havia sido levada para a região próxima de San Antonio de Prado, a sudoeste de Medellín, local em que apreenderam acidentalmente a caminhonete de onde o M-19 interceptava, naquela época, o sinal da tevê aberta; dali, foi levada para os municípios de La Estrella e Montebello. O tempo passava, nada de a encontrarem; por isso, e numa clara mensagem de que estavam no encalço dos sequestradores, na noite de 30 de dezembro o MAS deixou Martha Correa algemada na porta principal do jornal *El Colombiano*, com um cartaz que a apontava como sequestradora.

Meu pai passou aquele fim de ano com os Ochoa, mas se propôs a atacar já nos primeiros dias de janeiro de 1982. A família de Martha Nieves publicou um anúncio em vários jornais com uma mensagem curta e direta: "A família Ochoa Vásquez informa que não está disposta a negociar com os sequestradores do M-19 que têm mantido a senhora Martha Nieves Ochoa de Yepes cativa. E não pagará nenhum valor por seu resgate, mas oferece a soma de 25 milhões de pesos (25 milhões de dólares) a qualquer cidadão que dê alguma informação sobre seu paradeiro".

Apesar de tudo, o anúncio não deu resultados, e o MAS acabou perdendo a pista na busca; os guerrilheiros detidos no galpão – uns vinte e cinco – deram mostras reais de não saber onde estava Martha Nieves, e alguns líderes do M-19 que naquele momento estavam na prisão La Picota de Bogotá enviaram uma mensagem na qual negavam saber o paradeiro.

Após a perda do rastro de Martha Nieves, a família Ochoa se mobilizou muito rápido e conseguiu a colaboração do ex-presidente da Venezuela, Carlos Andrés Pérez, que, por sua vez, falou com o general Omar Torrijos, o homem mais poderoso do Panamá.

Torrijos encarregou o chefe da inteligência do Exército, o coronel Manuel Antonio Noriega, de tentar entrar em contato com os chefes do M-19, que estavam havia muito tempo naquele país.

O plano foi eficaz porque, duas semanas depois, após uma difícil negociação, o M-19 aceitou receber 1,2 milhões de dólares pela libertação de Martha Nieves. O acordo incluía soltar as vinte e cinco pessoas que meu pai mantinha reclusas no quartel do MAS; Elvensio Ruiz foi deixado com vida dentro de um saco nas imediações do aeroporto de Guaymaral, no norte de Bogotá, pois estava detido na Escola de Cavalaria do Exército.

Desse modo, 123 dias depois, Martha Nieves foi encontrada sã e salva no município de Génova, estado de Quindío, e viajou imediatamente para sua casa em Medellín.

Ao contrário do que se poderia pensar, o episódio não desencadeou uma guerra entre meu pai e o M-19.

Pelo contrário, nos meses seguintes surgiria entre eles uma aliança que causaria muitos estragos no país.

CAPÍTULO 10

PAPAI NARCO

Enquanto meu pai estava vivo, várias vezes perguntei qual era o montante de sua fortuna, quanto tinha, porque escutava muita gente dizendo que ele era um dos homens mais ricos do mundo. Sempre respondia a mesma coisa:

— Um dia tive tanto dinheiro que perdi a conta. Descobri que era uma máquina de fazer dinheiro, então parei de me preocupar em ficar contando.

Costumo ver citadas cifras astronômicas que representariam a fortuna de meu pai. A revista *Forbes* afirmou que ele tinha 3 bilhões de dólares, mas nunca ninguém tentou contatá-lo para verificar os dados. Em algum lugar deparei com a desatinada quantia de 25 bilhões de dólares. Tenho certeza de que, se eu resolvesse determinar uma quantia, também estaria enganado.

O tráfico de drogas deu a meu pai tudo e também tirou tudo dele. Até a vida. De modo que, pessoalmente, tenho sérias dúvidas sobre a rentabilidade a longo prazo desse negócio, pois acaba inevitavelmente se tornando um fator de poder e, por sua vez, de violência. Para mim, é um aviso suficiente.

Este capítulo não pretende traçar um raio X exaustivo da maneira como meu pai traficou cocaína. Quero apenas demonstrar de maneira breve que ele e um punhado de traficantes aproveitaram talvez o único momento em que era possível traficar sem grandes riscos, porque ninguém nos Estados Unidos, e menos ainda na Colômbia ou no resto do mundo, sabia da amplitude do alcance que o negócio da cocaína teria.

Não conheço em detalhes as atividades de meu pai como narcotraficante, mas devo dizer que me esforcei para me aproximar o máximo possível dessas histórias em minha pesquisa para este livro.

≥ ★ ≥

Ao voltar da longínqua cidade de Pasto, após ser solto da prisão nos primeiros dias de setembro de 1976, meu pai desceu do ônibus com os mesmos sapatos bege que calçava quando foi preso pela primeira e única vez em sua vida por tráfico de cocaína.

No caminho até a casa de minha avó Hermilda no bairro de La Paz, encontrou com Alfredo Astado, a quem cumprimentou com um abraço apertado e pediu uma moeda para fazer uma ligação de um telefone público. Falou em código com alguém, e desligou dois minutos depois.

Tendo chegado à casa de sua mãe, largou a bolsa em cima de um sofá e se sentou para descansar um pouco. Estava esgotado por causa da longa viagem do sul do país até ali, mas meus tios e os amigos de seu grupo do bairro que vieram vê-lo notaram em seu rosto uma estranha determinação.

Duas horas depois apareceu um homem que lhe entregou uma caminhonete Toyota nova e 200 mil dólares em dinheiro. Ninguém nunca soube quem foi que mandou aquilo para meu pai, mas entenderam que o veículo e o dinheiro estavam de alguma forma relacionados com a ligação que ele havia feito. Naquele momento, para todos os que lá estavam ficou claro que os três meses que ele permanecera na cadeia não haviam afetado seu objetivo de se tornar milionário por meios ilegais.

Pelo contrário, naquela tarde notaram ainda mais coragem nele, que, após falar com seu contato em Loja, Equador, enviou até lá um de seus trabalhadores no veículo e com o dinheiro que lhe havia chegado, para comprar pasta de coca. No entanto, no dia seguinte lhe informaram que a polícia do município de La Virginia, no estado vizinho de Risaralda, havia detido um veículo numa blitz e encontrara os dólares escondidos no sistema de ar do carro. Meu pai e Gustavo Gaviria correram até lá, pagaram uma generosa propina e voltaram com o veículo e o dinheiro.

Longe de se amedrontarem, os dois decidiram ir buscar a pasta de coca direto no Equador. Dessa vez não tiveram inconvenientes; e a viagem foi importante para eles, pois conseguiram contatar alguns traficantes que meu pai conhecera na prisão de Pasto que os ajudaram a encontrar os melhores provedores e rotas para levar a pasta de coca até a Colômbia.

De tanto ir e vir do Equador, montaram uma estrutura que lhes permitiu receber frequentemente carregamentos cada vez maiores de pasta de coca. Para tanto, contrataram um coronel do Exército equatoriano, a quem começaram a pagar muito bem; ele se tornou a ponte entre os vendedores em Loja e uma dúzia de trabalhadores que recebiam até vinte quilos de alcaloide camuflados dentro de blocos de madeira ocos.

Levando a carga no ombro, iniciavam uma longa travessia pela selva, em trajetos a pé de quinze ou vinte horas seguidas até o rio San Miguel, na fronteira entre a Colômbia e o Equador, onde então funcionários de meu pai a recebiam. Os blocos de madeira eram transportados em pequenos caminhões que faziam um longo percurso, de cerca de mil quilômetros, até as cozinhas que meu pai e Gustavo haviam montado em modestas propriedades nas zonas rurais dos municípios de Guarne, Marinilla e El Santuario, no leste de Antioquia.

Tinha ficado para trás a perigosa época em que meu pai chegara inclusive a esconder na escola do bairro de La Paz os produtos químicos que usava para processar a pasta de coca.

Contudo, faltava chegar ao elo seguinte da cadeia do tráfico de drogas: o consumidor, que estava distante porque meu pai e Gustavo ainda vendiam a coca processada para traficantes que chegavam dos Estados Unidos para comprá-la em Medellín.

Cansado de ter de ficar se dividindo entre as casas de minha avó Hermilda e a de sua sogra para dormir, sem poder ficar o tempo todo com minha mãe, que estava prestes a dar à luz, meu pai alugou um apartamento a alguns metros do supermercado La Candelaria, uma rede popular num bairro de Medellín conhecido como Castropol. Assim, de uma hora para outra meu pai saiu do bairro de La Paz, treze anos após ter chegado ali, ainda muito pobre, com uma mão na frente e a outra atrás.

Naquele momento o dinheiro ainda não era abundante, porque o narcotráfico é um negócio arriscado no qual hoje você pode ser rico e amanhã estar com milhões de dívidas. Meu pai vivia assim, pois não conseguira ainda começar a *"pelechar"*, isto é, a progredir. Mas ele tinha certeza de que aquele era seu caminho, embora muitas vezes não desse conta nem de pagar o aluguel.

Alguma venda grande de coca deve ter ocorrido, pois semanas depois chegou a sua casa com um caríssimo Porsche Carrera GT conversível. Minha mãe nem carro tinha ainda, embora de vez em quando lhe emprestassem uma caminhonete Toyota vermelha.

Foi nessa época que nasci, em 24 de fevereiro de 1977, na Clínica del Rosario, no bairro de Boston em Medellín. Minha mãe tinha apenas quinze anos e Sofía se tornaria minha babá desde então.

A abundância começou a aparecer quando meu pai pôde enfim comprar uma casa bem ampla no bairro de Provenza, no luxuoso distrito de El Poblado, a qual depois vendeu para um rico empresário de Medellín que só recebia em dólares: 82 mil dólares.

Meses depois, meu pai tirou sua família do bairro de La Paz: para minha avó Hermilda deu uma casa na região do Estádio, e acomodou as irmãs em apartamentos próximos à casa, e mais tarde em El Poblado, uma das regiões mais promissoras de Medellín. O avô Abel já havia voltado para sua propriedade em El Tablazo, e meus tios Roberto e Fernando moravam em Manizales e trabalhavam na fábrica de bicicletas Ossito. Ou seja, toda a família Escobar Gaviria saiu de La Paz quando meu pai enfim começou a ganhar muito dinheiro.

O negócio ilegal ia tão bem que meu pai e Gustavo cancelaram seus tradicionais encontros nas sorveterias do bairro, e meu pai resolveu montar um escritório em nossa casa, mas meu tio Mario Henao sugeriu que ele não misturasse sua vida familiar com os negócios. Meu pai ouviu o conselho, e se transferiu para um escritório muito próximo à igreja de El Poblado. Depois iriam para outro lugar muito maior, a cem metros do Centro Comercial Oviedo, no recém-construído edifício Torre La Vega, onde ele e Gustavo compraram o quarto andar inteiro para despacharem e desenvolverem suas coisas.

A compra de imóveis nos melhores lugares de Medellín foi uma prova irrefutável de que meu pai começava a ser dono de uma grande fortuna. Mas não apenas ele, porque muitos outros traficantes aproveitaram o desconhecimento que havia nos Estados Unidos e na Colômbia sobre o tráfico de cocaína. Seus governos e autoridades tampouco sabiam que nas longínquas terras da América do Sul um lucrativo negócio estava no forno, negócio esse que, quarenta anos mais tarde, ainda não desapareceu; pelo contrário, cresceu exponencialmente, pois nunca deixou de ser rentável.

Não podemos esquecer do fato de que, naquela época, a cocaína era bem vista nos círculos sociais norte-americanos. Foi assim que a prestigiosa revista *Newsweek* a apresentou em sua edição de maio de 1977 – três meses após meu nascimento –, dizendo num artigo que, nas grandes festas das celebridades em Los Angeles e em Nova York, era moda distribuir cocaína em bandejas de prata, acompanhada por um fino caviar Beluga e champanhe Dom Perignon.

O fato é que, com a estrutura que já haviam montado em meados de 1977, em pouco tempo meu pai e Gustavo encontraram suas próprias rotas para levar a cocaína até os Estados Unidos, onde os sistemas de controle nos aeroportos e nos portos eram muito deficientes. A ingenuidade das autoridades de então facilitou seu trabalho, pois não precisavam de grandes esforços para camuflar a droga. Naquela época não havia raios X nos aeroportos, nem cachorros farejadores, nem agentes, nem revistas e inspeções exaustivas. Uma simples maleta com fundo falso era suficiente para levar muita droga sem risco de ser detectada.

Tampouco existiam leis muito específicas sobre o tema, e o tráfico de cocaína era considerado simples contrabando. A demonização e a criminalização do negócio viriam depois.

Meu pai me contou uma vez que ele e Gustavo ensaiaram sua primeira remessa com cem quilos de cocaína num avião bimotor Piper Seneca, que chegou sem qualquer contratempo a um pequeno aeroporto de Opa Locka – um terminal aéreo privado no coração de Miami em que pousam apenas as luxuosas aeronaves dos norte-americanos ricos. Quando lhes confirmaram que o carregamento havia chegado em segurança, meu pai e Gustavo fizeram uma grande festa para celebrar o fato na discoteca Kevins de Medellín, na qual houve muita bebida e belas mulheres.

Estavam diante de uma mina de ouro, porque o quilo já processado custava para eles 200 mil pesos na Colômbia (aproximadamente 5 mil dólares na época); já chegado em Miami, incluindo as despesas de transporte e seguro, tinha um custo total de aproximadamente 6 mil dólares. E, vendido em quantidades menores nas ruas, um distribuidor atacadista como meu pai podia chegar a receber 20 mil dólares por quilo no sul da Flórida, ou de 25 mil a 30 mil dólares em Nova York.

Apesar da alta rentabilidade, a verdade é que meu pai só recebia 10% do valor de cada quilo, porque o restante ficava com os revendedores norte-americanos, que além de tudo adicionavam cal, aspirina, vidro moído, talco ou qualquer pó branco à cocaína. De um quilo de coca puríssima conseguiam fazer render três ou quatro, que eram vendidos por grama e podiam gerar um ganho de até 200 mil dólares cada.

O negócio começou a crescer feito massa de pão, e meu pai e Gustavo encontraram grandes provedores no vale do Alto Huallaga, no norte do Peru, onde começava a se configurar um dos maiores centros de fornecimento de pasta de coca do continente.

Novos jogadores entraram no negócio e pouco a pouco deixaram de lado os trabalhadores que caminhavam muitas horas para transportar alguns quilos de coca. De uma hora para outra, apareceram também pilotos experientes, que mudaram a dinâmica do tráfico de drogas; meu pai e Gustavo encontraram neles o ingrediente que faltava para se tornarem os líderes do negócio.

Então, criaram uma espécie de ponte aérea entre as pistas de pouso clandestinas nas regiões de Monzón e de Campanilla – no Alto Huallaga – e as que eles haviam construído no leste e no Magdalena Medio de Antioquia. Enormes carregamentos de pasta de coca começaram a chegar duas ou três vezes por semana após cruzarem sem qualquer problema o espaço aéreo de pelo menos quatro países.

O êxito de meu pai e de Gustavo atraiu os olhares de outros pequenos e grandes traficantes de drogas, que os procuravam para fazer negócios. Entre eles estava Fidel Castaño, que um dia chegou ao escritório de meu pai acompanhado do irmão, Carlos, um jovem de meia estatura e olhos espertos.

Fidel disse para meu pai e para Gustavo que tinha contatos nas extensas plantações de folha de coca em Santa Cruz de la Sierra, na Bolívia, onde produziam grandes quantidades de pasta base de coca. A empatia de todos pelo negócio foi geral e quase imediatamente começaram a trazer carregamentos de cerca de trezentos e quinhentos quilos num avião, que pousava numa propriedade no município de

Obando, ao norte do Valle del Cauca; a droga era recolhida ali em um ou vários veículos e era levada às cozinhas em Antioquia.

Assim começou a relação entre meu pai e os irmãos Castaño, que por muito tempo seria cheia de cumplicidades; tantas, que Fidel contou a meu pai um de seus maiores segredos: que um de seus principais contatos nos Estados Unidos para vender a droga era o famoso cantor Frank Sinatra.

Como já assinalei antes, naquela época os Estados Unidos eram um enorme buraco, porque ainda não haviam sido criados sistemas de controle nos aeroportos, estradas e portos que detectassem o pó branco que entrava aos montes no país. Essas falhas foram aproveitadas por narcotraficantes colombianos e de outros países, que repartiram a seu bel-prazer o enorme território norte-americano e o inundaram com cocaína.

Os mafiosos de Medellín, tendo meu pai como cabeça – e Gonzalo Rodríguez Gacha, o "Mexicano"; Gerardo "Kiko" Moncada; Fernando Galeano, Elkin Correa e muitos outros –, tomaram conta do sul da Flórida e dos estados próximos; os de Cali – os Rodríguez, "Pacho" Herrera e "Chepe" Santacruz, principalmente – ficaram com Nova York, com a Big Apple. O mercado era tão grande e promissor que nunca houve conflitos; pelo contrário, mantiveram por anos uma notável proximidade e cumplicidade, que somente se romperia por fatos alheios ao negócio.

Como já tinham conseguido fazer chegar um carregamento pelo aeroporto de Opa Locka, este foi, por mais de um ano, o lugar por onde meu pai preferiu traficar. Pequenos aviões executivos – carregados no início com cem ou cento e vinte quilos, mas depois com trezentos ou quatrocentos – aterrissavam ali duas ou três vezes por semana, após fazerem escala em Barranquilla, no norte da Colômbia, e em Porto Príncipe, a degradada capital do Haiti. Os pilotos das aeronaves apresentavam planos de voo nos quais diziam que levariam turistas em busca de sol e centros comerciais para fazer compras.

Mais tarde, Carlos Lehder se juntaria ao lucrativo negócio com sua famosa ilha particular com pista de pouso nas Bahamas.

Muita cocaína também foi transportada de barco naqueles anos dourados. As embarcações saíam dos portos de Necoclí e Turbo, no mar do Caribe, e chegavam carregadas de bananas ao de Miami; não eram revistadas porque as frutas iam perfeitamente empacotadas e não causavam suspeitas, mas na verdade seus compartimentos de armazenagem guardavam até oitocentos quilos do alcaloide. Essa foi uma rota famosa, conhecida na máfia como Platanal (Bananal).

A cocaína que chegava em aviões e barcos era transportada para casas em áreas residenciais como Kendall e Boca Ratón, onde os homens de meu pai a guardavam em esconderijos subterrâneos, enquanto os distribuidores locais, que pagavam em dinheiro, iam buscá-la.

Os novos donos da coca tinham uma maneira bem simples de distribuí-la por toda Miami e seus arredores mais próximos, como Fort Lauderdale, Pompano Beach e West Palm Beach: ligavam para seus clientes e marcavam de se encontrar em lugares públicos não muito cheios. O negócio não poderia ir melhor: a droga era vendida que nem pão quente.

Naquela época, meu pai começou a viajar para Miami em voos comerciais. Hospedava-se no luxuoso hotel Omni como gerente da Fredonian Petroleum Company – uma piada interna, porque nesse povoado do sudoeste de Antioquia não há sequer uma gota de petróleo.

Nesse caríssimo hotel, reservava um andar inteiro para receber diversos traficantes norte-americanos, aos quais agradava com festas até altas horas da madrugada, acompanhados de entre trinta e quarenta belas mulheres contratadas dos melhores night clubs da cidade.

Na manhã seguinte e após uma noite de excessos, os clientes de meu pai pagavam pela cocaína e recebiam as chaves de carros novos, que estavam parados no estacionamento do hotel. No porta-malas do automóvel encontravam a "mercadoria" perfeitamente embalada.

Diamante. Esmeralda. Com os nomes dessas duas pedras preciosas, meu pai e Gustavo identificavam seus carregamentos de cocaína. Um carimbo com a imagem dessas gemas era impresso em cada pacote de um quilo. O "Mexicano" escolheu o nome Reina, e sua marca se tornou muito desejada pelos compradores americanos devido ao alto grau de pureza.

Durante muito tempo, Diamante, Esmeralda e Reina foram indicadores de qualidade, embora a cocaína de meu pai tivesse começado a ficar com má fama porque sua qualidade não era das melhores e os pacotes pareciam bolas deformadas improvisadas. Inclusive uma vez um distribuidor – um perigoso mafioso gringo – devolveu um carregamento a meu pai. O episódio foi muito comentado no grupo, porque era a primeira vez que, depois de ter desembarcado um quilo, voltava a seu país de origem.

Sobre essa devolução, meu pai me contou um dia que de fato mandava coca de baixa pureza porque – como bom malandro que era – achava que os consumidores eram uns viciados que não sabiam diferenciar entre "a boa mercadoria e a ruim".

"Kiko" Moncada era outro traficante que procurava chegar a um produto final com alto nível de pureza, e seus pacotes sempre foram bem embalados e apresentados, como se fosse um produto de supermercado.

Naquela época, os controles de movimentações financeiras internacionais eram quase inexistentes e, por intermédio de laranjas que abriram contas bancárias, meu pai recebeu centenas de milhões de dólares por canais oficiais. Basta lembrar daquelas imagens do célebre filme *Scarface* em que os mafiosos entravam nos bancos para depositar seu dinheiro com bolsas cheias de dólares, sob o olhar complacente dos gerentes.

Esse mercado crescente o forçou a mandar alguns de seus funcionários de confiança para receber parte do dinheiro e procurar alternativas para trazê-lo por debaixo dos panos para a Colômbia. Otoniel González, de apelido "Otto", foi o encarregado dessa tarefa por um tempo. Muitas vezes, as mesmas aeronaves que levavam a cocaína voltavam com enormes sacolas cheias de dólares, mas quando isso não era possível meu pai tinha de optar por outras soluções: importar máquinas de lavar roupa, das quais retiravam as peças grandes, deixando apenas a casca, e as enchendo com maços de dólares; também escondiam o dinheiro em maquinário industrial, carros novos trazidos por reconhecidas importadoras, motos, televisões, equipamentos de som e outros eletrodomésticos.

Com o passar do tempo, meu pai não trazia mais apenas dólares, mas também armas de todos os modelos e calibres, pois surgira a necessidade de proteger os carregamentos. Não foi difícil para ele, porque naquela época existia nos principais aeroportos do país o chamado "correio das bruxas", uma espécie de alfândega paralela que permitia a entrada de qualquer coisa, sem deixar nenhum rastro, em troca de uma generosa propina.

A abundância de dinheiro abriu caminho, muito rapidamente, para todo tipo de excesso. Como as festas, que em determinado momento chegaram a ser diárias. As discotecas Acuarios e Kevin's foram os lugares mais frequentados por meu pai, que comprou também uma luxuosa cobertura num edifício próximo ao estádio de beisebol El Diamante, que ficava numa rua diagonal à sede da Quarta Brigada do Exército.

Ele chegava à noite a uma das boates e quase imediatamente se aproximavam belas mulheres, que conversavam e bebiam enquanto ele tomava água e fumava seu baseado. Lá pelas duas da madrugada, pagava a conta e convidava para seu apartamento quem ainda estivesse por ali. Obviamente, muitos queriam ir. Meu pai saía e, atrás dele, seguia uma caravana de não menos que cinco veículos cheios de mulheres bonitas, prontas para continuar farreando, sem hora para terminar.

O crescimento vertiginoso da demanda por cocaína no mercado norte-americano alimentou a criatividade dos traficantes, que procuraram novas rotas para facilitar o envio de seus carregamentos. Cada organização mafiosa fazia do seu jeito, mas meu pai encontraria o caminho mais rentável que se teve notícia no mundo do narcotráfico. A rota foi batizada pelas autoridades de a "Fania", mas na verdade meu pai dizia que havia lhe dado o nome de "Fanny". *Fanny* era o nome do barco que ficava ancorado em alto-mar na costa do Equador, que ele carregava com farinha de peixe e, em seus enormes refrigeradores, escondia até quatro toneladas de cocaína que sempre, sempre chegaram sem nenhum contratempo ao porto de Miami. Algumas pessoas que estiveram ao lado de meu pai me disseram que foi essa a rota que de fato o tornou rico.

Sua prosperidade econômica por conta da cocaína era incomparável, e ele começou a gastar o dinheiro sem reservas. Da ampla casa no bairro de Provenza – onde minha mãe completou dezessete anos e meu pai lhe deu de presente uma serenata do grupo argentino Los Chalchaleros – nos mudamos para uma mansão no bairro de Santa María de los Ángeles, a um quarteirão e meio de distância do Clube Campestre de Medellín.

Um dia, meu pai resolveu que queria virar sócio do clube, mas a diretoria negou sua entrada porque, embora tivesse muito dinheiro, não pertencia a uma família tradicional, condição requerida pela conservadora classe alta de Medellín.

Ele ficou furioso e, acostumado a ter sempre sua vontade feita, entrou em contato com alguns trabalhadores do clube e lhes pagou uma fortuna para começarem uma greve, alegando baixos salários. Assim se deu, e foi a primeira e talvez única vez que o clube metido a besta fechou as portas por vários dias.

Quase uma semana depois da paralização, ele foi até lá e se reuniu com os empregados.

— Patrão, por quantos dias mais você quer que a gente continue a greve?

— Por mais uns quinze, eu vou pagar tudo o que vocês precisarem, não vai faltar nada. Ah, e eu queria pedir um favor. Peguem o caminhão basculante, encham ele com bastante terra e vão dar umas voltas no campo de golfe, para danificá-lo bastante. Depois joguem toda a terra da caçamba dentro da piscina.

Assim foi feito.

Em nossa casa do bairro de Santa María de los Ángeles, e com apenas quatro anos de idade, ganhei minha primeira moto, uma pequena Suzuki amarela, na qual meu pai mandou instalar rodas pequenas de cada lado, como as que se usam em bicicletas.

Lembro que ele me ensinava a pilotá-la no fim da manhã, antes ir para o escritório. Tirava as rodas laterais e corria atrás de mim, me segurando no assento, até que um dia me soltou. Desse dia em diante me tornei um apaixonado por motos e pela indescritível sensação de liberdade que elas dão.

A rentabilidade do narcotráfico levou meu pai a comprar suas duas primeiras aeronaves: um helicóptero Hughes 500 branco, amarelo-mostarda e vermelho, registro HK-2196, e um avião Aero Commander com dois motores. Numa ocasião em que falávamos sobre essas aquisições, meu pai lembrou que, em seu primeiro voo de helicóptero, foi visitar uma pessoa muito especial para ele: dom Fabio Ochoa Restrepo, que encontrou em sua fazenda La Clara, no município de Angelópolis, sudeste de Antioquia.

Depois, levou vários amigos do bairro para passear pela represa de Peñol, e, após uma hora de voo, aterrissaram para tomar café numa venda. O piloto temia que a curiosidade matasse as dezenas de pessoas que imprudentemente se aproximavam para ver a máquina.

Enquanto isso, a demanda por cocaína crescia de tal maneira que com frequência surgiam novas rotas para traficar. Como a do México, para onde meu pai começou a enviar carregamentos de mais ou menos mil quilos em aviões que saíam de pistas clandestinas em Urabá, La Guajira, Fredonia, Frontino e La Danta.

A rota pelo México era conhecida como Las Cebollas e ocorria da seguinte maneira: a cocaína saía camuflada em grandes caminhões repletos de sacos de cebola que passavam pela fronteira na região de Laredo e depois se dirigiam a Miami. Cada veículo transportava entre oitocentos e mil quilos. Na Colômbia, Leonidas Vargas foi sócio de meu pai nessa rota e, no México, Amado Carrillo Fuentes foi a conexão ponta firme de que ele precisava para fazer a cocaína entrar nos Estados Unidos.

Outra modalidade utilizada para traficar era "bombardear", isto é, pequenos aviões que voavam a baixa altura despejavam os carregamentos no mar perto da costa de Miami, enquanto lanchas rápidas ou pequenos veleiros recolhiam os pacotes. Também se "bombardeava" em pântanos dos Everglades, no sul de Miami. Mas no começo muita droga foi perdida, pois os pacotes não eram herméticos e a cocaína se molhava.

Meu pai quase nunca se gabava de suas proezas no mundo do crime. Mas uma vez não aguentou: assistíamos ao telejornal e as autoridades informavam que haviam descoberto uma nova modalidade de tráfico de cocaína, os jeans impregnados de coca.

Meu pai sorriu por um bom tempo e depois disse que fora ele o inventor daquela maneira de impregnar calças com o alcaloide, e isso permitia exportá-lo legalmente para várias cidades dos Estados Unidos. Uma vez lá, os compradores lavavam as peças de roupa com um líquido especial, retiravam a coca líquida e a punham para secar. Embora não se tratasse de grandes carregamentos, meu pai disse que por vários meses aquela foi uma via segura, porque nenhuma autoridade estava preparada para detectar tamanha ousadia. Disse ainda que, para evitar que os cães farejadores descobrissem a manobra, passavam nos jeans um spray especial, que os espantava. Todavia, a rota dos jeans com coca "caiu" porque algum dedo-duro nos Estados Unidos contou às autoridades.

Vários dias depois, meu pai, sorrindo novamente, disse:

– Pessoal, lembram que a minha rota dos jeans tinha caído?

– Sim, patrão.

– Então, continuei mandando os mesmos jeans e o pessoal da DEA está louco da vida porque os lavam trezentas vezes e não sai nada. O que a gente faz agora é impregnar as caixas nas quais os jeans vão embalados e recuperamos a droga depois que eles as jogarem fora.

Com tais "realizações" como mafioso, meu pai já era reconhecido como um grande *capo*. A cada dia, mais e mais pessoas sabiam que aquele negócio era altamente lucrativo, e por isso começaram a querer participar dele, incluindo boa parte das pessoas "de bem" de Medellín.

Eu costumava ir falar com meu pai em seu escritório e via no mínimo cem veículos estacionados num lote de um esconderijo chamado Lagos. Eu não achava nada anormal naquilo, mas alguns de seus empregados me contaram depois que, num dia comum, poderiam aparecer até trezentas pessoas, lhe propondo todo tipo de negócio. Boa parte dos visitantes casuais queria que meu pai incluísse em seus carregamentos dez ou quinze quilos da droga deles, pois sabiam que o ganho era garantido.

Por ali passaram engraxates, ciclistas, jornalistas, empresários, políticos, policiais e militares dos mais diferentes cargos, e até estrangeiros querendo tentar a sorte no tráfico. Quase sem exceções, pediam para sua cocaína ser inclusa na rota Fanny. Também era comum ver o jovem Carlos Castaño de mensageiro, levando recados de seus irmãos ou de outros mafiosos.

A ansiedade das centenas de pessoas que esperavam a vez para entrar no negócio era notada à distância. Aquela gente ficava ali dois ou três dias seguidos, com a mesma roupa, sem tomar banho e sem sair do lugar, esperando "uma reuniãozinha com dom Pablo".

Mas nem todas as propostas que chegavam até meu pai eram ilegais. Um dia, um conhecido executivo da cidade foi até seu escritório e lhe propôs que investisse numa sociedade que seria criada para a montagem das primeiras redes de gás doméstico de Medellín. Com um ar sério, ele respondeu:

– Sinto muito, mas acontece que eu não faço negócios lícitos.

Houve algumas vezes que tomei um susto ao ver chegarem vários policiais e entrarem na sala de meu pai. Pensei que se tratava de uma operação de busca, mas saíram poucos minutos depois. Iam atrás da "ajudinha" deles – de dinheiro.

Meu pai havia demonstrado à exaustão que suas rotas eram muito seguras, quase infalíveis. Tanto, que chegou ao ponto de oferecer um seguro para os carregamentos, isto é, garantia com o próprio dinheiro o retorno do investimento, mais os lucros, para se por acaso um carregamento fosse pego. Mas meu pai e Gustavo também utilizaram uma modalidade única: dar um bônus especial aos mais próximos, aos mais fiéis. Muitas vezes meu pai disse a esses sortudos que iria lhes dar cinco ou dez quilos de presente, isto é, lhes dava o dinheiro equivalente a essa quantidade de droga sem que tivessem investido um único peso ou participado do negócio.

Mas do mesmo jeito que era capaz de ajudar os que considerava próximos, meu pai também podia chegar a extremos inimagináveis de violência. Como no dia em que, conforme me contaram, mandou afogar um de seus trabalhadores numa piscina, na frente de muitas pessoas, para que servisse de lição.

Disseram-me tempos depois que o ocorrido fora o seguinte: meu pai contratara como guarda de seu escritório um amigo militar, que anos antes havia resgatado de helicóptero na ilha-prisão de Gorgona, onde cumpria uma longa pena por homicídio.

Certa vez 200 milhões de pesos que ele guardava num esconderijo dentro do escritório desapareceram, e logo o milico surgiu como suspeito, porque no dia anterior era seu turno.

Seu destino foi selado horas depois, quando alguns empregados de meu pai encontraram o dinheiro na casa dele. Levaram-no até o escritório e meu pai mandou que todos seus funcionários fossem até a piscina. Então, amarraram-no e o jogaram na água.

– Quem roubar um peso de mim morre – meu pai disse, depois que o militar já tinha se afogado, diante do olhar paralisado dos que estavam ali.

Semanas mais tarde, meu pai decidiu investir uma pequena parte de seu dinheiro em Miami. Em 1981 foi para lá e comprou uma casa no bairro chique de Alton Road, em Miami Beach. Custou 700 mil dólares, quantia que ele levou da Colômbia e declarou na alfândega norte-americana.

Era uma mansão enorme, de dois andares, com uma entrada monumental, cinco quartos, piscina com vista para uma baía e uma das poucas da cidade com um cais particular. Gustavo Gaviria não ficou para trás, e comprou um gigantesco apartamento de 1 milhão de dólares lá.

Meu pai resolveu aumentar seus investimentos em imóveis e muito rapidamente adquiriu um complexo habitacional com duzentas moradias no norte de Miami, pagando em dinheiro, que declarou na alfândega e que foi transportado em maletas, sem o menor problema, pelo aeroporto internacional daquela cidade.

A administração de todas essas propriedades viria a se tornar uma enorme dor de cabeça, pois com frequência ele recebia ligações de pessoas se queixando: alguns crocodilos dos lagos próximos caminhavam pelos corredores do complexo.

Não obstante, e contra a opinião de meu pai, Gustavo vendeu seu apartamento, porque achou que a situação dos dois iria se complicar nos Estados Unidos. Mas meu pai era muito teimoso e achou que não teria problemas, uma vez que havia declarado os recursos com os quais comprara os bens.

As viagens cada vez mais frequentes de meu pai para os Estados Unidos por conta de seus negócios nos levaram até Washington, onde ele resolveu provocar o rígido controle de entradas no edifício do FBI. Sem se importar com os riscos, apresentou documentos falsos na recepção, e minha mãe entregou os passaportes meu e dela. Por sorte, não houve problemas e nós três fizemos a visita guiada pelo edifício. Dali fomos para a Casa Branca, onde minha mãe tirou a famosa fotografia em que estou com meu pai na frente do edifício.

No fim de 1981, com o crescimento transbordante de seu negócio ilegal, meu pai e Gustavo formaram sua própria frota de aviões e helicópteros: compraram três Aero Commander, um Cheyenne, um Twin Otter e um Learjet, bem como dois helicópteros, um Hughes 500 mais novo e um Bell Ranger. O intermediário dessas aquisições foi o ex-automobilista Ricardo "Cuchilla" Londoño, por meio de sua empresa de importações e exportações em Miami. Conforme alguém me disse, Cuchilla era também um experiente piloto de aviões, que entrava à noite nos pequenos aeroportos de Miami, roubava aeronaves por encomenda e recebia muito bem pelo serviço quando chegava com elas a Medellín.

Muito já se especulou sobre as possíveis relações entre meu pai e o ex-presidente da República Álvaro Uribe Vélez. Ao longo dos anos, os detratores de Uribe insistiram em que, quando ele foi diretor da Aeronáutica Civil, entre janeiro de 1980 e agosto de 1982, expediu licenças ilegais e favoreceu em geral o crescimento do narcotráfico em Medellín.

Porém, como este livro não tem nenhuma intenção oculta ou comprometimento de qualquer tipo para favorecer ou manchar qualquer pessoa, pesquisei a fundo para saber com exatidão como se deu a relação entre ambos, se é que houve uma relação.

Consultei tenentes e amigos de confiança de meu pai, e fiquei surpreso com suas respostas, porque na verdade meu pai chegou a oferecer 500 milhões de pesos pela cabeça de Uribe. O motivo? Durante boa parte de sua gestão como diretor da Aeronáutica Civil, Uribe dificultou a vida no aeroporto Olaya Herrera, porque mandou acirrar os controles, as inspeções e os procedimentos para a entrada e saída de aeronaves.

A intenção de acabar com a vida de Uribe não ficou apenas nessa oferta de dinheiro: os capangas de meu pai falharam em pelo menos três atentados contra ele.

As pessoas consultadas sobre esse assunto esclareceram que o poder de suborno de meu pai com os funcionários de campo foi mais forte que as ordens emitidas por Uribe de Bogotá.

Muito também foi escrito e especulado sobre a relação de meu pai com José Obdulio Gaviria, seu primo.

Tais apontamentos carecem de fundamento, pois lembro de ter visto meu pai xingar seu primo José Obdulio por ele se achar de melhor família.

Meu pai se referia a ele como "o primo metido a besta que tenho por aí". Foram poucas as vezes que meu pai o mencionou, pois não tinha motivo algum para fazê-lo, já que José Obdulio nunca se comportou como um parente de Pablo Escobar.

Preciso dizer, também, que entre as milhares de fotografias da família que guardamos desde a década de 1970, José Obdulio não aparece em evento algum.

Naquela época, meu pai não tinha inimigos poderosos e tampouco assuntos pendentes na Justiça, mas seu crescente poder econômico criou a necessidade de contratar os primeiros guarda-costas. Foram eles Rubén Darío Londoño, "a Yuca", um jovem criminoso do município de La Estrella, e Guilhermo Zuluaga, o "Pasarela".

Pouco depois ele percebeu que precisava de alguém que fosse capaz de segui-lo de moto para onde fosse, sempre ao lado da janela do motorista. Procurou e procurou, entrevistou e testou muita gente, mas nenhum deles conseguiu acompanhar seu ritmo. Só um: Luis Carlos Aguilar, o "Mugre", que passou numa prova difícil, porque meu pai se metia na contramão pelas ruas, atravessava as rotatórias em alta velocidade e subia em qualquer calçada que aparecesse pelo caminho.

"Mugre" começou a trabalhar com meu pai em 1981, e de cara recebeu uma potente moto Honda xr-200 e uma arma.

Meu pai chegou em casa com seus três primeiros guarda-costas e disse que eles ficariam por ali e nos acompanhariam vinte e quatro horas por dia. Com o passar do tempo, meu pai, minha mãe, eu e depois minha irmã Manuela estaríamos sempre sob a proteção de um exército de delinquentes.

Por conta da vida que tivemos de levar, compartilhei grande parte de minha infância com muitos dos piores criminosos do país. Meus companheiros de jogos nos esconderijos ou aqueles que viajavam comigo eram personagens que eu conhecia apenas por apelidos, como "Palillo", "Archivaldo", "Agonías", "Arete", "Otto", "Mugre", "Pinina", "Pasarela", "Flaco Calavera", "Chopo", "Chicha", "Chiquilín", "Séforo", "Monín", "Pitufo", "Orejitas", "Cejitas" e "Misterio", entre muitos outros. Por esse motivo, tornaram-se pessoas muito próximas. Lembro que os inimigos de meu pai diziam que ele tinha um exército de pistoleiros, mas ele mesmo esclarecia, brincando, que o que tinha era um exército de "boiolas".

Ao grupo de delinquentes que começou a flutuar em torno de meu pai se somou uma figura que vale a pena mencionar: "Paskín", um rapaz muito particular por sua cultura mafiosa, seu jeito de andar, seu domínio do *lunfardo* – linguagem dos bairros pobres de Buenos Aires –, seu gosto pelas "femeazinhas" ou "cadelinhas do tráfico", como costumava chamar seus mil e um amores; mandava esculpi-las nuas em ouro maciço em pingentes, correntes, anéis, pulseiras e relógios. Um homem fiel a seu revólver Smith & Wesson calibre 38 e a uma ak-47 que não largava nunca.

Eu não tinha amiguinhos com quem me distrair nos esconderijos de meu pai, e por isso acabava jogando futebol ou o Nintendo com os guarda-costas dele; quando estávamos em poucos, brincávamos de "bobinho", um jogo em que um único homem tem que conseguir tirar a bola de outros oito ou dez. Eu sempre era o "bobinho" e ficava com muita raiva por não me darem a bola.

A verdade é que eu não tinha muitos amigos de minha idade porque já nessa época vários pais de famílias do colégio San José de la Salle haviam proibido seus filhos pequenos – meus colegas de sala – de se relacionarem comigo. Dizer sou filho de García Márquez não era o mesmo que dizer sou filho de Escobar Gaviria. E com isso vieram diversas formas de discriminação.

Não cresci indo sempre ao Clube Campestre, embora morasse muito perto dele; não posso dizer que fui amigo de pessoas distintas da sociedade, pois esse tipo de gente só se aproximava de meu pai para lhe oferecer suas propriedades em dólares, ou vender obras de arte, ou para ser inclusos no negócio dele, mas não para fazer amizade. Contudo, meu pai viveu cercado pelas pessoas mais corajosas de todas, que, desde minha infância, eu via como uma grande família, porque aquele era o meu entorno e o meu mundo, minha única realidade tangível.

Voltando ao tema do narcotráfico, a construção da fazenda Nápoles e a ousada montagem do zoológico no Magdalena Medio mudaram a rotina de meu pai e de toda a família.

A fazenda se tornou uma espécie de plataforma da qual dia e noite saíam aviões repletos de cocaína em direção ao México, à América Central, ao Caribe e aos Estados Unidos.

Quando a viagem era noturna, no começo e no final da pista os funcionários de meu pai colocavam aros parecidos aos que se usam nos circos e os acendiam com um combustível conhecido como ACPM, que demorava bastante tempo para se apagar; depois, acendiam dezenas de lanternas e tochas que demarcavam o caminho de ponta a ponta da pista de novecentos metros de extensão.

Lembro que no primeiro Ano-Novo que passamos em Nápoles, quando Pastor López e sua orquestra tocaram durante um mês inteiro, numa daquelas noites meu pai entrou na caminhonete Nissan Patrol e partiu rumo à pista, porque, conforme escutei os rapazes dizerem, um voo vindo do México estava por chegar. Eram onze horas da noite, daquela noite clara e tranquila do dia 31 de dezembro. Ele e seus trabalhadores colocaram os aros de fogo, as lanternas e as tochas e a aeronave aterrissou sem dificuldades. Em menos de dez minutos carregaram a cocaína, mudaram o registro e a bandeira do avião, que decolou novamente. Depois apagaram as tochas e os aros, enfiaram as lanternas em sacos e voltaram para a festa.

Meu pai se esforçava para tentar evitar que eu me metesse nas coisas dele, mas às vezes era em vão, pois tudo isso era visível do campo de futebol da fazenda, onde estávamos soltando fogos.

Falei com muitas pessoas para recriar os acontecimentos para este livro, e me chamou a atenção como todos falaram a respeito da capacidade que meu pai tinha para enganar as autoridades. Quando uma pista sua era localizada e destruída, ele achava outra rapidamente; se um laboratório fosse descoberto, ele montava outro em poucos dias.

Um dos truques que quase todos mencionaram foi o de uma pista de aterrissagem localizada numa planície a uma hora de distância da fazenda, próxima a uma região conhecida como Lechería. Quando se chegava ao local, via-se apenas uma estrada sinuosa e uma casinha de campo pela metade. Ocorre que a planície era perfeita para o pouso, e tinha quase um quilômetro de comprimento; meu pai mandou plantar pasto de tal maneira que do ar se visse apenas uma estrada sinuosa com uma casa humilde cortada ao meio.

O truque consistia no seguinte: a suposta casinha de campo estava em cima de um trailer com rodas, era puxado alguns metros por uma caminhonete de modo que deixava o caminho livre para os aviões que chegavam e saíam.

Meu pai a projetou e mandou construí-la para confundir os aviões de reconhecimento da Força Aérea e os helicópteros antidrogas da polícia, que quando passavam ali por cima viam apenas uma bela paisagem. Mas quando se anunciava a chegada de um voo trazendo coca, um homem movia o trailer com a casa e de repente surgia uma pista de aterrissagem de mil metros.

As oscilações diárias do tráfico de cocaína, já que todas as etapas da cadeia eram clandestinas, forçavam meu pai e Gustavo a buscar novas e melhores rotas para o envio de coca para os Estados Unidos. Por isso, faz-se necessário citar aqui o tráfico de cocaína através da ilha de Cuba. A respeito desse tema, devo dizer que, nas investigações para este livro, vários dos homens que trabalharam com meu pai comentaram que, de fato, muitos de seus carregamentos saíram de lá, com a cumplicidade de altos oficiais do regime cubano.

Para realizar tal tarefa, enviaram Jorge Avendaño, o "Crocodilo", para Havana. Ele recebia os aviões provenientes da Colômbia numa pista de aterrissagem na costa leste cubana, e depois encaminhava a coca em lanchas rápidas até Islamorada, ao sul de Miami, na rota até Key West.

Essa complexa manobra funcionou sem qualquer contratempo por anos, até que os militares cúmplices de meu pai foram descobertos, acusados de trair a pátria e fuzilados em 1989, após um longo julgamento. Nunca falamos sobre esse assunto com meu pai, mas o interesse de seus homens pelas notícias vindas de Cuba sobre o escândalo deixou claro para mim, naquela época, que havia acontecido algo muito grave relacionado a meu pai.

Tendo obtido experiência por ter de lidar dia e noite com os diferentes elos da cadeia do tráfico de cocaína, um belo dia meu pai resolveu parar de processar a pasta de coca, por causa dos constantes problemas nos laboratórios, que sofriam com frequência operações de busca das autoridades; mas também se cansou da deficiente manipulação dos insumos químicos, que causavam constantes explosões, com mortos e feridos.

Assim, dedicou-se exclusivamente ao transporte do alcaloide por suas rotas, que continuavam sendo seguras, sobretudo Fanny e Platanal. Em pouco tempo, tornou-se um dos maiores transportadores de cocaína, mesmo cobrando muito caro para os narcos que queriam enviar seu produto para o exterior.

No fim de 1981, meu pai já havia se consolidado como o número um no tráfico de cocaína. Mas ele não queria ser só mais um narcotraficante, e Gustavo entendeu isso quando chegou sorridente para lhe contar que três aviões carregados de cocaína haviam chegado a seu destino.

– Pablo, os três chegaram direitinho.

– Muito bem, já temos o poder econômico, agora vamos atrás do poder político.

Meu pai estava prestes a adentrar a areia movediça da política, que seria sua perdição.

Meu tio Mario Henao era a única
pessoa de quem meu pai tinha temor.
Os dois estabeleceram uma amizade
significativa, que terminou com a
morte do primeiro. ⋎

◄Meu pai e Gustavo Gaviria
tiraram essas fotos em uma
viagem a Las Vegas. ⊻

CAPÍTULO 11

POLÍTICA: SEU PIOR ERRO

Minha avó Nora, Josefina (uma boa amiga da família Henao) e Jorge Mesa, prefeito de Envigado, conversavam animadamente na hora do almoço, quando de repente chegaram meu pai e Carlos Lehder.

Sentaram-se à mesa e alguns minutos depois a conversa descambou para a política, que andava muito agitada por aqueles dias de fevereiro de 1982, pois estavam próximas as eleições que renovariam o Congresso e decidiriam quem seria o novo presidente da República.

Jorge Mesa, pertencente a uma família de líderes políticos regionais, mencionou as possíveis candidaturas tanto ao Congresso quanto à presidência, e sem mais delongas propôs que meu pai mergulhasse de cabeça no mundo da política porque, segundo ele, muita gente o seguiria.

Meu pai ouviu com atenção, e seus gestos mostravam que a ideia o seduzia. A política não era um assunto distante para ele, porque já em 1979 havia conseguido uma vaga na Câmara Municipal de Envigado, pois constava da lista de suplentes apresentada pelo partido político do dirigente antioquenho William Vélez. Nessa ocasião, tomou posse como vereador, mas compareceu a apenas duas sessões e cedeu o posto para um novo suplente.

Todavia, antes que pudessem avançar na discussão da proposta do prefeito, minha avó Nora se pôs de pé, claramente contrariada, e disse:

– Pablo, você se esqueceu quem é e o que faz da vida? Se você se meter a virar político não vai sobrar canto do mundo para se esconder; e vai acabar botando todos nós para correr, vai estragar a nossa vida. Pense no seu filho, na sua família.

Após ouvir o comentário ríspido, meu pai também ficou de pé, deu uma volta na sala de jantar e, com seu típico ar de autossuficiência, respondeu:

– Minha sogra, fica tranquila que tudo que eu faço, faço bem-feito; já paguei para um pessoal do F-2 sumir com as ocorrências em que eu apareço mencionado.

Lehder mantinha silêncio, enquanto Mesa e Josefina insistiam que meu pai tinha muitos eleitores garantidos porque as pessoas eram gratas por seu investimento na construção e na iluminação de locais para a prática de esporte, como campos de futebol, basquete e vôlei, e em menor número em velódromos e parques de patins, centros de saúde, bem como por ter plantado milhares de árvores em zonas degradadas de Medellín, Envigado e de outros municípios do Valle de Aburrá.

O projeto todo consistia em construir quarenta estruturas em muito pouco tempo, e para tanto encarregou Gustavo Upegui – a quem chamavam de Major porque havia sido oficial da polícia – e Fernando, o "Animalero". Naquele momento, meu pai já havia inaugurado uma dúzia de campos de futebol nos municípios de La Estrella, Caldas, Itagüí e Bello, e nos bairros de Campo Valdés, Moravia, El Dorado, Manrique e Castilla, em Medellín. Meu pai queria ajudar esses lugares, dando opção para crianças e jovens se envolverem com o esporte, e não – paradoxalmente – com as drogas e o crime.

Eu e minha mãe às vezes íamos com ele para dar o pontapé inicial nos jogos que marcavam a inauguração dos campos de futebol. Chamavam-nos a atenção as arquibancadas sempre lotadas de pessoas, que aplaudiam meu pai pelas obras sociais que fazia e que beneficiavam a comunidade.

Os seguranças de meu pai nos protegiam da multidão, que era difícil de controlar, porque muitos queriam se aproximar para cumprimentá-lo. Eu era muito pequeno e algumas vezes me assustava diante daquilo.

Foi nessa época que meu pai conheceu o padre Elías Lopera, pároco da igreja de Santa Teresita de Medellín, e ficaram muito próximos. O religioso gostou do espírito compassivo de meu pai, e daquele momento em diante foi com ele a diversos cantos de Antioquia. Por muito tempo estariam juntos nas obras sociais e nas campanhas políticas.

Em 26 de junho de 1981, num dia de plantação de árvores no bairro de Moravia, meu pai pronunciou um discurso após o padre Elias ter agradecido sua generosidade e pedido que o aplaudissem. Ali, pela primeira vez, atacou ferozmente o jornal *El Espectador* de Bogotá:

– Já vi o jornal *El Colombiano* de Medellín fazendo belas campanhas cívicas e sociais, mas nunca vi nada parecido em meios de comunicação como o *El Espectador*, que representa a voz da oligarquia colombiana, que tem como bandeira e filosofia atacar de maneira desonesta e cínica as pessoas; mas o mais lamentável é que essa empresa jornalística distorce as notícias, injetando veneno mórbido e atacando as pessoas. Essa empresa jornalística não leva em conta o fato de que as pessoas têm valores, não leva em conta que as pessoas têm família e não leva em conta que as pessoas às vezes têm o apoio e o respaldo da comunidade.

Além dessas obras, meu pai estava havia mais de um ano numa campanha pública contra o acordo de extradição firmado com os Estados Unidos em março de 1970 pelo presidente Julio César Turbay, porque considerava humilhante que a nação entregasse seus cidadãos à Justiça de outro país. Ele já tinha estudado a fundo o tema – isso que nem tinha recebido a ordem de extradição ainda e tampouco possuía pendências com a Justiça.

Meu pai fez da extradição sua bandeira e assim começou a organizar reuniões na discoteca Kevins e no restaurante La Rinconada, no município de Copacabana. Esses encontros informais ele batizou com o retumbante nome de Fórum Nacional dos Extraditáveis, que rapidamente deixaram de ser reuniões comuns e corriqueiras.

Pouco a pouco, a luta contra a extradição se tornou conhecida e isso o animou a convocar a nata da máfia do país para um encontro no La Rinconada. Compareceram cerca de cinquenta mafiosos do Valle, de Bogotá, Antioquia e da Costa Atlántica, entre eles os irmãos Miguel e Gilberto Rodríguez Orejuela e José "Chepe" Santacruz. Quem se ausentava era malvisto, porque aquilo ali se tratava de encontrar um consenso entre a máfia de todo o país com o único propósito de abolir a extradição. É preciso deixar claro que nenhum deles era ainda reconhecido como narcotraficante, e tampouco possuíam antecedentes judiciais ou processos penais contra eles. Eram "prósperos empresários", como diziam a seu respeito as altas camadas da sociedade, que queriam fazer negócios com eles, sim, mas não tirar fotos.

Meu pai quis dar importância ao evento e por isso deu um jeito de conhecer e convidar Virginia Vallejo, uma apresentadora de televisão que o tinha deixado deslumbrado por seu porte e por sua segurança ao falar. Ela se tornou a moderadora daqueles encontros, e a partir de então mantiveram um relacionamento de paixão tórrida, que logo ganhou também contornos comerciais.

Naquela noite, sentaram-se à mesa principal meu pai, Virginia Vallejo e o ex-juiz Humberto Barrera Domínguez, que fez uma longa dissertação sobre a gravidade do assunto e sobre as consequências que o grupo mafioso enfrentaria com o acordo assinado por Turbay.

No apartamento de minha avó Nora, a discussão a respeito de se a entrada de meu pai na política convinha ou não já durava duas horas. Até que ele finalmente cedeu à tentação e aceitou ser colocado como primeiro suplente na lista encabeçada pelo advogado Jairo Ortega para a Câmara dos Deputados pelo Movimento de Renovação Liberal, o MRL. Meu pai soube então que o MRL já havia aderido à candidatura de Luis Carlos Galán pelo Novo Liberalismo. Ele achou bom, pois tinha Galán em alta conta, por sua trajetória política e por sua grande capacidade oratória, mas sobretudo por suas ideias.

Meu pai levou táo a sério a candidatura que três dias depois realizou seu primeiro comício no bairro de La Paz, onde pronunciou um discurso de pé no teto de um Mercedes. Diante de mil pessoas ali presentes, entre elas alguns velhos companheiros de farra e de delitos, disse que sempre teria um afeto especial por aquele bairro, e se comprometeu, casso fosse eleito, a trabalhar pelos pobres de Envigado e de Antioquia.

A campanha relâmpago havia começado e meu pai acelerou a inauguração de campos de futebol e o plantio de árvores nas montanhas do Valle de Aburrá.

Num desses muitos encontros que fez ao longo das oito semanas de campanha, um homem, parecendo bêbado, começou a xingar os políticos que náo cumpriam suas promessas e apontou o dedo para meu pai, que ficou furioso. De acordo com o relato de vários de seus guarda-costas, dois policiais tiraram dali o desbocado a empurrões, soltaram-no perto do bairro de La Aguacatala e o entregaram aos capangas de meu pai, que o fuzilaram.

Com o passar dos dias, meu pai foi ganhando confiança na esfera pública e, numa manifestação no parque principal do município de Caldas, Antioquia, falou ferozmente contra a extradição e pediu ao governo a revogação do acordo feito com os Estados Unidos. Seu discurso tinha um viés nacionalista, a linguagem que usava era simples e focava claramente no eleitor de camadas mais humildes.

Mas o impulso da campanha foi freado bruscamente numa noite em que Galán presidiu um comício no parque Berrío, no centro de Medellín, no qual repudiou a adesáo do MRL ao Novo Liberalismo na campanha pelo Congresso. Em outras palavras, expulsou Ortega e meu pai; horas depois, Galán mandou fechar o escritório do movimento em Envigado e destruir todo o material publicitário. Meu pai ficou furioso com a atitude de Galán e fechou imediatamente a sede de sua campanha.

Ortega recebeu uma mensagem por escrito de Galán, na qual explicava sua decisão: "Não podemos aceitar a vinculação de pessoas cujas atividades vão de encontro a nossos ideais de renovação moral e política do país. Se você não está de acordo com essas condições, eu não poderei permitir que os candidatos de seu partido tenham qualquer vínculo com minha candidatura à presidência".

Apesar do contratempo, dois dias mais tarde Ortega se reuniu com meu pai e lhe apresentou ao político Alberto Santofimio Botero, de Tolima, líder de um pequeno partido conhecido como Alternativa Liberal, que também tinha seus candidatos ao Congresso. Após conversarem rapidamente, combinaram que Ortega e meu pai se somariam ao grupo de Santofimio, e assim mantiveram suas candidaturas. Selaram a nova aliança num ato público em Medellín: Santofimio e Ortega subiram ao palanque de paletó e gravata e com um cravo vermelho na lapela; meu pai – que detestava formalismos – compareceu ao ato com uma camisa de manga curta, e também ostentando um cravo.

No dia seguinte, o Movimento de Renovação Liberal publicou um anúncio nos jornais regionais no qual dava as boas-vindas a meu pai. "Apoiamos a candidatura de Pablo Escobar à Câmara porque sua juventude, sua inteligência e seu amor pelos menos favorecidos o tornam alguém que deveria ser invejado pelos políticos de carteirinha. Porque ele tem o apoio dos liberais e conservadores do Magdalena Medio, já que tem sido como um messias para esta região."

A campanha tomou novos ares, e meu pai continuou percorrendo todos os cantos de Medellín e do Valle de Aburrá, até que chegou ao bairro de Moravia justo no momento em que acabavam de apagar as últimas chamas de um incêndio voraz que destruiu dezenas de casebres de papelão, construídos em cima de um lixão malcheiroso e insalubre. Chegando lá, andou pelo caminho por onde passavam os caminhões de lixo, e viu o estrago que o fogo causara. Naquele mesmo dia deu àquelas pessoas colchões, cobertores e todo tipo de ajuda com bens materiais e de necessidade básica.

As dificuldades por que passavam os habitantes de Moravia comoveram meu pai a tal ponto que ele propôs tirá-los de lá e dar-lhes casas de graça. Assim nasceu o Medellín sin Tugurios. Seu plano consistia em construir quinhentas moradias e chegar a cinco mil unidades habitacionais nos dois anos seguintes.

Depois, resolveu angariar fundos para financiar a construção de moradias e organizou uma tourada na praça de La Macarena. O pôster do evento mostra que meu pai levou a sério a coisa, pois queria encher o lugar: trouxe touros de avião de Madri, da ganadaria Los Guateles; contratou dois toureiros famosos, Pepe Cáceres e César Rincón, e convidou os picadores Dayro Chica, Fabio Ochoa, Andrés Vélez e Alberto Uribe; também convidou a miss e vice-miss Colômbia de 1982, Julie Pauline Sáenz e Rocío Luna, entre outras beldades eleitas no concurso nacional de misses de Cartagena.

Toureiros, picadores e misses compareceram sem grandes alardes ao evento, porque o povo observava que o Medellín sin Tugurios já começava a resolver os problemas daqueles que haviam perdido tudo em Moravia.

Além dessas atividades direcionadas para a captação de recursos, meu pai encontrou nos traficantes de drogas uma fonte de financiamento para seu projeto ambicioso. Nessa época, seu escritório era o mais famoso, pois era o mais produtivo e bem-sucedido no transporte de cocaína, e por isso ele não teve dúvidas: resolveu tirar proveito daquela situação, na qual muitos ganhavam, para lhes pedir uma participação financeira. Cada mafioso que chegava a sua sala querendo fazer negócio era recebido com a seguinte frase:

– Com quantas casas você vai colaborar comigo para darmos aos pobres? Quantas posso anotar? Diga logo!

Para ganhar pontos com meu pai, quase todos os traficantes concordaram em dar o dinheiro, porque as rotas garantiam seu futuro econômico. Claro que o medo também os fazia ser generosos nas contribuições. Conforme meu pai me disse um dia, só da máfia ele obteve recursos para construir algo como trezentas moradias.

Ao longo de sua vida, meu pai nunca esqueceu os nomes e os rostos daqueles que se metiam com ele. E, no caso da decisão de Galán de excluí-lo da campanha à Câmara, pôs seus homens para investigarem por que motivos havia agido assim. Descobriu a razão na primeira semana de março, poucos dias antes da votação. Conforme averiguaram, fora o médico René Mesa que contou para Galán que meu pai era na verdade um poderoso traficante de cocaína.

Meu pai ficou desconcertado, porque conhecia Mesa havia muitos anos, e ele era muito próximo da família. Tanto, que foi ele a realizar a autópsia de Fernando, irmão de meu pai, e de sua namorada, Piedad, quando os dois morreram num acidente de trânsito em Envigado, no rio La Ayurá, na madrugada do dia 25 de dezembro de 1977.

Ele não perdoou a afronta, e mandou "Chopo", um de seus pistoleiros mais fatais, para matar Mesa em seu consultório médico em Envigado.

Após uma campanha que foi uma verdadeira maratona, em 14 de março de 1982 meu pai foi eleito deputado. Nesse dia, encontrou-se com Ortega e Santofimio na sede do Movimento de Renovação Liberal. Minha mãe também ficou um bom tempo por lá, mas foi para casa, pois a contagem de votos demorou demais. Meu pai ligou várias vezes para ela a fim de atualizá-la sobre o andamento das eleições.

Assim que a Registradoria Nacional confirmou que meu pai havia sido eleito deputado suplente, minha mãe começou a pensar o que vestiria na posse, no dia 20 de julho.

Naquela noite, ele chegou radiante em casa e disse a minha mãe:
– Pode se preparar para ser a primeira-dama da nação.

Estava eufórico, e passou boa parte da noite falando de seus projetos, entre eles, criar universidades, construir hospitais, todos, claro, gratuitos. No meio da conversa, meu pai disse que no dia da posse não queria usar terno; entraria no recinto do Congresso de camisa.

Quando o Conselho Nacional Eleitoral endossou a validade da eleição, o então ministro de Governo, Jorge Mario Eastman, expediu a certidão que o reconhecia como deputado suplente na Câmara. O documento tinha um valor adicional: dava a meu pai imunidade parlamentar.

Após a vitória nas eleições, meu pai decidiu que havia chegado a hora de comemorar em grande estilo antes de tomar posse como congressista. E nada melhor do que fazer uma viagem para o Brasil, sinônimo de mulheres, festas e belas paisagens.

Em 12 de abril, viajamos em mais de vinte pessoas para o Rio de Janeiro, num voo comercial. Estávamos eu, meu pai, minha mãe, minhas tias por parte de mãe com seus maridos e filhos, minha avó Hermilda, meu tio, Gustavo Gaviria, sua esposa e seus pais, Anita e Gustavo. O grupo era tão grande que para ir a cada lugar era necessário um ônibus, e não dava para aproveitar muito porque conseguir uma mesa nos restaurantes ou ingressos para os shows, como o de Roberto Carlos, era uma enorme confusão. Minha mãe não gostou daquele comboio todo.

Nessa viagem houve um fato engraçado que ainda hoje é mencionado na família: quase todos os casais – incluindo meu pai e minha mãe, claro – voltaram brigados de lá, porque os homens fugiam para ver dançarinas e prostitutas em shows ao vivo.

De volta à Colômbia, e enquanto o tráfico de cocaína continuava com liberdade, meu pai mergulhou de cabeça na política. E, como lhe era característico, entrou para brigar de verdade na luta eleitoral que se aproximava.

Faltavam apenas quarenta e cinco dias para as eleições do novo presidente da República, e os candidatos eram o liberal Alfonso López Michelsen – que aspirava à reeleição, pois havia sido presidente entre 1974 e 1978 –, o conservador Belisario Betancur Cuartas, o dissidente Luis Carlos Galán, pelo Novo Liberalismo, e Gerardo Molina, da Frente Democrática, de viés esquerdista.

Fiel a seu velho costume de criar lealdades em troca de dinheiro disfarçado de ajuda desinteressada, meu pai e outros mafiosos decidiram entrar de algum jeito nas campanhas de López e de Betancur. Meu pai propôs que ele desse dinheiro para o lado liberal, e Gustavo Gaviria e o "Mexicano" o fizessem para a candidatura conservadora.

Assim, através do influente engenheiro Santiago Londoño White, coordenador da campanha liberal em Antioquia, meu pai, os irmãos Ochoa, Carlos Lehder e o "Mexicano" se reuniram em uma suíte do hotel Intercontinental de Medellín com López, Ernesto Samper, diretor nacional da campanha, Londoño e outros dirigentes da frente liberal em Antioquia.

Londoño apresentou os *capos* como prósperos empresários dispostos a ajudar, e depois lhes ofereceu cartelas da rifa de um carro para arrecadar fundos para a campanha. O candidato López ficou apenas dez minutos na reunião, pois tinha de comparecer a outra atividade da campanha na cidade, e deixou Samper encarregado. No fim, meu pai e seus sócios compraram cartelas por um valor próximo a 50 milhões de pesos.

Tempos depois, quando vazou a notícia de que a campanha liberal havia recebido dinheiro da máfia, López e Samper deram versões diferentes do ocorrido. Mesmo assim, a verdade é a que acabo de relatar, porque meu pai me forneceu alguns detalhes.

Prova de sua colaboração na campanha liberal é um texto que ele escreveu quando esteve a ponto de concretizar sua vontade de ter seu próprio jornal, com o qual competiria com os jornais de Bogotá e com alguns regionais de Antioquia.

Chamava-se *Fuerza* e o número zero circulou entre seus amigos. Nesse exemplar há uma coluna de fofocas políticas intitulada "Estocada", e numa delas há uma citação de uma frase que meu pai pronunciara num fórum sobre extradição: "Ernesto Samper Pizano atacou o doutor Santofimio ao que parece porque recebia propinas. Mas Pablo Escobar disse a Samper Pizano, no fórum contra a extradição, para ele ter cuidado e não deixar que vissem os 26 milhões de pesos que recebeu na suíte Medellín do hotel Intercontinental para sua campanha política, e também porque planejava legalizar a maconha. Não se preocupe, 'Sampercito', que de todo jeito a maconha é legal, meu irmão".

Enquanto isso, Diego, outro integrante da família Londoño White, que era tesoureiro da campanha conservadora em Antioquia, foi encarregado de gerir a ajuda para a campanha de Betancur. Conforme o relato de pessoas próximas a meu pai, o "Mexicano" pintou de azul seu avião Cheyenne II e o emprestou ao candidato para suas andanças pelo país.

Mas a ajuda não foi apenas em dinheiro. Meu pai e Gustavo contrataram muitos ônibus para transportar eleitores liberais no dia da votação, que ocorreu em 30 de maio de 1982. Naquela época, a Registradoria Nacional fechava as fronteiras entre os municípios para evitar a votação múltipla, e os dois se encarregaram de levar as pessoas até as seções eleitorais de Envigado e no Centro Comercial Oviedo em Medellín.

No fim, a união conservadora foi determinante para a vitória de Betancur, que foi eleito novo presidente com uma diferença de quatrocentos mil votos para López, que perdeu, entre outras razões, porque a dissidência de Galán lhe tirou muitos eleitores.

Dois meses depois, em 20 de julho, meu pai assumiu seu posto. Ele e minha mãe chegaram ao Capitólio a bordo de uma luxuosa limusine Mercedes-Benz de cor verde-militar, emprestada por Carlos Lehder, um automóvel que havia pertencido ao ditador italiano Benito Mussolini.

Minha mãe chegou com um vestido vermelho e preto de veludo feito por Valentino, o famoso estilista italiano, mas estava preocupada, pois meu pai se mostrava decidido a passar por cima dos exigentes protocolos de acesso ao Congresso.

Ele achava que podia tudo. Mas não pôde vencer o sério e exigente guarda da entrada, que não lhe permitiu permanecer sem gravata no Congresso, mesmo ele tendo tentado todos os meios para obter a permissão. Depois de meia hora de insistência, não teve outra saída a não ser vestir a gravata que o porteiro lhe emprestou.

De sua posse como deputado há uma imagem emblemática que sempre chamou a atenção, porque meu pai levantou a mão direita e fez um V de vitória. Os demais levantaram a mão em sinal de juramento.

Naquela noite houve um grande jantar da família, com a presença também de Santofimio, Ortega e Virgina Vallejo.

Em 7 de agosto de 1982, meu pai compareceu à posse de Belisario Betancur como presidente. Nesse dia, ele e a máfia em geral respiraram aliviados quando o novo chefe de Estado mencionou a extradição em seu longo discurso de posse, embora naquele momento a Justiça norte-americana já tivesse convocado alguns narcotraficantes, entre os quais ainda não constavam nem meu pai nem os outros grandes *capos*.

Com o poder político ao alcance das mãos e um presidente decidido a concentrar seu mandato em torno do perdão e da anistia dos grupos guerrilheiros – M-19, Farc, EPL (Exército Popular de Libertação) e ELN –, meu pai programou uma nova viagem ao Brasil. Dessa vez, diferentemente da excursão de abril, sua ideia era convidar seus amigos mais próximos, sem as esposas.

Para organizar a logística do passeio, Gustavo Gaviria ligou para o cirurgião Tomás Zapata no Rio de Janeiro, que havia enviado para fazer um curso sobre transplantes de cabelo e cirurgia plástica, pois estava obcecado por ter de volta sua cabeleira.

Assim, doze homens, sozinhos, viajaram na segunda semana de agosto a bordo de dois Lear Jet – um de meu pai, e outro alugado – e levaram as malas num Cheyene turbo hélice – também pertencente a meu pai. O grupo era composto por Jorge Luis e Fabio Ochoa, Pablo Correa, Diego Londoño White, Mario Henao, "Chopo", "Otto", "a Yuca", Álvaro Luján, Jaime Cardona, Gustavo Gaviria e meu pai.

Uma vez no Rio, hospedaram-se no melhor hotel da praia de Copacabana, e cada um em suítes no mesmo andar. A última ficou com Jaime Cardona – um mafioso que entrou no negócio da coca antes de meu pai –, e desde a primeira noite a transformaram num local de diversão e de desordem; àquela suíte chegavam belas mulheres contratadas nos melhores prostíbulos da cidade. Um dos presentes na viagem me contou que entre trinta e quarenta mulheres entravam e saíam todos os dias dali. A cada vez que serviam nos quartos, os garçons recebiam uma nota de cem dólares, e por isso brigavam para atender os generosos turistas colombianos.

Como não havia limites para a gastança e o combinado era voltarem sem um só dólar dos cem mil que cada um havia levado, alugaram seis Rolls Royce e não tiveram nenhum pudor em ir até o estádio do Maracanã e entrar nele até a grama a bordo dos veículos, passando pelo túnel por onde entravam os jogadores. Naquele dia havia um jogo entre Fluminense e Flamengo pelo campeonato local. No dia seguinte, um jornal publicou uma matéria nas páginas internas sobre a visita de uma delegação de políticos e importantes empresários da Colômbia, que tinham viajado para conhecer o Brasil. Foi dessa viagem que meu pai trouxe ilegalmente uma bela e cara ararinha-azul para a fazenda Nápoles.

Semanas depois de voltar do Brasil, meu pai foi encarregado de algo na Câmara dos Deputados: integrar a comitiva oficial que presenciaria a jornada eleitoral que iria eleger o novo chefe do governo na Espanha. Viajou no dia 25 de outubro com Alberto Santofimio e Jairo Ortega, na primeira classe de um voo da Avianca que saía de Bogotá e fazia escala em San Juan antes de chegar a Madri. Três dias depois ocorreu a esmagadora vitória de Felipe González, candidato do Partido Socialista Operário Espanhol, o PSOE, que viria a governar por doze anos, até 1996.

Meu pai estava feliz e, com a ajuda de minha mãe, pôs na mala as mesmas roupas de sempre, mas incluiu algo diferente: uns sapatos que lhe haviam trazido de Nova York, que tinham um salto oculto e o deixavam um pouco mais alto.

Não sei dos detalhes e nunca falamos sobre esse assunto, mas a relação de meu pai com Virginia Vallejo terminaria mal.

Lembro de tê-la visto numa ocasião na portaria da fazenda Nápoles; não a tinham deixado entrar porque ele soubera que a amante estava à sua frente no quesito infidelidades. A apresentadora passou horas ali, chorando, suplicando que a deixassem entrar. Mas a ordem já estava dada. E essa seria a última vez que ficaria perto de meu pai.

Assim, no fim de 1982, meu pai deve ter pensado que já estava com seu lugar garantido na política colombiana. Mas estava enganado. Iludiu-se ao acreditar que poderia traficar e ao mesmo tempo participar da vida política do país, no Congresso. O ano seguinte mostraria que o aparato do Estado ainda era maior que ele. Mas meu pai não estava disposto a aceitar isso.

⋏Numa campanha relâmpago, meu pai foi eleito deputado suplente na Câmara, em 1982.

Meu pai permaneceu por mais de um ano no Congresso. Mas as acusações por tráfico de drogas o forçariam a se retirar da política.⋎

∧O movimento político de Alberto Santofimio acolheu meu pai quando Luis Carlos Galán o excluiu do Novo Liberalismo.

◁Em plena campanha política, meu pai criou o Medellín sin Tugurios. A ideia era construir 3 mil moradias para famílias pobres. Para angariar recursos, organizou uma grande tourada na praça de La Macarena.

◁◣Em 1982, meu pai mergulhou de cabeça na política. Achou que poderia promover grandes mudanças estando no Congresso. Esse foi seu maior erro.

CAPÍTULO 12

PREFERIMOS UM TÚMULO NA COLÔMBIA

"Quem é dom Pablo, essa espécie de Robin Hood do estado de Antioquia que desperta tanta excitação em centenas de miseráveis, cujos rostos se iluminam subitamente de esperança, algo que não é fácil de ser explicado em meio a esse ambiente tão sórdido?"

"[...] O mero fato de dizer seu nome produz todo tipo de reações, que vão da alegria explosiva a um profundo temor, de uma grande admiração a um desprezo cauteloso. O fato é que para ninguém o nome de Pablo Escobar é indiferente."

Essa descrição de meu pai foi publicada em 19 de abril de 1983 na capa da revista *Semana*, que naquela época começava a despontar como a mais influente da Colômbia. O artigo tornou conhecido o Pablo Escobar benfeitor dos pobres, que ao mesmo tempo possuía uma fortuna incalculável e de origem não identificada.

– Meu amor, viu como os meios de comunicação constroem mitos? Queria eu ser um Robin Hood para fazer mais coisas boas pelos pobres – meu pai disse, ao comentar a publicação que anos depois seria referência obrigatória para se falar dele.

No dia seguinte, numa entrevista para um noticiário local, meu pai mencionou o artigo e afirmou que "é uma qualificação muito interessante, porque quem conhece a história de Robin Hood sabe que ele lutou e que saiu em defesa das classes populares".

Na verdade, o artigo de *Semana* revelou a existência de meu pai justo em seu momento de maior esplendor. Ele já era multimilionário. A fazenda Nápoles estava de acordo com o que ele havia sonhado. O tráfico de cocaína ia de vento em popa. Não tinha processos penais com que se preocupar ainda e já não havia rastro daquele de 1976. Além do mais, era congressista e passara a conviver de igual para igual com a nata da classe política de todo o país.

E para coroar o bom momento, acabavam de publicar uma pesquisa que dizia que o papa João Paulo II, o presidente Ronald Reagan dos Estados Unidos e ele eram as três personalidades mais conhecidas pelo público. Quando se sentava para assistir aos telejornais, meu pai nos perguntava o que fora dito sobre Reagan, sobre o papa e sobre ele.

Inquieto para desempenhar bem seu papel como deputado, começou a ler uma cartilha básica sobre economia e devorou várias biografias sobre o Nobel de literatura Gabriel García Márquez, para o caso de os jornalistas lhe perguntarem sobre esses dois temas. E para estar a par minuto a minuto do que acontecia, contratou uma pessoa que gravava todas as transmissões dos noticiários de rádio e televisão e depois lhe fazia um resumo das notícias mais importantes.

Qualquer pessoa estaria satisfeita diante de um panorama tão animador como esse. Mas não meu pai, que, justo no dia em que *Semana* o pintara como um Robin Hood, deu início a um plano macabro para se vingar do Novo Liberalismo por tê-lo excluído da campanha ao Congresso.

Como Luis Carlos Galán tinha um currículo impecável e não era fácil fazê-lo cair numa armadilha, meu pai descobriu que seu número dois, o senador huilense Rodrigo Lara Bonilla, era mais fácil de atacar.

Assim, com instruções de meu pai, um velho aliado seu, o ex-presidiário e narcotraficante Evaristo Porras, fingiu ser um empresário interessado em colaborar com a causa galanista e conseguiu um encontro particular com Lara. Para completar a armação, meu pai pediu para Porras levar um gravador discreto e registrar o encontro.

Lara e Porras se encontraram num quarto do hotel Hilton de Bogotá, o mesmo lugar onde anos antes meu pai se hospedara quando competia pela Copa Renault. Era uma terça-feira, dia 20 de abril de 1983. Falaram por mais de meia hora e, no fim, o mafioso ofereceu a ajuda financeira anunciada antes e fez um cheque de 1 milhão de pesos no nome de Lara.

Terminada a reunião, Porras foi encontrar meu pai e contou os pormenores de sua conversa com Lara. Tinham o cheque, mas quando foram escutar a conversa descobriram que Porras ajeitara o gravador de um modo errado e não se escutava nada.

Com essa carta na manga, meu pai continuou comparecendo à Câmara dos Deputados, mas já estava claro que Galán e Lara eram uma pedra no sapato de seus interesses políticos e que, mais cedo ou mais tarde, haveria um confronto entre meu pai e eles.

Nos fins de semana seguintes, meu pai permaneceu em Medellín de maneira muito ativa, inaugurando campos de futebol e estruturas esportivas construídas com seu dinheiro. Em 15 de maio, deu o pontapé inicial diante de doze mil espectadores que compareceram à primeira partida no campo do bairro de Tejelo, no distrito 5, noroeste da cidade. E depois, em junho, inaugurou o novo campo de Moravia com uma partida entre os reservas do Club Atlético Nacional e jogadores do bairro.

Como tudo que é bom dura pouco, nos primeiros dias de agosto de 1983 o presidente Betancur nomeou os primeiros ministros de seu governo e designou Rodrigo Lara Bonilla para a pasta da Justiça. Como ele esperava, os primeiros anúncios oficiais do valente funcionário foram dirigidos contra os cartéis do tráfico de drogas e especificamente contra meu pai e alguns outros traficantes, embora não tenha mencionado que Medellín era o berço de uma grande quantidade de mafiosos com enorme poder econômico. Além disso, disse que o dinheiro sujo do narcotráfico também se infiltrara no futebol.

Diante de tamanha avalanche de acusações, meu pai decidiu contra-atacar. E o fez por intermédio de Jairo Ortega e do também deputado Ernesto Lucena Quevedo – aliado político de Alberto Santofimio –, que pediram uma conferência com o ministro para falar sobre "dinheiro sujo". O que queriam, na verdade, era lhe contar da existência do cheque de 1 milhão de pesos que Lara recebera de Porras. Minutos antes de o ministro adentrar o recinto da Câmara, puseram cópias do cheque em cima das mesas dos deputados; Carlos Lehder chegou acompanhado de um grande grupo de pessoas e se sentou numa das cabines designadas aos jornalistas; meu pai foi para um canto do salão oval. A armação deixou Lara em sérios apuros, e o político ficou claramente desconcertado no debate e acabou tendo de reconhecer que recebera o cheque.

De volta a Medellín após o debate, e enquanto o governo se esforçava para preservar seu ministro, meu pai se encontrou em nossa casa com minha avó Nora, que como sempre foi muito dura.

– Meu filhinho, quem tem rabo de palha não chega perto do fogo.

– Minha sogra, fica tranquila que não vai acontecer nada.

– Você é muito cabeça-dura e não está pensando na sua família.

O fato foi que meu pai ficou com uma bronca enorme do ministro, e se enfurecia só de vê-lo nos telejornais falando mal dele. Ele respondia cada frase de Lara e dava um tapa na tela.

Em algumas ocasiões meu pai chegava em casa e via minha mãe assistindo ao jornal na tevê com uma expressão trágica no rosto.

– Não assista a essas coisas – meu pai lhe dizia, e desligava o aparelho.

Apesar do aparente sucesso da estratégia para denegrir o ministro da Justiça, que estava claramente em apuros para se manter no cargo, no dia 25 de agosto, uma semana após o debate, o jornal *El Espectador* daria um nocaute em meu pai.

Na primeira página estamparam uma notícia que dizia que, em março de 1976, meu pai e outras quatro pessoas haviam sido detidas com oito quilos de pasta de coca. De nada adiantara ele ter pago um suborno pelo desaparecimento dos autos judiciais do caso e mandado assassinar os detetives do DAS responsáveis pela investigação. O arquivo do jornal de Bogotá revelava que o deputado Escobar era um narcotraficante.

Meu pai ficou extremamente irado, pois seu castelo de cartas havia caído; sentiu-se descoberto, nu; tinha certeza de que o auto judicial havia desaparecido, mas se esquecera de apagar o arquivo do jornal.

A partir desse momento, meu pai começou a alimentar a ideia de assassinar o diretor do jornal, mas a primeira coisa que fez foi enviar seus homens para comprar os exemplares antes que chegassem aos postos de venda de Medellín. Conseguiu, mas o estrago já estava feito, porque os demais meios de comunicação replicaram a notícia do *El Espectador*, e sua declaração de que "meu dinheiro não tem nenhuma ligação com o narcotráfico" também não serviu de nada. Ao contrário do que havia pensado, sua tentativa de impedir que o jornal circulasse no Valle de Aburrá acabou gerando mais interesse da opinião pública e dos meios de comunicação de todo o país.

Um de seus homens de confiança me contou que seu rosto ficou transfigurado de raiva ao ver sua foto publicada, e que ele se culpava pela grande desilusão que havia causado nas pessoas que acreditavam nele.

Normalmente, meu pai agia com muita calma para pensar e idealizar seus crimes; nunca ficava fora do sério, nem dizia palavrões nos piores momentos. Mas nesse dia pôs a culpa por sua derrota política em Guillermo Cano.

Viu-se pela primeira vez numa encruzilhada. Na tentativa de se defender, denunciou Lara por calúnia e o desafiou a mostrar provas que ligassem seu nome ao narcotráfico; além disso, convocou os jornalistas no Congresso e lhes mostrou seu visto válido para os Estados Unidos.

Enquanto a opinião pública continuava repercutindo o debate do dinheiro sujo, nos primeiros dias de setembro minha mãe nos deu a boa notícia de que finalmente havia ficado grávida, após seis anos de tentativas frustradas, três abortos naturais e uma gravidez ectópica (o óvulo fertilizado se fixou fora do útero).

Justamente por aqueles dias algumas revistas sensacionalistas publicaram artigos que mencionavam a relação de meu pai com Virginia Vallejo, afirmando inclusive que os dois se casariam em breve. As publicações enfureceram minha mãe, que brigou com meu pai, e ele saiu de casa por vinte dias. Mas ligava para ela vez após outra.

– Meu amor, quero que saiba que você é muito importante para mim, é a única mulher que eu amo. Acontece que os jornalistas, as revistas e as pessoas têm inveja de nós e querem estragar o nosso casamento. Quero voltar para você e ficar do seu lado, para sempre. – Dizia várias vezes isso, e logo depois mandava flores com um cartão que continha a mesma frase: "Nunca vou trocar você por ninguém".

A cada ligação, minha mãe respondia que ele não precisava se preocupar, que ela não seria a única mãe sozinha no mundo. E dizia para ele seguir seu caminho, que ela continuaria no dela. Mas ele insistiu, e um domingo à noite chegou de surpresa, com o semblante triste; minha mãe não conseguiu dizer não, e acabou deixando que ele entrasse de novo em casa.

Mas o carrossel de más notícias não parou por aí, e o escândalo em torno de meu pai, longe de amansar, ficou pior. O juiz Décimo Superior de Medellín, Gustavo Zuluaga, reabriu a investigação pela morte dos detetives do DAS que haviam prendido meu pai cinco anos antes, e a embaixada norte-americana cancelou seu visto. Como se não bastasse, em 26 de outubro a plenária da Câmara suspendeu sua imunidade parlamentar.

Mesmo quando tudo em torno de meu pai ameaçava ruir, ele tentou manter a ordem dentro da família. Ainda não havia processos judiciais contra ele, e naquele fim de ano de 1983 fomos todos para Nápoles.

Com a reputação no chão e seu posto de congressista perdido, finalmente, em 20 de janeiro de 1984, meu pai decidiu se afastar para sempre da vida pública. E o fez por meio de uma carta em que criticava duramente os políticos: "Seguirei na luta contra as oligarquias e as injustiças e contra as alianças partidárias ilegais, responsáveis pelo eterno drama do povo, que é feito de palhaço, e também contra os políticos de carteirinha, que são indiferentes à dor do povo e que sempre se mostram arrivistas quanto à partilha de cargos públicos".

Um homem no qual tinha total confiança e que era chamado de Neruda – que o ajudava a redigir seus discursos e declarações na imprensa – revisou o texto final da mensagem que meu pai mesmo havia escrito.

Sair da política pela porta dos fundos foi um golpe muito duro para ele, pois sempre teve certeza de que poderia fazer mais pelos pobres estando no Congresso. Nas semanas seguintes, voltamos a Nápoles e ele retomou suas antigas atividades no negócio do narcotráfico.

Mas ele não imaginava que o ministro da Justiça, agora juntamente com a Polícia Antidrogas e com a DEA, continuava empenhado em derrubar a estrutura mafiosa que ameaçava tomar conta do país.

Com efeito, na manhã do dia 12 de março de 1984, uma segunda-feira, meu pai ouviu no rádio a notícia de que o narcotráfico havia sido duramente golpeado com a operação de busca e a tomada policial de um complexo de cocaína conhecido como Tranquilandia nas selvas do Yarí, no sul do estado de Caquetá.

O ministro Lara e o coronel da polícia Jaime Ramírez – que coordenou a operação – informaram que o cartel de Medellín havia construído naquele lugar muitos laboratórios nos quais se processava pasta de coca em grande escala. Em outras palavras, disseram, a máfia tinha conseguido concentrar num único lugar todas as etapas de seu negócio.

A Tranquilandia tinha uma pista de pouso de 1500 metros, que operava 24 horas por dia, e um gerador de energia que fornecia luz suficiente para as cozinhas onde se processava a pasta de coca. Na prática, o que funcionava ali era uma base aérea aonde chegavam aeronaves de tamanho grande para trazer os insumos, e ao mesmo tempo aviões potentes saíam repletos de cocaína já embalada. Em torno de cinquenta pessoas moravam lá, vinte e sete das quais foram detidas e transferidas para a cidade de Villavicencio.

Na verdade, nunca falei com meu pai sobre esse assunto, e por muitos anos pensei que ele, Gustavo Gaviria e o "Mexicano" tinham construído aquele complexo de laboratórios. Inclusive, em 2009, no documentário *Pecados de mi padre*, que protagonizei, aparecem as imagens da ocupação de Tranquilandia e é dito que meu pai e o "Mexicano" eram donos daquela cidadela das drogas.

No entanto, após conversar com diversas pessoas que estiveram junto de meu pai naquela época, tive a certeza de que nem ele, nem Gustavo, nem o "Mexicano" tinham qualquer coisa a ver com a Tranquilandia. Por quê? Porque meu pai estava cansado das cozinhas e dos laboratórios onde se processava a pasta de coca, por conta do alto índice de acidentes e dos cada vez mais elevados custos de transporte dos insumos químicos. Contudo, o complexo certamente pertencia a outros traficantes que tinham negócios com meu pai, e por isso o governo anunciou que a Tranquilandia era do cartel de Medellín.

O complexo de coca desaparecera, mas um episódio ocorrido num laboratório de processamento de coca do "Mexicano" no Magdalena Medio ocasionaria duas guerras longas e sangrentas: a do "Mexicano" contra as Farc, que depois derivaria na perseguição dos paramilitares à União Patriótica, a UP, o grupo político que nasceria das tentativas de paz entre o governo de Betancur e as Farc.

A história desse conflito indica que uma frente das Farc roubou trinta quilos de cocaína já processada e matou um vigilante, um homem humilde que por acaso era primo do "Mexicano". O *capo* tinha levado seu parente para trabalhar na terra dele, na localidade de Pacho, no norte do estado de Cundinamarca. Uma vez meu pai comentou que onde quer que Gonzalo Rodríguez tivesse um quilo de cocaína, lá haveria um "pachuno" para cuidar dele.

O "Mexicano" não perdoou a afronta e declarou guerra às Farc. Por todo o país. Onde houvesse uma base operacional de uma frente da guerrilha, ele montava pequenos grupos de homens armados. Não importava quanto dinheiro precisasse investir. Assim nasceu o paramilitarismo financiado pelo narcotráfico, ao qual logo se juntariam empresários e donos de gado que vinham sendo sufocados por extorsões e sequestros.

Várias vezes meu pai tentou convencer o "Mexicano" a encerrar o confronto com as Farc, argumentando que era melhor negociar, pois ele estava convencido de que traficantes e guerrilheiros podiam conviver em paz e respeitar os territórios uns dos outros. Mas Rodríguez Gacha, assim como meu pai, não ouvia os conselhos de ninguém.

– Diga para eles que você é dono daqui até ali, e que eles não venham se meter nesse espaço; e que dali até lá eles podem fazer o que lhes der na telha – disse meu pai ao "Mexicano" certa vez, mas ele não deu bola.

Carlos Castaño se tornaria mais adiante o sócio ideal para os crimes do "Mexicano", porque ambos tinham resolvido que iriam exterminar a esquerda da Colômbia a qualquer custo.

O poder militar do "Mexicano" era enorme. Tão grande que meu pai preferia ir visitá-lo em suas propriedades em Pacho, porque sempre que ele vinha a Nápoles chegava escoltado por nada menos que duzentos homens armados; a logística de seus deslocamentos era complexa, e meu pai sentia que isso criava muita tensão em sua fazenda. Numa ocasião, marcou um encontro para conversarem, mas lhe pediu que não levasse tantos guarda-costas. O "Mexicano" respondeu:

– Meu compadre, não me peça isso, eu sempre ando desse jeito.

Enquanto o "Mexicano" começava a "guerrear" contra as Farc, meu pai decidiu que era hora de dar um fim no ministro da Justiça, que intensificava cada vez mais suas declarações e observações contra ele. Conforme me contaram, quando entendeu que Lara não pararia de atacá-lo, ordenou que fosse assassinado.

"Chopo", "a Yuca", "Pinina", "Otto", "Trompón" e "Pocillo" foram convocados por meu pai para executar o atentado, o qual, planejou, deveria ser realizado de uma ambulância. Assim, uma caminhonete com características semelhantes foi modificada numa funilaria, onde puseram várias lâminas metálicas para protegê-la das balas e fizeram quatro orifícios em cada lado. Depois pintaram-na com os símbolos da Cruz Vermelha colombiana.

– O mundo vai cair em cima da gente, mas vamos fazer logo isso. Pra esse aí eu não alivio – meu pai disse a seus homens, quando o plano para assassinar Lara estava pronto.

Ao contrário do que a família de Lara sempre afirmou – que meu pai ameaçou o ministro muitas vezes com ligações telefônicas e perseguições –, o fato é que meu pai era contra ficar dando advertências. Achava que a intimidação gerava reforços nos esquemas de segurança. O ministro era odiado por muitos outros traficantes, e cada um o ameaçava sem pedir licença.

Os pistoleiros viajaram para Bogotá, hospedaram-se separadamente em espeluncas no centro e começaram a seguir o político. Dias depois, já sabiam que Lara possuía uma Mercedes branca sem blindagem e era escoltado por duas caminhonetes com quatro agentes do DAS. Também traçaram as rotas que o motorista utilizava para ir do Ministério à casa do funcionário no norte de Bogotá, e vice-versa.

Em meados de abril de 1984, o plano criminoso estava pronto e os capangas de meu pai começaram a procurar a melhor oportunidade para assassinar Lara da ambulância. No entanto, tentaram atacá-lo e falharam em três ocasiões, por falta de perícia do motorista. Quando soube disso, meu pai considerou que a operação estava em risco e mandou pintar novamente a ambulância, transformando-a numa entregadora de flores. Mas fez uma mudança no plano e reforçou o grupo com dois pistoleiros numa moto.

"Pinina" se encarregou de conseguir dois "rapazes" e foi até seu antigo bairro de Lovaina, no nordeste de Medellín, berço de pistoleiros e um dos lugares mais perigosos da cidade na época. Lá, contratou Byron Velásquez Arenas e Iván Darío Guisao, mas não lhes disse que o alvo do assassinato era um ministro, apenas que era uma pessoa importante que se deslocava num carro branco.

– Meu irmão, tem uma parada bem da porra aí, se vocês quiserem ganhar uma grana preta. O serviço é em Bogotá – foi o que "Pinina", que então já tinha a reputação de ser um dos melhores bandidos de meu pai, disse aos rapazes, conforme me contaram.

Com a operação em andamento, numa ocasião estacionaram a caminhonete de flores muito perto do Ministério para esperar a saída de Lara. De repente, dois seguranças desavisados se encostaram num lado do veículo, sem saber que dentro dele estavam os pistoleiros, armados com fuzis AR-15.

Finalmente, na noite de 30 de abril de 1984, o falso veículo transportador de flores com quatro homens a bordo, mais o motorista e um acompanhante, e a moto com Velásquez e Guisao, saíram atrás de Lara, que como sempre deixou seu escritório e seguiu rumo ao norte de Bogotá, para sua casa. Conforme me contaram muitos anos depois, o plano era que a caminhonete ficasse na frente do carro do ministro e, então, atirariam nele através dos orifícios abertos na lateral. A moto ficaria atrás, para conter os seguranças do ministro.

No entanto, o trânsito pesado na cidade forçou uma mudança na manobra, porque de uma hora para outra o veículo com os pistoleiros ficou preso num congestionamento e só a moto se manteve atrás do objetivo.

Sem pensar duas vezes, Guisao, que ia atrás, armado com uma metralhadora mini Uzi calibre 45, disse para Byron continuar, pois os dois poderiam cumprir a ordem de assassinar o homem na Mercedes branca.

Assim foi, e na altura da rua 127 conseguiram posicionar a moto do lado direito do automóvel. Foi nesse momento que Guisao disparou e matou o alto funcionário do governo. Eram 19h35.

De acordo com as instruções que meu pai havia lhes dado, nenhum dos pistoleiros deveriam se comunicar entre si caso o serviço fosse bem-sucedido. Sabiam em que lugar de Bogotá se encontrar para voltar imediatamente para Medellín.

Naquela noite, eu estava no apartamento de Altos, onde minha avó Nora morava. Aproximei-me para ver o que estava acontecendo, porque minha avó e minha mãe choravam abraçadas em frente à televisão, comentando que algo muito triste e muito grave tinha acabado de acontecer.

Após o crime, a debandada foi geral. Pela primeira vez, o governo declarou guerra total ao tráfico de drogas, que incluiu a perseguição a *capos*, a apreensão de seus bens e a extradição para os Estados Unidos.

Depois de assistir aos telejornais, minha mãe – grávida de oito meses – e eu fomos nos esconder na casa de um parente distante, e lá permaneceríamos por duas semanas, esperando meu pai mandar nos buscar.

Enquanto isso, ele e vários dos capangas que participaram do crime de Lara – entre eles "Pinina" e "Otto" – dirigiram-se muito cedo para a localidade de La Tablaza, no município de La Estrella, onde um helicóptero os buscou para levá-los até o Panamá. Ao mesmo tempo, saindo de um local conhecido como a variante de Caldas, outro helicóptero recolheu a família de Gustavo Gaviria.

Mas o tanque de gasolina dessa aeronave se rompeu em pleno voo e precisaram fazer uma aterrissagem forçada no meio da selva, longe da fronteira entre a Colômbia e o Panamá. Ficaram perdidos durante vários dias até que chegaram a um povoado onde receberam ajuda.

Poucos dias depois, um mensageiro de meu pai chegou sem aviso e nos disse que, no dia seguinte, um helicóptero viria nos buscar num local distante no município de La Estrella. Naquela noite, minha mãe arrumou uma mala pequena na qual colocou algumas poucas roupas para ela e para mim. Também incluiu algumas roupinhas de menino, porque ela e meu pai pensavam que o bebê que estava por chegar também seria do sexo masculino. No dia seguinte, quando chegamos ao local do encontro, apresentaram-nos um médico que viajaria conosco e que levava equipamento cirúrgico para o caso de o parto de minha mãe ocorrer antes do tempo.

Duas horas e meia depois, após uma viagem tranquila, o piloto aterrissou numa clareira na selva, onde uma caminhonete nos esperava. Estávamos na fronteira com o Panamá. Lá, vestimos roupas de praia para não levantar suspeitas e partimos imediatamente para a Cidade do Panamá, para o apartamento de um amigo de meu pai, onde dormimos as três primeiras noites em colchonetes.

Lá, soubemos que o assassinato de Rodrigo Lara havia causado uma debandada dos principais *capos* do narcotráfico da Colômbia, e que já estavam no Panamá, além de meu pai e Gustavo Gaviria, Carlos Lehder, os irmãos Ochoa e os irmãos Rodríguez Orejuela, chefes do cartel de Cali.

Do apartamento em que ficamos inicialmente fomos para uma casa velha, úmida e quente na parte antiga da cidade; era horrível: o chuveiro estava cheio de fungos e a água não descia direito, era preciso tomar banho de chinelo; além disso, e por pura precaução, durante a primeira semana comemos apenas frango do KFC que meu pai mandava um de seus rapazes trazer.

Num desses dias, minha mãe entrou em contato com um ginecologista panamenho, que veio à casa para examiná-la. Após fazer os exames de praxe, o especialista nos surpreendeu com a notícia de que minha mãe esperava uma menina. Apesar do parecer, minha mãe ficou muito na dúvida, porque todos os exames em Medellín sempre indicaram um menino. Meu pai ficou feliz com a surpresa.

Então nos pusemos a tentar achar um nome para minha irmã, e eu propus Manuela, pensando em minha primeira namoradinha, uma colega de sala do colégio Montessori, onde estudei por algum tempo antes de sair por imposição da clandestinidade.

– Se sua irmã não gostar do nome quando for mais velha, você é que vai responder por isso – disse meu pai, ao aceitar o nome Manuela.

No dia 22 de maio, três dias antes do nascimento de minha irmã, fomos para outra casa, essa sim luxuosa e confortável, propriedade do então homem mais poderoso do Panamá, o general Manuel Antonio Noriega.

Embora víssemos muito pouco meu pai, parecia que as coisas estavam melhorando, porque Noriega mandou vários policiais que se revezavam em turnos para nos proteger, e pudemos ter um pouco mais de liberdade.

Meu pai me deu de presente uma motocicleta Honda de cinquenta cilindradas. Como não havia ninguém para me acompanhar enquanto eu a pilotava, mandou que "Arete" – um de seus homens que ainda estava em Medellín – viesse para a Cidade do Panamá para ficar comigo. A partir de então, todas as manhãs "Arete" se vestia de branco e saía comigo – ele corria e eu pilotava a moto.

Anos depois, numa demorada conversa, perguntei a meu pai qual havia sido na verdade a relação que ele e seus sócios do cartel de Medellín haviam tido com Noriega.

Ele me disse que era uma longa história, que havia começado em 1981, quando conheceu Noriega e deu a ele 5 milhões de dólares em dinheiro, em troca da permissão para instalar várias cozinhas de processamento de pasta de coca no Darién panamenho e de ter suas operações de lavagem de dólares facilitadas nos bancos. Noriega se comprometeu a "deixá-los trabalhar" sem opor obstáculos, mas deixou claro que não seria um sócio do tráfico de cocaína.

No entanto, o general não cumpriu o prometido, e meses após receber o dinheiro e de vários laboratórios já estarem funcionando, organizou uma operação militar na qual destruiu as cozinhas, prendeu cerca de trinta pessoas e apreendeu um Lear Jet e um helicóptero de meu pai.

Meu pai me disse que ficou furioso e mandou uma mensagem de ameaça a Noriega, exigindo que ele devolvesse o dinheiro, pois do contrário mandaria alguém matá-lo. Noriega deve ter se assustado, porque devolveu quase que imediatamente 2 milhões de dólares, mas ficou com os outros três.

Mesmo a relação com Noriega tendo se tornado distante, ele, como compensação pelos danos que causara a meu pai, permitiu a presença dele e dos demais mafiosos no Panamá depois da morte de Lara. Por isso ficamos em uma de suas casas na cidade. Contudo, meu pai não confiava no militar panamenho e, desse modo, nossa estadia ali não podia estender-se a perder de vista.

O processo eleitoral no Panamá daria a meu pai a chance de encontrar uma solução para a crise deflagrada na Colômbia por causa do assassinato do ministro da Justiça. Justo naquele momento os meios de comunicação locais deram a notícia de que o ex-presidente Alfonso López Michelsen e os ex-ministros Jaime Castro, Felio Andrade e Gustavo Balcázar compareceriam às eleições presidenciais de maio daquele ano como observadores oficiais.

Meu pai ligou para Santiago Londoño White, tesoureiro da campanha presidencial de López dois anos antes, que estava em Medellín, e pediu que ele tentasse lhe conseguir um encontro com o ex-presidente durante sua estadia na cidade. Para agilizar as coisas, sugeriu que falasse com Felipe, filho de López e dono da revista *Semana*, para que ele então falasse com seu pai e transmitisse a proposta. Londoño fez as ligações necessárias e horas depois o ex-presidente aceitou se encontrar com meu pai e com Jorge Luis Ochoa no hotel Marriott.

Horas antes de sair para o local da reunião, meu pai contou a minha mãe o que aconteceria, embora sem muitos detalhes.

– Tata – assim chamamos minha mãe –, vamos ver como conseguimos resolver esse problema. Temos uma reunião com o ex-presidente López.

Nesse encontro em 1984 com López Michelsen, meu pai e Jorge Luis disseram que os narcotraficantes estavam dispostos a entregar as pistas de pouso, os laboratórios, as frotas de aviões, as rotas até os Estados Unidos e a erradicar os cultivos ilegais, isto é, acabar com todo o negócio em troca de penas de prisão mais razoáveis caso a Justiça os condenasse e, o mais importante, a garantia de não serem extraditados após assinarem o pacto. López ouviu a proposta e se comprometeu a fazê-la chegar ao governo.

De volta à casa, meu pai disse a minha mãe, lacônico:

– O ex-presidente López vai falar com o governo; esperamos que haja uma negociação.

Meu pai soube logo que o ex-presidente voou do Panamá para Miami, onde se reuniu com o ex-ministro das Comunicações Bernardo Ramírez, amigo pessoal do presidente Betancur, e contou a ele todos os detalhes do encontro que havia tido. A proposta foi considerada, porque o governo pediu que o procurador-geral, Carlos Jiménez Gómez, fosse até a Cidade do Panamá para ouvir os mafiosos.

Enquanto o procurador definia a data da viagem, minha irmã Manuela nasceu, no dia 25 de maio. Meu pai, Gustavo Gaviria e eu estávamos na casa de Noriega quando alguém ligou dizendo que minha mãe se achava em trabalho de parto. Meu pai dirigiu em alta velocidade até o hospital, onde nos pediram para esperar numa sala. Ele estava nervoso e Gustavo tentava encorajá-lo. O tempo de espera parecia eterno, até que apareceu um médico, parabenizou meu pai pela linda menina recém-nascida, disse que as duas estavam bem e permitiu que entrássemos para vê-las. Caminhamos até o elevador e qual não foi a nossa surpresa ao vermos uma enfermeira levando uma recém-nascida em cuja pulseira lia-se o nome Manuela Escobar. O rosto de meu pai se iluminou ao vê-la. Em seguida, fomos encontrar minha mãe, que estava com dores e muito pálida. Aproveitamos o momento e Gustavo tirou uma foto dos quatro integrantes da família.

No dia seguinte, 26 de maio, o procurador Jiménez Gomez chegou e eles se reuniram no hotel Marriott. Meu pai e Luis Ochoa reiteraram a proposta apresentada a López. No fim da conversa, o alto funcionário se comprometeu a levá-la ao presidente Betancur. Mas o plano foi frustrado porque poucos dias mais tarde o jornal *El Tiempo* publicou uma notícia sobre o encontro no Panamá.

O fato é que essa foi a única e última vez que a Colômbia teve nas mãos a possibilidade real de desmontar 95% do negócio do narcotráfico. Mas o vazamento das informações fez a oportunidade cair por terra.

Tendo perdido qualquer chance de aproximação com o governo, os dias se passaram até que meu pai, na primeira semana de junho, chegou na casa agitado e disse que precisávamos sair correndo dali.

– Mas não podemos sair correndo com uma neném tão pequena. E eu não posso deixar você aqui, Tata, nem mandá-la de volta para a Colômbia. A única saída é enviar Manuela para Medellín. Lá ela vai ser cuidada; acontece que não sabemos se vamos dormir na selva, ou do lado de um lago, ou se vai ter ou não comida para a pequena. Então não temos muitas opções, não podemos fugir com uma neném a tiracolo se tivermos que continuar correndo.

Foi muito doloroso para minha mãe abandonar sua pequena filha de poucas semanas de vida. Como eu era mais velho – tinha sete anos –, acharam que me mandar de volta para a Colômbia não era uma boa; meu pai considerou que eu estaria mais seguro ao lado dele.

Minha mãe ficou muito triste e chorou muito quando teve de entregar a menina a Olga, a enfermeira, que viajaria a Medellín com um dos homens de confiança de meu pai.

Por que a repentina resolução de sair do Panamá às pressas, chegando ao extremo de mandar a filha de quinze dias de vida de volta para a Colômbia? Um dia perguntei a meu pai, que me explicou que o vazamento prematuro de seu encontro com López e o procurador os colocara em evidência na Colômbia e nos Estados Unidos, e por isso ficou temeroso de que alguém viesse atrás deles querendo prendê-los. Além do mais, existia o risco quase certo de uma nova traição por parte de Noriega.

Esse novo cenário levou meu pai a buscar um plano B, e para isso lançou mão de velhos contatos que havia deixado no M-19 de Medellín, quando ocorreu o sequestro de Martha Nieves Ochoa. Meu pai sabia que o grupo guerrilheiro e o novo regime sandinista da Nicarágua tinham afinidades políticas e ideológicas, e pediu a eles que sondassem a possibilidade de a família se instalar naquele país.

Poucos dias depois, recebeu uma mensagem da parte do M-19. Nela, alguns integrantes da junta do governo da Nicarágua diziam-se dispostos a acolher ele, os outros *capos* e suas famílias em troca de ajuda econômica para enfrentar o bloqueio imposto pelos Estados Unidos. O acordo incluía a permissão para utilizar algumas regiões da Nicarágua como plataforma para continuar com o tráfico de cocaína.

Lembro de meu pai ter comentado que Daniel Ortega, o então candidato à presidência da Nicarágua pela Frente Sandinista de Libertação Nacional, a FSLN, enviara alguns de seus funcionários para os acomodarem em Manágua, a capital.

Meu pai encontrou na Nicarágua uma oportunidade real para mudar seu local de trabalho e moradia. Assim, após nos certificarmos de que Manuela estava bem em Medellín, minha mãe, meu pai e eu pegamos um voo comercial e fomos recebidos no aeroporto por altos funcionários do regime sandinista, que nos levaram numa Mercedes do governo até uma casa enorme e antiga, onde nos encontramos com o "Mexicano", sua esposa Gladys e quatro de seus guarda-costas. Pouco depois chegaram minha avó Hermilda e sua filha Alba Marina; quase imediatamente, meu pai fez com que "Pinina", "Paskín" e uma dúzia de capangas cujos apelidos já esqueci viajassem para ficarem lá nos protegendo.

De cara não gostamos da casa. Era tenebrosa. Os muros de tijolos tinham três metros de altura e em cada canto torres de segurança com guardas fortemente armados. Achamos um livro que contava a história daquele lugar, e, segundo os relatos, muitos massacres haviam acontecido ali no passado. Comida não faltava, mas não sabíamos quem levava as compras de mercado, embora fosse fácil entender que alguém do governo era encarregado de manter as geladeiras cheias.

O dia a dia foi ficando insuportável para nós, porque era impossível viver em Manágua, que estava em guerra civil por conta dos ataques dos "contras" enviados pelos Estados Unidos através das fronteiras com a Costa Rica e com Honduras para combater os sandinistas, que em 1979 haviam derrubado o regime militar de Anastasio Somoza. A cidade se mantinha sitiada e os estragos do confronto eram visíveis: edifícios demolidos e comércio fechado – inclusive supermercados e farmácias. Além do mais, os tiroteios eram frequentes.

Meu pai tinha milhões e milhões de dólares com ele ali, mas não havia com que gastá-los.

Lembro que eu permanecia calado durante boa parte do tempo e chorava muito. Pedia a meus pais que pelo menos voltássemos para o Panamá. É que nem sequer havia lojas de brinquedo ali, e, na pressa de sair do Panamá, abandonei minha moto e outras coisas com as quais me divertia.

As únicas distrações que tinha eram ir com minha mãe e com a mulher do "Mexicano" a um lugar de massagens perto da casa, escutar ao lado de "Pinina" os jogos de futebol colombianos que alguém de Medellín colocava no rádio de comunicação, e apostar quem matava mais moscas em cinco minutos num quarto que vivia cheio desses insetos. E mais nada.

– Nos três meses seguintes só pude ver minha filha numa única foto – minha mãe se lamentou ao lembrar do período; embora meu tio Mario tirasse fotos de Manuela todos os dias, nunca pôde enviá-las devido ao cerco das autoridades.

Enquanto vivíamos esse complicado dia a dia, meu pai, o "Mexicano", dois militares nicaraguenses e Barry Seal – que já havia se juntado ao grupo – viajaram por diferentes lugares da Nicarágua para explorar novas rotas para o tráfico de cocaína. Por vários dias sobrevoaram num helicóptero do Exército nicaraguense os muitos lagos, lagunas e elevações vulcânicas que há no país, tentando identificar os lugares mais adequados para a construção de laboratórios e de pistas de pouso.

Como isso podia demorar, optaram por começar usando um pequeno aeroporto chamado Los Brasiles, próximo a Manágua, para enviar os primeiros carregamentos em voos diretos para o sul da Flórida.

O primeiro embarque de seiscentos quilos de cocaína embalada em grandes bolsas de lona foi programado para a noite de uma segunda-feira, dia 25 de junho de 1984, num avião que o próprio Seal pilotaria. Mas nem meu pai nem o "Mexicano" perceberam que haviam na verdade caído numa armadilha, porque enquanto eles e Federico Vaughan, funcionário do Ministério do Interior da Nicarágua, aguardavam os soldados carregarem a droga na aeronave, Seal tirava fotos. Nelas, pode-se ver inclusive a identidade dos soldados nicaraguenses que ajudaram no carregamento.

O avião decolou sem nenhum problema e, enquanto o infiltrado voava para entregar o carregamento e as fotos, meu pai e o "Mexicano" continuaram suas atividades sem prever o desastre que estava por vir.

Todos os dias eu insistia dizendo que estava muito entediado, mas meu pai se negava a deixar que voltássemos porque, segundo ele, seríamos mortos se fizéssemos isso. Até que um dia pedi que deixasse eu e minha mãe irmos, e ele acabou aceitando, embora com certa relutância. Já estava cansado do meu chororô. Minha mãe lhe prometeu que não sairia na rua, que ficaria trancada em Medellín.

– Não, Tata. Temos que dizer para ele que você vai viajar junto, porque do contrário vai ser pior ainda. Quando a gente chegar no aeroporto, então dizemos que ele vai ter que viajar sozinho, e que o "Tibú", meu homem de confiança, vai com ele.

Assim fizeram, e quando eu soube no aeroporto que minha mãe não iria senti uma angústia enorme, senti-me abandonado. Abracei-os e não queria soltar.

– Não quero ir sem minha mãe – eu disse, chorando, mas meu pai foi inflexível, e prometeu que ela viajaria depois de alguns dias.

Minha mãe me diz que, sem os dois filhos, ficou chorando noite e dia, cercada por homens armados e abandonada à própria sorte na Nicarágua.

Desolada, um dia disse a meu pai:

– Meu bem, me deixe ir encontrar uma das minhas irmãs e o marido dela no Panamá, assim eles podem me mostrar fotos de nossos filhos para eu saber como eles estão.

– Tudo bem, meu amor, mas só se você me prometer que vai voltar para cá depois de falar com eles.

Minha mãe me conta que, naquele momento, ela já tinha decidido que do Panamá iria para Medellín, apesar da promessa de regressar à Nicarágua.

Meu pai começou a ligar para ela no Panamá com insistência, para perguntar por Manuela e por mim, e no quarto dia minha mãe se encheu de coragem e disse que voltaria para a Colômbia, para cuidar dos filhos.

— Nãããão! O que você está pensando? Por que vai fazer uma coisa dessas? Você sabe que vão te matar lá, não pode fazer isso.

– Não, meu bem, prometo que fico trancada na casa da minha mãe e não saio para fazer nada, mas tem uma neném que precisa de mim, que está há mais de três meses sem a mãe.

Minha mãe enfim desembarcou no aeroporto Olaya Herrera, muito assustada, e foi direto para o edifício Altos, onde encontrou minha avó Nora com trinta quilos a menos e mergulhada numa profunda depressão.

O encontro comigo e com minha irmãzinha foi muito emotivo, ficamos abraçados o tempo todo. Mas minha irmã quase não reconhecia a mãe; chorava quando ela a pegava no colo, porque estava acostumada à enfermeira e a minha avó.

Mas se em Medellín as coisas já estavam complicadas para nós, em Manágua meu pai enfrentaria outro golpe duro.

Em meados de julho, vários jornais dos Estados Unidos publicaram a sequência fotográfica em que meu pai e o "Mexicano" aparecem enviando o carregamento de cocaína da Nicarágua. A prova visual era incontestável. Foi a primeira e seria a última vez que flagraram meu pai com a mão na massa. Barry Seal o havia traído, e ele não se esqueceria disso.

A reprodução das fotografias nos meios de comunicação causou um estrago duplo: atraiu as atenções para meu pai e tornou o regime sandinista de esquerda culpado por se aliar com a máfia colombiana. Com o escândalo, sua permanência no país ficou insustentável, e duas semanas depois meu pai e o "Mexicano" voltaram com todos os seus homens para a Colômbia.

Meu pai chegou à cidade e imediatamente procurou se esconder; sua vida na clandestinidade se alongaria por muito tempo ainda. Nós continuamos morando com minha avó Nora, e de vez em quando meu pai mandava nos buscar para passar conosco os fins de semana.

O efeito das fotografias tiradas na Nicarágua foi fulminante, porque no dia 19 de julho, apenas três semanas após terem sido feitas, Herbert Shapiro, juiz da Corte da Flórida, sul dos Estados Unidos, emitiu uma ordem de prisão contra meu pai por importação de cocaína para aquele país.

Embora o esquema que montara para levar cocaína para os Estados Unidos continuasse funcionando e meu pai ainda fosse o rei do negócio, ele sabia que sua situação judicial piorava a cada momento. Sentia que era levado a um ponto sem volta, e que mais cedo ou mais tarde iriam atrás dele, forçando-o a se defender. O fantasma da extradição o assombrava sobremaneira.

A relativa tranquilidade em que vivíamos naqueles dias foi destruída de uma hora para outra quando minha avó Hermilda ligou para meu pai e lhe contou que vários homens armados haviam sequestrado meu avô Abel em uma de suas propriedades nas imediações do município de La Ceja, no leste de Antioquia. Era 20 de setembro de 1984.

Meu pai tranquilizou a família e, com a experiência que havia ganhado após o sequestro de Martha Nieves Ochoa, deu início a uma enorme operação de busca, embora de menores proporções em relação à anterior, pois rapidamente descobriu que meu avô fora sequestrado por quatro delinquentes comuns que sabiam da fama de rico que meu pai tinha.

Dois dias depois, meu pai fez um anúncio nos jornais de Medellín no qual oferecia uma recompensa a quem fornecesse informações sobre o paradeiro de meu avô, revelando em quais veículos ele havia sido levado: duas caminhonetes Toyota, uma vermelha com cobertura de lona e carroceria de madeira, placa KD 9964, e outra com cabine, de cor bege e placa 0318. A ideia era mostrar para os sequestradores que eles estavam na mira.

Da mesma maneira que agiu no caso Martha Nieves Ochoa, meu pai mandou centenas de homens para vigiar os telefones públicos de

Medellín e instalou equipamentos para gravar as ligações na casa de minha avó Hermilda. A estratégia funcionou, porque dez dias depois ele já sabia as identidades dos sequestradores e o lugar onde estavam mantendo meu avô amarrado a uma cama: no município de Liborina, oeste de Antioquia, a noventa quilômetros de Medellín. Mas meu pai preferiu esperar que os sequestradores pedissem o resgate e pagá-lo, para evitar que machucassem meu avô.

Assim aconteceu, e na primeira ligação pediram 10 milhões de dólares. Meu pai respondeu:

– Vocês sequestraram a pessoa errada, porque quem tem a grana sou eu, e meu pai é um camponês pobre que não tem nada. Então a negociação é muito diferente; tratem de pensar num valor mais realista e me ligar de novo, aí conversamos – disse, elevando a voz, e desligou, mostrando que, embora estivessem com seu pai, era ele que tinha o controle da situação.

Passaram-se alguns dias e, como sabiam que meu pai não tinha ficado parado, preferiram pedir 40 milhões de pesos, que depois baixaram para 30 milhões.

Por intermédio de John Lada, padrinho de Manuela, meu pai entregou a quantia em dinheiro e meu avô regressou são e salvo para casa. O sequestro durou dezesseis dias, e os quatro delinquentes foram localizados dias depois, a pedido de meu pai.

Enquanto isso, os processos contra meu pai se acumulavam: dez dos capangas que de uma maneira ou de outra participaram do assassinato de Lara foram presos; outros seis, entre eles "Pinina", conseguiram escapar e continuaram foragidos ao lado de meu pai. Por esse mesmo caso, o juiz Primeiro Superior de Bogotá, Tulio Manuel Castro Gil, convocou meu pai.

Essas decisões judiciais desencadearam, no fim de 1984, a primeira grande operação de busca por meu pai. Nesse dia, estávamos em um sítio para fins de lazer em Guarne, Antioquia, de onde ele escapou milagrosamente. Eu tinha sete anos e estava dormindo quando um agente do F-2 me acordou, afundando o cano de sua arma em meu estômago. Lembro de estar com um aparelho experimental de elástico que cobria minha cabeça e meu queixo, recomendado pelos médicos para corrigir um desvio de mandíbula, e que me fazia parecer alguém com sérios problemas de saúde.

Perguntei onde estava meu pai, e nesse momento um dos policiais chegou segurando o poncho branco dele.

– Olha o que os fujões deixaram cair – disse o agente.

Conseguira escapar com certa facilidade na primeira batida policial, mas com o passar dos dias a perseguição se intensificaria. O dia 5 de janeiro de 1985, um sábado, foi um péssimo dia para meu pai. Ligaram para avisá-lo de que naquela madrugada um avião Hércules da Força Aérea levara quatro pessoas para Miami; a extradição fora autorizada pelo presidente Betancur e pelo ministro da Justiça Enrique Parejo, que substituiu Rodrigo Lara. As pessoas eram Hernán Botero Moreno – presidente do time de futebol Atlético Nacional –, os irmãos Nayib e Said Pabín Jatter e Marco Fidel Cadavid.

Meu pai ficou irado. Sobre Botero sabia apenas o que os meios de comunicação diziam a seu respeito e por ele ser presidente do Atlético Nacional. Achou a extradição injusta, porque não era acusado de narcotráfico, e sim de lavagem de dinheiro.

Porém, mais que uma injustiça, meu pai considerou um ato de traição que o presidente Betancur começasse a fazer valer o acordo com os Estados Unidos. Embora na campanha eleitoral não tivesse se comprometido a acabar com a extradição, para meu pai o governante não podia esquecer que eles o haviam ajudado.

E, da maneira radical como começava a se portar, ligou para Juan Carlos Ospina, o "Enchufe", e para um bandido conhecido como "Pássaro", e deu ordens para que realizassem um atentado com carro-bomba contra Betancur. Vários dos homens mais próximos de meu pai contaram que o governante se salvou em pelo menos quatro ocasiões, porque seus seguranças mudavam a rota com muita frequência e acabavam não passando pelos lugares onde os explosivos haviam sido plantados. Outras vezes a caravana passava ao lado das bombas, mas o disparador remoto falhava. Os primeiros dias de fevereiro já haviam passado e a única coisa que meu pai tinha em mente era como se livrar do fantasma da extradição. De nada tinham servido até aquele momento os muitos fóruns públicos e os encontros secretos com a máfia para advertir sobre a humilhação que representaria ser julgado em outro país. Meu pai tinha certeza de que poderia corrigir de seu jeito suas confusões judiciais na Colômbia, mas com os Estados Unidos no meio da questão a coisa era diferente.

Naquele tempo, meu pai mantinha certa proximidade com vários líderes do M-19, entre eles, Iván Marino Ospina, com quem se encontrava com alguma frequência e falava de todo e qualquer tipo de assunto. A empatia entre os dois era tamanha que um dia o guerrilheiro lhe deu de presente uma AK-47 novinha, que acabara de receber num carregamento de armas vindo da Rússia. O fuzil se tornou o companheiro inseparável de "Paskín".

Com um histórico de várias horas de conversas ocorridas em diferentes momentos, meu pai e Ospina concordavam acerca de muitos assuntos, sobretudo no que dizia respeito à inconveniência da extradição.

Essa concordância teria grande peso na deposição de Ospina como comandante no fim de fevereiro, quando na nona conferência do grupo guerrilheiro que se reunia em Los Robles, um povoado no município de Corinto, estado do Cauca, seu espírito militarista e certa miopia política foram criticados, num momento em que o M-19 trilhava um acidentado processo de negociação com o governo Betancur e a trégua conseguida em agosto de 1984 corria perigo.

Também pesou na decisão uma fala de Ospina numa viagem ao México, em que disse concordar que os mafiosos colombianos promovessem represálias contra cidadãos norte-americanos caso o governo extraditasse colombianos.

Meu pai entendeu que, com a saída de Ospina, a cúpula do M-19 iria querer enviar uma mensagem pública contra o narcotráfico, embora em segredo mantivessem as relações mais firmes que nunca.

Ao término do congresso em Los Robles, o M-19 determinou a volta de Ospina ao posto de segundo no comando do grupo, e para o primeiro lugar nomeou Fayad, que continuou no caminho do diálogo com o governo até o dia 23 de maio, uma quinta-feira – quando houve o atentado em Cali que causou ferimentos graves em Antonio Navarro Wolf, integrante do Comando Superior do grupo guerrilheiro.

Muito já se disse sobre esse ataque, ocorrido numa cafeteria no bairro de El Peñón, quando um homem lançou uma granada em direção à mesa onde Navarro, Alonso Lucio e uma guerrilheira grávida discutiam se o M-19 deveria ou não manter o cessar-fogo.

A responsabilidade do atentado foi atribuída a militares numa represália ao acontecimento daquela manhã, quando vários guerrilheiros lançaram uma granada contra um ônibus do Exército e deixaram vários soldados gravemente feridos. No meio da confusão, acreditou-se que os autores eram integrantes do M-19, mas depois se confirmou que havia sido outro grupo armado, o Movimento de Autodefesa Operária, o ADO.

Inclusive, o próprio Navarro disse certa vez que sabia os nomes dos oficiais que haviam dado a ordem de atacá-lo, bem como a identidade de quem lançara a granada.

Eu tenho uma versão diferente. Meu pai me contou uma vez que o autor do ataque foi Héctor Roldán, um narcotraficante dono da concessionária de veículos Roldanautos, em Cali, o mesmo que ele conhecera durante a Copa Renault em Bogotá em 1979, e que quase foi padrinho de minha irmã Manuela, mas ao qual minha mãe se opôs.

Roldán era muito próximo dos altos-comandos militares do Valle e seu ataque a Navarro era uma retaliação pelo atentado contra os soldados naquela manhã, mas também pelo descontentamento que havia naquela época entre militares e empresários por conta da maneira como o governo avançava nos diálogos com o M-19.

Mas a história entre meu pai e Roldán não terminaria por aí.

Finalmente, em 19 de junho de 1985, três semanas após o atentado contra Navarro, Carlos Pizarro, um dos líderes do M-19 e seu representante no diálogo com o governo, anunciou a ruptura da trégua e o retorno ao confronto armado.

Poucos dias depois, Iván Marino Ospina contou a meu pai que Álvaro Fayad propusera, no seio do M-19, a tomada pacífica de um edifício público para julgar o presidente Betancur pelo não cumprimento dos acordos assinados com eles. A primeira opção que contemplaram foi o Capitólio Nacional, mas acabaram descartando porque a sede do Legislativo era grande demais e precisariam de muitas pessoas para tomá-lo à força. Após estudar outras possibilidades, concordaram que o Palácio da Justiça era o ideal, pois sua arquitetura era mais hermética e tinha apenas duas entradas: a principal e a entrada pelo subsolo na garagem.

Sabendo dos detalhes do plano, meu pai, acostumado a ir atrás de todo tipo de briga, viu uma maneira de conseguir um benefício futuro e se ofereceu para financiar boa parte da operação, pois sabia que os nove magistrados do Salão Constitucional da Suprema Corte da Justiça estudavam petições de advogados da máfia, cujo objetivo era derrubar o acordo assinado com os Estados Unidos. Cada traficante pressionava os magistrados com ameaças de morte para forçá-los a derrogar o acordo de 1979.

Fiquei sabendo depois que, enquanto o plano prosseguia, meu pai resolveu se vingar do juiz Tulio Manuel Castro, que meses antes emitira uma ordem de prisão contra ele e depois o convocara para depor pelo assassinato do ministro Lara. Seus homens balearam o juiz num local central de Bogotá, justamente quando ele elaborava um inventário de seu escritório, pois fora nomeado magistrado do Tribunal de Santa Rosa de Viterbo, em Boyacá.

Assim, meu pai novamente levava a cabo sua terrível resolução de atacar todos aqueles que o atacavam.

Enquanto isso, Elvencio Ruiz – o mesmo guerrilheiro que falou com meu pai durante o sequestro de Martha Nieves Ochoa – foi nomeado chefe militar da operação e se dedicou por inteiro a treinar o grupo que tomaria o Palácio; ao mesmo tempo, meu pai teve várias reuniões com Iván Marino Ospina e com outros chefes do M-19 num esconderijo próximo à fazenda Nápoles, a fim de afinar os detalhes da ajuda militar e econômica que ele forneceria para a execução do plano, previsto inicialmente para o dia 17 de outubro de 1985.

Meu pai já tinha decidido que faria todo o possível para garantir o sucesso da operação, porque poderia obter lucros também caso os guerrilheiros destruíssem os autos judiciais relacionados à extradição – incluindo o dele –, que tramitavam na Suprema Corte da Justiça. Por isso, não hesitou em dar 1 milhão de dólares, em dinheiro, para eles, e oferecer-lhes uma bonificação posterior se conseguissem desaparecer com os autos judiciais. E não era só isso. Conforme me contaram alguns dos homens que estavam com meu pai nesses encontros com o M-19, ele se propôs a trazer da Nicarágua as armas que fossem necessárias, sugeriu que entrassem pelo subsolo do edifício e se dirigissem à cafeteria para então começar a ocupá-lo andar por andar, aconselhou-os a levar rádios para se comunicarem dentro e fora do edifício a fim de ficarem a par do que estava acontecendo, e propôs que os guerrilheiros vestissem uniformes da Defesa Civil para facilitar a fuga.

No entanto, em 28 de agosto de 1985, justo quando o plano chegava a sua etapa final, o M-19 sofreu um golpe duro: o Exército matou Iván Marino Ospina num confronto em sua casa, no bairro de Los Cristales, em Cali. Meu pai lamentou o falecimento de um homem que considerava um guerreiro, e chegou a pensar que a tomada do Palácio da Justiça ficaria em suspenso. Pelo contrário, o M-19 seguiu adiante e com mais determinação ainda no afã de julgar publicamente o presidente Betancur.

Por causa de um erro, meu pai quase pôs a perder todo o complexo plano. Na primeira semana de outubro revelou a Héctor Roldán todos os detalhes da ocupação do Palácio da Justiça, e ele, amigo de importantes generais do Exército, contou tudo aos militares.

O M-19 teve de suspender a operação e todos os seus integrantes precisaram se esconder por vários dias, porque o Exército reforçou as patrulhas nas imediações da praça de Bolívar em Bogotá, e começou a projetar novos esquemas de segurança para o edifício e para os magistrados. Porém, com o passar dos dias e diante da aparente normalidade no centro da cidade, essas medidas de seguranças foram desfeitas. Assim, a tomada do Palácio da Justiça foi novamente marcada para o dia 6 de novembro, uma quarta-feira.

O ataque ocorreu e seus resultados lamentáveis todos sabemos. Durante os dois dias da tomada do Palácio, meu pai ficou num esconderijo no Magdalena Medio conhecido como Las Mercedes.

"Pinina" me contou que meu pai ficou contente quando viu que o edifício havia sido incendiado, porque era óbvio que os autos sobre a extradição seriam destruídos.

Na segunda semana de janeiro de 1986, de férias na fazenda Nápoles – que teoricamente estava ocupada pelo governo –, eu passava ao lado da piscina da casa principal quando meu pai, que estava sentado atrás de uma gaiola com aves exóticas, me chamou. Aproximei-me dele e notei que estava com uma espada entre as duas coxas.

– Grégory, venha aqui para eu lhe mostrar uma coisa. Ande, filho, venha.

– O que é isso aí, pai?

— A espada do nosso libertador, Simón Bolívar.

— E o que você vai fazer? Vai deixá-la no Bar com o resto das espadas? — perguntei, sem dar muita importância.

— Vou lhe dar de presente, para você pôr no seu quarto. Cuide dela, porque essa espada tem muita história. Vai lá, mas segure com cuidado a espada. Não fique brincando por aí com ela.

Faltava um mês para meu aniversário de nove anos e preciso reconhecer que o presente de meu pai não me chamou a atenção, porque naquela idade eu gostava mais de motos que de qualquer outro brinquedo; de todo modo, fingi o melhor sorriso que pude e fui experimentá-la nos restolhos.

A famosa espada do libertador Simón Bolívar se mostrou muito pesada; não estava afiada e não cortava a vegetação como eu desejava. Lembro vagamente dos detalhes daquele artefato, porque tinha milhares de brinquedos a meu redor. Guardei-a em meu quarto na fazenda Nápoles.

O fim que a espada de Bolívar teve foi o mais previsível se considerarmos um pré-adolescente recebendo um presente como aquele: acabou perdida em alguma propriedade ou apartamento nosso. Perdi seu rastro porque na verdade eu não ligava para ela.

Até que, cinco anos depois, em meados de janeiro de 1991, através de "Otto" e "Arete", meu pai pedia que eu devolvesse a espada. Neguei de cara, dizendo que o que era dado não podia ser pedido de volta. Com paciência, os dois me pediram que ligasse para meu pai e falasse com ele.

— Filho, me devolva a espada, eu tenho que entregá-la de volta para uns amigos que me deram de presente. Eles precisam devolvê-la como um gesto de boa vontade. Onde está?

— Pai, deixe eu desligar para procurar, não lembro onde ficou. Mas sei que está em algum lugar. Vou fazer isso já, e entre hoje e amanhã o aviso para mandar buscá-la.

– Certo, mas seja rápido, porque isso é urgente. Eles já prometeram que a devolveriam e não posso deixar que fiquem numa situação ruim.

Comecei imediatamente a procurá-la e enviei meus seguranças em diferentes veículos para percorrerem as fazendas, casas e apartamentos onde havíamos morado.

No dia seguinte, os seguranças chegaram com a espada e com "Otto", que estava com meu pai e ficou de vir buscá-la imediatamente. Antes de entregá-la, pedi que tirassem umas fotos improvisadas de mim com ela. Peço desculpas pela atitude com que apareço nas imagens, pela falta de respeito com um símbolo tão importante para nossa história.

Muito tempo depois eu entenderia a importância daquele momento e por que meu pai me ligou pedindo com tanta urgência a devolução da espada de Bolívar. O M-19 já tinha entregado as armas e voltado à vida civil e, como ato de boa vontade, se comprometera a restituir a espada ao governo.

Finalmente, em 31 de janeiro de 1991, Antonio Navarro Wolf e outros guerrilheiros já desmobilizados do M-19 devolveram a espada numa cerimônia especial, à qual compareceu o então presidente César Gaviria.

Terminado o complicado governo de Belisario Betancur em agosto de 1986, meu pai não desistiu de se vingar do presidente. Pelo contrário, concebeu um plano muito cruel, que para sorte dele nunca deu certo.

Resolveu que ia sequestrar Betancur e deixá-lo preso na selva. Para tanto, deu ordens a um homem conhecido pelo apelido de "Godoy" para ir de helicóptero às profundezas da selva entre Chocó e Urabá, abrir uma clareira e nela construir uma cabana sem janelas. "Godoy" encontrou o lugar e trabalhou por semanas com outros dois homens. As provisões eram jogadas de um helicóptero para eles. "Godoy" já havia terminado e estava indo encontrar com meu pai para lhe contar que aquela espécie de prisão estava pronta, quando de repente vários indígenas passaram por ali e ficaram surpresos ao ver colonos em seus territórios.

Ao saber disso, meu pai mandou que ele fosse mais fundo na selva e se certificasse de que ninguém passaria pelo novo local. A encomenda ficou pronta dois meses depois. No entanto, após muitas tentativas, meu pai me contou que "Enchufe" e "Pássaro" também não conseguiram sequestrar o ex-governante.

⋏O presidente Belisario Betancur se encontrou com minha mãe num evento beneficente em Bogotá. Na sequência, conversaram a sós por um longo tempo.

Minha irmã Manuela nasceu em maio de 1984. Estávamos escondidos no Panamá, porque alguns dias antes havia ocorrido o assassinato do ministro Rodrigo Lara Bonilla. ➢

◄A proximidade entre o M-19 e meu pai foi tal que, em 1986, um comandante guerrilheiro lhe deu de presente a espada do libertador Simón Bolívar. Ela ficou conosco até 1991, quando meu pai a devolveu. Antes de entregá-la de volta, tiraram esta foto minha com ela.

Em abril de 1985, embora meu pai já tivesse problemas com a Justiça, a American Express expediu este cartão de crédito com validade até 1987.►

CAPÍTULO 13

BARBÁRIE

– Você consegue imaginar um cara sentado em frente a uma máquina de escrever pondo no papel as palavras "Pablo Escobar Gaviria extraditado para os Estados Unidos"? Eu não me deixo ser extraditado. Eu, rico e jovem assim, trancado numa prisão gringa? Eles não perdem por esperar.

Minha mãe não entendeu muito bem a que meu pai se referia com essa frase enigmática, mas também não perguntou, pois já estava acostumada ao seu hermetismo.

As primeiras semanas de janeiro de 1986 foram bastante tranquilas para nós. Tal alívio era decorrente da estratégia de meu pai de eliminar de qualquer jeito os obstáculos que aparecessem em seu caminho. Fazia dois meses – com a morte de muitos magistrados, especialmente os da Suprema Corte de Justiça e com a destruição dos autos relacionados a sua extradição – que suas preocupações haviam desaparecido.

Além disso, o país andava muito ocupado atendendo as milhares de famílias afetadas pela erupção do vulcão Nevado del Ruiz – que ocorrera uma semana depois da tragédia no Palácio da Justiça – e recompondo as altas cortes, pondo para funcionar o novo aparato judicial, para poder voltar a perseguir a máfia.

O governo, as Forças Armadas e a polícia estavam tão distraídos que não repararam que meu pai emprestou por dez dias dois de seus helicópteros para transportar feridos e mantimentos na região do desastre de Armero. Ordenou a seus pilotos que durante aquele tempo suspendessem o transporte de cocaína e colaborassem no que os grupos de socorro precisassem. Várias vezes vimos as aeronaves nos telejornais daqueles dias.

Não obstante, meu pai demonstraria de maneira violenta que não tinha problema algum em afagar e depois apedrejar com a mesma mão.

Isso ficou claro quando, naquele 19 de fevereiro de 1986, seus homens cumpriram sua ordem (dada meses antes) de assassinar, onde quer que estivesse, o piloto Barry Seal – Adler Barryman Seal –, o infiltrado do departamento antidrogas norte-americano, o DEA, que tirou a foto em 1984 na qual meu pai e o "Mexicano" aparecem durante o carregamento de um avião com cocaína na Nicarágua.

Contaram-me que meu pai, após o escândalo todo, designou "Cuchilla" – um perigoso delinquente do município de La Estrella – para organizar o atentado, dizendo que não importava a quantidade de dinheiro que fosse preciso gastar. "Cuchilla" ficou morando em Miami por muito tempo, tentando conseguir informações sobre Seal.

– Esse aí vai me pagar... vivo ele não fica – meu pai teria dito a "Cuchilla".

Não era uma tarefa fácil, pois o piloto era uma testemunha protegida pelo DEA e era muito provável que sua identidade tivesse sido mudada e que ele estivesse morando em qualquer canto do país.

Mas os contatos mafiosos de meu pai em Miami disseram a "Cuchilla" que Seal havia se recusado a aceitar os protocolos de segurança das autoridades norte-americanas e preferira continuar sua vida normalmente, como se nada tivesse acontecido. Também forneceram o local exato onde morava: Baton Rouge, no estado da Louisiana.

"Cuchilla" mandou três pistoleiros até lá, que balearam Seal quando ele entrava num Cadillac branco, no estacionamento do centro de tratamento comunitário do Exército da Salvação, um movimento religioso internacional.

Meu pai soube quase que imediatamente que seus homens haviam assassinado Seal. Porém, dois dias depois "Cuchilla" lhe contou que os pistoleiros haviam sido presos quando se dirigiam ao aeroporto de Miami para voltar à Colômbia. Cumpririam uma longa pena naquele país.

Desde o dia em que meu pai decidiu que seria um criminoso, nós nunca ficávamos sabendo do instante em que ele mandava matar alguém ou cometer determinado crime. Uma testemunha da Justiça norte-americana acabava de morrer, e meu pai sabia que aquilo traria graves consequências para ele, mas seu espírito de vingança pela traição de Seal fora maior.

Ele sabia separar os negócios e os crimes de seu entorno familiar, e assim faria até o último dia de vida. Prova disso é que nós nunca ficamos sabendo que ele condenara Barry Seal à morte, e muito menos que seus homens haviam cumprido a ordem, pois sua esperteza lhe permitia manter uma atitude inabalável diante de todos a seu redor.

Em meu nono aniversário, no dia 24 de fevereiro – cinco dias após o assassinato de Seal –, meu pai me escreveu uma carta de duas páginas na qual me dava uma lição de vida:

> Hoje você está fazendo nove anos, você já é um homem. E isso traz muitas responsabilidades. Quero lhe dizer hoje que a vida tem momentos muito bonitos, mas também tem momentos difíceis e complicados; e esses momentos difíceis e complicados são o que fazem de um homem o que ele é. Tenho certeza de que você sempre enfrentou os momentos difíceis da sua vida com muita dignidade e coragem...

Esse era meu pai. Um homem capaz de escrever belas cartas e de fazer qualquer coisa por sua família, mas alguém que também era capaz de causar muitos estragos.

E de fato ele viveu alternando entre esses dois polos, porque à sua maneira sempre esteve conosco, ao mesmo tempo que utilizou o terror como a principal estratégia para mostrar a seus inimigos que estava disposto a tudo.

O pano de fundo para essa sua maneira irracional de agir sempre foi a extradição, com a qual bateu de frente até que ele e todos os cartéis do narcotráfico conseguiram eliminá-la da Constituição Nacional.

Mas antes que isso acontecesse, meu pai lançou mão do exército de criminosos que tinha à sua disposição. Ele não se deteria. Uma semana antes que Belisario Betancur entregasse a faixa presidencial a Virgilio Barco, seus homens assassinaram, no norte de Bogotá, um magistrado da Divisão Penal da Suprema Corte de Justiça, o qual havia se mostrado conceitualmente a favor de várias extradições; os pistoleiros de meu pai também balearam, em Medellín, um magistrado do Tribunal Superior de Antioquia, que havia ordenado que investigassem meu pai pela morte dos detetives do DAS. Com esses dois assassinatos escolhidos a dedo, meu pai deu um recado duplo: seria implacável com os juízes que insistissem em ordenar extradições e com aqueles que iniciassem ações judiciais contra ele.

E como a ideia era enviar mensagens, no dia 6 de novembro de 1986, um ano após a tomada do Palácio da Justiça, meu pai tornou pública a existência dos Extraditáveis, um grupo clandestino que lutaria contra a extradição. A verdade é que ele era os Extraditáveis. Ele inventou o lema "Preferimos um túmulo na Colômbia a uma cadeia nos Estados Unidos". Nunca houve uma organização por trás.

Meu pai assumiu a liderança dos Extraditáveis e não fazia nenhuma consulta a respeito do conteúdo dos comunicados nem das decisões militares aos outros traficantes; deles, limitava-se a cobrar pagamentos mensais para financiar a guerra. Alguns faziam aportes consideráveis, como o "Mexicano" e Fidel Castaño, mas outros eram mais mesquinhos e por causa disso ele lhes telefonava com certo tom de ameaça para fazê-los se lembrar da dívida.

Desde o primeiro comunicado dos Extraditáveis, meu pai consultava um dicionário Larousse para utilizar palavras precisas. Também prestava atenção na redação, e cuidava que a sintaxe fosse adequada.

A extradição chegou a ter um lugar tão importante no dia a dia de meu pai que uma noite ele chegou a sonhar que havia sido capturado numa operação de busca e extraditado quase que imediatamente. Depois, pensou num plano para caso isso acontecesse: sequestrar em Washington um ônibus escolar e ameaçar explodi-lo. E de fato faria isso, se fosse necessário.

Em 17 de novembro de 1986, o "Mexicano" conseguiu realizar seu plano – que já havia sido comunicado a meu pai – de se vingar do coronel da polícia Jaime Ramírez, que estivera à frente da ocupação e destruição de seus laboratórios em várias partes do país.

Semanas depois, os assassinatos, as intimidações e a aparição dos Extraditáveis dariam uma primeira vitória à máfia sobre a extradição. Em 12 de dezembro de 1986, os vinte e quatro magistrados da Suprema Corte de Justiça determinaram que a lei que aprovara o acordo de 1979 com os Estados Unidos era ilegal pois não fora assinada pelo presidente Julio César Turbay, e sim por Germán Zea Hernández, o ministro de Governo que naquele momento exercia as funções presidenciais.

Meu pai e outros traficantes celebraram a decisão, porque automaticamente os mandados de prisão contra eles deixavam de valer, mas não contavam que o presidente Barco apelaria a um velho acordo com os Estados Unidos, que permitia a extradição por via administrativa, isto é, de forma direta, sem a aprovação da Corte como pré-requisito.

Um comentário num editorial do jornal *El Espectador*, que dizia que a decisão presidencial de retomar a extradição havia estragado a festa da máfia, despertou a fúria de meu pai, que reavivou sua antiga ideia de fazer o jornal de Bogotá pagar pelos danos que lhe vinham causando. O referido jornal registrou assim o ocorrido: "O crime aconteceu às 19h15, quando o senhor Guillermo Cano, ao volante de seu carro, reduziu a velocidade para virar e seguir em direção ao norte, no cruzamento da avenida 68 com a rua 22. Foi surpreendido por um homem que o esperava no canteiro central da via congestionada, que atirou algumas vezes pela janela esquerda, a do motorista".

O artista Rodrigo Arenas Betancourt doou um busto de Cano que a prefeitura de Medellín instalou no parque Bolívar da cidade. Meu pai qualificou a homenagem como uma ofensa.

– Como a gente vai deixar que eles venham aqui e coloquem um busto do Guillermo Cano, logo em Antioquia – disse meu pai, enquanto fumava sua dose noturna de maconha. Naquela noite, estava com ele o "Chopo", que se ofereceu para explodir a escultura sem cobrar nenhum centavo.

A família reconstruiu o busto, e o pôs de novo no mesmo parque, mas "Chopo" novamente se ofereceu para destruí-lo, e daquela vez com mais explosivos. A escultura foi então retirada de maneira definitiva.

A perseguição ao *El Espectador* foi tão grande que meu pai chegou a mandar incendiar os veículos que distribuíam o jornal em Medellín e ameaçar os vendedores de rua. O *El Espectador* desapareceu da cidade.

Após o homicídio de Guillermo Cano, ficamos escondidos por várias semanas num local em La Isla, na represa El Peñol. Uma manhã, vi meu pai sentado a uma mesa com Carlos Lehder, Fidel Castaño e Gerardo "Kiko" Moncada, mostrando muito interesse num livro, e com um caderninho de anotações ao lado.

Embora naquele momento eu não tivesse entendido do que se tratava, e também não quis perguntar, consegui ler o título: *El hombre que hizo llover coca* (O homem que fez chover coca).

Anos depois eu entenderia que eles não estavam interessados na leitura em si; meu pai, Lehder, Castaño e Moncada na verdade preocupavam-se com o conteúdo do livro, no qual o autor, Marx Mermelstein – um cidadão norte-americano judeu que morreu em 2008 – contava suas experiências como funcionário de meu pai e de todos os *capos* do cartel de Medellín.

Conforme seu relato, em seis anos ele desaguou em Miami e no sul da Flórida cinquenta e seis toneladas de cocaína enviadas por meu pai e por seus sócios, o que representava cerca de 30 milhões de dólares. Mas as coisas mudaram drasticamente quando a polícia de Miami o prendeu em 1985, e ele esperava que seus chefes pagassem a fiança; porém, um dos contatos de meu pai na Flórida se assustou e resolveu ameaçar a família dele, o que o obrigou a mudar de lado e a colaborar com as autoridades norte-americanas.

No início de 1987, o aparato de pistoleiros de meu pai demonstraria que não tinha limites, mesmo nas situações mais complexas. Mas nem sempre tinha êxito.

Como quando falharam no atentado contra Enrique Parejo, embaixador da Colômbia em Budapeste, na Hungria, cujo assassinato eu soube ter sido encomendado por meu pai – porque, quando era ministro da Justiça do governo de Virgilio Barco, Parejo assinou os mandados de extradição de treze pessoas. Houve muitas dificuldades para a execução do plano, pois o regime de segurança da Hungria impunha severas restrições para o ingresso de turistas no país e tornava quase impossível a entrada de armas ilegais. Em outras palavras, o embaixador estava bem resguardado, e por isso o pistoleiro acabou dizendo a meu pai que não era possível organizar um assassinato desse gênero estando na Colômbia.

Desconheço os detalhes do plano e nunca perguntei a meu pai sobre esse episódio. Sei que no fim, na manhã do dia 13 de janeiro de 1987, um pistoleiro disparou cinco vezes no embaixador, que ficou gravemente ferido. Cada ação violenta de meu pai tinha consequências diretas para nós, e por isso nunca concordamos com atos como esse.

Poucos dias depois, voltávamos após passar um fim de semana na fazenda Nápoles, que, embora confiscada, meu pai a usava e desfrutava dela sem qualquer limitação. Ele ia ao volante de uma caminhonete Toyota e a seu lado estavam minha mãe e Manuela; atrás, Carlos Lehder e eu.

Meu pai mandara dois carros na frente, que deveriam estar a não mais que a dois quilômetros de distância entre si, para não correr o risco de perder o sinal do rádio com que se comunicavam, por ser uma região montanhosa.

Era perto do meio-dia, o céu estava claro e com poucas nuvens. Meu pai costumava andar por aquela estrada depois das duas horas da manhã, mas sua vontade de fazer o passeio familiar até Medellín o levou a ir de dia. Sentia-se seguro, pois qualquer presença de policiais ou militares seria reportada com seis quilômetros de antecedência, distância mais que suficiente para ele escapar.

De repente, escutamos pelo rádio a voz de Luigi, um rapaz de Envigado que começara a trabalhar com meu pai havia pouco tempo. Ele era um dos que ia na frente, num carro discreto, acompanhado por Dolly, que escondia o rádio. Num tom de voz normal, disse que acabava de passar pelo pedágio em Cocorná, quase no meio do caminho entre Nápoles e Medellín, e vira uma blitz policial de rotina com quatro ou cinco agentes uniformizados.

– Tem uns policiaizinhos, poucos – disse, para nos tranquilizar.

Meu pai continuou dirigindo sem diminuir a velocidade, e eu comecei a me perguntar por que ele não estava parando, mas não disse nada.

– Pablo, será que não estamos chegando perto demais do lugar da blitz? Como você vai fazer para passar ali? Talvez não seja bom ir aqui no mesmo carro da sua família, não acha? – Lehder perguntou.

– Eu sei, Carlos. Espere que antes do pedágio tem uma curva numa parte alta da montanha, a gente pode ir por ali e ninguém vai nos ver.

Chegamos à tal curva e do lado esquerdo havia um restaurante, de cujo estacionamento dava para ver a blitz sem precisar descer do carro. Meu pai resolveu escutar o conselho de Lehder, pegou o rádio e falou para "Otto" – que vinha atrás de nós, num Renault 18, com "Mugre" e "Paskín" – que parassem ao nosso lado para fazerem a troca, porque preferia que eu, minha mãe e Manuela fôssemos sozinhos até Medellín na caminhonete em que estávamos.

"Otto" ajudou a transferir a bolsa de viagem de meu pai, a mochila de Lehder e as travessas com comida que minha mãe preparara para aquela noite de solidão de meu pai. A ideia era que voltaríamos para Medellín e ele continuaria pulando de um esconderijo para outro nos arredores de Medellín.

Lehder desceu da caminhonete com o fuzil na mão e guardou a besta no porta-malas do carro. Meu pai estava com sua pistola Sig Sauer na cintura e uma metralhadora Heckler automática pendurada no ombro. Lembro muito bem daquela "metra" – como meu pai a chamava – porque ele a levava para todos os lugares, e à noite a deixava ao lado de seus sapatos e amarrada no cadarço, caso precisasse sair correndo de repente.

Minha mãe dirigiu na direção do pedágio enquanto meu pai se acomodava no banco de trás do Renault 18, entre "Paskín" e Lehder. Só que ninguém percebeu que dois agentes do DAS vestidos de civis estavam almoçando no restaurante e viram toda a movimentação. Os detetives pagaram a conta, caminharam até a estrada e logo começaram a correr em direção ao pedágio com lenços na mão, gritando que atrás deles vinham homens armados.

Nesse instante minha mãe já estava parada atrás de dois carros que esperavam para pagar o pedágio.

De repente, vi o Renault 18 vindo na contramão. Chegou à cabine do pedágio segundos antes dos agentes à paisana. Então Lehder pôs a cabeça para fora com a metralhadora de meu pai à vista e gritou:

"Somos agentes do F-2... não atirem". Obviamente não acreditaram neles e começou um grande tiroteio. Minha mãe ainda não tinha passado pelo pedágio e ficamos no meio do fogo cruzado.

Um agente da polícia pegou seu revólver, atirou no para-brisas traseiro do automóvel e a bala foi parar justo onde meu pai tinha apoiado a cabeça. Da janela do copiloto, "Otto" atirou num policial, que conseguiu se jogar num bueiro. E "Paskín" deu tiros para o alto com sua AK-47. Nesse instante fiquei com medo das balas perdidas e me joguei em cima de Manuela para protegê-la. Até que escutei enfim o barulho dos pneus cantando e o inconfundível som do motor do Renault 18, que já se afastava dali.

Os gritos das pessoas no pedágio e o policial que pedia ajuda, pois não conseguia sair do bueiro de mais de três metros de profundidade, transformaram o local num caos completo. Momentos depois chegou um policial e disse a minha mãe que saíssemos dali sem precisar pagar o pedágio, mas um dos agentes à paisana se opôs, pois vira que os homens que causaram o tiroteio tinham saído de nossa caminhonete.

Apontando suas armas para nós, mandaram-nos sair do carro e nos revistaram de qualquer jeito. Colocaram todas as vinte pessoas que estavam ali – incluindo a gente – dentro da casinha da administração, na qual só cabíamos de pé. Manuela chorava muito.

Os minutos e as horas começaram a passar e só escutávamos gritos e ameaças dos policiais.

– Vocês vão ver, seus filhos da puta, o que vamos fazer com vocês; dessa vocês não escapam, traficantes assassinos de merda – diziam, por entre as janelas.

Nesse meio-tempo, minha mãe tinha pedido várias vezes que fizessem o favor de lhe passar a bolsa com as fraldas, a mamadeira e a roupa para trocar Manuela e alimentá-la, mas era em vão. Assim permanecemos por cerca de cinco horas, até que um policial chegou e disse que nos levaria para o comando da polícia de Antioquia em

Medellín. Eu, minha mãe e minha irmã viajamos na parte de trás da caminhonete que meu pai dirigia horas antes. Durante boa parte do trajeto o policial ficou dando um sermão em minha mãe, repreendendo-a por ter parido filhos de um criminoso.

O general Valdemar Franklin Quintero nos esperava no térreo da sede policial. Saímos da caminhonete com minha irmã adormecida e envolta numa coberta. Minha mãe foi pegar a bolsa com as fraldas para ter à mão, mas o oficial a puxou e fez o mesmo com a coberta de Manuela, a quem acordou com uma trombada que quase a fez cair no chão.

— Levem essa velha filha da puta e os filhos da infeliz para a cela — gritou o coronel, e seus homens se apressaram para cumprir a ordem.

— Por favor, deixe eu ficar pelo menos com a coberta e a bolsa da menina, para preparar uma comida para ela. Ela já está sem comer há horas e lá no pedágio não nos deram nem um copo d'água. Vai ser a mesma coisa aqui? — disse minha mãe, soluçando, antes de perder de vista o coronel, cujo ódio mortal por meu pai era visível.

Quando o movimento no lugar diminuiu, uma policial veio até minha mãe e lhe deu uma mamadeira preparada. Já era em torno de 1h30.

— Moça, toma aqui uma mamadeira para a menina. É o máximo que posso fazer.

Em seguida, escutamos passos e uns gritos de alguém que não parecia feliz com os policiais. Não sabíamos o que estava acontecendo, mas estava claro que tinha a ver conosco. Até que surgiu um homem de terno e gravata: o advogado José Aristizábal, enviado por meu pai.

— Senhora, venho da parte do seu marido. Ele está bem, e não se preocupe que amanhã você sai daqui. E o mais importante: vou levar seus filhos para casa agora.

— Doutor, muito obrigada por isso. Pode levá-los para a casa da avó, Nora — minha mãe respondeu, entregando Manuela para ele e a ajeitando em seu colo para que conseguisse carregá-la, apesar da pasta executiva que levava.

Caminhei atrás dele. Lembro que o homem apressava o passo e me dizia:

– Fique tranquilo, garoto, que isso já aconteceu; vamos rápido antes que eles se arrependam. A gente vai encontrar seu pai, que está desesperado para ver vocês.

Pouco depois chegamos a uma casa na Transversal Superior, onde durante anos meu pai teve seu escritório principal. Estava com Lehder, "Otto", "Mugre" e "Paskín". Manuela dormia. Meu pai se aproximou, deu um beijo na testa dela e mandou levarem-na para a casa de minha avó Nora.

– Grégory, você fica aqui comigo para a gente comer algo. Está com fome? Ou quer ir para a sua avó? Não se preocupe que amanhã eu tiro a sua mãe de lá. Aquele filho da puta que não deu a mamadeira para a menina vai me pagar. Venha comer alguma coisa na cozinha e depois eu levo você para a sua avó.

O incidente foi contornado. O advogado Aristizábal me contou detalhes da conversa que teve com meu pai antes de ir atrás de nós na sede policial.

– Nunca vou esquecer a expressão do seu pai naquele dia. Foi a única vez que o vi chorar; ele me dizia: "Advogado, quem é o pior bandido? Eu, que escolhi ser? Ou aqueles que abusam da autoridade que têm e fazem uma coisa terrível dessas com meus filhos e minha esposa, que são inocentes? Me diz, advogado, quem é o pior bandido?".

Poucos dias depois, Carlos Lehder foi detido no município de El Retiro, leste de Antioquia, após queixas dos vizinhos, que reclamavam dos escândalos protagonizados pelos habitantes de uma casa. Os policiais que o prenderam ofereceram soltá-lo por 500 milhões de pesos, que meu pai disse estar disposto a pagar, mas Lehder se negou a aceitar.

O governo aproveitou o inesperado golpe no cartel de Medellín e, em apenas nove horas, extraditou Lehder para os Estados Unidos pela via administrativa, sem qualquer trâmite interno.

Com a ameaça da extradição novamente em cima da mesa, meu pai e os demais *capos* concentraram seus esforços em derrubar a interpretação que o governo fazia das normas que permitiam a extradição. E o conseguiram novamente em 25 de junho de 1987, quando a Suprema Corte declarou a caducidade do acordo utilizado pelo governo para aplicar a extradição direta.

O novo ministro da Justiça, José Manuel Arias, viu-se obrigado a anular cerca de cem mandados de prisão com fins de extradição, entre eles o de meu pai, que novamente ficava sem nenhuma amarra judicial.

Foi um alívio enorme e, como não acontecia havia muito tempo, naquele segundo semestre de 1987 voltamos a estar juntos como família. E no melhor lugar que se poderia imaginar: o edifício Mónaco. Meu pai ficaria mais três meses conosco ali, de maneira quase ininterrupta.

Por várias semanas meu pai se movimentou tranquilamente por Medellín, numa caravana de dez Toyotas Land Cruiser, cada uma com quatro ou cinco homens armados com fuzis AR-15. Numa ocasião, quatro policiais de moto detiveram o comboio para checar documentos e carteiras de habilitação. Meu pai dirigia um dos veículos e a seu lado meu tio Mario Henao estava com uma metralhadora. Os ocupantes dos outros carros saíram e começaram a entregar as armas, mas quando foi a vez de meu tio Mario ele a apontou para os policiais.

– Pablo, é esse bando de veados que cuida de você? Aparecem quatro policiaizinhos e cinquenta guarda-costas entregam as armas? É esse tipo de machão que cuida de você, Pablo? Você está fodido. E vocês, policiais, me façam o favor de devolver as armas para evitarmos aqui um problema maior, pode ser?

Com medo, os agentes permitiram que a caravana seguisse seu caminho.

Mas a temporada de tranquilidade duraria muito pouco, porque no fim de outubro de 1987 alguns capangas do "Mexicano" assassinaram, perto de Bogotá, o ex-candidato à presidência e líder da União Patriótica Jaime Pardo Leal.

O crime contra o famoso líder da esquerda gerou uma nova caça aos *capos* do tráfico, e meu pai voltou à clandestinidade. Ficou num esconderijo conhecido como La Isla, em El Peñol, e dali continuou tocando todos os seus negócios.

Um dia, recebeu a visita inesperada de Jorge "Negro" Pabón, que acabava de voltar à Colômbia após alguns anos numa prisão em Nova York, acusado de narcotráfico.

Pabón começou a visitar meu pai com bastante frequência, e suas conversas eram sempre muito longas. Meu pai gostava dele de verdade, e ficaram tão próximos que meu pai chegou a lhe dizer que, enquanto não achasse um lugar para morar, poderia ficar num apartamento no terceiro andar do edifício Mónaco.

Pabón agradeceu o gesto de meu pai, e algumas semanas depois se mudou para o apartamento, que minha mãe decorou com móveis italianos tirados de outros lugares do edifício.

Pabón entrava e saía do prédio quando queria e quase sempre ia até os esconderijos em que meu pai estava. Numa dessas conversas viria à tona um assunto de menor importância, uma confusão por causa de mulher, que acabaria gerando uma guerra. Nem meu pai nem Pabón sabiam naquele momento, mas estavam prestes a desencadear um sangrento confronto com o cartel de Cali.

Os acontecimentos que narro a seguir me foram contados por meu pai uma vez. Anos mais tarde eu os verifiquei com Miguel Rodríguez, durante as negociações de paz, quando lhe disse que desconhecia os motivos que deflagraram a guerra, já que com os anos muitas teorias haviam surgido sobre as causas por trás do rompimento das relações entre meu pai e eles. A história é a que segue.

Num desses encontros acompanhados de cigarros de maconha, Pabón contou a meu pai que estava muito magoado, pois descobrira que, enquanto esteve preso em Nova York, sua namorada tivera um romance com "Piña", um funcionário de Hélmer "Pacho" Herrera. Ao terminar o longo relato cheio de detalhes, Pabón disse a meu pai que estava disposto a se vingar pela traição.

Meu pai, que costumava procurar brigas, mesmo que não fossem as dele, solidarizou-se com Pabón e prometeu falar com os chefes do cartel de Cali para que lhes entregassem "Piña".

E assim o fez. Ligou para Gilberto Rodríguez Orejuela e contou o que havia ocorrido.

– Isso não pode ficar assim. Mande-o para cá – meu pai pediu, dando a entender que a boa relação entre eles dependia dessa decisão.

Horas depois, recebeu de Rodríguez um não como resposta, porque Herrera se negava a entregar "Piña", um trabalhador em quem confiava totalmente. A conversa acabou virando uma discussão, que se encerraria com uma famosa frase de meu pai: "Quem não está comigo, está contra mim".

Uma estranha calmaria começou a ser notada, e meu pai sub-repticiamente reforçou sua segurança. Foi em meio a esse clima que, naquele final de 1987, celebrei a minha primeira comunhão no edifício Mónaco, com uma festa planejada por minha mãe com um ano de antecedência. Meu pai compareceu, com Fidel Castaño e Gerardo "Kiko" Moncada, mas só ficaram uma hora ali, partindo depois para um esconderijo nas colinas de San Lucas, em Medellín.

O ano que entrava, 1988, começaria muito agitado. Em 5 de janeiro, o novo ministro da Justiça, Enrique Low Murtra, revalidou os mandados de prisão com fins de extradição contra meu pai, o "Mexicano" e os três irmãos Ochoa.

Com a "lei" novamente atrás dele, meu pai sempre dava um jeito de ir até o edifício Mónaco, e preferia fazê-lo de madrugada. Lembro de uma vez que o vimos muito rapidamente porque minha mãe o convidara para ver sua mais recente aquisição: uma enorme pintura a óleo do artista chileno Claudio Bravo. O curioso dessa compra é que a galeria Quintana de Bogotá oferecera a obra por uma quantia bem maior para alguém. Quando souberam que minha mãe já a adquirira, ligaram para ela e disseram que lhe dariam a diferença, pois já tinham negociado a obra com um traficante por um preço ainda mais alto.

– Não, meu amor, fica com você esse quadro, não o venda porque é muito bonito. Não venda – meu pai a aconselhou, quando ela lhe contou a história da transação.

Meu pai mergulhou de novo e para sempre na clandestinidade, porque decidira inaugurar uma nova fase em seu confronto com o Estado, por conta da extradição. Agora, lançaria mão de sequestros de políticos que ocupassem cargos públicos e pessoas relacionadas aos meios de comunicação para pressionar o governo.

As longas horas que passava assistindo à televisão nos esconderijos levaram-no a concluir que Andrés Pastrana Arango cumpria múltiplos requisitos: ser jornalista, proprietário, ex-diretor do telejornal *TV Hoy*, candidato a prefeito de Bogotá e filho do ex-presidente conservador Misael Pastrana Borrero.

Resolveu sequestrá-lo, e para tanto mandou "Pinina" para Bogotá, instruindo-lhe que executasse o plano o quanto antes.

O grupo, encabeçado por "Pinina" e do qual faziam parte Giovani, "Popeye" e capangas dos bairros de Lovaina, Campo Valdés e Manrique, foi até Bogotá e meu pai acompanhou atentamente o desenrolar da operação.

Mas na madrugada do dia 13 de janeiro de 1988, uma quarta-feira, fomos surpreendidos pela explosão de um carro-bomba em nosso edifício. Meu pai estava naquele momento escondido na fazenda El Bizcocho, localizada na parte alta da Loma de los Balsos, de onde se via a edificação de oito andares. Quando a explosão ocorreu, ele, meus tios Roberto e Mario, acompanhados por "Mugre", estavam conversando e sentiram a terra tremer; ao longe, viram a enorme nuvem em forma de cogumelo.

Eu e minha mãe não ouvimos nenhum barulho, nenhuma explosão. Ficamos completamente esmagados contra a cama do quarto de hóspedes, onde dormíamos aquela noite, pois o quarto principal estava sendo reformado. A laje de concreto do teto desabara, mas nós nos salvamos porque um dos cantos caiu justamente em cima de uma pequena escultura do artista Fernando Botero, que se encontrava em cima da mesa.

Acordei com falta de ar. Não conseguia me mexer. Minha mãe respondeu a meus gritos dizendo para eu ter calma porque ela estava tentando se livrar dos escombros que faziam pressão sobre ela. Minutos depois, conseguiu se safar e foi pegar uma lanterna enquanto eu tentava virar o rosto na direção da janela.

Minha mãe ouviu Manuela chorando e me pediu que esperasse um pouco enquanto ia buscá-la. Encontrou-a sã e salva nos braços da babá, e imediatamente voltou para me ajudar a sair, porque eu continuava preso entre o concreto e a cama e quase não conseguia respirar. Finalmente achou um jeito de se posicionar num dos cantos e, fazendo uma força sobrenatural, conseguiu levantar a pesada estrutura de concreto. Gritando e soluçando, encontrei enfim espaço suficiente para sair.

Tive uma enorme surpresa quando fiquei de pé sobre os restos do teto e vi o céu cheio de estrelas. Era uma imagem surrealista.

— O que será que aconteceu, mãe? Será que foi um terremoto?

— Não sei, filho.

Já na companhia de Manuela e da babá, minha mãe iluminou o corredor para procurar as escadas, mas era impossível descer, porque uma montanha de escombros que obstruía a passagem. Gritamos por ajuda e poucos minutos depois chegaram vários seguranças que conseguiram abrir um pequeno espaço entre os escombros.

Nesse momento o telefone tocou. Era meu pai. Minha mãe falou com ele, inconsolável.

– Meu bem, está tudo perdido, tudo perdido.

– Fica tranquila, já vou mandar buscar vocês.

Uma serviçal deu uns sapatos para minha mãe, mas não havia calçados para mim, de modo que tive de descer os sete andares entre cacos, estilhaços de vidro, pregos, ferro, tijolos e todos os tipos de materiais cortantes.

Já no térreo, entramos numa caminhonete que um segurança de meu pai havia parado nas vagas de visitantes do edifício e saímos rápido dali. Tínhamos decidido ir para o apartamento de minha avó Nora, mas preferimos mudar de direção e seguir para onde meu pai se achava escondido, pois devia estar muito preocupado. Quando chegamos, ele saiu para nos receber e nos deu um longo abraço.

Passado o susto, meu pai continuou sua conversa com Mario e Roberto, mas logo seu celular tocou. Após falar por cinco minutos, meu pai agradeceu a ligação e desligou.

– Esses filhos da puta me ligaram para saber se eu tinha sobrevivido ou não. Agradeci o apoio fingido deles, mesmo sabendo que foram eles que implantaram a bomba – disse, referindo-se aos possíveis autores do atentado. Não citou ninguém especificamente, mas depois ficaríamos sabendo que o carro-bomba era a declaração de guerra do cartel de Cali.

Do esconderijo de El Bizcocho fomos para o pequeno apartamento de uma tia minha por parte de mãe, que nos ofereceu abrigo por um tempo. Mas o trauma do atentado foi tão grande que passamos mais de seis meses sem conseguir dormir com as luzes apagadas.

Tempos depois, um dos homens de meu pai que atuou na busca pelos responsáveis pelo carro-bomba me contou que "Pacho" Herrera havia contratado dois sujeitos, um deles identificado como Germán Espinosa, o "Índio", que morava em Cali. Mas, como não era fácil ir procurá-los lá, meu pai ofereceu 3 milhões de dólares para quem informasse seu paradeiro.

Comentava-se que por várias semanas bandidos de tudo que é canto foram ao escritório de meu pai pedir informações sobre os suspeitos. Até que um dia chegaram dois rapazes de aparência bonachona para solicitar os dados do "Índio", e meu pai lhes disse para terem cuidado, pois era um criminoso muito perigoso.

Demoraram um mês para voltar, e quando chegaram traziam várias fotos nas quais o "Índio" aparecia morto. Meu pai ficou muito surpreso com a eficiência dos dois jovens. Eles lhe contaram que o "Índio" era corretor de imóveis e estava vendendo uma casa. Então fingiram ser um casal gay que queria achar um lugar para morar. O "Índio" caiu na armadilha, e assim o assassinaram no segundo encontro para tratar da negociação do imóvel.

– Ainda bem que aqueles rapazes, em quem não acreditamos, mataram o "Índio", porque do contrário ele teria feito muito mal para nós – meu pai comentou, após os acontecimentos.

Algumas semanas mais tarde, ouvi dizer que "Pinina" havia capturado o comparsa do "Índio", o motorista do carro-bomba, que revelou que o veículo fora carregado em Cali com setecentos quilos de dinamite. Tal quantidade explica a dimensão dos estragos que a explosão causou ao edifício e à vizinhança. O mais inacreditável sobre essa história é que o "Índio" tinha deixado o carro-bomba guardado em Montecasino – a mansão dos Castaño – quatro dias antes da explosão. É preciso esclarecer que Fidel e Carlos foram enganados pelo "Índio" e disseram isso a meu pai, oferecendo-lhe ajuda para localizá-lo, já que no passado o Índio fizera parte do bando dos irmãos.

Apesar da intensa perseguição das autoridades, meu pai permaneceu por vários dias na fazenda El Bizcocho; de noite, olhava por um telescópio as ruínas de seu edifício e pensava em como se vingaria dos *capos* de Cali. Concluiu que o primeiro ato seria expulsá-los de Medellín, atacando sua rede de farmácias La Rebaja e várias emissoras de rádio que pertenciam aos irmãos Rodríguez Orejuela. Depois iria atrás deles em seus domínios, no Valle.

Em meio aos preparativos para a guerra que começava, ouvi depois que "Pinina" havia ligado para meu pai para lhe informar que capturara Andrés Pastrana e que, no dia seguinte, o levaria num helicóptero de "Kiko" Moncada para a fazenda Horizontes, no município de El Retiro, em Antioquia.

Meu pai e meu tio Mario Henao foram imediatamente para lá; queriam falar com Pastrana, porque, conforme haviam planejado, o manteriam cativo por bastante tempo. A ideia era não deixá-lo saber quem estava por trás do sequestro, e para tanto vestiram capuzes antes de entrar no quarto onde o jornalista e político estava amarrado a uma cama; mas meu tio se atrapalhou e chamou meu pai de Pablo, e com isso Pastrana soube quem o havia sequestrado, e que não era o M-19, como "Popeye" o fizera acreditar quando o pegou na sede de sua campanha, seguindo ordens de "Pinina".

A importância de Pastrana nos contextos social e político levou meu pai a pensar que, se tivesse mais pessoas com essas características em suas mãos, poderia conseguir que o governo parasse com as extradições.

Paralelamente a sua estratégia de sequestrar para intimidar, meu pai queria conseguir dinheiro a todo custo para financiar a guerra contra o governo e contra o cartel de Cali, que começava a demandar mais e mais recursos. Conforme os "rapazes" me contaram muito tempo depois, meu pai formou dois grupos para realizar sequestros em Miami – onde o alvo era Chábeli Iglesias, filha do cantor espanhol Julio Iglesias – e em Nova York – um dos filhos do magnata industrial Julio Mario Santodomingo. A ideia era trazer os sequestrados para a

Colômbia num voo particular saindo de Miami, mas o plano nunca se realizou.

Enquanto Pastrana continuava sequestrado numa propriedade em El Retiro, meu pai começou a pôr em ação outro plano para encurralar ainda mais o governo: sequestrar o procurador-geral, o *paisa* Carlos Mauro Hoyos, que costumava ir a Medellín quase todos os fins de semana para visitar a mãe. O alto funcionário havia tomado posse em setembro de 1987 e desde então meu pai ficou esperando que ele se pronunciasse contra a extradição, pois tinha prometido isso quando os dois se falaram certa vez em particular. Novamente, meu pai encomendou o sequestro a "Pinina", que recrutou seis de seus melhores capangas.

A execução do sequestro ficou marcada para a manhã de 25 de janeiro, uma segunda-feira, quando o procurador chegasse ao aeroporto José María Córdoba de Rionegro, em Antioquia, para voar para Bogotá. Mas tudo deu errado, porque os dois guarda-costas do DAS que acompanhavam o procurador reagiram ao ataque quando um dos capangas os interceptou na rotatória que dá acesso ao terminal aéreo. O tiroteio deixou "Pitufo" gravemente ferido. Ele era um dos homens de "Pinina", e estava desprotegido, pois naquela manhã tivera de devolver o colete à prova de balas que "Chopo" lhe emprestara para outro "serviço". Na troca de balas, "Pitufo" feriu o procurador no tornozelo esquerdo. Minutos depois, "Pinina" conseguiu o controle da situação, pois já tinham matado os dois guarda-costas.

Mas a coisa se complicou, porque a ferida impedia o procurador de caminhar e o barulho das balas havia alertado as autoridades do aeroporto. Por esse motivo, levaram-no para a fazenda San Gerardo, no município de El Retiro, a menos de dez quilômetros de onde Andrés Pastrana era mantido em cativeiro.

Com o passar das horas, os homens de meu pai ficaram presos em meio a uma enorme operação de busca que as autoridades haviam montado para localizar o procurador.

Tendo sido informado por rádio do que acontecia, meu pai deu instruções a seus homens: "O que a gente precisa fazer agora é matar o procurador. O cara atraiu esse cerco militar, e ainda mais na região que o Pastrana está, então não vamos dar uma vitória dupla para o governo. Imagina, resgatarem o Pastrana e o procurador numa tacada só... Não, não... Não vamos pagar de covardes. O que vamos fazer é baixar essa bola do governo".

O plano original, cuja intenção era aumentar o poder de negociação com o governo não podia ter acabado pior: Pastrana foi solto porque os homens de meu pai fugiram quando a polícia chegou, e Hoyos foi assassinado com onze tiros por "Pinina".

Naquela mesma tarde, e a mando de meu pai, "Popeye" ligou para a estação de rádio Todelar de Medellín e falou em nome dos Extraditáveis: "Executamos o procurador, o senhor Carlos Mauro Hoyos, por traição e por vender a pátria aos estrangeiros. Fiquem sabendo que a guerra continua".

No fim daquele dia trágico, meu pai tivera um tropeço que o levaria a pensar em novas e mais violentas formas para combater a extradição; mas, ao mesmo tempo, renovava a vontade e a coragem daqueles que o perseguiam. Como filho, sentia-me impotente diante das ações violentas de meu pai, que não escutava mais conselhos nem súplicas. Não havia jeito de persuadi-lo a parar.

Assim, os *capos* do cartel de Cali devem ter pensado que meu pai tinha aberto demasiadas frentes de batalha, e por isso decidiram atacar seu lado mais frágil: eu.

Após o ataque ao edifício Mónaco, um mês antes, meu pai havia ordenado que as fontes de renda de seus novos inimigos fossem destruídas, mas estava claro que eles não iriam permitir que isso ocorresse. Essa talvez seja a única explicação para um episódio ocorrido em 21 de fevereiro de 1988, quando eu estava me preparando para ir competir numa corrida de moto nas ruas do fracassado projeto urbanístico de Bello Niquía, no norte de Medellín.

Estava praticamente pronto para sair e prestes a pôr o capacete, quando de repente chegaram dez caminhonetes cheias de homens armados que fecharam a rua. Meu pai saiu de um dos veículos, aproximou-se de mim e bagunçou meu cabelo com a mão, diante de centenas de espectadores.

– Filho, não se preocupe. Umas pessoas queriam sequestrar você, e iam fazer isso durante a corrida, provocando sua queda para levá-lo de lá, pois seria o único momento em que você estaria sozinho e sem guarda-costas. Vou deixar o "Pinina" e vários outros rapazes para cuidarem de você. Vá lá e corra tranquilo. – Deu-me um beijo na bochecha, mexeu de novo no meu cabelo e disse que me desejava boa sorte na corrida, e que eu pegasse leve e prendesse bem o capacete.

Semanas depois, um alto oficial do Exército se somaria à longa lista de inimigos de meu pai. Era o general Jaime Ruiz Barrera, que estreava no posto de comandante da Quarta Brigada e empreendia uma operação sem precedentes em Medellín para capturar meu pai. A operação de fato ocorreu pouco depois das cinco horas da manhã de 22 de março de 1988, uma terça-feira, quando dois mil soldados, três helicópteros de artilharia e vários tanques de guerra ocuparam a fazenda El Bizcocho, conhecida na família pelo apelido de "os velhinhos".

Meu pai e dez homens dele dormiam lá naquele momento, mas um casal de camponeses que fazia às vezes de vigia avisou por rádio sobre a presença dos militares. Os guardas escondidos na parte de cima da estrada Las Palmas, que viram a descida dos soldados pela montanha, também o avisaram.

Meu pai conseguiu escapar com "Otto", Albeiro Areiza, "Campeón" e outros sete seguranças, mas teve alguns sustos grandes no trajeto até outro esconderijo. O primeiro foi quando avançavam pela montanha e de repente um soldado saiu do meio do mato com seu fuzil, colou o cano da arma no peito de meu pai e mandou todos levantarem as mãos e ficarem quietos.

Meu pai reagiu com certa tranquilidade, e ficou de pé em frente ao grupo para falar com o milico:

– Fique tranquilo, meu irmão, fique tranquilo que a gente vai se entregar. Estou aqui com mais um, dois, três homens – disse, e três de seus homens se colocaram na frente para acobertar sua fuga com "Otto" e "Campeón".

O soldado desconfiou e disparou várias vezes, e os projéteis quase atingiram meu pai. Uma vez ele me contou que naquele momento sentiu a morte perto, porque as balas pararam tão perto dele que a terra que espirrou chegou a resvalar em seu rosto.

Quatrocentos metros mais abaixo, quando o grupo chegava à estrada Las Palmas, apareceu outro soldado que tentou interceptá-los, mas meu pai apontou sua pistola para ele e gritou:

– F-2, somos do F-2 (polícia secreta); me deixe trabalhar, cara, estou levando comigo uns presos. Saia da minha frente.

O soldado desavisado acreditou e, como se recebesse ordens de um general, saiu do caminho. A seguir, meu pai, "Otto", "Campeón" e mais dois homens caminharam enfileirados montanha abaixo. Foi nesse exato momento que foi clicado por um fotógrafo do jornal *El Colombiano*, que chegara ao local por conta da operação militar. A imagem mostra meu pai na frente com seus homens atrás, armados.

Meu pai conseguira escapar, mas o general Ruiz Barrera tinha planos para a sua família. Naquela mesma manhã, os militares invadiram o edifício Torres del Castillo, na transversal inferior com a Loma de los Balsos, onde prenderam minha mãe. Uma de minhas tias temeu por ela e pediu que a levassem junto para a Quarta Brigada, onde permaneceram por um dia, incomunicáveis. Quase simultaneamente e, sem se importar com o fato de eu ter apenas onze anos, os soldados foram até o colégio San José de la Salle, onde eu estudava, para me levar com eles à guarnição militar. No entanto, quando os militares estavam chegando, um dos vigias alertou o meu segurança, e corremos até a diretoria. O diretor me escondeu debaixo de sua mesa e dali escutei o barulho das botas quando os soldados entraram perguntando por mim.

Carlos, meu avô por parte de mãe, que tinha 76 anos, também foi abordado pelas tropas quando dirigia seu Volvo numa rua em Medellín. Apreenderam o veículo dele e o conduziram a uma base militar em Envigado.

Lembro que "Popeye", o piadista do grupo, fez graça com o fato de terem tomado o carro de meu avô.

– Graças a Deus tiraram o carro do dom Carlos; agora os engarrafamentos de Medellín vão acabar.

Após a fracassada operação militar, meu pai encomendou a morte do general Ruiz. "Pinina" e sete de seus homens alugaram um apartamento perto da Quarta Brigada, de onde observavam-lhe os movimentos; depois, montaram um potente carro-bomba para ser detonado quando passasse a caravana de escoltas que acompanhava o alto oficial. Esse seria um dos primeiros atentados com um carro cheio de explosivos, mas o controle remoto falhou em pelo menos cinco ocasiões. Seguiram o general Ruiz por toda Medellín, com o carro-bomba pronto para ser detonado, mas o oficial era muito astuto em seus deslocamentos.

A retaliação foi dirigida então a uma das secretárias do general, que lidava com informações confidenciais. Após vários dias a seguindo, "Pinina" contou a meu pai que ela saía de tarde e sempre pegava um táxi na porta da Brigada. Então, decidiram pôr para circular vários táxis que pertenciam a meu pai, até que ela finalmente pegou um deles.

Semanas depois, o Exército ofereceu a primeira recompensa por meu pai, pedindo aos cidadãos que mandassem informações sobre ele a uma caixa postal. Em resposta, ele resolveu encher os militares de informações cruzadas, para tornar impossível a busca.

Assim, mandou um de seus homens para o bairro de La Paz distribuir dinheiro para várias famílias, pedindo que escrevessem cartas dando diferentes pistas sobre sua suposta localização. Cada mensagem deveria contar uma história distinta, e ser escrita numa letra e num papel diferentes, e vir de um lugar distante. As cartas, por exemplo, incluíam detalhes como que Pablo estava de barba e se escondia numa casa na qual se viam homens armados; ou que tinham visto homens estranhos com armas grandes numa casa com as cortinas fechadas. E, para dar veracidade aos remetentes, meu pai pagava para que as cartas fossem mandadas dos lugares de onde se originariam. A ideia de meu pai era que, quando o Exército recebesse a informação correta, já estivesse confuso com todas as possibilidades que havia recebido, sem saber em qual acreditar. A estratégia parece ter dado certo, porque ele ficou escondido por vários meses sem ser incomodado.

Chegaria, então, o ano de 1989, que seria muito conturbado para o país e para todos nós. Durante aqueles doze meses, meu pai intensificou sua guerra contra o Estado e seu desejo de fazer com que a extradição deixasse de ser um instrumento nas mãos dos Estados Unidos e Colômbia para combater o poder do narcotráfico.

Sabendo que a Justiça obtivera numerosas provas que o ligavam ao esquema por trás da morte do diretor do jornal *El Espectador*, Guillermo Cano, meu pai encomendou – fiquei sabendo tempos depois – o assassinato do advogado que representava a família Cano na investigação, em Bogotá. Dois pistoleiros o balearam em seu carro na manhã do dia 29 de março de 1989.

Conforme "Chopo" me contou em julho passado, tendo recebido instruções de meu pai – que consultara previamente o "Mexicano" –, o paramilitar Carlos Castaño promoveu um atentado com carro-bomba contra o diretor do DAS, o general Miguel Maza Márquez, no norte de Bogotá. No entanto, o oficial saiu ileso, porque os homens de Castaño acionaram o controle remoto na hora errada e a explosão atingiu um dos carros que fazia sua escolta.

Com relação a esse episódio, "Chopo" me disse certa vez que Castaño era o mais indicado para assassinar o oficial, pois tinha informantes dentro da entidade. Além disso, era um informante do DAS, e por vários meses contribuiu com informações cruciais que os ajudaram a dar vários golpes duros na criminalidade. Essa capacidade lhe deu acesso a Maza, com quem se reuniu várias vezes. Em outras palavras, Castaño era um agente duplo, e isso lhe permitia ter informações privilegiadas de ambos os lados.

Conforme fiquei sabendo tempos depois, meu pai e o "Mexicano" tinham seus motivos para atacar Maza. Meu pai, porque sabia bem que o chefe do DAS mantinha relações muito suspeitas com os irmãos Miguel e Gilberto Rodríguez, seus inimigos do cartel de Cali. E o "Mexicano", porque Maza havia denunciado a existência do movimento paramilitar que Rodríguez Gacha comandava no Magdalena Medio.

Apesar do fracasso da operação contra Maza, meu pai mandou Castaño manter seu grupo ativo para tentar um novo ataque. A nova oportunidade viria semanas depois, quando Maza esteve com a saúde fragilizada e necessitou de uma enfermeira. Os homens de meu pai ofereceram muito dinheiro a ela para envená-lo, mas por algum motivo o plano não se realizou.

Em meados de junho, meu pai estava no esconderijo Marionetas, na fazenda Nápoles, quando ouviu no jornal das sete horas da noite que, na convenção do Novo Liberalismo que se reunia naquele dia em Cartagena, Luis Carlos Galán decidira voltar para o Partido Liberal, com a condição de que uma eleição interna fosse realizada para a escolha do próximo candidato à presidência nas eleições de maio de 1990. No mesmo ato, Galán voltou a falar em extradição, afirmando que era a única ferramenta eficaz para o combate ao narcotráfico.

Embora não tivesse subido o tom de voz, os que estavam com meu pai naquele momento ouviram dele uma frase que soou como sentença:

– Enquanto eu estiver vivo, você nunca vai ser presidente, porque um homem morto não pode ser presidente.

Entrou imediatamente em contato com o "Mexicano" e combinaram de se encontrar alguns dias depois numa propriedade dele no Magdalena Medio. Uma vez lá, e após uma longa conversa na qual avaliaram as consequências jurídicas e políticas do crime, acertaram que meu pai ficaria à frente do atentado contra Galán quando fosse a Medellín para fazer campanha. Então, meu pai deu ordens para Ricardo Prisco Lopera ir até Armenia, comprar um carro e colocá-lo no nome de Hélmer "Pacho" Herrera, o *capo* de Cali, para que as autoridades o responsabilizassem pelo atentado quando ocorresse. Enquanto Prisco tocava os preparativos, no começo de julho os capangas de meu pai cometeriam um equívoco fatal: detonaram um carro-bomba na passagem da caravana do governador de Antioquia, Antonio Roldán Betancur, achando se tratar do coronel Valdemar Franklin Quintero, comandante da polícia de Antioquia.

Meu pai se enfureceu quando soube que a vítima do carro-bomba era Roldán, e não o coronel. Escutei depois que "Mame" havia sido o responsável por acionar o controle remoto quando "Paskín" o avisou de que o alvo estava próximo do carro-bomba. Todavia, "Paskín" confundira o veículo – uma Mercedes azul – e a escolta de Roldán com o esquema de segurança de Franklin Quintero, e deu através do rádio o sinal que levou à forte explosão que matou o governador e mais cinco pessoas.

A onda de terror desencadeada por meu pai para amedrontar os juízes cresceu nos meses seguintes, quando seus homens assassinaram, em Medellín, uma juíza da Ordem Pública e uma magistrada do Tribunal Superior de Medellín. Em Bogotá, um magistrado do Tribunal Superior da cidade também foi morto. A lista de compatriotas falecidos nessa triste guerra ia se tornando interminável, porque em determinado momento meu pai parou de medir as consequências de seus atos.

Em 1º de agosto, meu pai ficou sabendo pelos noticiários que Luis Carlos Galán iria à Universidade de Medellín para dar uma palestra. Achou que aquele era o momento propício para atacá-lo, e deu a ordem para Prisco e seus homens planejarem o atentado, que seria executado com dois foguetes *rocket* lançados em direção ao lugar em que o candidato estaria.

Na manhã de 3 de agosto tudo estava pronto, e Prisco mandou que estacionassem a caminhonete comprada em Armenia – uma Mazda Station Wagon – num terreno semiabandonado a dois quarteirões da universidade. Dali seriam lançados os foguetes, mas o plano falhou porque uma senhora viu do segundo andar de sua casa os movimentos suspeitos e avisou a polícia, que mandou vários oficiais para averiguar a informação. Descobertos, os encarregados do atentado fugiram, abandonando o carro e os projéteis.

Meu pai ligou para o "Mexicano" e, após falar sobre o ocorrido em Medellín, combinaram de se encontrar novamente. Muito tempo depois de todos esses acontecimentos, eu soube que nessa conversa acordaram que a próxima tentativa seria em Bogotá, mas sob o comando do "Mexicano". Então o nome de Carlos Castaño veio à tona, que ainda mantinha ativo o plano para tentar assassinar o general Maza Márquez.

Tendo sido encarregado do atentado, Castaño se valeu de seus contatos dentro do DAS e começou a obter informações detalhadas a respeito do esquema de segurança de Galán, bem como de sua agenda particular.

Em meados de agosto, Castaño entrou em contato com meu pai e lhe disse que estava tudo pronto, mas pediu uma ajuda, pois não conseguira achar em Bogotá uma metralhadora mini-Atlanta, que por sua versatilidade e tamanho era a arma ideal e facilitaria a tarefa dos pistoleiros. Dois dias depois, e a pedido de meu pai, "Pinina" conseguiu a metralhadora e a entregou a um sujeito enviado por Castaño.

Por seus informantes do DAS, Castaño ficou sabendo com dois dias de antecedência que Galán realizaria um comício na praça principal do município de Soacha, no sul de Bogotá, na noite de 18 de agosto de 1989, uma sexta-feira. Inteirados dos detalhes gerais, meu pai e o "Mexicano" deram carta branca para a execução do assassinato do eminente político – segundo Castaño, seu plano seria infalível, pois a ideia era infiltrar vários de seus homens no esquema de segurança de Galán assim que ele chegasse ao lugar da concentração.

Meu pai sabia que o assassinato de Galán teria graves consequências, porque o governo cairia em cima da máfia, especialmente dele e do "Mexicano", a quem tinham como principais inimigos. Por esse motivo, mandou que seus homens reforçassem as medidas de segurança para proteção do esconderijo conhecido como La Rojita, uma casa pintada de vermelho que ficava na estrada entre Medellín e o município de La Ceja, no leste de Antioquia, onde ele estava escondido. Nós continuávamos vivendo no Altos, mas nos mudamos para a Cero Cero, uma cobertura no edifício Ceiba de Castilla em Medellín.

Como de costume, meu pai dormiu até quase o meio-dia daquela sexta-feira, 18 de agosto. Quando acordou, contaram-lhe que muito cedo, antes das sete horas da manhã, um grupo de seis homens liderados por Jhon Jairo Posada, o "Tití", havia matado o coronel Valdemar Franklin Quintero quando seu carro parara num sinal entre os bairros de Calasanz e La Floresta, em Medellín.

O crime foi no estilo da máfia siciliana: os pistoleiros se puseram na frente do carro do coronel e dispararam sem parar, até esvaziar os pentes de seus fuzis. Conforme contaram a meu pai, o oficial recebeu cerca de cento e cinquenta tiros. Naquela época meu pai falava muito de Salvatore "Toto" Riina, um dos mais famosos membros da máfia siciliana, que enfrentara o governo italiano com assassinatos seletivos – foi dele que adotou os métodos terroristas com carros-bomba.

Após o homicídio do coronel da polícia, o presidente Barco anunciou na mesma tarde novas medidas, mais drásticas, para enfrentar o terrorismo do cartel de Medellín, mas a atmosfera conturbada do país se intensificaria ainda mais naquela noite, quando foi anunciado que Luis Carlos Galán morrera após ser gravemente ferido na praça de Soacha. O plano de Castaño havia dado certo.

Na madrugada do sábado, dia 19, Fidel e Carlos Castaño foram ao esconderijo de La Rojita para falar com meu pai. Nós não estávamos lá naquele momento, mas me contaram tempos depois que falaram sobre a eficiência dos homens que participaram do atentado e previram a onda de operações de busca e perseguições das autoridades que desabaria sobre eles. Depois, meu pai disse para os irmãos Castaño que ele assumiria o custo da operação, calculado em 250 milhões de pesos, que lhes entregaria em dinheiro na semana seguinte.

Mas Fidel não aceitou:

– Pablo, fique tranquilo, você não deve nada pra gente; eu entro com essa grana como minha cota para a guerra.[1]

---

1. Ao término deste livro, o controverso político tolimense Alberto Santofimio ainda cumpre uma longa pena por sua suposta participação na idealização do crime contra Galán. Dizem que foi declarado responsável pois aconselhou meu pai a matá-lo. Como já disse em outros momentos neste livro, não pretendo aqui condenar, absolver nem confrontar ninguém. Pelo que ouvi dizer, meu pai não se deixava levar desse jeito por ninguém, e menos ainda seguiria os conselhos de alguém que, tempos antes, era seu inimigo, pois havia se aliado ao cartel de Cali. Galán tinha acumulado uma grande quantidade de inimigos entre os políticos, entre os seus e entre os narcotraficantes, porque homens íntegros como ele, que não compactuavam com a corrupção nem com o crime organizado, acabavam sempre se tornando incômodos para os interesses dos outros. Apontar um único homem como responsável por sua morte deixa claras dúvidas sobre a condução da justiça na Colômbia, que devia dar o exemplo e buscar a verdade e a reparação, e não o contrário. Meu pai tomava suas decisões sem consultar ninguém. Lembro que seus melhores amigos cunharam uma frase que o definia por inteiro: "Pablo era um homem muito democrático, porque em sua democracia só se fazia o que ele mandava".

Com a ideia de não ficar tempo demais no mesmo lugar porque as operações contra ele aumentavam, meu pai saiu do esconderijo de La Roja e partiu para a fazenda El Oro, a poucos quilômetros do porto de Cocorná, no Magdalena Medio.

Era lá que ele estava no dia 23 de novembro, na companhia de meu tio Mario Henao e de Jorge Luis Ochoa, quando às seis horas da manhã foi avisado de que vários helicópteros e homens da elite da polícia acabavam de partir da base de Palanquero rumo àquele local.

Como sempre, meu pai pensou que ele não devia ser o alvo da operação e permaneceu lá, impassível. Mas estava enganado, porque poucos minutos depois surgiu um helicóptero de artilharia que os pôs para correr. A aeronave não conseguiu aterrissar porque meu pai havia mandado fincarem dezenas de hastes longas no chão, amarrando-as umas às outras com cabos de aço.

Em meio à desordem geral, os policiais começaram a disparar lá de cima e mataram meu tio Mario, que não conseguira encontrar um refúgio.

Meu pai e Jorge Luis conseguiram escapar, mas essa operação contra ele acabou gerando a morte de seu melhor amigo, o único a quem escutava e de quem tinha até certo temor: meu tio Mario. "Serei irmão dos seus irmãos", diz um dos trechos de uma carta póstuma que meu pai escreveu a seu amigo de alma.

Em meio à caça feroz que empreendiam todos os organismos de segurança do Estado, uma noite meu pai recebeu seu advogado em outro esconderijo, e este lhe pediu que cessasse com aquela a onda de ataques terroristas. Mas meu pai pensava diferente:

– Doutor, os Estados Unidos só dobraram o Japão na Segunda Guerra Mundial com muitas bombas. Eu vou dobrar esse país com muitas bombas também.

E assim o fez.

Às 6h30 da manhã de 2 de setembro, um sábado, dom Germán – um homem de sessenta anos, integrante do grupo de "Pinina" – detonou um furgão carregado com mais de cem quilos de dinamite em um posto de gasolina situado na diagonal da entrada principal do jornal *El Espectador* de Bogotá. Poucas horas depois, homens enviados por meu pai destruíram a casa de veraneio da família Cano nas Ilhas Rosario.

Dias depois, "Pinina" contou esses detalhes do atentado contra o *El Espectador*, quando o vimos por alguns instantes num esconderijo.

Nas semanas que se seguiram, meu pai semearia o caos: seus homens – cada vez mais habilidosos para detonar carros-bomba e artefatos explosivos – causaram graves estragos em dezenas de sedes políticas em Bogotá, no hotel Hilton de Cartagena e na sede do jornal *Vanguardia Liberal* de Bucaramanga, entre outros.

Com a certeza de que o governo estaria disposto a negociar uma saída, como quando o fez em 1984 após o assassinato do ministro Rodrigo Lara, meu pai pediu ao advogado Guido Parra[2] que marcasse um encontro com seu padrinho de batismo, o ex-ministro Joaquín Vallejo Arbeláez, para que ele enviasse uma mensagem ao governo.

Bombas continuavam explodindo em boa parte do país. A estratégia avançou e meu pai, Vallejo e Parra se reuniram clandestinamente e estruturaram uma espécie de proposta de paz dos Extraditáveis, que se entregariam em troca de amplos benefícios judiciais, como a não extradição. Quase de imediato, Vallejo se reuniu em Bogotá com o secretário-geral da presidência, Germán Montoya Vélez, e o deixou a par da iniciativa de meu pai.

Não obstante, e como ocorrera cinco anos antes, esses contatos vazaram novamente – dessa vez pelo jornal *La Prensa*, propriedade da família Pastrana –, e o governo não teve outra opção a não ser dizer publicamente ter recebido a proposta da máfia e a recusado sem pestanejar.

Com a possibilidade de negociar novamente estragada e com o governo em cima deles, "Chopo" me contou que meu pai e o "Mexi-

2. Na feroz perseguição a meu pai, em 16 de abril de 1993, os Pepes assassinaram Parra e seu filho.

cano" resolveram atacar o candidato à presidência com maiores chances de vencer: César Gaviria.

Era previsível que o candidato liberal mantivesse as mesmas bandeiras referentes à extradição do líder assassinado, e por isso recorreram de novo a Carlos Castaño, que começou então a organizar a operação, mas rapidamente percebeu que Gaviria estava muito bem protegido e atacá-lo com os métodos conhecidos seria bastante difícil.

Assim, Castaño decidiu que a única maneira de eliminar Gaviria era derrubar um avião em que ele viajasse. Conforme "Chopo" me contou depois, meu pai e o "Mexicano" deram carta branca para a operação, e "Arete" – segundo ele mesmo confirmou ao Ministério Público ao depor à Justiça, tempos depois – se encarregou de plantar uma bomba com grande potencial explosivo dentro de uma maleta. Ao mesmo tempo, Castaño conseguiu a colaboração de um jovem humilde e com graves problemas de saúde, praticamente desenganado, que levaria a bomba e a ativaria quando o avião tivesse decolado. Em troca, Castaño ofereceu uma considerável quantia de dinheiro para a sua família. No universo da máfia de Antioquia, aquele rapaz era conhecido como um "suíço", uma abreviatura malfeita da palavra "suicida".

"Chopo" continuou contando que Castaño enganou o "suíço" e "Arete" também: mudou a bomba, que não explodiria mais com o toque do controle remoto e sim quando o avião alcançasse os 10 mil pés de altura.

Diante da impossibilidade de saber a agenda de Gaviria na campanha e da força de seu esquema de segurança, Castaño deu um jeito de descobrir na Aeronáutica Civil que o candidato tinha um bilhete para aquela segunda-feira, dia 27 de novembro, no voo 1803 da Avianca, que ia de Bogotá a Cali e saía às 7h13 da manhã.[3]

---

3. Nunca esqueci esse tenebroso ato terrorista de meu pai, e com o passar dos anos tive a oportunidade de conhecer muitos familiares dessas vítimas, aos quais pedi perdão publicamente – em nome de meu pai – por ocasião da estreia do documentário *Pecados de mi padre*.

Mas a informação que Castaño tinha acabou se mostrando equivocada, e o avião explodiu quando sobrevoava o município de Soacha, o mesmo onde Galán foi assassinado. Só que Gaviria não estava a bordo.

A brutal capacidade que meu pai tinha para desestabilizar tudo parecia sem limites, e o governo parecia incapaz de neutralizar o exército de pistoleiros espalhados por todo lado. Ainda assim, por maior que fosse o poder que ele ostentava à época, estava claro que as repercussões de seus atos muito brevemente alcançariam aqueles que o rodeavam.

Esse poder para o crime ficou em evidência novamente em 6 de dezembro, quando Carlos Castaño atirou um ônibus repleto de dinamite na sede do DAS no bairro de Paloquemao, centro de Bogotá, com a intenção de assassinar o general Maza.

De novo, tempos depois, "Chopo" me contou que meu pai dissera a Castaño que queria que o edifício do DAS fosse arrancado do chão, e por isso mandou reforçarem a suspensão do ônibus para suportar o peso de onze toneladas de dinamite, que segundo ele derrubariam a edificação. Os homens de Castaño começaram a distribuir a enorme quantidade de explosivos ao longo da carroceria e abaixo dos vidros, para não levantar suspeitas. No entanto, meu pai comentou muito depois que, pela maneira como acomodaram a dinamite, couberam apenas sete toneladas, e tiveram de deixar as outras quatro no armazém. O ônibus explodiu muito perto da entrada principal do edifício e fez centenas de vítimas e incalculáveis danos materiais, mas o general Maza saiu com vida do ataque.

Naquela noite, meu pai assistiu aos telejornais, e as fontes oficiais afirmavam que o ônibus estava carregado com cerca de setecentos quilos de explosivos. Ao escutar a notícia, meu pai reagiu e disse aos presentes: "Esses veados não sabem de nada, sempre falam só 10% do total da dinamite que eu implanto".

O duro confronto entre o governo e a máfia teria uma reviravolta radical no dia 15 de dezembro de 1989, uma sexta-feira, quando meu pai soube pelas notícias que o "Mexicano" fora abatido numa operação da polícia no porto de Coveñas, no mar do Caribe.

Meu pai lamentou a morte do "Mexicano", com quem sempre teve uma relação muito próxima. Nunca discutiram. Considerava-o um guerreiro, alguém presente nos bons e nos maus momentos. Quase sempre se cumprimentavam com um cálido "olá, compadre", porque meu pai foi padrinho de batismo de um dos filhos do "Mexicano". Sempre chamou a atenção de meu pai o fato de que, apesar de seu jeito aparentemente afável e despojado, Gonzalo Rodríguez assumia comportamentos muito particulares, como mandar desinfetar os banheiros com álcool a cada vez que ia entrar, fazer as unhas várias vezes na semana e importar papel higiênico da Itália.

Meu pai nos contou que uma vez o "Mexicano" lhe expressara que temia pela própria vida. Estava em El Peñol, no esconderijo conhecido como La Isla, e disse a meu pai que tinham lhe contado que a polícia e o cartel de Cali estavam com ele na mira, porque alguém dentro de seu bando andava vazando informações.

Sua desconfiança era tanta que resolveu sair de La Isla de uma hora para a outra, e seguiu por uma trilha até uma propriedade no município de Barbosa, Antioquia, mas duas semanas depois saiu correndo de lá porque novamente teve a certeza de que estavam em seu encalço.

Meu pai lhe propôs que fosse até o esconderijo onde estava, mas o "Mexicano" disse que preferia ir na direção da costa.

– Andrés – assim meu pai chamava o "Mexicano" –, meu amigo, venha para cá comigo, a costa é muito perigosa; lá não tem selva e os gringos podem pegá-lo e você nem verá eles chegando... e além disso tem o mar do lado, é pior.

Com o "Mexicano" morto e sem possibilidades de negociação com o governo à vista, meu pai novamente lançou mão da violência e da chantagem para manter ativa sua postura de encarar o Estado.

Cinco dias depois da operação contra Rodríguez Gacha, e quando o país ainda celebrava o golpe que fora dado no cartel de Medellín, os jornais noticiaram que os homens de meu pai haviam sequestrado Álvaro Diego Montoya em Bogotá, filho de Germán Montoya, o secretário da presidência; e, em Medellín, mantinham em cativeiro Patricia Echavarría de Velásquez e sua filha Dina, que eram, respectivamente, filha e neta do industrial Elkin Echavarría; Patricia era casada com o filho do presidente Barco.

Os sequestros conduziram muito rapidamente a uma aproximação com o governo e a uma nova chance de meu pai se entregar à Justiça. A família Montoya buscou a ajuda dos industriais J. Mario Aristizábal e Santiago Londoño, que por sua vez contrataram o advogado Guido Parra para tentar convencer meu pai a soltar os sequestrados.

Os sinais que meu pai recebeu do alto governo através de Aristizábal e Londoño, que apontavam uma possibilidade de conseguir um tratamento jurídico diferenciado, levaram-no a pôr em liberdade as três pessoas que mantinha em seu poder, em meados de janeiro de 1990, e expedir um comunicado em nome dos Extraditáveis no qual reconhecia a vitória das instituições e anunciava uma trégua unilateral. E, como prova de boa vontade – justamente quando o presidente dos Estados Unidos, George Bush, estava em Cartagena numa visita oficial –, entregou às autoridades um complexo de coca em Urabá, um veículo escolar com uma tonelada de dinamite e um helicóptero.

Nos encontros secretos entre meu pai e os enviados do governo, chegou-se inclusive a produzir um documento que estabelecia as condições para ele se entregar, e essa aproximação levou também o governo a demorar mais no trâmite de algumas extradições, de maneira imperceptível. O presidente Barco chegou inclusive a dizer que "se os narcotraficantes se renderem e se entregarem, poderíamos pensar num acordo". Pedi muitas vezes a meu pai que encontrasse uma solução pacífica para seus problemas, implorei para que parasse com a violência e se dedicasse à família.

No entanto, em 22 de março de 1990, o assassinato do líder de esquerda Bernardo Jaramillo Ossa, candidato à presidência pela União Patriótica, seguido pela renúncia do ministro de Governo Carlos Lemos Simmonds – que apontara sua ligação com as Farcs – estragariam novamente a possibilidade de uma saída negociada com meu pai, e marcariam o início de uma nova onda terrorista sem precedentes no país.

Depois do crime de Jaramillo, as autoridades apontaram quase que imediatamente meu pai como responsável, mas ele divulgou uma carta em que repudiava a acusação e, pelo contrário, dizia que sentia apreço pelo político, pois havia se mostrado contra a extradição e era a favor da negociação com a máfia. No fim da mensagem, meu pai lembrava uma entrevista de Jaramillo para a revista *Cromos* na qual dissera que "agora vão jogar a culpa de tudo no senhor Pablo Escobar. Ele vai ser o bode expiatório de todas as ruindades que se fizeram neste país durante esses últimos anos. A verdade é que existem figuras muito poderosas do governo que estão comprometidas com os grupos paramilitares e têm de responder ao país pelos crimes que cometeram". Meu pai costumava dizer, quando lembrava de sua morte, que Jarmillo Ossa lhe havia pedido que intercedesse junto aos Castaño para que não o matassem.

– Foram Fidel e "Carlitos" que o mataram, mas como são meus amigos não posso dizer isso por aí.[4]

O fato é que a renúncia do ministro Lemos acabou por revelar que, após o sequestro de Álvaro Diego Montoya em dezembro do ano

---

4. Fidel e Carlos Castaño também foram os autores do assassinato de Carlos Pizarro Leongómez, candidato à presidência pela Alianza Democrática M-10 – ocorrido em 26 de abril de 1990, quando estava num avião da Avianca, no caminho entre Bogotá e Barranquilla. O assassinato do eminente político também foi atribuído a meu pai, mas ele me disse que era amigo de Pizarro, que gostava dele e não tinha um único motivo para atacá-lo. Explicou-me novamente que não ficava bem desmentir as acusações, porque desse jeito haveria uma guerra contra os Castaño.

anterior, o governo de Barco abrira uma porta para uma negociação com meu pai que o país desconhecia. Então, os políticos que haviam atuado nesse processo – entre eles Germán Montoya – saíram a público para dizer que a extradição nunca estivera em jogo, e que a única opção possível era a rendição incondicional dos traficantes.

Com relação a Lemos, lembro de uma frase de meu pai:

– E essa agora do Lemos. Compromete tudo que é meu e agora que o expulsaram e que não tem mais poder, manda virem me dizer que está à minha disposição, que no que estiver a seu alcance pode colaborar comigo.

O fracasso da negociação, somado à enganação que meu pai percebeu, levou-o a anunciar, no dia 30 de março de 1990, através de um comunicado dos Extraditáveis, a retomada da guerra contra o Estado.

Nas semanas seguintes, seu aparato criminoso desataria uma nova e terrível onda de atentados terroristas. Ouvi dizer que alguns de seus homens disseram ter detonado bombas nos bairros de Quirigua e Niza em Bogotá, no centro de Cali e no hotel Intercontinental de Medellín; ao mesmo tempo, meu pai ordenou ataques frontais à Fuerza Élite da polícia, um grupo especial criado para persegui-lo. Resultado: dois carros-bomba explodiram na passagem de caminhões que transportavam soldados desse comando.

Em outra frente, meu pai reuniu informações precisas sobre os absurdos que as autoridades cometiam na cidade a fim de localizá-lo; eram frequentes os massacres nas esquinas de bairros populares de Medellín, executados por pistoleiros que procuravam dizimar seu exército privado. Inclusive, um jornal publicou a notícia de que uma patrulha militar frustrou um massacre e deteve vários agentes da Dijin.[5]

---

5. Em 1998, o governo colombiano reconheceu à CIDH da OEA sua responsabilidade pelo massacre de Villatina – uma região degradada nas encostas orientais de Medellín –, executado por homens armados que depois foram identificados como sendo da polícia. Naquele lugar morreram sete jovens entre 15 e 22 anos de idade.

Em represália, meu pai começou a combater fortemente a polícia de Medellín, valendo-se de dois métodos muito violentos:

O primeiro, conforme me disse "Pinina" bem depois, era com ataques a bomba seletivos, através da figura do "suíço" ou suicida: pessoas que começavam traficando pequenas quantidades de cocaína e recebiam os pagamentos devidos, para irem ganhando confiança; depois, recebiam um "serviço" para fazer, mas, em vez de levarem coca, carregavam, sem saber, dinamite, pois era embalada da mesma forma que os pacotes de pó. Desse modo, quando passavam por blitze ou postos policiais, pessoas localizadas estrategicamente acionavam o disparador. Meu pai dizia a seus homens que os disparadores remotos comprados por sugestão do terrorista espanhol contratado para ensinar seus homens não funcionavam bem, e por isso mandou comprar controles remotos de aviões de aeromodelismo.

O segundo era o chamado plano "pistola", cujo alvo eram os policiais da cidade. Meu pai mandou pegar dezenas de armas que havia armazenado em esconderijos em diferentes lugares da cidade e as entregou a gangues de vários distritos, dizendo que era para se defenderem e ao mesmo tempo pedindo que matassem qualquer policial que vissem pela rua. Os pistoleiros recebiam uma recompensa que variava de acordo com o cargo do oficial morto. Mais de trezentos policiais foram assassinados num período muito curto, por toda a cidade. Depois que esse tempo terrível passou, as pessoas comentavam que tudo o que o pistoleiro precisava fazer para receber seu dinheiro era ir até um dos escritórios de meu pai com o recorte do jornal onde a notícia tivesse sido publicada.

– Só vão chamar a gente para negociar se criarmos um caos terrível, e é isso que vamos fazer – meu pai disse, num dia daqueles, ao advogado Aristizábal, que fora ter com ele para prestar consultoria sobre alguns assuntos jurídicos.

Com tamanho clima de guerra em Medellín – esquadrões de homens armados de ambos os lados circulavam pela cidade, que vivia praticamente uma guerra civil –, no começo de junho de 1990 meu pai decidiu me tirar do país, com a desculpa de ver a seleção colombiana jogar a Copa do Mundo da Itália.

Ele me mandou para lá com nosso parente Alfredo Astado e com "Pita" e "Juan" de guarda-costas. Meu pai estava com medo de que seus amigos me localizassem lá, e por isso contratou um homem para fazer documentos novos para mim; enviou fotos minhas e impressões digitais e ficou orgulhoso porque tinha certeza de que eu poderia passar pelos controles de imigração ou policiais de qualquer parte do mundo.

E assim foi, porque em 9 de junho assistimos à partida de abertura entre Itália e Áustria no Estádio Olímpico de Roma, e nos dias seguintes acompanhei a seleção da Colômbia em seus jogos contra Iugoslávia e Alemanha. Em todas as ocasiões fui com a cara pintada de amarelo, azul e vermelho, cobri a cabeça com uma bandeira e usei óculos escuros, ficando, assim, irreconhecível.

No entanto, nossa estadia na Europa acabou sendo muito complicada, porque eu não conseguia me desligar dos jornais e revistas – que chegavam com oito dias de atraso –, pois queria me inteirar de alguma maneira do que estava acontecendo na Colômbia e com meu pai.

Foi desse modo que soube que em 14 de junho meu pai sofrera um golpe duro: a polícia matou "Pinina", o verdadeiro chefe militar de sua organização.[6]

Como os hotéis italianos não davam conta, viajamos de trem para Lausanne, Suíça, e nos hospedamos no hotel De La Paix; evitei sair para fazer turismo e preferi ficar jogando cartas com "Pita" e

---

6. A polícia anunciou com grande alarde a morte, que ocorrera, conforme a nota oficial, porque "Pinina" havia entrado num enfrentamento com o Cuerpo Élite. No entanto, meu pai recebeu um pacote anônimo com várias fotografias tiradas de um edifício próximo, nas quais "Pinina" aparece com uma perna fraturada depois de pular de uma janela de seu apartamento. Na sequência de imagens, "Pinina" é levado para um carro Mazda cinza por homens armados, vestidos de civis.

"Juan", mas o longo confinamento dos hóspedes estrangeiros deve ter parecido suspeito ao concierge do hotel, que alertou as autoridades locais a respeito.

Um dia, na hora do almoço, saímos para tomar um pouco de ar e comer num restaurante chinês quando chegaram dez policiais que nos revistaram e nos levaram algemados. Do lado de fora do restaurante havia mais policiais e pelo menos dez viaturas com as sirenes ligadas; tinham isolado o quarteirão inteiro com fitas amarelas que impediam a passagem.

Separaram-nos uns dos outros, e me levaram para uma delegacia da polícia secreta onde havia uma cela de portas vermelhas e vidro blindado; lá, mandaram eu me despir e me revistaram pela segunda vez. Cinco horas depois, um homem e uma mulher me tiraram de lá num carro e me levaram para outro local secreto, onde me interrogaram por duas horas.

Disseram que não entendiam como um jovem de apenas treze anos tinha um relógio Cartier de 10 mil dólares; respondi que meu pai era dono de gado na Colômbia e que, com a venda de muitos bovinos, pois ele tinha mais de três mil e quinhentos, tinha me dado o relógio de presente.

Por fim não encontraram motivos para me manter preso e logo encontrei Alfredo e meus guarda-costas, que também haviam sido soltos. Os policiais perguntaram para onde poderiam nos levar, pois estavam envergonhados, e pedimos que nos deixassem no mesmo restaurante chinês de onde tinham nos tirado.

O ambiente extremamente conturbado de Medellín naquela época por conta da guerra declarada entre meu pai, as autoridades e o cartel de Cali levaria a um terrível massacre justo no dia em que a seleção colombiana foi eliminada da Copa por Camarões.

Foi na noite de 23 de junho de 1990, um sábado, quando um comando armado invadiu a discoteca Oporto, numa casa de fazenda de El Poblado, famosa por ser o lugar de diversão favorito dos ricos de Medellín. Cerca de vinte homens vestidos de preto, com bonés de couro e armados com metralhadoras chegaram em duas caminhonetes pretas com vidros escuros, ameaçaram os presentes e os mandaram descer enfileirados até o estacionamento do local. Então, dispararam indiscriminadamente, e assassinaram dezenove jovens entre vinte e vinte e quatro anos de idade, deixando mais cinquenta feridos.

Novamente as autoridades se apressaram a apontar meu pai como responsável, usando o argumento de que ele odiava os ricos de Medellín. Porém, tempos depois, confinados num esconderijo, falei com ele sobre o massacre, e ele me disse que não havia sido o responsável.

— Grégory, se tivesse sido eu, eu falaria; quantas coisas já fiz nessa vida, qual seria o problema de assumir mais uma? Muito perto de lá tinha uma blitz da polícia de elite, e os pistoleiros passaram sem o menor problema. Eu acho que aquela matança foi coisa deles mesmos, porque vários seguranças do "Otto" iam naquele lugar, e só um dos meus morreu ali... o resto era gente sem qualquer ligação.

Apesar das comodidades da viagem, eu estava muito tenso e queria saber a verdade sobre a situação de meu pai e sobre seu futuro imediato, e por isso lhe mandei várias cartas. Ele respondeu com uma mensagem longa, escrita no dia 30 de junho, que recebi uma semana depois, justo quando minha mãe e Manuela estavam prestes a chegar à Europa para se encontrar conosco, porque a ideia de meu pai era que estudássemos outras línguas.

Querido filho:

Receba um abraço enorme e muito especial.

Estou com saudades e te amo muito, mas ao mesmo tempo fico tranquilo por saber que você está bem aí, aproveitando, em segurança e com liberdade. Resolvi mandar sua mãe e sua irmãzinha para ficarem aí com você, porque na carta que você me escreveu disse que queria encontrar todo mundo aqui quando voltasse, mas como sabe a situação aqui anda um pouco difícil.

Não esqueça nunca o que eu sempre te disse: que temos que acreditar no destino dos seres humanos, pois ele já está escrito, para o bem ou para o mal.

Esses dias li no jornal a carta que o filho do presidente Carlos Menem da Argentina mandou para ele, reclamando que havia expulsado a família do palácio presidencial e dizendo que o pai precisava ser mais homem, e que o poder lhe tinha subido à cabeça.

Fiquei chocado e perplexo, e reli a sua carta, filho, várias vezes, para me sentir orgulhoso e tranquilo. A única coisa que quero é que você esteja tranquilo e se sinta bem. Que entenda que às vezes as famílias precisam se separar um pouco, por causa de coisas que acontecem na vida.

Quero que você encare isso tudo com muita serenidade. Imagine que estamos separados não por causa dessa situação desagradável, mas porque embora sejamos uma família muito unida, eu como pai resolvi fazer um esforço enorme para te mandar para estudar um tempo aí fora, para que o seu futuro seja mais belo e com mais possibilidades.

Vamos supor que eu tenha tido que sacrificar muitas coisas. Vamos supor que tivemos de vender nossa casa para que vocês pudessem ficar estudando nessa terra aí por uns bons meses. Que para nós seria triste acontecer o que aconteceu com o presidente da Argentina.

Qual sacrifício poderia ser pior para mim do que não ter vocês aqui comigo?

Se você demonstrar serenidade com sua mãe e sua irmãzinha, elas vão ficar tranquilas; se você sorrir, elas e eu também vamos sorrir. Aproveite tudo, porque quando eu tinha treze anos como você, não tinha nada, mas ninguém foi mais feliz que eu naquela época.

Não vá desperdiçar essa oportunidade de aprender outras línguas, de aprender as técnicas diferentes e conhecer outras culturas.

Fique esperto com isso: lembre que você não está na sua terra, e por isso não deve fazer nada que não seja legal. Não vá deixar que ninguém lhe dê conselhos ruins. Faça apenas o que a sua consciência mandar.

Não prove nada que não seja correto. Lembre-se de que, além de ser seu pai, sempre quis ser seu melhor amigo.

Os corajosos não são os que bebem muito na frente dos amigos. Os corajosos são os que não bebem.

Me perdoe por ficar filosofando tanto, e por esta carta tão comprida; é que, como hoje é sábado, quero dedicar um pouco de tempo para você, como se você tivesse vindo me visitar. Eu, para te contar um pouco, estou muito bem. Muito trabalho, muita coisa para organizar, mas tudo anda muito bem.

Estamos crescendo. Essa coisa vai ser grande. Sua mãe deve ter te contado, e além do mais estou muito contente porque os torturadores estão sendo postos de lado. Os mais importantes deles já estão sem o uniforme, e isso é muito positivo.

Quero que você me mande mais fotos e que me conte o que anda fazendo.

Não perca um minuto sequer, aproveite a sua vida, caminhe ou pratique algum esporte.

Quem sabe se você se dedicar a um esporte poderá encontrar um lugar que esconde uma felicidade. Vou continuar te escrevendo e te mantendo atualizado de tudo.

Te amo muito, muito, muito, 30 de junho de 1990.

Quando a Copa acabou, fomos para Frankfurt, na Alemanha, onde encontramos minha mãe, Manuela e outros parentes. Após conhecer várias cidades, voltamos para Lausanne, e minha mãe e eu nos matriculamos num curso para estudarmos inglês até o fim do ano.

Já assistíramos às primeiras aulas quando recebemos outra carta de meu pai, do dia 17 de julho, na qual pela primeira vez em muito tempo parecia otimista a respeito de sua situação pessoal e da do país.

Resolvi mudar de estratégia e a guerra vai acabar no novo governo. O presidente eleito disse que a extradição não é um compromisso seu e que tudo depende da situação da ordem pública, e a situação vai ser boa. A Assembleia Nacional Constituinte será eleita em breve, porque o povo já decidiu, e eu tenho total certeza de que o primeiro projeto que ela redigirá será a proibição da extradição de colombianos. E a melhor notícia de todas é que, quando a trégua já decretada for posta em prática, o problema da segurança de vocês vai acabar, e poderão voltar.

Apesar dos bons presságios contidos na mensagem de meu pai, em 12 de agosto de 1990, apenas cinco dias após a posse de César Gaviria como presidente, a polícia matou Gustavo Gaviria em Medellín, primo de meu pai, companheiro de andanças desde que eram pequenos, o homem leal.

Segundo a viúva, seis agentes do Bloco de Busca invadiram a casa de Gustavo com a intenção de levá-lo, mas ele se agarrou nas grades da porta e, como não conseguiram tirá-lo dali, acabaram disparando. Ela disse também que Gustavo estava desarmado e chegou a ligar para um serviço de emergência de Medellín, dizendo que estava para ser assassinado.

Na longínqua Suíça, ficamos sabendo, nos primeiros dias de setembro, que meu pai novamente lançara mão de seu método de sequestrar pessoas importantes, dessa vez para pressionar o recente governo de Gaviria. Disseram-nos que um grupo encabeçado por "Comanche" sequestrou os jornalistas Diana Turbay, filha do ex-presidente Julio César Turbay e diretora da revista *Hoy x Hoy*, Azucena Liévano, Juan Vitta e Hero Buss, e os cinegrafistas do noticiário *Criptón*, Richard Becerra e Orlando Acevedo.

A ordem incluía sequestrar o então diretor do jornal *El Colombiano*, Juan Gómez Martínez, mas os homens de meu pai falharam porque o executivo se entrincheirou com um revólver num canto da casa e não conseguiram tirá-lo de lá.

Diana Turbay e seu grupo foram mantidos em cativeiro numa propriedade no município de Copacabana e, desde o instante que ela soube que estava ali a mando de meu pai, comunicaram-se algumas vezes por carta. "Comanche" fazia a ponte entre os dois e, conforme meu pai me disse um dia, prometeu várias vezes a Diana que sob quaisquer circunstâncias a vida dela seria preservada.

A estratégia de chantagem com a nata da instituição funcionou, porque em 5 de setembro o presidente Gaviria anunciou uma mudança radical na luta contra os narcotraficantes, e baixou o decreto 2047, que oferecia redução de pena àqueles que se entregassem à Justiça e a não extradição em troca de confissão de crimes. Meu pai examinou o decreto e disse para seus três advogados, entre eles Santiago e Roberto Uribe, falarem com o governo, pois o conteúdo não o beneficiava, e era melhor modificá-lo.

Para intensificar as intimidações, duas semanas depois, em 19 de setembro, os homens de meu pai sequestraram Marina Montoya e Francisco Santos Calderón, diretor de redação do jornal *El Tiempo*.

Com um grupo de sequestrados suficientemente grande para negociar com o governo, meu pai ordenou ataques pesados ao cartel de Cali, que recentemente fracassara em vários atentados contra ele, incluindo duas tentativas de me sequestrar. Essa foi uma das razões pelas quais meu pai nos tirou do país.

Assim, na terça-feira, dia 25 de setembro, vinte pistoleiros liderados por "Tyson" e "Chopo" tomaram a fazenda Villa de Legua, entre os municípios de Candelaria e Puerto Tejada, ao sul do Valle del Cauca, porque sabiam que naquela noite os *capos* jogariam futebol ali.

Num intenso tiroteio, os capangas de meu pai mataram dezenove pessoas, entre elas catorze jogadores, mas Hélmer "Pacho" Herrera
– dono da propriedade – e outros chefes do cartel conseguiram escapar por canaviais vizinhos. Ao voltar a Medellín, "Chopo" entregou
a meu pai a agenda pessoal de Herrera, que a havia abandonado no
local. Ele a leu inteira e gargalhava, porque as anotações demonstra-
vam que seu principal inimigo era muito mesquinho: registrava ali os
baixíssimos salários que pagava a seus empregados e até os menores
gastos que tinha.

Quase três anos após o início da guerra entre os cartéis, os homens
de meu pai haviam destruído umas cinquenta farmácias La Rebaja em
Medellín, Pereira, Manizales, Cali e em outras cidades menores.

E em resposta a um ataque de helicóptero quando estava na fazenda Nápoles, que falhou porque a aeronave dos Rodríguez desabou
no chão, meu pai contou que mandou "Otto" para os Estados Unidos, para que ele aprendesse a pilotar helicópteros Bell Ranger, com a
ideia de atirar uma bomba em seus inimigos. O curso custou 272 mil
dólares e foi ministrado ao lado do porto de Miami por um ex-guer-
rilheiro da Nicarágua.

Meu pai também contratou três homens para examinar as milhares de chamadas telefônicas que eram recebidas e feitas entre Medellín, Cali e o Valle del Cauca. As enormes listas eram fornecidas por
funcionários da empresa telefônica local. Assim, os funcionários de
meu pai, com régua, lupa e marca-texto em mãos, faziam o cruzamento entre as ligações recebidas com uma lista que continha os números
dos *capos* de Cali. Se houvesse alguma correspondência, mostravam
a meu pai, que mandava seus homens fazerem operações de busca e
capturas. O mesmo acontecia com os carros que circulavam em Medellín com placas de Cali ou do sudoeste do país.

Uma nova carta que recebemos de meu pai no fim de novembro
deixava claro que a guerra na Colômbia estava longe de terminar. Em

14 de novembro ele nos escreveu enfatizando sua descrença na possibilidade de qualquer saída judicial para ele.

> Quando vocês foram embora, fiquei muito animado porque muitos líderes importantes me chamaram e me prometeram mundos e fundos. Meu representante era atendido diretamente pelo cara importante e ficava com ele por duas ou três horas. A moça importante me escrevia, mas depois começaram com picuinhas e eu não podia aceitar, ainda mais depois do que eles fizeram com meu sócio (Gustavo Gaviria). Eu acho que o que aconteceu com meu sócio nos prejudicou muito, porque com aquilo eles acharam que eu estaria terminado. Mas agora estão muito assustados, e sei que tudo vai dar certo.

Enquanto isso, a guerra com os *capos* de Cali nos forçaria a voltar da Europa na primeira semana de dezembro de 1990, porque descobrimos que dois homens nos seguiam por todos os lugares, inclusive uma vez que fomos a vários supermercados atrás de bananas. Informei imediatamente meu pai disso, e ele nos mandou voltar para a Colômbia o quanto antes.

Em meio a muitas incertezas, chegamos ao esconderijo em que meu pai estava, um amplo apartamento no sétimo andar de um edifício na avenida oriental de Medellín, numa diagonal da clínica Soma.

Estavam com meu pai o "Gordo" e sua esposa, "Popeye" e a "Índia", uma morena sensual que "Chopo" arrumara para ajudá-lo com uns serviços e com outras coisas. A estadia nesse local foi muito entediante, porque o apartamento era muito desagradável, não tinha nada para fazer ali e nem podíamos olhar pelas janelas, porque os vidros estavam cobertos por cortinas. Não havia tevê a cabo, brincávamos com jogos de tabuleiro ou líamos livros. Passáramos do confinamento na Suíça para um muito pior.

Durante esse tempo, meu pai nos contou detalhes da maneira como estava conseguindo que o governo cedesse a suas pretensões de obter benefícios judiciais, incluindo a não extradição. Claro que ele se valia de um poderoso mecanismo para fazer pressão, os sequestros: Diana Turbay, Francisco Santos, Marina Montoya, os jornalistas e cinegrafistas do jornal *Criptón*, bem como Beatriz Villamizar e Maruja Pachón de Villamizar – cunhada de Luis Carlos Galán –, que haviam sido sequestradas em novembro do ano anterior por um grupo liderado por "Enchufe".

Por aqueles dias de dezembro, meu pai já havia obtido a promessa do governo de modificar o decreto 2047 promulgado três meses antes, porque ele e seus advogados achavam que a extradição deveria ser suspensa com a simples apresentação do réu perante um juiz. Conforme nos disse, semanas antes haviam proposto um texto, enviado ao Ministério da Justiça por intermédio de seus advogados.

As recomendações chegaram ao Palácio de Nariño porque o presidente Gaviria fez menção ao assunto justamente numa visita a Medellín naquela primeira semana de dezembro de 1990: "Nós estamos sim dispostos a modificar o decreto – o 2047 –, porque estamos interessados na pacificação do país. Estamos interessados que esses colombianos que cometeram crimes se submetam à nossa justiça. E, por esse motivo, no decorrer desta semana, faremos todos os esclarecimentos que sejam necessários sobre esse decreto e incorporaremos eventualmente algumas modificações".

Nos dias seguintes, meu pai ficava por muito tempo assistindo aos telejornais do meio-dia, das sete e das nove e meia da noite; ficávamos nervosos ao vê-lo mudando de canal para ver o que estavam dizendo em um ou outro informativo. Começamos a reclamar daquilo, e então ele me ouviu e comprou uma televisão cuja tela se dividia em dois. Assim podia ver simultaneamente os dois canais e escolher a qual dos dois assistir com som.

Mesmo quando o tema dos decretos estava indo ao encontro dos interesses de meu pai, descobrimos que, como sempre, ele tinha um plano B para resolver suas questões com a Justiça. Soubemos disso porque na noite do dia 9 de dezembro de 1990, um domingo, ele ficou muito ligado no resultado das eleições dos setenta constituintes que modificariam a Constituição Nacional vigente desde 1886.

Quando a Registradoria Nacional tornou pública a composição final da Assembleia Nacional Constituinte, cujas sessões começariam em fevereiro de 1991, notamos em seu rosto um sorriso debochado.

– Não dá pra confiar muito nesse negócio de decreto. Do mesmo jeito que hoje anunciam que vão fazer as mudanças que eu pedi, amanhã voltam atrás e mudam tudo de novo quando eu estiver preso. Mas se a mudança estiver na Constituição, aí sim não vão poder me foder.

Em seguida, meu pai nos contou que, em outubro do ano anterior – quando estávamos na Europa –, durante a campanha dos constituintes, ele recebeu uma mensagem dos *capos* do cartel de Cali na qual pediam sua adesão para impulsionar os candidatos que garantiram ser favoráveis a eliminar a extradição da nova Constituição.

– Mandei lhes dizer que fizessem o que tivessem de fazer, e que eu faria as minhas coisas; que subornassem a quem tivessem que subornar – resumiu, e concluiu que já tinha uma boa quantidade de votos comprometida com ele para quando a Constituinte abordasse o tema da extradição.

Enquanto isso, em 15 de dezembro, meu pai acordou como sempre ao meio-dia e viu nos noticiários que o governo havia promulgado um novo decreto, o 3030. Os jornais publicaram o texto completo, o que facilitou sua leitura. Após o café-almoço – como sempre, banana madura frita cortada em quadradinhos e mexida com ovo, arroz e carne –, ele permaneceu na mesa de jantar lendo com atenção o conteúdo do novo decreto, com o qual o governo pretendia que ele se submetesse à Justiça.

– Vamos ver se concederam o que eu pedi – disse, e depois mergulhou num silêncio profundo que duraria cinco horas, ao fim das quais havia sublinhado quase o texto inteiro com uma caneta e preenchido várias folhas com seus comentários.

Depois das cinco horas da tarde, cansado, ele nos disse que não concordava com muitos aspectos do decreto e que iria enviar suas sugestões para que o governo elaborasse outro.

Em nossa espera, naquela mesma noite, meu pai escreveu uma longa carta que enviou a seus advogados e cujo destino era o Palácio de Nariño. Também continha instruções do que seus assessores deveriam dizer em particular para os meios de comunicação, indicando que a declaração vinha da parte dos Extraditáveis.

Como pedira, os meios de comunicação informaram que os Extraditáveis haviam dito ao governo que o 3030 mais parecia um decreto de guerra, e que não concordavam com a maior parte do texto. Meu pai, por intermédio de seus advogados, insistia em que a necessidade de confissão fosse eliminada, porque o novo decreto a colocava como requisito indispensável para o acesso aos benefícios judiciais. Para meu pai, esse artigo era inaceitável.

Três dias depois, e para a surpresa de meu pai, Fabio Ochoa, o mais novo dos irmãos Ochoa, havia se apresentado à Justiça e já se encontrava na prisão de segurança máxima de Itagüí. Três semanas mais tarde Jorge Luis e Juan David Ochoa fariam o mesmo. Meu pai não entendeu muito bem as razões que levaram seus amigos a aceitar as condições de redução penal dos decretos e, embora lhe tenha parecido uma decisão apressada, resolveu esperar para ver.

O ano de 1991 começava e nós havíamos retornado ao deprimente confinamento no esconderijo da avenida Oriental de Medellín, após passarmos o fim de ano com meu tio Roberto. Meu pai tinha achado mais seguro ficarmos com ele.

E, como prevíamos, ele estava disposto a ir até as últimas consequências, porque sabia que aquele ano seria decisivo em nossas vidas.

Ficamos muito impressionados quando o "Chopo" nos contou – depois do ocorrido – que meu pai havia decidido assassinar Marina Montoya para pressionar o governo, que não respondera a seu memorando sobre as modificações no decreto 3030 de dezembro do ano anterior.

A quebra da promessa pública do governo – a pedido das famílias – de que não tentaria resgatar os sequestrados à força geraria uma crise de grandes dimensões no fim de janeiro de 1991. Numa fracassada tentativa de resgate numa propriedade do município de Copacabana, Diana Turbay morreu atingida por várias balas quando corria com o cinegrafista Richard Becerra.

Mesmo quando o governo e a polícia afirmaram que os sequestradores haviam atirado nos reféns no momento da chegada da polícia, meu pai sempre me disse que deixara muito claro para seus homens que deveriam preservar as vidas dos sequestrados, tal como havia prometido à jornalista Turbay.

Algumas semanas depois, quando a poeira do escândalo já baixara e meu pai continuava mandando mensagens públicas nas quais se mostrava disposto a se entregar à Justiça, ele recebeu um recado em que diziam que um grupo grande de agentes da Dijin – o órgão secreto da polícia – estava dentro de um caminhão estacionado debaixo da ponte da avenida San Juan, a cinquenta metros da praça de touros La Macarena.

Tempos depois, ouvi uma conversa de Giovanni na qual ele comentava que meu pai o enviara até lá com um Renault 9 branco que já estava carregado com cento e cinquenta quilos de dinamite. O veículo explodiu e dezoito pessoas morreram: três suboficiais, seis agentes da Dijin e nove civis.

Meu pai tinha certeza de que os integrantes da Dijin pertenciam a uma organização secreta proveniente de Bogotá conhecida como Los Rojos, que realizava assassinatos seletivos em Medellín.

Apesar dos motivos de meu pai, eu e minha mãe achamos que ele havia ido longe demais em sua determinação de pressionar o governo.

Por isso, após o ocorrido na praça de La Macarena, que além dos mortos deixara dezenas de pessoas feridas, pedi que ele parasse:

— O que está acontecendo com você, filho?

— É que estou cansado de ver tanta violência, pai. Muito cansado e muito triste pelas mortes de pessoas inocentes. Muitos familiares nossos e amigos costumam ir nas touradas ali, e com essas bombas explodindo a toda hora qualquer um poderia morrer, até a vovó Hermilda. Esse não é um jeito de resolver seus problemas, e sim a forma de piorar os problemas de todo mundo.

Lembro que estávamos só nos três na sala de jantar; minha mãe me abraçou e disse a ele:

— Meu bem, pelo amor de Deus, o que você está fazendo? Escute as súplicas do seu filho e de todos nós, e por favor pare com essas tragédias todas.

— Olhe, meu amor. Olhe, meu filho. Pode ser que alguns inocentes tenham morrido, mas eu acabei com muitos dos autores de assassinatos seletivos na cidade. Guerra é guerra, e nela morre quem tem que morrer. O destino dos homens já está escrito, para o bem ou para o mal.

Meu pai pareceu nos dar ouvidos, e nas semanas seguintes se concentraria em manter contato com o governo por intermédio de seus advogados e de ficar a par das deliberações da Assembleia Constituinte em Bogotá, que terminaria suas sessões no começo do mês de julho seguinte, e promulgaria a nova Constituição. Ele sabia que o ponto relacionado à extradição seria discutido nos primeiros dias de junho, e até lá intensificou seus esforços para conseguir a abolição dela por ato constitucional. Parecia algo simples, tendo o voto dos constituintes que ele e os demais cartéis do tráfico ajudaram a eleger em dezembro do ano anterior. O rumor que corria naquela época era de que o cartel de Cali investira 15 milhões de dólares e meu pai outros 5 milhões para eliminar a extradição da nova Constituição.

Pouco depois, no dia 16, fui a um lugar conhecido como El Vivero, ao lado de Montecasino, a mansão de Fidel Castaño, para a festa de aniversário da irmã mais nova de minha mãe. Era a primeira vez que eu via tanta gente reunida em torno de um evento social desde minha volta da Suíça, em dezembro do ano anterior.

A aniversariante e eu havíamos sido criados praticamente como irmãos. Ela convidara algumas amigas do colégio, entre as quais estava Andrea, uma bela jovem de dezessete anos, que eu não consegui convidar para dançar, mas pedi a minha tia que me apresentasse a ela. Daquele momento em diante da festa nós ficamos conversando sem parar.

Quis o destino que durante essas miniférias houvesse uma sequência de primeiras comunhões, aniversários e eventos em minha família, para os quais minha tia convidava sua amiga Andrea, e eu não parava de flertar com ela.

Após um mês e meio de ligações, flores e cartas com poemas, nos beijamos na estrada Las Palmas, num esconderijo em que se via Medellín. Desde aquele momento estou unido a ela numa relação bela e intensa que já dura vinte anos.

Dias depois do começo de meu relacionamento com Andrea, apareceria a figura do sacerdote Rafael García Herreros, um homem além do bem e do mal, que apresentou por anos o programa *El Minuto de Dios*, transmitido todos os dias às sete horas da noite. Nas semanas que se seguiram, ele teria um papel decisivo na entrega de meu pai à Justiça.

Dom Fabio Ochoa Restrepo lembrou desse velho conhecido seu, o padre García Herreros, pensando que ele poderia de alguma maneira influenciar meu pai e fazer com que ele parasse com a violência que praticava, soltasse os sequestrados e se submetesse à Justiça com plenas garantias de segurança e sem correr o risco de ser extraditado.

Dom Fabio comunicou sua iniciativa a meu pai, que a aceitou imediatamente. Procurou o sacerdote, que não apenas se comprometeu a fazer o que fosse necessário como também enviou uma mensagem a meu pai no programa *El Minuto de Dios*: "Me disseram que você quer se entregar, me disseram que você quer falar comigo. Oh, mar de Coveñas, às cinco da tarde, quando o sol estiver caindo, o que devo fazer?".

A partir daquele momento, meu pai e o sacerdote trocaram cartas nas quais se dispunham a se encontrar, e por muitas semanas o *El Minuto de Dios* foi a ponte de comunicação entre eles. "Quero poder servir de garantia para que respeitem todos os seus direitos e os da sua família e amigos. Quero que você me ajude e me diga que passos devo dar", disse o religioso em uma das mensagens, dirigindo-se a meu pai.

Além disso, a frase "Oh, mar de Coveñas" ficou famosa, mas na verdade era uma espécie de código entre meu pai e o sacerdote. Omar era a identidade secreta do "Médico", um homem que estava se escondendo com meu pai e ia buscar o sacerdote na propriedade de dom Fabio Ochoa, para levá-lo até meu pai.

Enquanto o país seguia de perto García Herreros, soubemos pelo noticiário que meu pai voltara a mostrar que não se esqueceria nunca daqueles que em algum momento tomaram decisões contra ele. O ex-ministro da Justiça Enrique Low Murtra foi assassinado quando saía da Universidad de la Salle em Bogotá, após dar uma aula.

Meu pai considerou que eu e Manuela deveríamos viajar para os Estados Unidos, para ficarmos resguardados de qualquer ataque, pois, embora se sentisse confiante em seu poder, temia que nos usassem para pressioná-lo num momento tão decisivo para sua entrega à Justiça.

Enquanto iniciávamos uma nova viagem que nos levaria a conhecer boa parte do país norte-americano, meu pai e o padre García Herreros enfim combinaram de se encontrar no dia 18 de maio, em algum lugar de Medellín.

Conforme meu pai me contou tempos depois, o religioso estava muito assustado com a iminência do encontro, e começou a inventar vários impedimentos, querendo cancelar a viagem – por exemplo, disse uma vez que havia perdido os óculos e não conseguia enxergar nada. Para resolver a questão, levaram-no imediatamente ao oftalmologista. Cada nova desculpa que apresentava era resolvida em questão de minutos.

Ainda assim, o "Médico" buscou o religioso na fazenda onde ele estava com dom Fabio Ochoa; um vendaval que havia açoitava a região facilitou o translado, pois espantou todos os policiais que deveriam estar a postos em diversas blitze ao longo do caminho.

Por fim, meu pai e o padre García Herreros se encontraram num apartamento na cidade depois de ter mudado de carro várias vezes para evitar que o seguissem.

Os acontecimentos após esse encontro foram vertiginosos: em 20 de maio meu pai soltou Maruja Pachón e Francisco Santos, as últimas pessoas que mantinha em cativeiro. E dois dias depois o governo promulgou o decreto 1303, que atendia a praticamente todas as suas exigências jurídicas. Também o autorizaram a ficar recluso na prisão que ele mesmo havia construído.

Enquanto meu pai tinha tudo sob controle e claramente havia saído por cima, em 18 de junho de 1991 chegamos a Miami, após passar vários dias em Las Vegas, Los Angeles e San Francisco. Uma vez instalados num hotel na capital da Flórida, dissemos a nossos guarda-costas que queríamos ligar para meu pai de uma cabine telefônica. Ele estava num esconderijo perto de Medellín, e não foi difícil localizá-lo através de uma frequência UHF.

Depois de lhe contar por longos minutos sobre os lugares que tínhamos visitado nos últimos dias, meu pai me disse que, no dia seguinte, 19 de junho, ele se entregaria à Justiça, pois já sabia que a extradição seria eliminada da nova Constituição.

– Pai, não faça isso, se você se entregar vão te matar – eu lhe disse, esquecendo que não muito tempo antes tínhamos insistido para ele se submeter à Justiça.

– Fique tranquilo, Grégory, está tudo certinho, e não podem mais me extraditar, porque a Constituição não permite mais isso.

Após nos despedirmos, passei o telefone para Manuela, que tinha sete anos, e eles conversaram por bastante tempo. Antes de desligar, meu pai disse para ela não se assustar se o visse nas notícias e na prisão, porque aquele era o lugar onde ele havia escolhido estar. Quando se despediram e desligamos o telefone, Manuela me perguntou:

– Então agora o papai vai poder me levar na escola?

A bomba que explodiu no edifício Mónaco, onde morávamos, seria o estopim da guerra entre os cartéis de Cali e Medellín, em 1988. Manuela, minha mãe e eu nos salvamos por um milagre. ➤

⋏Este é o quarto onde eu e minha mãe dormíamos na madrugada do dia 13 de janeiro de 1988, quando o carro-bomba explodiu. Vivemos momentos dramáticos, porque o teto desabou sobre nós.

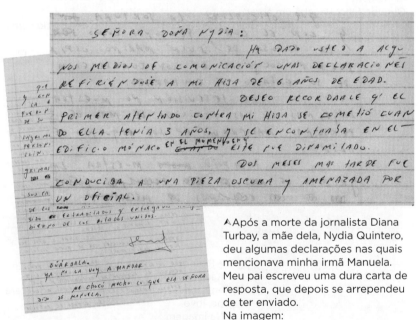

⋏Após a morte da jornalista Diana Turbay, a mãe dela, Nydia Quintero, deu algumas declarações nas quais mencionava minha irmã Manuela. Meu pai escreveu uma dura carta de resposta, que depois se arrependeu de ter enviado.
Na imagem:
"Dona Nydia: A senhora deu algumas declarações para os meios de comunicação em que citava minha filha de 6 anos de idade.
Deixe-me lembrá-la de que o primeiro atentado contra minha filha foi cometido quando ela tinha 3 anos e encontrava-se no edifício Mónaco quando este foi dinamitado.
Dois meses depois, foi levada a uma sala escura e ameaçada por um policial."

▲Esta foi a primeira carta que meu pai me mandou do presídio de La Catedral. Estava feliz porque havia recebido muitas mensagens.

Na imagem:

"Querido filho: Receba um abraço muito especial e carinhoso.

Estou muito bem e muito tranquilo. Todas as coisas estão indo de acordo com o que se tinha pensado.

Você não imagina a quantidade de mensagens de apoio que chegaram para mim. São centenas, e vêm de todos os lugares do mundo."

▲Recebi esta carta quando estávamos na Itália em 1990 e meu pai negociava sua entrega à Justiça. O tom da mensagem era positivo.

Na imagem:

"Quando vocês foram embora, fiquei muito animado porque muitos líderes importantes me chamaram e me prometeram mundos e fundos.

Meu representante era atendido diretamente pelo cara importante e ficava com ele por duas ou três horas. A moça importante me escrevia.

Mas depois começaram com picuinhas e eu não podia aceitar, ainda mais depois do que eles fizeram com meu sócio."

"Resolvi mudar de estratégia e a guerra vai acabar no novo governo. O presidente eleito disse que a extradição não é um compromisso seu e que tudo depende da situação da ordem pública, e a situação vai ser boa."

›Nesta mensagem, ele garantia que a extradição seria extinta. Meu pai tinha certeza de que ela seria eliminada da nova Constituição de 1991.
Na imagem:

›Esta foto foi tirada em Nápoles, poucos dias antes da extradição de Carlos Lehder. O jornalista Germán Castro tinha vindo falar com meu pai.

CAPÍTULO 14

HISTÓRIAS DE LA CATEDRAL

– Filho, não se preocupe, eu estou muito bem, estou ótimo. Preciso que você me faça o favor de comprar 25 ou trinta jaquetas grossas e as envie com alguém num voo direto, pois precisamos delas com urgência. Gostaria de dizer que aqui está tudo perfeito, e estou sendo cuidado pelos mesmos que sempre estiveram comigo. Então, tudo tranquilo.

O tom de voz calmo de meu pai, três dias após ter entrado no presídio de La Catedral, em junho de 1991, acabou por me convencer que sua entrega à Justiça seria boa para ele, para nós e para o país.

Ficamos de nos falar novamente quando eu tivesse as jaquetas em mãos, embora não parecesse uma tarefa fácil, pois era verão nos Estados Unidos.

Naquela terceira semana de junho, acabáramos de voltar de Nova York após um longo passeio familiar que já durava quarenta e cinco dias. Pela terceira vez, minha namorada pedira permissão para prolongar sua estada comigo, o que lhe gerou problemas com a família e com o colégio, onde cursava o último ano do ensino médio. Portanto, prometi que arranjaria para ela um voo direto a Medellín depois de passarmos alguns dias juntos na Big Apple.

Quando aterrissamos na cidade, os homens de meu pai haviam reservado quartos no St. Regis, um dos melhores hotéis nova-iorquinos e uma joia arquitetônica de 1904, mas eu não me sentia tão seguro de passar a noite ali, e por isso pedi que me mostrassem o lugar. Não vi luxo ou nobreza em lugar nenhum. Pelo contrário: o hotel me pareceu velho e feio. Portanto, pedi aos dois cicerones para me tirarem daquele lugar, que me deprimia por ser velho. Devo ter sido um dos poucos hóspedes na história do St. Regis que chegou, conheceu-o de cima a baixo e saiu de lá quinze minutos depois com as malas. É claro que eles se recusaram a reembolsar o dinheiro que havíamos pago pelos cinco quartos.

– Quero um lugar moderno, rapazes. Um hotel em um arranha-céu de onde possamos ver grande parte da cidade. Prefiro um Holiday Inn a essa velharia.

Assim, mais tarde fomos para o Hyatt, que era exatamente o que eu queria: um lugar moderno e um quarto num andar tão alto que, para chegar até lá, era preciso trocar de elevador. A vista era impressionante. O calor do verão era muito forte, e logo percebi que não gostava nada daquela cidade; sentia que até o sol tinha dificuldade para chegar à terra em meio às sombras enormes projetadas pelos edifícios, que pareciam se empilhar uns sobre os outros.

Caminhar e caminhar sem rumo contribuiu para que a viagem se tornasse chata e entediante, mas me animei quando, logo na saída do hotel, encontrei uma loja enorme de artigos eletrônicos. Entrei nela com meu tio Fernando e comecei a comprar descontroladamente presentes para meus parentes e amigos de Medellín; trinta discmans da Sony do último modelo, à prova d'água, além de cinco câmeras fotográficas e cinco filmadoras.

Naquela noite, meu tio foi ao meu quarto e comentou que os donos do estabelecimento pediram que descêssemos cedo no dia seguinte, pois queriam nos mostrar em privado alguns artigos que poderiam nos interessar. A curiosidade falou mais alto, e fomos lá às nove horas da manhã. Assim que nos viram, os vendedores baixaram as venezianas para evitar que outros clientes entrassem. No dia anterior, deviam ter percebido que tínhamos dinheiro de sobra, e por isso nos mostraram todos os seus "brinquedinhos".

Levaram-nos a um canto da loja e colocaram sobre o balcão uma maleta preta de couro. Dentro havia pequenas caixas com microfones de vários tipos e formatos; havia canetas, calculadoras, chaveiros e gravatas, todos com pequenos microfones; também havia uma câmera muito pequena para fotografar documentos, dotada de um tipo de filme especial.

Fiquei fascinado, sentindo-me como se estivesse no laboratório de James Bond, onde lhe apresentavam os últimos avanços tecnológicos inventados para ele pelo senhor Q.

Achei que aqueles artefatos seriam o presente ideal para meu pai, agora que estava na prisão. Não era fácil surpreendê-lo com lembrancinhas, e tampouco lhe agradavam joias ou relógios caros. Ainda por cima, ele não usava anéis nem correntinhas.

Portanto, pedi quatro microfones de Frequência Modulada, cuja bateria durava um mês de uso contínuo, uma dúzia de canetas e chaveiros com microfones, duas calculadoras e a câmera de microfilme.

Então perguntei se tinham algo melhor do que aquilo que haviam nos mostrado, e me disseram para voltar no dia seguinte, pois veriam outros artigos que se encontravam no depósito.

Na manhã seguinte, mostraram-me outros microfones com alcance de duzentos metros e gravador automático ativado pela voz. Acrescentei quatro desses ao pedido. Por último, apresentaram um estojo com receptores para todos os microfones, com alcance de mil e quinhentos metros. Incluí um desses na compra e pedi para o guarda-costas pagar a conta.

A surpresa para meu pai estava pronta, e foi bem naquele instante que ele me ligou para pedir as jaquetas, que precisava por causa do frio em La Catedral. Comprar roupas de inverno no verão se mostrou um desafio que nos levou a regiões que não aparecem nos mapas, mas no fim encontramos o que procurávamos. Andrea e Claudia ajudaram a escolher os modelos. Enchemos quatro malas com os casacos e enviamos tudo com um de nossos seguranças num voo direto de Nova York para Medellín.

Dois dias depois, recebi outro telefonema de meu pai, em que me agradeceu pelos agasalhos, mas disse que precisava de mais, e muito mais grossos, porque o frio era extremo, quase insuportável.

Então retornamos à loja da primeira vez e, depois de muito procurar, encontrei o famoso gorro preto, peludo e de estilo russo com o qual meu pai seria fotografado dentro da prisão um tempo depois. Dessa vez, comprei o que havia de melhor para se proteger do frio, incluindo luvas e casacos de montanhismo. Novamente, outro capanga voltou à Colômbia com cinco malas cheias.

Assim que recebeu a encomenda, meu pai me ligou e disse que havia gostado muito do gorro russo e que nunca o tirava porque esquentava muito.

Lembro que viajei aos Estados Unidos com a Colômbia em guerra, mas ao retornar me vi num país em paz, ao menos no tocante ao confronto entre o Estado e Pablo Escobar. Era uma sensação estranha.

"Nariz", "Salchichón" e dez outros guarda-costas nos buscaram no aeroporto, e quando chegamos à cidade percebi que mudaram de direção, e não iríamos ao "00", um apartamento no edifício Ceiba de Castilla, mas ao edifício Terrazas de Saint Mitchel, na Loma de los Balsos.

Tudo havia mudado. Aparentemente, já não era preciso se esconder de nada nem de ninguém. Não me deram um boné e óculos escuros para esconder minhas feições. Entramos no edifício recém-construído, onde minha mãe e minha irmã me esperavam com uma recepção calorosa enquanto "Nariz" e "Salchichón" carregavam as malas. Nosso novo lar tinha uma vista incrível da cidade e era amplo e confortável.

Perguntei a minha mãe sobre meu pai, imaginando que, como eu chegara numa quarta-feira, a visita ao presídio seria, como ocorre em todas as cadeias do país, nos sábados e domingos, e por um número restrito de horas. Mas minha mãe disse que, se eu quisesse, poderia passar a noite com meu pai, ou mesmo o fim de semana inteiro.

– Lá não há restrição de visitas, querido. Seu pai organizou tudo, a gente entra num caminhão que nos leva para lá e fica quantos dias quisermos. É como se fosse uma das nossas fazendas – disse minha mãe. Fiquei surpreso por ele estar tão bem acomodado em sua nova vida.

"Limón" me buscou cedo e chegamos ao bairro conhecido como El Salado, na parte baixa e semiurbana de Envigado.

Eu conhecia bem o caminho, pois antes de a prisão existir costumava passear ali perto, percorrendo os pântanos daquelas montanhas. Preparávamos um *sancocho* e tomávamos banho no jorro de água fria de uma cascata com vinte metros de altura. Naquela época, também conheci os terrenos que meu pai comprou, onde construiu três esconderijos. O primeiro era acessível desde a estrada, o segundo apenas montando num burro ou numa moto, e o terceiro apenas de burro ou a pé, pois era impossível chegar de outra maneira: levava pelo menos duas horas de cavalgada para chegar à cabana de três quartos em meio ao pântano, aos abismos e às pedras úmidas e repletas de musgos.

Na metade do caminho, "Limón" desviou para um pequeno sítio ao lado de uma estrada de barro e sinuosa e parou em frente ao letreiro que dizia Restaurante: um enorme estacionamento cheio de carros luxuosos e um pequeno e improvisado boteco com mesas de sinuca, uma máquina para pôr discos que não exigia moedas e diversas cadeiras e mesas posicionadas entre duas grandes geladeiras repletas de cerveja e refrigerante. Eu nunca estivera ali, mas aquela parte abaixo de La Catedral pertencia a meu pai.

Em outras palavras, cheguei à fachada que meu pai criara, o lugar para os visitantes deixarem seus carros e esperarem pelo caminhão.

Ninguém além dos visitantes especiais da prisão podia entrar, e ninguém sabia chegar ao Restaurante, que não tinha telefone, mas sim um sistema fechado de comunicação cujo cabo estava enterrado por baixo da montanha e chegava até a prisão. Antes mesmo de visitá-lo, descobri que meu pai havia instalado um telefone à prova de interceptações que seria muito útil nos meses seguintes.

O restaurante recebia bandidos que não precisavam entrar na prisão para receber ordens diretas de meu pai, pois ele as dava através do telefone com toda a tranquilidade e sem usar qualquer tipo de código, visto que considerava o sistema infalível. O aparato também servia para coordenar os turnos de utilização do caminhão, de capacidade limitada.

Era um veículo japonês azul-escuro com lona preta e fundo duplo, onde era possível acomodar de dez a quinze pessoas mais ou menos apertadas.

A parada de Limón no Restaurante foi breve, pois quase imediatamente me disseram que eu entraria em um carro particular, porque era o filho de Pablo e não precisava me esconder. Subi por volta do meio-dia em uma velha caminhonete Toyota Land Cruiser de carroceria vermelha e cabine branca.

Meu pai estava vestindo um poncho branco e ria alegremente quando se aproximou para me cumprimentar, como se dissesse: "Veja tudo o que consegui fazer aqui". Sempre costumava cumprimentá-lo com um abraço e um beijo na bochecha, e dessa vez não foi diferente.

Minha avó Hermilda já estava lá, pois vivia atrás de Roberto, seu filho mais velho, que acordava mais cedo que meu pai.

Comecei a ver mais caras conhecidas do que esperava, pois dentro dos uniformes de guardas penitenciários estavam os rapazes com quem convivi a vida toda, que sempre estiveram ao lado de meu pai, protegendo-o.

Senti como se entrasse numa grande peça de teatro, onde os guardas e os presos interpretavam papéis.

Alguns dos rapazes que se entregaram junto com meu pai em 19 de junho não tinham nada a ver com ele e não integravam seus grupos de capangas. Foram simplesmente "infiltrados". Como John Jairo Betancour, o "Icopor"; Juan Urquijo, um vagabundo do bairro de Aranjuez; Alfonso León Puerta, o "Angelito", que estava sem trabalho em Cúcuta e pediu ao "Mugre" que o trouxesse a La Catedral; José Fernando Ospina; o "Gordo Lambas", que entrava em uma cadeia pela terceira vez para prestar um favor a "Mugre"; Carlos Díaz, "a Garra", o pistoleiro do abatedouro de La Estrella; Jorge Eduardo e "Tato" Avendaño, que vivia no bairro de La Paz.

Eram tão pouco importantes que, no dia em que deviam se entregar, esperaram por cinco horas a chegada dos agentes do CTI do Ministério Público no Centro Comercial Oviedo. Tiveram que telefonar diversas vezes para que os buscassem porque não tinham dinheiro para o transporte.

Além disso, meu pai já havia dito a cinco guardas enviados de Bogotá que lhes pagaria um salário mensal em troca de seu silêncio. Meu pai contou que, antes de enviá-los a uma zona distante da prisão onde não teria mais contato com eles, disse:

– Aqui ninguém vê nem escuta nada. Cuidado com os comentários e não vão fazer merda.

Ingenuamente, eu chegara a acreditar que meu pai deixaria de cometer crimes e passaria alguns anos na cadeia, para então voltar para casa em definitivo. Estava enganado, pois com o passar dos dias se tornou mais e mais evidente que, em La Catedral, meu pai trataria de reorganizar seu aparato militar, redesenhar as rotas do narcotráfico e manter o sequestro e a extorsão como fontes seguras de renda. E tudo isso bem debaixo do nariz do governo, que parecia respirar tranquilo depois de finalmente ter encarcerado seu inimigo número um.

Depois de tomar um café, fiz um tour pela prisão com o meu pai. Na entrada havia três mesas de bilhar, uma de pingue-pongue e muitos jogos de tabuleiro espalhados pelo chão. Ao fundo ficava o refeitório, e logo atrás a cozinha, que tinha uma abertura pela qual eram entregues as bandejas de comida. Mas o refeitório quase nunca era utilizado devido ao frio extremo. O problema foi resolvido com a contratação de três chefs de cozinha, para quem telefonavam pelo circuito interno para pedir a entrega da comida.

Chegamos à enfermaria, e me surpreendi ao encontrar ali Eugenio, o médico da fazenda Nápoles, que disse estar à disposição para o que eu precisasse. A pedido de meu pai, ele explicou os sintomas e como deveria ser utilizado o antídoto que guardavam cuidadosamente para situações de envenenamento por cianureto.

Muito tempo antes, meu pai havia tomado precauções porque temia que seus inimigos do cartel de Cali envenenassem sua comida. Por isso, ao chegar em La Catedral, levou duas empregadas para cuidar exclusivamente de suas refeições, que preparavam numa cozinha diferente da dos outros.

Descemos quinze degraus e chegamos a uma enorme e ampla varanda semicoberta, um terraço com acesso a todas as celas-suítes. Dali era possível ver toda a cidade, pois havia telescópios de diversos tamanhos, entre eles um grosso e laranja que me chamou a atenção.

– Com esses equipamentos, conseguimos enxergar até a placa dos carros que passam pelo Pueblito Paisa. O que você acha? Dê uma espiada, é possível ver muito longe.

Fiquei impressionado, porque de fato a história das placas era verdade. O telescópio permitia ver com precisão a muitos quilômetros de distância.

À direita do terraço ficava a cela de meu pai, gelada como o resto da cadeia. Não adiantou instalarem madeira no piso e nas paredes. Fazia muito frio, e entendi por que meu pai queria os agasalhos. A cela dele tinha um cômodo de vinte e cinco metros quadrados na entrada. Ao passar por uma porta, chegava-se ao quarto, que tinha um banheiro amplo e outros vinte e cinco metros quadrados. Ainda não havia maiores luxos, pois fazia pouco tempo que tinham se instalado lá. Meu pai disse que deixaria sua cela para "Otto", porque minha mãe já havia começado a construir uma nova, situada numa das extremidades da prisão, maior e com uma vista melhor.

Eu não tinha levado roupa para passar a noite porque realmente não acreditava que isso seria possível numa prisão, e porque a ideia me assustava um pouco – sentia que algo grave poderia acontecer se descobrissem que eu estava lá. Mas meu pai insistiu que eu ficasse para mostrar a ele e a todos os rapazes os presentes que havia trazido.

Vários guardas buscaram as malas que eu trouxera, e nos reunimos na sala da entrada da cela de meu pai. Além de nós dois, todos os seus homens sentaram em círculo, em cadeiras brancas de plástico.

Tirei os casacos um por um, e começaram a passá-los de mão em mão e a fazer piadas, como se estivessem em um desfile. Enquanto isso, meu pai chamou alguns guardas que não tinham proteção contra o frio e os presenteou com algumas das jaquetas.

Meu pai achou as canetas muito úteis, e guardou quatro para seus advogados. Disse que não seria nada mal que eles as utilizassem quando se reunissem com políticos em Bogotá.

– Para que não esqueçam o dinheiro e os favores que arranjei para eles.

Em Nova York, eu havia comprado alguns presentes mais pessoais para meu pai, porque durante muitos fins de semana de minha infância assistimos juntos aos filmes de James Bond e de Charles Chaplin. Levei para ele a coleção completa do famoso espião inglês em VHS, o que o deixou muito contente. Também o presenteei com um videocassete portátil que lia filmes europeus do sistema PAL e os típicos NTSC americanos.

– Grégory, você já viu algum filme de John Dillinger? Adoro a história dele, sabe? – Meu pai se referia ao famoso ladrão de bancos norte-americano que pôs em xeque as autoridades de seu país durante muitos anos.

– Não, pai, não vi nenhum.

Naquela noite, fomos ver a situação da obra da nova cela de meu pai, projetada por minha mãe. Entramos com lanternas, porque ainda não tinha fiação elétrica, e enquanto ele me explicava onde ficaria cada coisa percebi que não estava muito convencido de que aquele lugar atenderia aos seus desejos. Os rapazes não economizaram críticas a uma pequena parede que haviam erguido naquele mesmo dia.

– Esta parede aqui não serve – disse meu pai, e derrubou um terço dos tijolos com um chute. Os guarda-costas ajudaram a terminar com o resto.

Lembro que alguém havia presenteado meu pai com um colchão d'água que podia ser aquecido. De início, achamos divertidos seus movimentos ondulantes, mas depois descobrimos que era como passar a noite num veleiro em alto-mar; cada movimento meu ou de meu pai gerava ondas internas que me deixavam enjoado. Um desconforto total. Acordei com dor na coluna e um frio indescritível.

Minha mãe foi até La Catedral no dia seguinte para me trazer roupas e levar Manuela para que meu pai a visse. Passaríamos o fim de semana inteiro juntos. Percebi por causa do tamanho da bagagem, e isso não estava em meus planos, pois sentia muitas saudades de Andrea após nossa viagem idílica pelos Estados Unidos. Estava havia quase três semanas sem vê-la, e passava o dia pendurado no celular falando com ela.

Insisti em voltar para Medellín com o objetivo de visitá-la, mas meu pai não gostou muito disso.

Então, meus pais me chamaram para uma conversa a sós.

– Filho, você sabe que não incomodo ninguém por causa de dinheiro, mas pegue leve com os gastos de viagem, cara, que você gastou um monte em muito pouco tempo, e deve saber que não estamos no melhor momento. O "Kiko" Moncada tem me emprestado dinheiro há muito tempo para a guerra. Sei que vou me recuperar, porque a única coisa que sei fazer bem na vida é dinheiro, mas é hora de gastarmos menos. Então, preste atenção, que isso não volte a se repetir – disse meu pai enquanto bagunçava meu cabelo com a mão direita.

Eu não quis discutir muito, porque ele tinha toda a razão. Mas disse em minha defesa que não havia gastado todo aquele dinheiro sozinho, pois éramos quinze pessoas hospedadas nos melhores hotéis, comendo nos melhores restaurantes e viajando sempre de primeira classe.

Aquele fim de semana em família teve seus altos e baixos. Quando minha mãe viu a parede da nova cela reduzida a destroços, começou a gritar a plenos pulmões e reclamou com meu pai pelo ocorrido. Ela disse que era uma falta de respeito, e que ele não sabia como as coisas ficariam depois de prontas.

– Já que você e os seus homens sabem tanto de projeto, resolva isso com eles, porque eu não ajudo mais. Encontrem vocês uma solução.

Sempre que podia, eu falava por horas no telefone com Andrea, até que meu pai não aguentou mais e me chamou num canto para conversar comigo, porque percebeu que eu estava apaixonado.

– Grégory, o que está acontecendo? Você está tão apaixonado por essa garota, e ainda é muito novo para entrar numa dessas, falta muita experiência de vida e muitas mulheres para conhecer. Não vá se apaixonar assim pela primeira que você conheceu, que o mundo está cheio de mulheres encantadoras. Você tem que sair com outras garotas e se divertir, porque é jovem demais para estar tão apaixonado e caído por uma só.

– Mas pai, não preciso de outras mulheres, estou muito feliz com a Andrea e não sinto falta de nenhuma outra para experimentar nada. Não é minha primeira namorada, você sabe que já tive outras, além de algumas amigas. Mas nunca tinha me sentido tão bem junto de alguém. Então não preciso sair por aí procurando o que já encontrei nela.

– Isso não é bom, meu filho. Não é normal ficar o dia inteiro pendurado no telefone, pensando apenas em uma única pessoa. Ela não é tudo, nem deve ser tudo para você. Então encontre um jeito de conhecer outras garotas, ou se preferir eu posso apresentar algumas a você.

A conversa aconteceu dentro de seu quarto, quando Manuela já tinha pegado no sono. Minha mãe entrou para ver o que estava acontecendo, pois era óbvio que discutíamos, e perguntou o que havia acontecido. Eu não quis dizer nada, pois estava prestes a derramar lágrimas de raiva por meu pai ter enfiado na cabeça a ideia de que eu precisava ser infiel.

– Pergunte pra ele.

O fato é que meu pai estava mal informado a respeito de Andrea, devido ao medo que alguns familiares haviam semeado nele. Fizeram-no acreditar que ela estava comigo apenas pelo dinheiro, e que a diferença de idade entre nós dois era um agravante.

Mas estavam todos enganados, inclusive meu pai.

No fim de semana seguinte, voltamos lá para passar dois dias. Eu estava na cela do "Mugre" quando, de repente, escutamos por um dos receptores dos microfones os gritos de Dora, a esposa de meu tio Roberto, envolvida numa discussão intensa e escandalosa porque havia encontrado lingeries no chuveiro.

"Mugre" não conseguia parar de rir e se contorcia no chão, porque ele mesmo havia pendurado as calcinhas no chuveiro e instalado o microfone para gravar a discussão conjugal. Meu pai sabia dessa brincadeira de mau gosto, e foi até a cela de "Mugre" para escutar o que estava acontecendo.

– Pelo amor de Deus, "Mugrezinho", que problemão você foi arranjar para o Roberto. Ele vai te matar quando ficar sabendo. Mas deixe que eu ajeito o problema entre eles – disse meu pai, morrendo de rir.

O escândalo estava prestes a custar um divórcio a Roberto quando meu pai e o "Mugre" revelaram o lugar onde o microfone havia sido plantado e admitiram terem sido os responsáveis por aquela maldade. Houve muitos risos e olhares tortos, mas assim eram feitas as brincadeiras em La Catedral, onde todas as piadas eram sempre muito pesadas.

Com tanto tempo livre, meu pai se divertia planejando brincadeiras, e o "Mugre" sempre o acompanhava no jogo. Um dia, combinaram de aprontar uma para o gordo "Lambas".

Quando tudo estava pronto, meu pai se reuniu com diversos de seus homens e pediu a "Lambas" o favor de lhe trazer um "periquito" (uma bebida quente com mais leite que café). "Lambas" foi até a cozinha e pegou um copo, e como a reunião não era importante, meu pai disse que ficasse ali para conversar com eles.

Depois de beber o "periquito", fingiu que estava enjoado e começou a espumar pela boca, dizendo:

– Gordo, o que você pôs no meu café? Amarrem ele, fui envenenado. Chamem o Eugenio e tragam o antídoto para cianureto... rápido, que eu vou morrer.

"Mugre" pegou a metralhadora de meu pai e apontou para o "Gordo" enquanto outros dois cúmplices foram correndo amarrá-lo.

– Você me matou, Gordo, você me matou. Se eu morrer, o mandem junto. Estão escutando?

– Você envenenou o chefe, seu verme traidor, o que você fez com ele, Gordo?

– Confesse! – diziam os rapazes em meio à algazarra, enquanto meu pai continuava espumando.

– Patrão, juro por Deus que não coloquei nada no seu "periquito". Por tudo que há de sagrado, não façam nada comigo que não sou um traidor como o patrão acha. Eu vi o café sendo preparado na cozinha e não colocaram nada de estranho. Perguntem às moças, mas por favor não me matem.

"O Gordo" chorou durante os dez minutos da armação organizada por meu pai, que então ficou de pé, limpou a baba e mostrou o papel de Alka-Seltzer que havia enfiado na boca. Depois que soltaram as cordas que amarravam o "Gordo", ele abraçou meu pai e disse que tinha mesmo achado que os dois morreriam naquela noite.

Em La Catedral havia um campo de futebol em construção, que, assim como todas as obras do lugar, era financiado por meu pai. Foi investida uma fortuna nele, porque o sistema de drenagem deveria garantir a absorção de água para evitar que o campo enchesse de poças. Tampouco poderia faltar iluminação, que era tão potente que podia ser vista de boa parte da cidade.

Pronto o complexo esportivo, meu pai organizou partidas acirradas com convidados especiais que vinham de Medellín. O goleiro René Higuita, os jogadores Luis Alfonso, "Bendito" Fajardo, Leonel Álvarez, Víctor Hugo Aristizábal e Faustino Asprilla e o técnico Francisco Maturana foram até lá algumas vezes para jogar.

Em um desses encontros, chamou-me a atenção a agressividade de Leonel contra mcu pai. Ele dava entradas mais fortes nele do que em qualquer outro, mas meu pai não dizia nada. Sem dúvida era um jogador muito valente, até que o "Mugre" o chamou para a lateral do campo e disse:

— Pegue mais leve com o patrão, porque ele não disse nada, mas já está olhando feio para você.

Não seria exagero dizer que as partidas de futebol em La Catedral só terminavam quando a equipe em que meu pai jogava vencesse. Os eventos podiam durar até três horas e, para que pudesse ganhar, meu pai não tinha nenhum problema em passar para o seu time os melhores jogadores adversários. E ainda que houvesse um árbitro rigorosamente vestido de preto, a duração da partida dependia da equipe de meu pai estar à frente no marcador.

Sempre se especulou que meu pai fosse dono de times de futebol colombianos, como Medellín, Atlético Nacional, Envigado e até mesmo de alguns jogadores. Isso não é verdade. O futebol sempre foi uma de suas paixões, mas ele nunca se interessou por ser dirigente ou empresário.

Enquanto isso, os luxos e as comodidades avançavam a toda velocidade. Nós também estávamos acostumados a viver sempre cercados de obras e reformas, que começavam todos os dias, e La Catedral não seria exceção.

A insistência de meu pai convenceu minha mãe a terminar a nova cela. A sala ficou na entrada, com um sofá italiano de vime e duas poltronas confortáveis combinando; em seguida, havia uma sala de jantar para seis pessoas e uma cozinha completa com fogão e geladeira, integrada a uma varanda de madeira onde, segundo meu pai, todos os dias um pássaro amarelo aparecia para ganhar comida.

Achei que era conversa fiada, mas o passarinho apareceu para visitá-lo diante de mim e de diversas outras testemunhas. Eu não conseguia acreditar na relação que meu pai tinha com a pequena ave, pois era claro que ela confiava totalmente nele. O passarinho caminhava tranquilo pela varanda, e meu pai lhe dava pedacinhos de pão ou banana. O pássaro deixava que fizesse carinho, e quase se deitava ao recostar-se em seu braço para ser acariciado. Então, subia em seu ombro e ficava ali por um tempo enquanto meu pai continuava conversando como se nada tivesse acontecido. Não me espantou sua boa relação com as aves, pois sempre cuidou muito bem delas em Nápoles, e quando soube que seriam confiscadas deu ordens para que Pastor, o cuidador, deixasse as portas das gaiolas abertas para que todas voassem para a liberdade. Em cada esconderijo a que íamos, meu pai sempre ia até a varanda, o pátio ou o que fosse para deixar comida para os pássaros.

Na "cela", minha mãe pôs duas pinturas e uma pequena escultura de um artista local que pintava e esculpia cenários dos bairros populares de Medellín. Também estavam emoldurados os cartazes de "Procura-se" que as autoridades haviam utilizado na perseguição do cartel de Medellín. Em outra parede, via-se a famosa foto de meu pai com Gustavo Gaviria, seu sócio, vestidos como mafiosos italianos. Ao lado de sua escrivaninha, pôs uma foto pouco conhecida de Ernesto "Che" Guevara.

O acesso ao quarto de meu pai se dava por uma porta de madeira de tamanho padrão; à esquerda, perto do canto, havia uma cama com base de concreto, e no encosto tinha uma imagem da Nossa Senhora das Mercês, a conhecida padroeira dos presidiários. Havia apenas uma escrivaninha, e sobre ela um belo abajur Tiffany colorido.

A cama tinha um degrau de vinte centímetros que lhe permitia ver a cidade do travesseiro. Ao lado, havia uma estante de livros com uma televisão da Sony de vinte polegadas e a coleção de filmes de James Bond que havíamos começado a ver juntos outra vez.

Ao lado da janela ficava o seu escritório de trabalho com escrivaninha, outro sofá, uma pele de zebra decorando o piso com carpete e uma lareira para apaziguar o frio. Mais adiante ficava o banheiro, com banheira e sauna, um armário com as roupas dele e um esconderijo (que não poderia faltar) onde ocultava dinheiro e armas.

Pouco depois, foi construído também um bar com uma imensa piscina de hidromassagem para vinte pessoas, situada abaixo das celas e com a mesma vista para Medellín. "Mugre" foi autorizado por meu pai a decorá-lo, e encheu de quadros com pinturas sobre espelhos estampando o logo de grandes marcas de bebida e tabaco. Instalou também um equipamento de som enorme. Mas o frio intenso fez com que o lugar ficasse sempre vazio. Só usaram umas poucas vezes a piscina, que era tão grande que levava um dia inteiro para ser enchida e aquecida.

Em uma viagem breve que fiz aos Estados Unidos, comprei vários carrinhos de controle remoto que o "Mugre" havia encomendado para brincar na cadeia. Ele tinha diversos helicópteros e aviões de controle remoto que manejava sobre o campo de futebol. Nós dois éramos fanáticos por motos e por tecnologia, e na cadeia compartilhávamos nosso hobby. Com uma pá e uma picareta, ajudei-o a construir uma pista com diversos saltos e curvas acentuadas para os carrinhos. Passávamos horas brincando com as crianças que iam visitar a prisão.

Ao lado da pista foi construído um tanque onde começamos a criar trutas. Um dia, meu pai ficou furioso com Juan Urquijo porque ele pescou umas vinte trutas de uma só vez. Meu pai mandou o "Mugre" pôr um letreiro, escrito por este último, com a seguinte advertência: "Multa para quem tirar mais de uma truta: uma bala na cabeça".

Chegou enfim o momento de comparecer a um interrogatório diante de um promotor sem rosto, que perguntaria a meu pai a respeito da verdadeira origem de sua fortuna e de seus delitos como traficante. Para preservar a identidade dos funcionários do Ministério Público, prepararam uma casa apartada da prisão, mas dentro de seu perímetro.

Meu pai assistiu à audiência acompanhado de um de seus advogados, com quem planejara negar todas as acusações e obrigar o Estado a provar sua culpa. Também ficou acertado que meu pai falaria do menos grave de seus delitos junto ao tráfico, e assim daria por cumprido seu compromisso legal de confissão para obter benefícios. Meu pai se perguntava: "Por que diabos vou facilitar a minha própria condenação?".

– Informe seu nome completo, data de nascimento e número de identidade para a audiência – pediu o promotor sem rosto.

– Meu nome é Pablo Emilio Escobar Gaviria, nascido em 1º de dezembro de 1949, o número de minha identidade é 8.345.766, e trabalho como pecuarista.

– Se você é dono de gado, por favor, poderia me informar o preço aproximado de um gado em pé na feira desta semana?

– Solicito que a audiência seja postergada para outro momento, estou com uma dor de cabeça forte demais para continuar – disse meu pai, ao mesmo tempo que se levantou e saiu sem dizer mais nada.

Ao retornar à cela, comentou o episódio com seus homens e todos riram às gargalhadas, porque a audiência para confissão havia sido uma chacota com a Justiça.

Em dezembro de 1991 houve várias festas em La Catedral, e na noite de Natal evitaram os fogos de artifício para não chamar a atenção. Ainda assim, compartilharam champanhe Cristal em grandes quantidades e houve bons presentes, como o de meu tio Roberto, que me deu um relógio Cartier. Minha mãe e Manuela me disseram que eu devia encontrar meu presente em algum lugar de La Catedral, porque era uma surpresa.

Procurei em diversos lugares sem muita ansiedade, até que entrei no quarto de meus pais e encontrei escondida atrás das cortinas uma motocicleta Honda CR-125, último modelo, perfeita para a prática do motocross, um de meus esportes preferidos. Não conseguia acreditar que haviam levado meu presente até a prisão.

Meses mais tarde, fui à cadeia com um recorte de jornal que relatava meu triunfo como campeão de uma corrida de motos na categoria livre. Meu pai ficou muito contente com meu sucesso com a moto que havia me dado.

Pouco depois, a Liga de Motociclismo de Antioquia organizou uma competição de carros conhecida como quarto de milha, em que os veículos correm em linha reta e em alta velocidade até a linha de chegada. Comecei a me preparar para competir com diversos carros emprestados, entre eles um BMW M3, um Toyota Celica, um Porsche 911 e um Ford Mustang 1991 conversível. Nos dias anteriores ao evento, fui inscrever os veículos e encontrei dezenas de curiosos que se aproximavam para ver os carros e perguntar sobre a corrida.

Em meio à aglomeração, vi dois homens que claramente não estavam interessados na corrida, mas em mim e nos guarda-costas ao meu redor. Para evitar problemas, decidi sair dali e deixar os guarda-costas para investigarem um pouco mais.

Quando eu estava saindo, dirigindo o veloz Toyota Celica, vi algo que me pareceu ainda mais estranho: havia uma ambulância estacionada em frente à porta principal da sede da Liga de Motociclismo. Era a mesma ambulância da qual eu escapara alguns dias antes, quando me dirigia às minhas aulas particulares do colegial. Dessa vez, achei estranho ver uma ambulância às sete horas da manhã em uma região relativamente pouco habitada, e por simples precaução desviei dela com um giro brusco de 180 graus.

Meu pai sabia que eu ia competir, e quando isso acontecia ele mandava redobrar minha segurança, pois eu estaria exposto em lugares públicos, onde os riscos eram maiores.

Por causa desse episódio, lembro que meu pai dizia com muita frequência que estava cansado de evitar que eu fosse sequestrado pelos *capos* do cartel de Cali. Ele tinha certeza de que, se eu caísse nas mãos de seus inimigos, cobrariam muito dinheiro pelo resgate, e então me matariam. Também dizia respeitar o velho pacto segundo o qual não devia atacar as famílias dos mafiosos, apesar de conhecer os movimentos de cada filho, filha, pai, mãe, tio, tia, primo e amigos de todos os *capos*, aos quais não causaria dano, exceto se encostassem um dedo em mim ou em Manuela.

Com o esquema de segurança reforçado, continuei a preparação para a corrida, mas de uma hora para a outra ele pediu que eu fosse com urgência a La Catedral.

Urgente era um termo que não podíamos usar na vida cotidiana. Portanto, sem fazer nenhuma pergunta, fui a La Catedral, onde era esperado por meu pai com um monte de fitas cassete sobre a escrivaninha e documentos com o selo oficial da polícia. Cheguei sem entender o que estava acontecendo. Ele me cumprimentou apressadamente e pediu que eu esperasse um momento.

– Tenho boas e más notícias, meu querido – disse, olhando em meus olhos e dando a entender que lamentava o que tinha para dizer.

– A má é que iam sequestrar você nessa corrida... A boa é que fiquei sabendo a tempo, e localizei o grupo que acha que vai te capturar.

Fiquei pálido. O castelo de cartas que havíamos construído desde que chegáramos a La Catedral acabava de ir abaixo.

– Preciso que você fique aqui na cadeia. Mande trazer algumas roupas, porque você não pode descer para Medellín até que eu solucione esse caso pessoalmente. Já tenho gravações desses otários, que acham que são mais espertos do que eu. Aqui estão os dados completos da operação. O complicado é que, dessa vez, juntaram forças para sequestrar você: há alguns militares envolvidos na primeira fase da operação, e policiais na segunda.

– Nossa, pai, mas como você descobriu tudo isso? Não vou poder correr? Ah, que tristeza as coisas estarem desse jeito. Achei que íamos viver mais tranquilos, mas pelo visto continuo no meio do fogo cruzado. O que você vai fazer? Para quem vamos denunciar?

– Para ninguém, meu filho. Esses veados respondem diretamente pelo que acontecer com você. Por isso eu precisava que você viesse, para não dar chance para eles. Espera só um minutinho, que estão me confirmando os últimos dados dessas pessoas, para que você veja os nomes e decore, caso algum dia eles parem você por aí com a intenção de lhe fazer algum mal.

Fui comer e telefonei para minha mãe, pedindo que me mandasse roupas para alguns dias, mas escutei ao fundo a voz de meu pai dizendo para eu pedir roupas para pelo menos dez dias. Aquilo me deixou pior. Minha mãe não entendeu nada, e eu simplesmente disse para que ficasse tranquila, pois estávamos todos bem e meu pai lhe explicaria tudo quando ela subisse para La Catedral.

Voltei para o quarto de meu pai e observei que ele estava organizando com muito cuidado todas as informações que havia recebido sobre meu sequestro. A seu lado estavam "Otto" e "Mugre". "Popeye" entrou pela porta e ofereceu ajuda, mas meu pai disse que não, obrigado, tratava-se de um assunto muito delicado.

– Quer saber? Você pode ajudar se trouxer "periquitos" para todos nós.

– Sim, patrão, vou pedir para as moças prepararem. – "Popeye" deu meia-volta e partiu resmungando.

– Otto, me passa o celular, por favor. Filho, venha, sente na cama aqui do meu lado. Fique tranquilo que vou falar com seus sequestradores e avisar o que pode acontecer com eles se levarem essa ideia adiante.

Em seguida, começou a digitar o telefone de cada um dos envolvidos – capitães, tenentes, sargentos e até um cabo –, e deu a cada um o mesmo sermão.

– Quem fala aqui é Pablo Emilio Escobar Gaviria, o número da minha identidade é 8.345.766 e quero que você saiba que já estou ciente dos seus planos de sequestrar meu filho Juan Pablo na corrida do quarto de milha em Medellín, com a ajuda do Exército, que fará uma operação preventiva para desarmar os guarda-costas dele e levá-lo dali. Mas quero que você saiba que sei onde sua mãe e toda a sua família moram, e se acontecer algo com meu filho, você e toda sua família vão responder por isso. Então é melhor que você vá embora do estado de Antioquia, porque já dei você sabe qual ordem caso alguém o encontre por aqui. Ferrou para vocês porque se meteram com a minha família, e aí não respondo pelo que pode acontecer, está entendendo? Você tem vinte e quatro horas para abandonar a cidade, senão declaro você um objetivo militar e saio à caça. Agradeça por eu deixá-lo vivo. Ou acha que só porque você é policial e eu me entreguei tenho medo de você?

Contando essa nova investida, era a quinta vez que tentavam me sequestrar. No fim das contas, não pude participar da corrida e fiquei quase vinte dias em La Catedral, até que meu pai verificou que os envolvidos haviam sido transferidos de seus postos.

Naquela época, foi celebrado em La Catedral o casamento de "Tato" Avendaño e sua esposa Ivonne. Os dois ficaram ali durante quinze dias, e passaram a lua de mel estreando a cama giratória em forma de coração que ele mandou fazer para a ocasião. Houve uma cerimônia completa, à qual compareceram dezenas de pessoas, como se o evento tivesse acontecido num hotel chique.

Fidel Castaño aproveitou a amizade com meu pai para se esconder em La Catedral. Chegou a passar duas ou três semanas escondido ali. Dormia num quarto ao lado de meu pai, tomava banho em seu banheiro e comia a sua mesa: era um amigo como os outros. Até o dia em que meu pai começou a desconfiar, porque descobriram-no coletando informações dentro da prisão. Naquele momento, começou o distanciamento de meu pai dos irmãos Castaño, que resultaria numa guerra mortífera entre eles.

No mesmo período, "Comanche", um dos líderes do bando dos "priscos", também tinha uma suíte por lá para se esconder sempre que as coisas "esquentavam" na cidade.

Certa vez, fui passar o fim de semana com meu pai e decidi que ficaria até a metade da semana, porque a prisão era confortável, tinha uma boa vista e o serviço era tão bom que ninguém queria ir embora.

Nessa oportunidade, "Kiko" Moncada foi até lá, e me cumprimentou com a mesma ternura de sempre, pois já havíamos nos encontrado três ou quatro vezes. A primeira foi numa casa de fazenda ao lado de Yerbabuena, no bairro de El Poblado, quando nos contou que teve dificuldade para comprar uma Ferrari, porque na concessionária não vendiam uma para qualquer pessoa. Ele a adquiriu por intermédio de um testa de ferro. A segunda vez que vi Moncada foi em um prédio de escritórios ao lado do edifício Mónaco, quando meu pai já havia declarado guerra ao governo. Naquela ocasião ele disse ao meu pai:

– Pablo, cara, estou comprometido com a luta, e vamos mostrar o que é dureza pra todos esses filhos da puta. Você sabe, eu já disse e vou dizer mais uma vez, para você não achar que é da boca para fora: tenho

100 milhões de dólares prontos para serem usados nessa guerra. Conte com esse dinheiro, que a minha família já está muito bem organizada com suas continhas, se é que você me entende, por isso tenho isso sobrando, e aja como se fosse seu, meu irmão. Pode me pagar quando quiser e puder, sem juros. Essa é minha contribuição. Diga para o seu pessoal passar no meu escritório no centro, que ali podemos fazer as contas e entregar o dinheiro no momento em que você precisar. Ou me diga onde está que eu faço a grana chegar a qualquer hora, mesmo.

– Não, meu irmão, está tudo bem, sei disso e agradeço, e assim que o meu dinheiro acabar, vou incomodar você, porque essa guerra está custando muito caro. Qualquer hora dessas eu dou uma avisada. Obrigado pelo apoio, Kiko.

Também o vi certa vez no esconderijo de La Isla, em El Peñol, quando ele, Lehder, Fidel Castaño e meu pai estavam lendo o livro *El hombre que hizo llover coca*, escrito por Max Mermelstein, que trabalhou para meu pai e para outros integrantes do cartel de Medellín.

Meu pai mencionou Moncada muito poucas vezes diante de mim, mas cada vez que fez isso se referia a ele com muito carinho, pois era perceptível que se davam bem, e não só por questões de dinheiro. Sempre falou de sua seriedade, de sua eficiência e rapidez para levar e desembarcar a droga e de como eram bons amigos.

Agora, em La Catedral, contou a Moncada os detalhes de como a guerra contra o cartel de Cali estava se desenrolando, pois essa última etapa do confronto havia sido financiada com o dinheiro de "Kiko".

Horas mais tarde, eu estava deitado na cama de meu pai assistindo a um filme quando os dois entraram e se sentaram para conversar no escritório dentro do quarto. Por prudência, levantei-me para deixá-los a sós, mas meu pai disse que eu podia continuar vendo o filme tranquilamente. Mas a curiosidade foi mais forte, e é claro que prestei atenção no que estavam dizendo, sobretudo quando meu pai perguntou:

– E aí, "Kiko", me diga quanto estou lhe devendo.

– Só um segundinho, Pablo, vou chamar o secretário ali fora.

Um homem desconhecido entrou, nos cumprimentou e deixou ali uma maleta executiva, da qual "Kiko" tirou uma grande folha de papel impressa, mas meu pai não a pegou.

– Não, "Kiko", não precisa me mostrar as contas. Fique tranquilo, irmão, só me diga quanto devo a você e está feito, para não precisarmos repassar todas as contas.

– Pablo, até o momento você me deve 23,5 milhões de dólares, e quero que você saiba que não estou cobrando. Você sabe que estou aqui porque você me pediu as contas, mas os outros setenta e seis milhões estão prontos para quando você precisar.

– Muito obrigado por tudo, "Kiko", meu irmão. Mas espero que não seja mais necessário incomodá-lo, porque as coisas estão indo bem no México, e vou aproveitar e pagar tudo o que lhe devo de uma vez só.

– Ah, fico contente, meu irmão. Bacana. Acho que esse serviço a gente entrega rapidinho, e então ajeitamos bem as contas. Esse é o bom da cocaína, que ela dá pra tudo, não é? – disse, rindo.

Eu os observava com o canto do olho e fingia assistir ao filme, mas era difícil não prestar atenção em uma conversa como aquela.

– Feito, meu irmão, então fica acertado. Veja bem, não estou mandando você embora, se quiser ficar não tem problema, mas o caminhão parte às oito da noite, e faltam quinze minutos, caso você precise ir. Como você queira.

– Ah, certo, Pablo. É melhor eu aproveitar e ir, porque tem uma boazuda me esperando; estamos nos falando.

Meu pai disse que o acompanharia até o caminhão, e os dois saíram do quarto. Continuei vendo o filme de James Bond. Nos dias seguintes, aconteceu uma coisa incrível de qualquer ponto de vista: o diretor da prisão ordenou que os guardas praticassem tiro num campo improvisado em frente à montanha. Mas não foram apenas os guardas que participaram do treinamento: tomaram parte os soldados e seus superiores, e também meu pai e seus homens.

Obviamente, as melhores e mais modernas armas estavam sob poder do esquadrão de meu pai, que tinha reluzentes fuzis Colt AR-15 com mira a laser, metralhadoras Heckler e pistolas Pietro Beretta e Sig Sauer. Os soldados, por sua vez, praticaram com seus fuzis G-3 pesados e enferrujados, ainda que muito potentes, e os guardas usaram seus velhos revólveres calibre 38.

O espetáculo armamentista de meu pai foi algo notável, mas nem os funcionários da prisão nem os militares disseram nada, porque tudo parecia muito normal.

Muitas beldades subiram até La Catedral enquanto meu pai estava lá. Ao mesmo tempo, ele foi suavizando sua posição dura em relação ao meu namoro com Andrea, e até chegou a convidá-la para ir lá conhecê-lo, mas ela se refugiou habilmente em seus estudos universitários de publicidade, através do qual podia expressar seu talento artístico. E acabou nunca indo a La Catedral.

Meu pai, velho astuto, dava um jeito de que eu fosse para lá justo quando as garotas apareciam para visitar La Catedral. O azar era tanto que, em duas ocasiões que Andrea me acompanhou até o Restaurante, encontrou-se com mais de dez rainhas perfumadas e de salto alto.

O caminhão azul com fundo duplo saiu rumo a La Catedral repleto de mulheres lindas, e eu em meio a elas. Nunca me esqueci do curioso episódio que, conforme me contaram, ocorreu quando o veículo chegou à segunda barreira do Exército, pouco antes de entrar na prisão. No primeiro, simplesmente levantaram uma cancela para que o caminhão passasse, mas no segundo anotaram o tipo do veículo, a placa, os dados do motorista e o conteúdo, que obviamente era fictício. A lona do caminhão tinha alguns pequenos furos por onde era possível olhar de dentro para fora, mas não o contrário.

O oficial em serviço deteve o veículo por mais tempo que o normal e começou a caminhar em volta dele. Muitas vezes, aquele militar havia deixado o caminhão entrar sem nem olhar ou fazer perguntas, mas naquele dia parecia que a curiosidade tomara conta dele. Então, ele olhou para a lona e gritou:

– Da próxima vez, ao menos me façam o favor de pôr menos perfume, caralho!

As mulheres e eu caímos na risada. Os soldados e os demais presentes tampouco conseguiram se conter.

Os presos as esperavam, perfumados, bem vestidos e com presentes e flores com os quais pretendiam conquistar as beldades, cuja permanência ali era efêmera, embora muito bem remunerada.

A apenas dez metros de seu quarto, meu pai mandou construir uma casa de bonecas para Manuela. Ela foi pintada de branco e rosa, e diversas filhas pequenas dos presos brincavam nela, entre as quais as filhas do "Mugre".

Uma vez, minha irmã se queixou porque, apesar da casinha de bonecas ser dela, todas as garotas a utilizavam. Para satisfazer seus desejos, meu pai mandou instalar uma grade ao redor da casa com uma placa que dizia "Propriedade Privada" e um cadeado cuja chave apenas Manuela tinha. Só faltou uma cerca elétrica.

As filhas do "Mugre" também protestaram, e isso gerou uma divertida rivalidade entre os pais. Em voz alta e para garantir que meu pai e minha irmã escutassem, "Mugre" prometeu construir para suas filhas uma casa maior e mais bonita.

Ele cumpriu com a palavra e construiu uma casa na árvore em miniatura. Conseguiu despertar tanta inveja em minha irmã que ela quis tirar o cadeado da sua para poder compartilhar a nova casa de bonecas com todas as garotas.

Lembro que, com sua reconhecida habilidade de carpinteiro, o "Mugre" construiu um grande pombal, pois sabia da paixão de meu pai pelas aves. Achei estranho manter cerca de duzentos daqueles animais em um lugar tão frio, mas logo descobri que o plano era treinar pombos-correios.

Em pouco tempo, já havia diversas pombas treinadas que Juan Carlos, um amigo do "Mugre", levava a lugares distantes para soltar. Incrivelmente, as pombas chegavam sãs e salvas a La Catedral.

– Filho, o que você acha dos pombos-correios? Os gringos passam por cima de nós com seus discos voadores e nossos pombos voando ao lado. Quem consegue pegá-las? Nem os mais ágeis.

Um dia, ele mandou Juan Carlos levar os pombos até "o treze", como chamávamos por código o apartamento no Terrazas de Saint Mitchel. Ele pediu que Manuela escrevesse uma pequena carta de amor dedicada a ele para que as pombas levassem-na até La Catedral e os dois pudessem ler juntos quando ela fosse visitá-lo.

A curta permanência de meu pai em La Catedral serviu para fortalecer os laços conosco, seus filhos. Por exemplo, ele deu um pager para que Manuela lhe enviasse mensagens todos os dias. Ele também tinha um exclusivamente para receber as mensagens dela, e carregava-o consigo o tempo todo no bolso da calça.

Em La Catedral, meu pai não voltou a andar armado, pois sempre havia um guarda ao seu lado à disposição para lhe entregar a metralhadora ou o telefone celular.

De repente, em meio a esse ambiente de relaxamento, meu pai se viu obrigado a tomar medidas de emergência, pois os meios de comunicação revelaram a existência de um plano dentro do cartel de Cali que pretendia lançar bombas de um avião sobre La Catedral.

Vários dias depois, subi à prisão, que parecia deserta: não havia ninguém em nenhum canto do pavilhão principal, e só se viam alguns guardas com caras de assustados. "Onde estarão todos?", me perguntei ao mesmo tempo que um dos guardas fez sinal para que eu o seguisse por um caminho de terra batida que levava até o campo de futebol. Quando já estávamos ali, ele apontou para o bosque, onde se viam algumas cabanas de madeira ocultas no matagal.

Descobri que meu pai e todos os seus homens haviam se mudado para alguns refúgios que construíram junto à única cerca que rodeava a prisão. Não obstante, meu pai escolheu o pior lugar de todos para a sua cabana, porque só a encontrei depois que ele saiu de um mato alto e me mostrou o caminho. Cumprimentei-o e perguntei o que estava acontecendo. Ele me disse que decidira que todos deveriam sair do pavilhão principal da cadeia, porque certamente seria ali que lançariam as bombas.

– A ordem que todos têm é de atirar em qualquer um que sobrevoe a cadeia. Este espaço aéreo está interditado, e vou ver como fazer para instalar uma artilharia antiaérea. Grégory, escolhi essa vala na montanha porque não é possível me ver de cima, nem que a vaca tussa. Nem você conseguiu me encontrar, então estou tranquilo, mas o frio aqui é duas vezes pior, porque embaixo passa uma pequena nascente de água gelada, e o sol não chega aqui.

– Mas então você vai cumprir sua pena aqui? Com esse frio terrível?

– É temporário. Pedi à sua mãe para encomendar ao arquiteto alguns projetos antibombas que vão chegar amanhã. Me faça o favor de não ir para onde estávamos antes, porque é perigoso.

Os projetos eram futuristas, gostei deles. Cada ambiente tinha uma forma oval, e instalariam em cima uma enorme quantidade de aço e concreto, que cobririam com terra para que não fosse visível do céu nem rastreável por satélite. Mas a ideia do arquiteto não foi adiante, porque meu pai achava que as cabanas de madeira eram discretas... e muito mais baratas. Alguns dias depois, mudou-se para uma casinha mais bem localizada e menos fria, mas igualmente escondida.

Algo muito comum lá naquela montanha eram as apostas no bilhar ou nos jogos de carta. Apostavam quinhentos dólares em quedas de braço que duravam cinco minutos na época de vacas magras, e uns 15 mil dólares ou mais nos momentos de abundância. Meu pai jogava por horas com "Arete", "Otto", "Comanche" e "Mugre", e isso que era considerado um apostador contido. Muitos outros apostavam até 1 milhão de dólares nos dados. "Popeye" nunca jogou nada, porque dizia que não ia apostar seu dinheirinho suado. Também comentava com os rapazes que era melhor comprar barras de ouro para esconder dentro das paredes, pois não se desintegravam com a umidade, como as notas de dólar.

Um tempo depois, alguns meios de comunicação começaram a publicar notícias sem confirmação de que "Kiko" Moncada e Fernando Galeano teriam sido assassinados dentro de La Catedral. A confusão foi total, e inesperadamente meu pai proibiu a entrada de qualquer pessoa, inclusive da família. Era evidente que algo estava acontecendo lá em cima, e por isso telefonei para perguntar por que não podíamos visitá-lo, mas ele não me deu explicações claras, dizendo apenas que as coisas logo voltariam à normalidade.

Chamou-me a atenção que ninguém quisesse falar no assunto, e preferi esperar, porque no ambiente de meu pai não pegava bem fazer muitas perguntas. No entanto, as dúvidas começaram a ser esclarecidas quando os meios de comunicação informaram que os presos de La Catedral não haviam permitido a entrada de uma comissão de investigadores do CTI do Ministério Público, que pretendiam inspecionar a prisão para confirmar ou desmentir os rumores sobre o desaparecimento dos dois sócios de meu pai.

Quando finalmente se tornaram públicas as acusações de que ele possivelmente teria matado os sócios do cartel, lembrei da excelente relação que ele mantinha com "Kiko" Moncada. Havia poucos dias, antes da notícia de sua possível morte, meus pais e eu caminhávamos pela prisão, e percebi um sorriso debochado no rosto de meu pai, o mesmo que tinha quando algum desembarque ou "serviço" tinha dado certo. Até que não se aguentou mais e me contou:

– Estou muito contente, filho. Tenho notícias ótimas para você. Acabo de pagar para o "Kiko" a quantia total da dívida que tinha pendente com ele, que foi tão amável comigo e colaborou tanto para a causa. Ganhei um dinheirinho com ele no México, e a melhor notícia é que a minha parte é de 32 milhões de dólares... Descontados os 24 milhões que devia a ele, sobrou um saldo de 8 milhões.

Depois de lembrar da proximidade de meu pai e "Kiko", tudo soava muito estranho. Eu não podia acreditar que fosse verdade o que diziam os jornalistas. Teria de esperar.

Alguns dias depois, meu pai autorizou novamente o ingresso. Cheguei ao Restaurante e percebi que muita gente queria subir a La Catedral ao mesmo tempo. Embora tenham me dado prioridade, precisei esperar um bom tempo, e enquanto aguardava, "Chopo" e "Tití" se aproximaram para falar comigo.

– E aí, chapa, Juancho, que anda fazendo? Tudo bem? – perguntou Chopo.

– Ah, tudo bem, cara. "Chapulín", e você e aquela menina, que tal? – respondi.

– Tudo bem. E o que você achou desse golpe do governo? – perguntou, com uma risada nervosa.

Nesse momento me chamaram para entrar no caminhão, e só consegui fazer um sinal de que não entendia a que ele se referia. A frase de "Chopo" ficou ressoando em minha mente, e não demorei muito para deduzir que o golpe do governo estava ligado ao que diziam as notícias sobre Moncada e Galeano, e de alguma maneira tomei aquilo como a confirmação de que a ordem para matá-los poderia, sim, ter partido de meu pai.

Com a pergunta de "Chopo" na cabeça, pensei que não podia ser possível que meu pai fosse um amigo tão ruim. Ele me ensinara a importância da lealdade, e era claro que boa parte de seus problemas tinham sua origem no afã de ajudar a seus amigos e resolver os problemas deles.

Não tenho nada para dizer sobre Fernando Galeano, pois nunca o conheci. Escutei seu nome e fiquei sabendo de sua existência dentro do cartel apenas quando foi descoberto o escândalo de sua morte.

Assim que tive a oportunidade de falar com meu pai, comentei que estava preocupado e não sabia o que estava acontecendo.

— Pai, o que está acontecendo? Estou preocupado. As pessoas e as notícias estão dizendo que o "Kiko" está morto. É verdade? O que aconteceu, se vocês eram tão amigos?

— Filho, venha que eu lhe conto, para você não dar bola para isso. Acontece que me disseram que "Kiko" e "Galeano" haviam sido capturados pelo cartel de Cali, e os dois foram soltos com vida, mas com o compromisso de não me ajudar a financiar a guerra contra eles, e de cortar todo o apoio econômico a mim e dar informações a meu respeito. Achei que não fosse verdade, pois você sabe que "Kiko" era um grande amigo meu, até que escutei gravações em que um cara do cartel de Cali reclamava que ele continuava me mandando dinheiro.

— Mas e o que "Kiko" fez a você, afinal? — perguntei, já que percebi que meu pai estava disposto a falar sobre o assunto.

— Bem, eu ligava para ele todo contente e pedia que viesse até aqui para ver os avanços da inteligência contra o cartel de Cali. Contava sobre algumas operações que eu tinha prontas contra Gilberto Rodríguez e "Pacho" Herrera, mas que de um momento para outro iam por água abaixo porque aparecia a polícia e os bandidos de Cali atirando nos meus homens. Na primeira vez em que aconteceu, achei que pudesse ser qualquer coisa, mas na segunda e na terceira comecei a investigar e descobri que ele estava passando essas informações. Deve ter feito isso por medo, porque o "Kiko" nunca foi de armar complôs ou de se meter com gente estranha. Mas, enfim, você sabe o que acontece com quem me apronta uma dessas. Ele era muito querido, um grande amigo, e fiz todo o possível para não ter que tomar essa decisão, mas em vez de vir me contar o que havia acontecido, ele se aliou com os outros. Aconteceu a mesma coisa com Galeano: lhe mandei que lhe pedissem dinheiro, e ele respondeu que andava bastante pobre e não podia mais contribuir comigo, e alguns dias depois o "Titi" apareceu e me contou que descobriu um esconderijo dele com 23 milhões de dólares. Não me peça mais detalhes, essa é a história inteira. "Kiko" e Galeano me traíram com o pessoal de Cali.

Fiquei em silêncio e meu pai foi se reunir com as pessoas que estavam esperando por ele, mas antes se virou e disse:

– Cuidado com o Fidel Castaño, se encontrar ele por aí; esse é outro que descobri que me traiu e anda trabalhando com os de Cali, e está aproveitando para dizer por aí que mato meus amigos para lhes roubar dinheiro. Fique esperto, e se topar com ele tome muito cuidado, com ele e com o irmão dele, o "Carlitos".

Em relação aos irmãos Castaño, eu saberia mais tarde que meu pai tentou fazer com eles o mesmo que fizera com Moncada e Galeano. Convidou-os a visitar La Catedral ao mesmo tempo, mas Fidel, desconfiado, foi sozinho, enquanto Carlos ficou esperando. Eles nunca mais se falariam, e os Castaño se aliariam ao bando que no fim acabaria com meu pai.

Na tarde de 21 de julho de 1992, uma terça-feira, meus guarda-costas, alguns amigos, meu primo Nicolás (filho de meu tio Roberto) e eu terminamos de jogar uma partida de futebol em um lugar conhecido como "o 20", próximo à Loma del Chocho, na parte alta do município de Envigado.

Nicolás me convidou para um churrasco em seu apartamento, a cobertura de um edifício que ficava a quatro quadras do Centro Comercial Oviedo. Fomos acompanhados por um amigo que estivera na partida de futebol. Às seis horas da tarde, Nicolás recebeu uma ligação em seu celular. Era Roberto, que estava claramente alterado.

– Fique por aí esperando, porque alguma coisa estranha está acontecendo nos arredores de La Catedral.

Então passou o telefone para o meu pai:

— Grégory, tem mais soldados que o normal e uma movimentação de caminhões militares. Também tem uns helicópteros sobrevoando. Pode ser que aconteça alguma coisa, mas não sabemos o quê.

— Pai, o que faço enquanto isso?

— Ligue para o Giovanni e diga para ir até aí, caso eu precise falar com ele.

O telefonema inesperado nos deixou preocupadíssimos, sobretudo Nicolás, que sentiu que seu pai estava se despedindo. Achei que meu pai até estava tranquilo, mas isso não significava muito, porque estávamos acostumados à sua espantosa tranquilidade mesmo nos piores momentos.

Uma hora mais tarde, atendi uma nova chamada no celular de Roberto:

— Juan Pablo, chame meus filhos que quero falar com eles. Acho que vieram nos matar, quero me despedir.

— Tio, passe para o meu pai. O que a gente faz? Querem que falemos com alguma autoridade?

Meu pai pegou o telefone e pediu que eu passasse para Giovanni, que acabara de chegar.

— Giovanni, mande alguém para os aeroportos Olaya e Rionegro para ver se tem algum avião gringo lá. Deixe tudo preparado. Se tiver algum avião estranho, espere minhas ordens para destruí-lo.

As primeiras sombras da noite começaram a cair sobre a cidade, e continuávamos sem saber o que estava acontecendo. Mas alguns minutos depois Roberto telefonou, e a partir desse momento manteríamos comunicação permanente com ele. Em diálogos curtos com Nicolás, Roberto contou que o Exército havia chegado à entrada da prisão, mas os guardas (na verdade, guarda-costas do meu pai) não deixaram que entrassem e apontaram suas armas contra eles, pois estavam violando território soberano da Direção Nacional de Presídios e os acordos com o governo, segundo os quais os militares só podiam atuar na área externa.

Minutos depois, ele relatou que a situação estava ficando muito complicada, e que temia um confronto armado com os solados, pois meu pai havia dado ordens para que pegassem todo o armamento e se entrincheirassem em locais estratégicos do presídio.

Nesse momento, Giovanni já havia constatado que nenhum avião estrangeiro aterrissara nos aeroportos próximos naquele dia, e informou isso ao meu pai. Também disse que vários de seus homens estavam alertas, recebendo informações por aparelhos celulares.

Em meio a tal incerteza, decidi tentar uma cartada e pedi a Giovanni que me acompanhasse para encontrarmos com o governador de Antioquia, Juan Gómez Martínez, uma autoridade civil que podia saber o que estava acontecendo em La Catedral.

O capanga concordou, e fomos até El Poblado, onde o político morava. No trajeto, Giovanni contou algo de que eu não sabia: meu pai ordenara o sequestro de Gómez Martínez quando este era diretor do jornal *El Colombiano*, mas ele se entrincheirou em sua casa com um pequeno revólver 38 e conseguiu impedir que vinte homens armados com fuzis o levassem.

Diante de tal revelação, me enchi de pessimismo, mas Giovanni pensou que poderíamos ter acesso ao governador se ele apresentasse uma carteira de jornalista de uma emissora de Medellín. A ideia deu certo, pois chegamos ao conjunto residencial onde ele vivia e os policiais a postos na recepção nos deixaram entrar imediatamente.

Depois de tocarmos várias vezes a campainha, Gómez Martínez abriu a porta. Estava meio adormecido, descabelado e de roupão. Giovanni começou a falar:

– Senhor governador, sou jornalista e viemos até aqui porque está acontecendo alguma coisa em La Catedral. Há uma movimentação estranha, e por isso vim com Juan Pablo, o filho de Pablo Escobar.

– Sim, senhor governador, estão muito preocupados por lá, e o senhor sabe quem está na prisão. O compromisso do governo era de não transferir os presos.

Gómez Martínez não escondeu a surpresa e certo desagrado pela minha presença em sua casa, mas pediu que esperássemos um momento para que averiguasse o que estava acontecendo. Fechou a porta e trancou os dois ferrolhos.

Dez minutos mais tarde, a abriu outra vez e disse que havia telefonado para o Palácio de Nariño, em Bogotá, para a Quarta Brigada, em Medellín, e para diversos generais, e não haviam lhe dado qualquer informação. Esclareceu que um general amigo seu havia dito que a operação tinha como objetivo transferir meu pai para uma base militar.

Retornamos ao apartamento de Nicolás e lá ficamos sabendo de diversas notícias, todas muito preocupantes. De fato, o Exército havia cercado a prisão, e o vice-ministro da Justiça, Eduardo Mendoza, e o diretor do sistema carcerário, coronel Hernando Navas Rubio, haviam vindo de Bogotá para dizer a meu pai que o governo decidira transferi-lo para outra prisão.

Assim que foi inteirado dessa decisão, meu pai discutiu com o vice-ministro e disse que não a aceitaria de maneira alguma. O conflito chegara ao extremo de Mendoza e Navas serem amarrados com cordas, com "Angelito", "Otto" e "Mugre" apontando armas para eles. Em outras palavras, os funcionários do governo estavam sequestrados em La Catedral, e o Exército ameaçava entrar atirando. Meu pai disse que Mendoza e Navas eram uma espécie de seguro de vida.

Nesse momento chegou Dora, a esposa de meu tio Roberto, que conseguiu entrar em contato com ele pelo celular. Falaram durante alguns minutos, choraram inconsolavelmente e se despediram.

Uma das pessoas que esteve presente naquele momento contou, tempos depois, que o nervosismo entre os guardas e os presos era mais que evidente. Então meu pai lhes disse:

– Rapazes, não fiquem nervosos ainda. Só se preocupem se vocês me virem amarrando o tênis.

Os homens que o acompanhavam naquela noite entenderam que meu pai estava pronto para escapar de La Catedral, pois apoiou o pé esquerdo sobre um muro e amarrou o calçado. Então fez o mesmo com o pé direito.

A confirmação de que meu pai não ficaria em La Catedral chegaria minutos depois, quando telefonou outra vez.

– Grégory, olha só, lembra da casinha do Álvaro?

– Claro, pai.

– Tem certeza de que nunca levou ninguém lá?

– Pai, já levei algumas pessoas sim, mas tenho certeza de que é um lugar tranquilo.

– Deixe ela pronta.

Minutos depois de desligar, observamos da sala do apartamento de Nicolás que, de uma hora para a outra, La Catedral ficou às escuras. Por instruções de meu pai, que a essa altura já havia chegado com os demais fugitivos à cerca do perímetro da prisão, um guarda pressionou o botão que controlava a totalidade do sistema de iluminação da cadeia.

Depois que tudo ficou no escuro, abriram uma fenda em um segmento da parede de tijolos que sustentava a grade e saíram por ali. A verdade é que meu pai sempre soube que esse momento poderia chegar, e por isso aquela fuga foi prevista durante a fase de construção da prisão. Por isso, bastou dar dois chutes na parede de tijolos, pois ela fora construída com uma mistura fraca de cimento.

Ficamos um bom tempo sem saber o que havia acontecido com os fugitivos, e por isso decidi esperá-lo com Nicolás na casinha de Álvaro. Mas ele nunca chegou.

Àquela hora, meu pai já estava tomando um banho de piscina na propriedade do "Memo Trino", no bairro de El Salado, aonde fora com os nove homens que o acompanharam na fuga. Dali escutaram as explosões e a agitação dos militares que haviam entrado na prisão à sua procura.

Levariam mais de doze horas para confirmar que ele havia escapado.

⋏Durante o ano em que meu pai passou recluso em La Catedral, passávamos todos os fins de semana com ele.

⋏O padre Rafael García Herreros desempenhou um papel determinante no processo de entrega de meu pai à Justiça.

⊀↗Nossa vida familiar foi totalmente restabelecida durante o tempo que meu pai esteve em La Catedral.

CAPÍTULO 15

PREOCUPEM-SE QUANDO EU AMARRAR OS TÊNIS

A campainha tocou mais forte que de costume e eu, minha mãe e Manuela saltamos feito molas das cadeiras da sala de jantar. Alguém havia chegado e, de forma pouco habitual, os vigilantes não avisaram pelo interfone.

Corri até a porta blindada e à prova de bombas e verifiquei se os ferrolhos estavam bem fechados.

– Quem é? – disse, mudando o tom de voz.

– Sou eeeeu – responderam do outro lado com uma voz dissimulada, imitando uma mulher, que me pareceu conhecida.

De fato, era "Popeye", que viera nos buscar para nos levar ao esconderijo de meu pai, de quem não tínhamos notícias desde a terça-feira anterior, 21 de julho de 1992, quando fugiu do presídio de La Catedral.

Preparamos as malas para muitos dias e, como sempre, não faltaram diversos pratos de comida caseira e sobremesas que minha mãe preparava em poucos minutos quando se encontrava numa situação como aquela.

– É para levarmos para seu pai – respondeu, quando expliquei que estávamos com pressa, e aquela grande quantidade de comida não caberia no pequeno Renault 4 dirigido por "Popeye". Mas ela não deu bola.

Então saímos com minha mãe no assento dianteiro e Manuela e eu atrás, apertados em meio às malas e travessas que ameaçavam se quebrar com os movimentos do carro.

Retornamos outra vez à clandestinidade, e nenhum de nós sabia naquele momento que estávamos dando início a uma viagem sem volta. Ainda que dessa vez fosse diferente: ao escapar de La Catedral, meu pai havia dilapidado a melhor opção para reestruturar sua vida (e as nossas, por tabela) e deixar de causar tantos estragos por aí.

Enquanto nos dirigíamos à casinha de Álvaro, o esconderijo onde eu esperara em vão por meu pai após a fuga, perguntei a "Popeye" por que haviam demorado quatro dias para aparecer, e ele me respondeu que meu pai decidira esperar até que meu tio Roberto conseguisse um lugar para se esconder.

Depois de dar as voltas e mais voltas de costume para garantir que não estávamos sendo seguidos, chegamos ao nosso novo refúgio. Assim que nos viu, meu pai correu para abraçar Manuela, e então me deu um beijo na bochecha e se entregou a um longo abraço em minha mãe, que não pôde conter as lágrimas.

Como sempre, "Popeye" fez uma piada para dissipar a tensão do momento.

– Patroa, fique tranquila que o "dom Perigosinho" – ele chamava meu pai assim de vez em quando – prometeu que não vai mais fazer você chorar.

Enquanto comia, meu pai contou detalhes da fuga e, como bom machista que era, acrescentou que estava incomodado porque o Exército espalhara versões nos meios de comunicação de que teria fugido vestido de mulher. Também nos disse que desejava fazer com que o governo soubesse de suas intenções, e achava que faria isso por intermédio do diretor da RCN Radio, Juan Gossaín. Então, pediu ao "Popeye" que telefonasse para a rádio e dissesse que Pablo Escobar queria falar com o famoso jornalista.

Passados vários minutos, por volta das onze horas da noite, meu pai estava em contato com Gossaín, que mencionou que justo naquele instante se encontrava reunido com seus colegas María Isabel

Rueda, diretora do noticiário de televisão QAP, e Enrique Santos Calderón, codiretor do jornal *El Tiempo*.

Com os cotovelos apoiados sobre a mesa de bilhar, meu pai cumprimentou-os e disse que seu objetivo era refutar a informação falsa divulgada pelo Exército sobre sua fuga de La Catedral. Referiu-se concretamente à versão da Quarta Brigada de que teria se vestido de mulher no dia da fuga, que qualificou de inadmissível.

Após escutar suas queixas, a conversa com Gossaín se desdobrou em uma espécie de sessão de perguntas, em que intervinham os outros dois jornalistas, interessados em saber se estava disposto a tentar uma nova negociação com o governo e o Ministério Público para se entregar outra vez. Respondeu que sim, mas com várias condições, como a garantia de que não seria transferido, que seria levado a qualquer prisão em Antioquia e que o governo deixasse a polícia totalmente de fora do processo.

Os jornalistas perguntaram se ele concordava que suas demandas fossem transmitidas ao governo, e meu pai disse que sim. Daquele momento até depois das quatro horas da madrugada se comunicaram diversas vezes, mas não houve fumaça branca, e tampouco haveria nos meses seguintes.

Meu pai e eu passamos diversas noites acordados, e íamos deitar após as seis horas da manhã; ele continuava fiel à regra de toda a sua vida: a polícia jamais faria uma operação de busca depois desse horário.

Numa dessas noites, enquanto olhávamos Medellín da casinha de Álvaro, meu pai falou com "Popeye" sobre os tempos difíceis que teriam pela frente se tivessem que ficar escondidos por muito tempo. Já haviam feito isso anos antes, mas agora seria diferente.

Os planos e as estratégias de meu pai para permanecer escondido incluíam "Popeye", claro, mas naquela noite percebi que o capanga estava muito incomodado, e seus gestos revelavam que não lhe agradava muito a ideia de passar por aquilo de novo.

Não me enganei, pois de um momento para o outro "Popeye" ficou corado e disparou:

— Patrão, fico com muita pena da sua situação, mas não aguento outro *"canazo"* (temporada escondido). Você sabe que enlouqueço aqui dentro. Não vou acompanhá-lo dessa vez – disse, de forma atropelada, com o olhar baixo, desviando-se do silêncio e do olhar de seu patrão. – Hahaha... Mas veja se não me mata depois dessa, patrão, haha – prosseguiu "Popeye" com a voz trêmula, pálido e com os pés inquietos, como se quisesse fugir assim que possível.

— Não, tudo bem, meu irmão, entendo que o esconderijo é muito deprimente. Você já passou por isso uma vez. Eu, como não tenho opção, vou ter que fazer de novo. Mas só preciso que você tenha paciência por uns diazinhos, até eu me organizar bem e conseguir alguém para ficar comigo, trocar de esconderijo e de carros. E, aí sim, você pode ir embora tranquilo.

— Ah, pode deixar, patrão. Conte com isso. Muito obrigado. Quero sair do país *"enchapado"* (com identidade falsa) por uns tempos, esperar a maré baixar um pouco, e então volto a ficar à sua disposição, patrão. Para o que der e vier.

Meu pai não disse mais nada e foi falar a sós com minha mãe. Interrompeu a conversa de propósito. Minutos depois, fui ao quarto deles.

— Pai, ouviu aquilo? Que história é essa do "Popeye"? Você não acha muito ruim ele abandoná-lo desse jeito, assim, sem motivo?

— Não, meu filho, não tem problema. Tenho que tratá-lo bem para que vá embora de cabeça fria. Se não matarem ele por aí na rua, vai acabar se entregando logo logo.

Meu pai encontrou um substituto para "Popeye" quando ainda estávamos escondidos na casinha de Álvaro: o "Angelito".

Enquanto isso, nas ruas de Medellín, o recém-criado Bloco de Busca, cujo objetivo era localizar meu pai, realizou milhares de operações de busca em residências. A perseguição incluía os homens de meu pai, que começaram a correr de um esconderijo para o outro. Com o passar dos dias, muitos deles perceberam que o único lugar seguro era a prisão.

De modo que, como meu pai havia previsto, a debandada começou e "Popeye" e "Otto" se entregaram novamente à Justiça. Meu tio Roberto também fez isso, mas antes contou a meu pai, que concordou.

A caçada se tornou ainda mais intensa, e entre outubro e novembro meu pai perderia outros dois de seus pistoleiros e guarda-costas: "Tyson" e "Palomo". Os meios de comunicação especularam que meu pai teria ficado sozinho, mas estavam enganados, porque ainda dispunha de dezenas de capangas dispostos a qualquer coisa por um bom dinheiro. Dias depois, ele demonstraria bem isso.

Naquele esconderijo, comemoramos o aniversário de 43 anos de meu pai. Jantar, bolo e uma longa conversa compuseram a discreta celebração, que não foi tranquila como em outros tempos. Ficaram para trás as demonstrações de segurança, as caravanas de carros, as dezenas de homens armados até os dentes e a família inteira reunida.

Ainda que o esconderijo fosse seguro, vimos a necessidade de fazer turnos para vigiar os arredores. A cada quatro horas, Álvaro (o caseiro), "Angelito", meu pai e eu fazíamos rondas.

No dia 3 de dezembro, um carro-bomba explodiu nas imediações do estádio Atanasio Girardot, matando vários policiais que passavam por ali a bordo de uma viatura. Ficou claro que meu pai havia decidido revigorar sua guerra contra o Estado – convencido, como antes de se entregar à Justiça, de que obteria os benefícios carcerários que tantas vezes exigira.

Outra dezena de carros explodiu nas semanas seguintes em Medellín, e o plano "pistola" contra os agentes secretos da polícia deixaria cerca de sessenta mortos em dois meses.

Em meio a um ambiente de tensão e pessimismo, chegou o 7 de setembro, o "dia das velinhas" – data comemorada por toda a família havia anos. À noite, nos reunimos no pátio de trás da casa e levamos as únicas cinco velinhas que conseguimos juntar. "Angelito" preferiu se recolher em seu quarto, embora minha mãe o tivesse convidado. Álvaro ficou vigiando dos arredores.

Então nos reunimos em volta de uma pequena estátua de uma Virgem, muito próxima ao varal. Minha mãe começou a rezar em voz alta, e meu pai e eu acompanhamos a oração de cabeça baixa, enquanto Manuela dava voltas pelo pátio, brincando. Mais tarde, apagamos as cinco velinhas: uma para a Virgem e as outras para cada um de nós.

Nesse momento, percebi um raro silêncio em meu pai, algo como uma mistura de fé e incerteza, embora não fosse um silêncio atípico dele, pois sempre foi muito difícil entender suas crenças religiosas. Lembro que perguntei apenas uma vez se acreditava em Deus.

– Deus é algo muito íntimo de cada pessoa – respondeu, sem titubear.

Em certa ocasião, minha avó Hermilda me contou que, desde pequeno, Pablo se metia debaixo das cobertas para rezar, pois não gostava de ser visto. Então entendi o que ele estava fazendo nas vezes em que eu me aproximava e tirava suas cobertas para acordá-lo, mas o encontrava já com os olhos abertos e as mãos cruzadas sobre o peito. Estava rezando.

O isolamento da família e os rumores cada vez mais preocupantes de que meus parentes maternos seriam atacados forçaram meu pai a propor que nos separássemos por um tempo. Aceitamos a contragosto, e minha mãe, Manuela e eu fomos para o edifício Altos, enquanto meu pai foi para um esconderijo cuja localização não quis nos informar.

– Diga para os seus irmãos e irmãs mudarem de casa ou saírem do país, porque a situação vai ficar cada vez mais perigosa para eles – instruiu meu pai antes de se despedir de minha mãe.

Mais uma vez meu pai estava certo. E comprovaríamos isso na noite de 18 de dezembro, após celebrarmos a Novena de Aguinaldos no salão de festas do edifício Altos. Era a festa de fim de ano da família Henao, e minha mãe convidara a todos para a reza e para o jantar, e compareceram elegantemente vestidos.

De repente, um dos guarda-costas advertiu que a Elite, como chamávamos a polícia do Bloco de Busca, havia chegado. Tentei escapar e me dirigi até a parte de trás, pelo caminho que conduzia ao edifício vizinho, mas deparei com vários policiais que apontaram seus fuzis para mim. A Novena de Aguinaldos foi suspensa. Homens, mulheres e crianças – umas trinta – foram separados em grupos. Após uma detalhada revista, pediram nossos documentos, e preferi me identificar.

– Meu nome é Juan Pablo Escobar Henao, tenho quinze anos e meu pai é Pablo Escobar. Meus documentos estão lá em cima, no meu quarto, porque moro neste edifício.

O agente que escutou as minhas palavras chamou imediatamente o seu comandante, um coronel da polícia, e lhe contou quem eu era. O oficial me levou para um canto, chamou dois de seus homens e disse:

– Se ele se mexer ou piscar, vocês atiram.

Então passou um rádio para os que estavam na escola Carlos Holguín (o centro de operações do Bloco de Busca) e disse em voz alta que haviam me capturado e que me levariam para ser interrogado.

Por sorte, haviam comparecido à celebração a esposa e um dos filhos do ex-governador de Antioquia, Álvaro Villegas Moreno, que moravam no mesmo edifício.

Ele foi informado do que estava acontecendo e não teve dúvidas: desceu de pijama e pantufas para falar com o coronel e verificar se a operação atendia às normas legais. Àquela altura, já haviam se passado duas horas, e os mais de cem convidados da Novena de Aguinaldos continuavam de pé sob o olhar vigilante dos membros da Elite da polícia.

A presença do político acalmou os pais e adultos, que se queixaram do tratamento dispensado pela polícia a seus filhos e exigiram que ao menos os deixassem comer. Os policiais concordaram.

Com os homens, não houve concessões, e ninguém se importou com o fato de eu ter quinze anos.

– Amanhá vão aparecer os amiguinhos com quem você passeou uns dias atrás – me disse o oficial, mas não entendi a quem se referia.

– Venha comigo, me siga – me disse, aos gritos.

– Aonde você está me levando, coronel?

– Não fique perguntando, não vou informar nada. Só me siga, ou vou ter que levar você à força. Vamos, ande.

Em seguida, os dois policiais que estavam apontando as armas para mim encostaram os canos de seus fuzis na minha barriga, dando um sinal para que eu andasse. Jamais esquecerei do olhar de angústia de minha mãe e de meus parentes, pois qualquer coisa podia acontecer comigo.

Fomos até o corredor principal do edifício e o coronel, que caminhava à nossa frente, pediu que eu parasse ali. Naquele momento chegaram ao menos trinta homens encapuzados e apontaram seus fuzis em minha direção. Achei que seria fuzilado.

– Dois passos para a frente! Vire para a direita, agora para a esquerda, agora de costas, diga seu nome e sobrenome em voz alta... mais forte! – ordenava um dos encapuzados, de voz rouca e baixa estatura.[7]

Então me levaram para um canto, e o encapuzado de voz rouca repetiu o interrogatório com cada um dos homens que haviam comparecido à celebração. Apenas duas mulheres foram submetidas ao mesmo procedimento: minha mãe e Manuela.

Alguns minutos depois, o coronel deu ordens para que eu fosse levado à escola Carlos Holguín. Perguntei o motivo pelo qual estavam me detendo, visto que não haviam encontrado nada de ilícito, e ele

---

7. No fim de 1994, Carlos Castaño revelou a minha mãe que ele era um dos encapuzados que naquela noite foram até o edifício Altos. Segundo ele, os outros eram seu irmão Fidel Castaño e integrantes dos Pepes.

respondeu simplesmente que na sede do Bloco de Busca fariam uma festinha com "o filho do Pablo".

Às três horas da manhã, estavam me levando a um veículo da Elite quando apareceu um delegado da Procuradoria que desautorizou a captura de um menor de idade e pediu que tirassem as algemas de mim.

A chegada do funcionário foi providencial, pois após uma discussão aos gritos com o comandante da operação, a Elite foi embora do edifício. Eram sete horas da manhã do dia 19 de dezembro. Os policiais haviam ido embora, mas minha mãe, Manuela e eu ficamos aterrorizados. Éramos o objetivo principal dos inimigos de meu pai.

Três dias depois, em 21 de dezembro, um guarda-costas do meu pai chegou ao Altos para perguntar como estávamos e nos contou algo incrível: meu pai havia realizado pessoalmente diversas ações militares com o propósito duplo de demonstrar que não estava derrotado e de dar ânimo aos homens que ainda faziam parte de seu aparato militar.

Segundo seu relato, meu pai se pôs à frente de cinquenta homens e instalou duas blitze na estrada de Las Palmas com o objetivo de atrair o Bloco de Busca e explodir seus caminhões com veículos repletos de dinamite posicionados nas duas laterais da via. Meu pai e seus pistoleiros usavam braçadeiras do DAS e pararam dezenas de carros que vinham do aeroporto José María Córdova. Após revisar os documentos, deixavam os viajantes passar.

Naquela ocasião, também soubemos que fora meu pai quem encabeçara um grupo armado que explodiu uma casa que o capitão Fernando Posada Hoyos, chefe da inteligência da polícia em Medellín, utilizava como fachada para desenvolver operações contra ele.

A caravana de veículos rodeou a habitação – continuou o relato do segurança – no bairro de Las Acacias, e um dos homens de meu pai pôs uma poderosa carga de dinamite na frente do quarto onde o oficial dormia. Após a explosão, procuraram-no entre os escombros para matá-lo de vez.[8]

Em 23 de dezembro, meu pai nos convidou para passar o Natal e o Ano-Novo com ele. Chegamos a uma propriedade em Belén e nos hospedamos no que parecia ser a residência do caseiro. Meu pai mandou trazer pólvora, soltamos balões com Manuela, e minha mãe preparou bolinhos e *natilla* numa fogueira improvisada. Passamos ali os dias 24 e 31 de dezembro, acompanhados por uma família e por "Angelito".

Passávamos horas na varanda da casa de campo erguida à beira de um barranco. Logo reparei que abaixo de nós havia uma terra remexida, e perguntei a meu pai o que havia ali. Ele não conseguiu conter uma risada maliciosa, mas se esquivou da resposta. Depois, escutei-o pedindo a "Angelito" que levasse os explosivos para algum lugar mais seguro.

O início de 1993, o último ano de vida de meu pai, seria muito azarado e repleto de episódios intensos. E muito violento. Depois de passarmos o Ano-Novo com ele, viajamos a um belo sítio que minha mãe havia me dado de presente, no município de San Jerónimo, a duas horas de Medellín, em direção ao oeste. Minha mãe reformara tudo, e foi doloroso dizer a meu pai que ele não poderia ir, pois o lugar não era seguro.

Dali, soubemos pelo noticiário que meu pai havia dado início a uma estratégia que já havia mencionado algumas vezes: ser tratado como criminoso político, uma ideia que rondava sua cabeça de

---

8. Pouco depois da morte do capitão Posada, os inimigos de meu pai tentaram me incriminar por aquele ato. Uma suposta testemunha teria dito ao Ministério Público que, naquela noite, me viu num bar de Envigado com meu pai, mas o homicídio ocorreu longe de lá. Fui a um Juizado de Menores para dar minha versão e pedi que fossem chamados para depor uma dúzia de vizinhos e empregados do edifício Altos que me viram por lá a noite inteira. Além disso, poucas horas antes, o Bloco de Busca realizara uma operação no edifício, que durou mais de dez horas. A suposta testemunha enviou uma carta ao Juizado dizendo que fora torturado para me incriminar. Naqueles dias, os Pepes haviam intensificado sua perseguição, procurando formas de impedir que a família permanecesse na Colômbia, e meu pai nos proibira de sair do edifício.

tempos em tempos devido a sua intensa relação com o M-19. Assim, expediu um comunicado dirigido ao promotor De Greiff, em que anunciava a criação do grupo armado Antioquia Rebelde e denunciava atropelamentos, assassinatos e torturas do Bloco de Busca. Dizia ainda que, diante das detenções e operações de busca nos escritórios de seus advogados, "não resta outra alternativa senão descartar a batalha jurídica e empreender uma luta armada e organizada".

Enquanto a proposta era objeto de debate nos meios de comunicação, pouco tempo depois do meio-dia chegaram de surpresa minha tia Luz María e Martha Ligia, uma velha amiga da família e esposa de um conhecido narcotraficante da cidade.

Inconsolável, Luz María contou que estava conversando com sua amiga ao meio-dia em sua loja, El Vivero, quando Carlos Castaño chegou armado até os dentes e cercado por vinte homens em diversas caminhonetes. A intenção do paramilitar era sequestrá-la, mas se deteve, surpreso, ao perceber a presença de Martha Ligia, e não teve outra opção a não ser cumprimentá-la e mudar de rumo.

Segundo minha tia, em meio ao pânico pelo que acabara de ocorrer, perceberam uma coluna de fumaça saindo de um lugar não muito longe dali. Era sua casa, no bairro de El Diamante, mas naquele instante ela ainda não sabia disso, pois haviam partido apavoradas rumo a San Jerónimo, onde estávamos.

Naquela tarde, minha tia e seus dois filhos pequenos ficaram sem teto e sem trabalho porque, além de terem abandonado a El Vivero, sua casa foi consumida pelas chamas.

Antes de pôr fogo na residência, os homens de Castaño retiraram dali uma das obras de arte mais valiosas de minha mãe: a pintura *Rock and Roll*, do gênio espanhol Salvador Dalí. O óleo sobre tela não era grande, mas seu valor sim. Era a mesma obra que Castaño ofereceu para devolver a minha mãe após a morte de meu pai, quando buscávamos a paz com os cartéis do narcotráfico.

Em meio às ruínas da casa de minha tia Luz María ficaram os restos de obras de arte que não sobreviveram ao incêndio: uma pintura inestimável de Claudio Bravo e esculturas dos mestres Igor Mitoraj, Botero, Édgar Negret, que foram consumidas pelo fogo.

– Não pude salvar nem minhas calcinhas, filho – resumiu sua tragédia enquanto eu tentava acalmá-la, em vão.

– Tomem muito cuidado, porque esse homem é capaz de qualquer coisa – sentenciou Martha Ligia, referindo-se a Carlos Castaño, ao se despedir de nós para retornar a Medellín.

Naquele dia, pela primeira vez os inimigos de meu pai se meteram com sua família. O futuro era mais do que sombrio.

Mas seu aparato militar também havia sofrido um baque com as mortes de Juan Carlos Ospina, "Enchufe" e Víctor Granada, o "Zarco".

A guerra ganhava força, e em resposta meu pai mandou detonar dois carros-bomba em três partes diferentes de Bogotá. Os atentados atrozes acabariam desencadeando a articulação pública de um grupo que seria letal para meu pai: os Pepes.

Eles estrearam com dois ataques que claramente tinham o objetivo de avisá-lo de que, a partir daquele momento, sua família seria o objetivo deles. Em 31 de janeiro, dinamitaram a casa de campo de minha avó Hermilda, no município de El Peñol, e ativaram carros--bomba nas entradas dos edifícios Abedules e Altos, onde boa parte das famílias Escobar Gaviria e Escobar Henao morava.

Os atentados nos colocaram para correr outra vez, e meu pai foi atrás de um novo refúgio para nós. E encontrou um rapidamente, pois "Angelito" nos levou a um apartamento na avenida La Playa, a poucas quadras da avenida Oriental, na região central de Medellín.

Meu pai estava lá, e sem maiores explicações falou pela primeira vez da necessidade de sair do país e escapar da onda de violência que se aproximava a passos largos. Cogitou a possibilidade de que eu viajasse para os Estados Unidos com Manuela, Marta (a esposa de meu tio Fernando) e suas duas filhas. Ah, e Copito e Algodona, o casal de cães french poodle de Manuela, que se recusava a deixá-los para trás. Então disse que eu poderia levar minha namorada junto, mas deixou claro que antes devíamos falar com ela e com sua família.

— Amanhã à noite você faz uma visita a Andrea para sondá-la e depois falamos aqui com ela. Tenha muito cuidado para não ser seguido — instruiu meu pai.

Acompanhado de "Angelito", fui rapidamente para a casa de Andrea sem avisar. Pela primeira vez, cheguei lá apenas com um guarda-costas e um automóvel Mazda que ela não conhecia. Ela não achou estranho quando eu disse que meu pai queria falar com ela, e ao retornarmos ao esconderijo, pedi que mantivesse os olhos fechados durante todo o trajeto.

— Garota, o que você fez com a minha família? — meu pai a saudou, e Andrea não conseguiu esconder o susto.

— É que nenhum dos meus filhos quer ir para os Estados Unidos se você não for junto — acrescentou, para aliviar a tensão.

— Só quero continuar estudando, pois acabei de começar a faculdade de publicidade — minha namorada respondeu.

Como não havia espaço para maiores debates ou demoras, naquela mesma noite fui com minha mãe para falarmos com Trinidad, a mãe de Andrea, e após vinte minutos de conversa minha sogra não fez objeções à viagem.

Só lhe disse em privado uma frase premonitória ao se despedir:

— Filha, você vai lá para sofrer.

Na tarde de 18 de fevereiro, já estava tudo pronto para a viagem a Miami, cujo voo estava marcado para as dez horas da manhã do dia seguinte. Meu pai propôs que saíssemos com cinco horas de antecedência, mas surgiram duas perguntas: se chegássemos muito cedo, onde nos esconderíamos para que não nos vissem? Como chegar ao aeroporto sem sermos vistos?

Para resolver a primeira dúvida, decidimos enviar imediatamente o Mazda que ninguém conhecia e deixá-lo no estacionamento do aeroporto. Ele ficaria ali até o momento do check-in. Com o envio antecipado do carro, resolvemos outro problema: a bagagem. Telefonamos para um contato de meu pai no aeroporto, que se comprometeu a recebê-la e guardá-la até a nossa chegada.

Responder à segunda questão não foi fácil, pois inegavelmente havia o risco de que os Pepes nos seguissem e algo acontecesse na estrada, mesmo que fôssemos escoltados.

Então, optamos por uma alternativa que deu certo: Andrea e eu pegamos um táxi na rua e fomos à parte traseira do hotel Nutibara, no centro da cidade, e entramos num ônibus que realiza o percurso até o aeroporto em uma hora pela autoestrada Medellín-Bogotá. Manuela, suas duas primas e Marta saíram mais tarde com dois seguranças.

Fizemos isso e, embora não houvesse muitos passageiros, a viagem foi problemática, pois o motorista acelerava fundo e não parecia preocupado com a sua vida, tampouco com a dos indefesos na parte de trás do veículo. Fiquei com raiva por não poder reclamar nem dizer nada para lhe chamar a atenção. Atrás do ônibus, a uma distância prudente, éramos seguidos por "Nariz" e pelo "Japonês".

Como havíamos previsto, chegamos com bastante antecedência e fomos diretamente ao veículo estacionado ali desde o dia anterior.

Como precaução adicional, entreguei ao "Japonês" uma lista com os nomes e telefones diretos da Procuradoria Regional, dos meios de comunicação locais e nacionais e os números particulares de vários jornalistas conhecidos. O guarda-costas começaria a dar telefonemas caso as coisas saíssem de controle. Combinamos que ele me vigiaria o tempo todo, atento a qualquer sinal. Aquele era nosso plano B.

Fechei os olhos por um tempo, mas não consegui dormir, com medo de perder o horário se pegasse no sono. Cerca de três horas se passaram conosco ali, até que chegou o momento de entrar no aeroporto. Esfregamos os olhos, nos espreguiçamos e saímos do carro. Me senti inseguro naquele instante.

– Isso não está nada bom, nada bom! – eu repetia a Andrea, que me olhava sem entender o que eu dizia. Afinal, para ela, que não havia crescido em um ambiente de medo, aquela era uma manhã qualquer no aeroporto de Rionegro.

Eu não estava imaginando coisas. Vi movimentos estranhos, pessoas que claramente não estavam esperando nenhum familiar, nem vestidas para a ocasião. Uma caminhonete Chevrolet Luv branca de cabine dupla, que meu pai mencionou certa vez como sendo um veículo vinculado aos Pepes, estava estacionada em local proibido e de frente para dois policiais do aeroporto.

– Amor, vamos entrar de uma vez porque não estou gostando das pessoas que estou vendo. Se conseguirmos passar pela imigração, estaremos em um lugar mais seguro; é melhor a gente se apressar – eu disse a Andrea.

Quase passando por cima das pessoas que estavam na fila, que começaram a reclamar, entramos no primeiro posto de controle. O funcionário do DAS conferiu o passaporte página por página, observou detalhadamente a minha assinatura e a digital, olhou diversas vezes o visto de turista para os Estados Unidos e a permissão de saída do país assinada e autenticada dias antes por meu pai, que tinha a firma reconhecida em cartório.

O funcionário da imigração me olhava com evidente desprezo. Queria encontrar um motivo para não me deixar passar, mas não achou. Então, rangeu os dentes e carimbou as folhas de ambos os passaportes.

Fora do embarque internacional, no corredor público do aeroporto, vi por detrás do vidro levemente escurecido homens vestidos de civis encapuzados e armados com fuzis e metralhadoras, que patrulhavam o corredor em grupos de seis, como se fossem a própria segurança dali. Contei mais ou menos vinte encapuzados. Os viajantes e os funcionários das companhias aéreas, das cafeterias e até da limpeza se entreolhavam, desnorteados. Ninguém sabia quem eram eles, nem por que estavam ali. Não tinham identificação oficial, e nenhuma autoridade se aproximava deles. Reinava um silêncio sepulcral no aeroporto.

Com todos os papéis nos conformes, passamos pelo detector de metais, pelo raios X, pelos cães, pelos policiais, por tudo. Minha irmã e as primas com sua mãe estavam na fila. Elas demoraram, mas todas passaram, o que me deixou muito mais tranquilo.

Porém, quase no instante em que chegaram, vi vários homens da Elite da polícia, e atrás deles jovens que traziam todas as nossas malas, e começaram a abri-las ao mesmo tempo.

– Não, não, não, um minutinho, um minutinho. Façam o favor de esperar, porque vocês não vão abrir as malas da minha família desse jeito. Permito com muito prazer revistarem as malas, mas uma de cada vez e na minha frente. Respondo pessoalmente pelo conteúdo de cada uma, mas façam isso rápido para não perdermos o voo – eu disse, apreensivo.

Nesse momento, uma multidão de passageiros nos observava. Demoraram deliberadamente uma eternidade para revistar as malas, que já haviam passado por esse processo mais de uma vez. Dava para ver que a intenção era nos atrasar para que perdêssemos o voo.

Percebi que coisas muito graves poderiam ocorrer, e por isso comecei a fingir que estava com coceira em uma orelha, enquanto procurava o "Japonês" em meio à multidão aglomerada atrás do vidro: queria fazer para ele o sinal de ativação do plano B. Consegui vê-lo e alterei levemente o movimento dos dedos, imitando a forma de um telefone. Ele entendeu a mensagem e saiu.

Um policial me viu fazer o gesto e imediatamente começou a procurar em meio à multidão, tentando identificar a pessoa com quem eu me comunicara por sinais. Graças a Deus, não conseguiu, e me perguntou, furioso:

— Com que filho da puta você estava falando?

— Com ninguém, só estava coçando a orelha — menti, sem muito sucesso.

Então discuti aos gritos com os policiais, dizendo que era um absurdo aquilo que estavam fazendo conosco e que precisávamos embarcar no avião. Mostrei meu passaporte com o selo de saída e o visto em dia. O oficial apenas disse que estavam apenas fazendo procedimentos de rotina. Mas eles conseguiram: o avião partiu sem nós, e não havia outros voos mais tarde. Naquele momento, vi-me completamente sozinho, responsável pela segurança e pela vida de três jovenzinhas e de uma mulher adulta.

Alguns minutos depois, chegou o chefe de polícia do aeroporto.

— Bom, bom, preciso que vocês desocupem logo esse espaço, pois já perderam o voo. Preciso que saiam daqui de uma vez.

— Sinto muito, senhor, mas não vamos sair daqui. Vocês nos fizeram perder o voo de propósito, e lá fora os Pepes estão prontos para nos sequestrar. O senhor consegue enxergar bem daqui, não é? — Apontei para eles com o dedo. — Você quer que a gente saia para nos matarem? Sinto muito mesmo, senhor, mas sou o responsável pela nossa segurança e pelas nossas vidas, e você vai responder junto ao meu pai por tudo que acontecer com a gente de agora em diante.

A confusão era total. Até que de repente chegaram diversos jornalistas. Foi um alívio ver as luzes das câmeras de televisão e os flashes atravessando aquele vidro escurecido. A chegada dos repórteres espantou os encapuzados, que desapareceram pelo corredor principal. Mas isso não significava que haviam partido.

Em meio à confusão, a Virgem apareceu para mim: um senhor de uns cinquenta anos que eu nunca havia visto, que trabalhava numa companhia aérea local e se chamava Dionisio:

— Senhor, sei que está com problemas. Conte comigo no que eu puder oferecer minha humilde ajuda.

Pensei por um momento, e tive a ideia de pedir em voz baixa que me ajudasse a conseguir uma sala ali dentro, com telefone e uma lista telefônica.

— Pode deixar, vou buscar as chaves e quando fizer um sinal no final do corredor, diga à polícia que vai ao banheiro do fundo. De qualquer forma, eles sabem que você não vai sair daqui.

E assim fizemos. O bom homem cumpriu com sua palavra, e de uma hora para a outra eu estava lá sem saber o que fazer. Havíamos planejado cuidadosamente como entrar no aeroporto, mas não como escapar de lá.

A primeira coisa que fiz foi procurar o nome da Aeroes, uma companhia aérea de meu pai, mas não encontrei. Eu tinha a esperança de encontrar ali algum nome ou número para pedir ajuda. "Mandem um helicóptero do meu pai, não tem problema se for gravado pelas câmeras e que depois seja apreendido... estamos salvando nossas vidas", pensei.

Quase atirando a toalha, vi pela janela que estava aterrissando um helicóptero da empresa Helicol.

— Para quem é esse helicóptero, esse de que o piloto está descendo? Preciso dele — eu disse a Dionisio.

— Não, senhor, é para uns executivos que estão esperando já faz um tempo, e já têm plano de voo. Impossível.

Imediatamente, peguei as páginas amarelas, disquei o número da Helicol e pedi a Dionisio que solicitasse em seu nome o serviço de um helicóptero. Ficaram de enviar um veículo assim que algum estivesse disponível.

A chegada do helicóptero era iminente, e nos dirigimos à porta de saída da plataforma onde estavam os heliportos, porém os guardas nos impediram. A situação podia se complicar outra vez, mas naquele momento chegou o delegado da Procuradoria, para quem o "Japonês" telefonara. Assim, não tiveram opção e nos deixaram sair.

A espera pelo helicóptero pareceu eterna. Já na plataforma, tivemos de abandonar a bagagem porque era muito pesada. Enquanto organizávamos a melhor maneira de subir na aeronave, chegou um coronel, que claramente era do Bloco de Busca.

— Estamos atrás do filho da puta do seu pai, para matá-lo.

— Desejo boa sorte, coronel.

— Na próxima vez vocês não vão escapar desse jeito. E na próxima vez que eu ver você ou seu pai, vou matar qualquer um dos dois – replicou o policial. Ele fechou o punho de raiva e percebi sua intenção de me dar um soco. Mas desistiu quando olhou ao redor e viu diversas câmeras atrás das grades de segurança da plataforma.

O oficial partiu e eu, Manuela, Nubia, Andrea, Catalina, Marcela e Marta subimos no helicóptero com destino ao aeroporto Olaya Herrera, em Medellín. E com Copito e Algodona, claro. Lá, éramos esperados por um funcionário da Procuradoria, cujo táxi eu tive de pagar porque ele não tinha dinheiro. Alguns instantes depois chegou um jornalista do canal regional Teleantioquia.

Pedi a todos que me esperassem e entrei em uma sala para pensar no que fazer, pois os ponteiros do relógio estavam girando e era previsível que os Pepes viriam atrás de nós. Então, pensei num plano.

— Vejam bem, meus irmãos, a situação é a seguinte: iam nos matar no aeroporto, e acabo de escapar com a minha família. Prometo que dou uma entrevista exclusiva, mas preciso da ajuda de vocês.

— Diga o que você precisa – responderam.

— Vamos até um lugar e vocês nos seguem com seu carro, mas não podem parar de filmar durante todo o tempo, para o caso de acontecer algo conosco.

Eles aceitaram, e nos dirigimos ao edifício Altos com toda a pressa. Aquilo parecia uma loucura, pois o edifício acabara de ser alvo de um atentado, e os Pepes sabiam que lá éramos presas fáceis. Mas eu sabia o que estava fazendo. Precisava levá-los a um território que eu conhecia com perfeição.

Quando chegamos ao primeiro subsolo do edifício, dei setecentos dólares de gorjeta ao taxista por ter "voado" desde o aeroporto. Antes de pôr o plano em ação, conversei com o repórter e concedi a primeira entrevista de minha vida: falei sobre o que havia acontecido e sobre as possibilidades de meu pai se entregar. Finalmente, respondi o que pude e saí correndo para as escadas que levavam à piscina do edifício. Por uma de suas extremidades passava um pequeno rio, e havíamos deixado por lá uma passagem a fim de escapar para o jardim do edifício vizinho, onde tínhamos um apartamento e mantínhamos sempre no estacionamento um veículo com a chave na ignição e o tanque cheio.

Minha irmã e as primas já haviam atravessado e estavam me esperado ao lado de uma caminhonete Mitsubishi. Essa foi nossa rota de fuga. Segundo me contaram, pouco depois, cinco caminhonetes cheias de homens encapuzados invadiram o edifício e o reviraram de cima a baixo à nossa procura. Nesse momento, já estávamos no Cero Cero, o edifício Ceiba del Castillo, onde vestimos roupas limpas para correr outra vez, pois sabíamos que os Pepes já o haviam localizado.

Descemos ao subsolo e trocamos novamente de carro, dessa vez por um Renault 4, e nos dirigimos ao apartamento da avenida La Playa, o mesmo de onde havíamos partido para o aeroporto naquela madrugada. Ali encontramos minha mãe, que chorava inconsolavelmente, pois os repórteres do rádio haviam anunciado nossa viagem abortada para os Estados Unidos.

Após um abraço apertado, eu disse que o apartamento não me parecia seguro, pois Copito e Algodona haviam aparecido na televisão, e era questão de minutos até que os vizinhos avisassem a polícia de que ali vivia a família de Pablo. Assim que terminei de falar, tocou a campainha. Era "Angelito":

– Olá, o patrão mandou eu vir buscar vocês; temos que nos mexer, porque esse esconderijo não é mais seguro. Juancho, o patrão disse para a gente pegar o dinheiro do esconderijo, porque esse apartamento já era.

– Feito, me ajude aqui, precisamos de uma chave de fenda para abrir o móvel onde fica o dinheiro – respondi, apontando para o vidro que o ocultava.

Forçamos o móvel por diversos minutos sem conseguir abri-lo. Os parafusos estavam presos.

– "Ramón" – também chamávamos "Angelito" assim –, o jeito vai ser abrir na base da força.

– Mas e o barulho que vai fazer, não tem problema?

– Problema seria deixar esse dinheiro aí ou perder tempo abrindo com jeitinho. Quando os vizinhos reclamarem, a gente já vai estar de saída, e eles nunca mais nos verão.

Depois de chutar o móvel repetidas vezes sem sucesso, embora fazendo muito barulho, trouxemos um martelo enorme da cozinha, e com ele conseguimos penetrar a madeira. O barulho era enorme. A cada golpe, sentíamos que a polícia chegaria a qualquer instante.

Finalmente, enfiamos o dinheiro em uma maleta e fugimos dali. Naquela mesma tarde, houve uma operação de busca no apartamento de La Playa. Estavam em nossos calcanhares.

Fechamos os olhos durante o trajeto, e "Angelito" deu várias voltas antes de chegar a outro esconderijo próximo, uma casa que pelas minhas contas devia ficar próxima ao teatro Pablo Tobón Uribe da cidade.

Depois que a grande porta da garagem foi fechada e pudemos abrir os olhos, vimos meu pai.

Manuela desceu do carro e beijou sua bochecha, e minha mãe os envolveu em um abraço. Desci junto com "Angelito" e Andrea para ajudar a carregar a pouca bagagem que tínhamos conosco.

– Oi, pai, achei que não ia ver você de novo tão cedo. Que bom ter chegado, você não imagina o aperto que a gente passou. Foi um milagre ter escapado – comentei, enquanto o abraçava e beijava.

– Fica tranquilo, meu filho, o importante é que todos estão bem e aqui comigo. Vi um pouco na televisão e escutamos pelo rádio. Você mandou muito bem com a ideia do helicóptero, surpreendeu todo mundo aqui. – Meu pai sorriu, dando-me tapinhas no ombro.

Eu e Andrea passamos a noite no quarto que nos deram, que tinha apenas uma cama de solteiro. Não havia outros colchões. Assim, aprendemos a dormir juntos numa cama para uma só pessoa. Desde esse dia dormimos assim, colados um no outro. Rezava muito antes de dormir, pois isso me dava paz e tranquilidade para pegar no sono. Deixava meus medos nas mãos de Deus.

Após as seis horas da tarde de 20 de fevereiro de 1993, um sábado, ligamos a televisão em uma salinha da casa. Assistíamos à rede Univisión na TV a cabo quando informaram que nossos vistos haviam sido cancelados pelo embaixador dos Estados Unidos, Morris Busby.

– Fiquem tranquilos que o mundo é muito grande. Tem a Europa, a Ásia... A Austrália seria um bom lugar para vocês irem. Deixem comigo, vocês vão ver que arranjo uns vistos. Ou vocês vão ilegalmente e depois eu vou para lá, arranjo algum barco e resolvo a questão – meu pai sonhava em voz alta, para melhorar o ânimo da família.

Após um curto silêncio, apresentou outra opção:

– Ou temos outra alternativa... Nos escondermos juntos, vocês ficam comigo e a gente se enfia na selva por uns tempos. Agora, com o apoio dos "elenos" – o grupo guerrilheiro ELN –, vou voltar a ter muito poder.

A conversa ficou no ar. Minha mãe permanecia em seu quarto, chorando na cama. Estava disposta a acompanhar meu pai, mas sem expor outra vez a vida dos filhos. A selva não lhe parecia uma opção viável.

Durante toda aquela semana, minha mãe, Andrea e eu usamos as roupas de meu pai, pois não tínhamos nada à disposição.

– Cuidado para não confundirem vocês comigo por aí – brincava meu pai ao nos ver com seus trajes.

Assim, vestindo roupas que não eram nossas, comemoramos em 24 de fevereiro meu aniversário de dezesseis anos. Não houve fotos nem vídeos, apenas uma sobremesa caseira. Não era em nada comparável à minha festa de quinze anos no Altos, com mais de cento e vinte convidados, três orquestras, bufê, convidados de smoking, piscina com ilha artificial e muitos outros esbanjamentos.

No dia seguinte, o jornal das sete traria outra notícia muito ruim para meu pai: naquele dia, sem nenhum aviso prévio, Giovanni Lopera, "a Modelo", entregara-se à Justiça em Antioquia. Meu pai ficou sem palavras, pois acabara de perder ninguém menos que o sucessor de "Pinina".

Nas horas seguintes, os Pepes atacariam duramente as pessoas que, tempos antes, haviam sido próximas de meu pai em termos jurídicos ou políticos: em 27 de fevereiro, foi destruída a fazenda Corona, propriedade de Diego Londoño White; no dia 1º de março, assassinaram seu irmão, Luis Guillermo; em 2 de março, assassinaram Hernán Darío Henao, o "HH", administrador da fazenda Nápoles, que as autoridades e meios de comunicação associaram à família de minha mãe. A verdade é que não tinham qualquer parentesco. E em 4 de março assassinaram o advogado de meu pai, Raúl Zapata Vergara.

Pelas notícias também ficamos sabendo da morte de "Chopo", e então entendemos que haviam dado em meu pai o golpe final. O ato ocorreu em seu apartamento no edifício do Banco Comercial Antioqueño, em pleno centro de Medellín, local onde "Chopo" e meu pai haviam se reunido alguns dias antes.

Quando deram a notícia, meu pai já sabia como "Chopo" havia morrido.

– Foi "Juan Caca" que entregou o "Chopo". A polícia pegou o Juan e o torturou, por isso acabou entregando a chave do apartamento para eles. Por isso foi tão fácil pegar o "Chopo": ele estava dormindo tranquilamente, achando que "Juan Caca" não entregaria seu paradeiro. Sem dúvida foi um erro que lhe custou a vida – contou meu pai, enquanto o noticiário apresentava imagens do apartamento de um dos poucos bandidos fiéis a ele, dos poucos que o chamavam por seu primeiro nome, que não o abandonou e não se entregou à polícia. "Chopo" era um homem corajoso, que gostava de desafiar a lei.

– Pai, o que vai fazer agora que não tem mais ninguém lá fora protegendo você? O que vai acontecer de agora em diante? Você ficou praticamente sozinho, sem ninguém lá fora – perguntei, angustiado.

– Vamos ver, meu filho – respondeu, pensativo.

– Pai, não tem ninguém para proteger você. Acho que é melhor a gente se dividir, os homens para um lado e as mulheres para outro, em esconderijos diferentes, para a segurança delas. Se vierem atrás de você em qualquer momento em que elas estiverem junto, imagine o massacre. Precisamos protegê-las, para que não lhes aconteça nada. Eu fico com você, independente do que acontecer – falei, tremendo de medo, e ele me olhou em silêncio.

– Acho que é o melhor por enquanto, até vermos como vamos fazer depois. Nesse momento o "Angelito" vai ser mais útil na rua, lutando, e não pode fazer duas coisas ao mesmo tempo – respondeu, resignado.

Pela primeira vez, meu pai acatava uma sugestão minha. Aceitar que precisava de mim a seu lado para nossa proteção acabou com minhas dúvidas de que estávamos em queda livre. Não havia mais ninguém a quem pedir socorro. O fato de "Angelito" se tornar o elo entre meu pai e o mundo exterior implicava um enorme risco, pois ele precisaria ficar muito tempo fora, e meu pai não teria controle sobre ele.

Assim, "Angelito" se preparou para sair com destino a uma reunião, e meu pai lhe deu três horas para que retornasse. Uma eternidade, naquele contexto em que vivíamos. Ficar em casa esperando por ele era um grande risco, e ir a outro esconderijo e desperdiçá-lo sem uma razão válida também era um risco em si. "Angelito" mal tinha saído quando meu pai perguntou:

— Grégory, quanto tempo você demora para tomar banho? Imagino que você vai levar uma hora, e não posso esperar tanto tempo. Vamos dar uma volta de carro enquanto o "Angelito" não chega. Venha sem tomar banho mesmo, para me fazer companhia. Ou prefere que eu vá sozinho?

— Pai, prometo que em dez minutos vou estar de banho tomado e vestido, e então vamos aonde você quiser. Mas deixe eu tomar um banho para refrescar.

— Então faça isso, ande.

Fiquei pronto em quinze minutos, e entramos no Renault 4 que estava estacionado na garagem. Meu pai vestia uma camisa polo e calça jeans. Sua barba era farta, e ele pôs um gorro escuro.

Segui suas instruções e fechei os olhos. Nossa família ficou para trás, sozinha. Por dentro, eu carregava a angústia de imaginar o que aconteceria se detivessem "Angelito" e o obrigassem a entregar o paradeiro de meu pai. Jamais concordei com sua violência, mas nunca sequer cogitei a possibilidade de deixar meu pai sozinho.

— Mas pai, você acha que é uma boa sairmos daqui e deixarmos as mulheres sozinhas? — perguntei, cheio de incertezas.

— Temos que matar o tempo fora de casa, por segurança. Não se preocupe, só vamos dar uma voltinha pela cidade enquanto esperamos. É melhor ficar em constante movimento. Aviso quando você puder abrir os olhos.

Uma voltinha? Como meu pai era capaz de sair pelas ruas de uma cidade repleta de policiais e blitze como se nada estivesse acontecendo, sendo que era o homem mais procurado do mundo? Era a opção que oferecia menos riscos.

Até que chegou o momento de abrir os olhos, e a primeira coisa que vi foi a rodoviária de La Milagrosa, lugar por onde eu passava quando ia às aulas no colégio San José de la Salle.

Meu pai dirigiu com tranquilidade, respeitando os semáforos e as placas de trânsito para que parecêssemos apenas mais um carro na multidão. Andar com ele pelos distritos da região nordeste de Medellín era o mesmo que apostar a vida na roleta-russa. Permanecemos assim por cerca de duas horas e meia, até que ele me pediu para fechar os olhos.

Para me manter tranquilo, ele relatava o que via na rua: que estava passando perto do esconderijo, que não via movimentos estranhos, que tudo parecia bem. Então ele disse que daríamos outra volta pelo bairro e voltaríamos para casa. Fizemos isso. "Angelito" já havia chegado, e respirei aliviado.

Doralba, a moça que cuidava da casa, sabia manejar muito bem uma máquina de costura e confeccionava as próprias roupas. O jeans favoritos de meu pai, de tecido fino e da marca New Man, estava chegando ao limite, e por isso Doralba propôs fazer uma calça parecida para que ele deixasse de reserva. Meu pai adorou a ideia.

– Ah, ótima a sua ajuda com o jeans. Deixa eu perguntar uma coisa: você seria capaz de fazer para mim vários uniformes de policial? – perguntou, certamente pensando no plano seguinte.

Alguns dias depois, meu pai nos avisou que, como os policiais estavam concentrados na zona central da cidade, era melhor irmos embora dali. Disse que nos esperaria em outro lugar. A partir daquele momento e ao longo de vários meses, trocaríamos de esconderijo com muita frequência.

"Angelito" levou meu pai e voltou para nos buscar dois dias depois. Ele nos levou a duas casinhas em Belén Aguas Frías, que meu pai já havia batizado de "Tediolândia". Assim, muito entediados, passamos a Semana Santa sem poder fazer qualquer coisa devido ao risco de sermos descobertos.

Nossa situação era mais do que difícil, e meu pai a deixaria ainda mais complicada em 15 de abril, quando descobrimos pelo noticiário que ele decidira fazer novos ataques com carros-bomba para forçar o governo a atender suas exigências.

Nesse dia, houve uma explosão na rua 93 com a avenida 15 de Bogotá, causando várias mortes e deixando muitos danos. Mas, longe de tombar o Estado a seus pés, esse atentado fez com que os Pepes reforçassem suas ofensivas contra ele e contra tudo a seu redor.

As imagens dramáticas das vítimas, bem como a destruição de uma ampla região comercial da cidade, fizeram com que eu dissesse a meu pai certa noite que não concordava com sua violência indiscriminada e com a morte injusta de pessoas inocentes.

— Não se esqueça de que as primeiras vítimas do dito narcoterrorismo na Colômbia foram sua mãe, sua irmãzinha e você, no atentado ao edifício Mónaco. Não fui eu que inventei isso. Usaram esses meios contra minha família, e minha resposta é utilizar a mesma arma que quiseram empregar para destruir aquilo que eu mais amo, que são vocês.

— Tá, mas eu não gosto de violência, pai. Isso piora as coisas e deixa a gente cada vez mais longe da possibilidade de encontrarmos uma saída. Como concordar com os atentados que fazem crianças inocentes de vítimas? Não acho que a violência seja a única saída. Você deveria procurar outra.

— Por acaso você acha que você e sua irmãzinha não eram crianças inocentes quando puseram aquela bomba lá? Como você quer que eu lute uma guerra contra um Estado que é tão terrorista quanto eu, ou até mais? Como faço para combater uma polícia e um governo corruptos, aliados dos Pepes? Você não vê que o único narcotraficante que eles atacam sou eu? Pelo menos escolhi ser bandido, e é isso que eu sou. Não sou como eles, que de dia usam uniforme e à noite andam encapuzados.

– Pai, ninguém vence as guerras contra as instituições. Todo mundo sai perdendo.

Pouco depois, meu pai achou que já era hora de sairmos da Tediolândia e nos transferirmos para um local próximo, a uma casa de fazenda maior e mais cômoda no bairro de Belén, com uma vista imponente para a cidade. Era a última propriedade daquela região, a estrada pública terminava nela. A casa tinha varandas amplas, de onde meu pai passava horas e horas observando a cidade.

Na parte de trás havia alguns estábulos e um pequeno chiqueiro desativado. A partir de uma das elevações da propriedade era possível ver toda a estrada. O caseiro, de apelido "Macaco", era quem fazia os contatos com os vizinhos.

Ele também ficou encarregado de alimentar as quatro vacas que meu pai mandou comprar para manter as aparências. Os animaizinhos eram uma grande distração para nós. Meu pai trazia leite recém--ordenhado para tomarmos ainda quentinho. Naqueles momentos, esquecíamos que nosso futuro era incerto e nos encontrávamos numa situação de grande dificuldade.

Ainda assim, tentávamos nos entreter com qualquer coisa. Um dia, nos dedicamos a tentar consertar uma casinha de campo bastante deteriorada que meu pai batizou de O Buraco. Para chegar até lá, era preciso caminhar quinze minutos desde a casa principal, pois não havia estrada.

"Angelito" se ofereceu para arrumar as goteiras do teto, que eram muitas. Comecei a pintar a casa, e logo Manuela e meu pai vieram me ajudar. Assim, passamos vários dias agradecendo por ter algo com que passar o tempo.

Ainda era preciso resolver a questão da luz, pois a potência era tão baixa que, para ligarmos uma pequena televisão, era preciso apagar todas as lâmpadas. Certo dia, estávamos assistindo ao noticiário e a televisão desligou sozinha porque Andrea foi tomar banho.

– Desligue a luz, estamos vendo o noticiário – eu e meu pai gritamos em uníssono.

– Desculpe, desculpe, esqueci. Amor, por favor, traga uma lanterna – respondeu.

Uma vez Copito, o cachorrinho branco, se perdeu. Gritamos seu nome em todas as direções, mas nada de ele aparecer. Não muito tempo depois, vimos que o animalzinho estava logo em frente, no mesmo distrito, socializando com os outros cães. Ficou pulando entre os arbustos e obviamente só voltou quando teve vontade. Da frente da casa, minha irmãzinha o observava e rezava para que ninguém o roubasse, pois não poderíamos resgatá-lo.

Assim como meu pai tinha seu próprio correio, minha mãe também tinha o dela para se comunicar com a família e com algumas poucas amigas. O de meu pai era recolhido por "Angelito", e o de minha mãe era levado por Andrea. Geralmente, os dois iam juntos até a cidade, se separavam e marcavam um horário para voltar juntos. Nem um minuto a mais, nem um a menos. A ordem era clara: só haveria um minuto de tolerância, pois havia o risco de que alguma das partes fosse sequestrada e revelasse a rede de correios até chegar ao meu pai.

Em 25 de maio de 1993, minha irmã completou nove anos. Naquela manhã, Manuela, Andrea e o "Macaco" foram andar a cavalo pelas redondezas, mas alguns homens com uniformes de empregados municipais se aproximaram de Andrea e perguntaram se ela era "a doce Ochoa", referindo-se à esposa de Fabio Ochoa Vásquez. Ela respondeu que não, e os três voltaram rapidamente à casa para contar ao meu pai.

– Peguem as coisas mais importantes, pois vamos partir. O aniversário da menina está cancelado. Vamos encilhar todos os animais e já deixar a bagagem neles. Vamos pelo monte até Tediolândia, que fica do outro lado. Conheço um caminho para irmos montados – disse meu pai, atento para que Manuela não o escutasse. – Filha, preparei um passeio surpresa para o seu aniversário. Vamos a cavalo, e caminhamos um trecho para ver as flores do bosque. Tenho certeza de que você vai gostar – improvisou ele, de um momento para o outro, transformando uma fuga num passeio.

"Macaco" e "Angelito" carregaram um cavalo branco, penduraram uma bolsa de mantimentos nele, uma maleta com dinheiro em espécie e três pistolas e três fuzis AK-47 com munição extra.

Mas minha mãe queria levar a torta. Negava-se a abandoná-la.

– Não, senhor, não vamos deixar a torta aqui, depois de tudo o que fizemos para arranjá-la – insistiu, até que a sobremesa foi acomodada em uma das montarias.

Meia hora depois de aprontarmos a mudança urgente, começamos a subir a encosta e perdemos o rastro de meu pai, que disse ao "Macaco" que nos esperaria mais adiante com Manuela, Copito e Algodona. Seguimos por um caminho equestre, que ficou ainda mais escorregadio com o chuvisco que, alguns minutos depois, virou um temporal.

Minha mãe caminhava a um metro de distância do cavalo, e atrás dela vinha eu e, em seguida, Andrea, quando de repente ouvimos o roçar forte das ferraduras contra as pedras do terreno. O cavalo branco perdeu o controle, parando sobre as patas traseiras, e o peso da bolsa e da maleta com as armas projetou-o para trás com ainda mais força, e vimos que ele cairia sobre nós.

Andrea começou a correr montanha abaixo, e eu fiz o mesmo ao lado de minha mãe, que me empurrava e gritava. O caminho tinha uma pequena saliência por onde passava uma cerca de arame farpado. Andrea se acomodou como pôde sobre o fio da cerca, onde cabia apenas uma pessoa. Na correria, pensei comigo mesmo: "onde cabem um, cabem dois" e me acomodei como pude a seu lado, me equilibrando para não encostar no arame farpado. Minha mãe deve ter pensado "onde cabem dois, cabem três", e se não houvesse se atirado sobre nós, teria sido gravemente ferida pelo cavalo.

A situação voltou à sua aparente normalidade. Caminhamos o dia inteiro, e uns dez minutos antes de chegarmos vimos meu pai, brincando com Manuela como se nada estivesse acontecendo.

– Quanto falta, pai? – perguntei, exausto.

– Já chegamos. O pior, que era a subida, já passou. Dê uma olhada para ver: é aquela casinha ali embaixo, onde está aquele telhado e umas vaquinhas.

Chegamos a tirar a roupa, pois estávamos à beira da hipotermia, e tomamos uma ducha de água muito gelada. Mas, depois de vestidos, voltamos ao normal. Minha mãe se arrumou primeiro e logo ajudou a preparar a comida, enquanto lutávamos para acender o fogão a lenha.

Na hora de dormir, subimos até a casinha pré-fabricada ainda não terminada. Mas o "Macaco" havia deixado uma luz acesa, e o lugar estava cheio de besouros de todos os tipos. Não havia como tirá-los da casa. Quando nos deitamos para dormir, Andrea e eu não conseguíamos pegar no sono por causa do frio intenso. Não conseguíamos nos aquecer, apesar dos lençóis duplos que havia em nossa cama. Os cachorrinhos dormiam conosco e tremiam sem parar. Tivemos que usar o secador de cabelo de Andrea para aquecer a cama, pois continuávamos tremendo de frio.

Diante da piora visível de nossa situação cotidiana, meu pai nos disse um dia que continuava trabalhando em sua velha ideia de se unir à luta guerrilheira com o ELN.

– Já tenho contato direto com eles. Vão me dar um pelotão para comandar. Vou comprá-lo por 1 milhão de dólares. Na selva, ninguém me pega. Fico escondido lá por uns tempos, me dedico a recuperar meu negócio, me fortaleço e começo a tocar o projeto do Antioquia Rebelde, porque não vejo outra saída. O governo já disse que não vai negociar comigo, que quer me ver morto.

Fiquei mudo. Não sabia o que dizer diante do plano impossível de meu pai. Ele havia demonstrado que podia driblar qualquer risco, mas nossa realidade já não era a mesma.

O tédio e o desconforto desse esconderijo fizeram com que, certo dia, meu pai dissesse que deveríamos voltar para o Buraco. Felizes, deixamos a Tediolândia para trás. Era 3 de junho de 1993. Naquela noite, cabia a mim o turno de guarda, e fiquei escutando as notícias do rádio. Estava fazendo isso quando anunciaram a morte de meu tio, Carlos Arturo Henao.

Fiquei muito triste e saí correndo para avisar meu pai. Encontrei-o abraçado à minha mãe, que chorava inconsolável diante da televisão, onde estavam dando a mesma notícia.

Apenas para atacar meu pai, os Pepes assassinaram um irmão de minha mãe que nunca quis participar de nenhum ato violento e se dedicava à venda de esfregões em Cartagena. Mas cometeu o erro de viajar a Medellín para visitar a esposa e os filhos num momento em que o aeroporto de Rionegro era comandado pelos Pepes.

Naquela noite, minha mãe perdeu seu segundo irmão. Mario e Carlos foram levados pela violência, e Fernando começava a ser levado pelo cigarro, pelo abuso de drogas e pelo desgosto.

O isolamento de meu pai em relação ao mundo exterior era total, e talvez por isso não percebemos a presença da "lei" durante semanas. Mas meu pai era contrário à ideia de ficar muito tempo num mesmo lugar, e decidiu pegar de novo a estrada.

Nos meses seguintes, mudaríamos de esconderijo com bastante frequência. Do Buraco, fomos a uma cabana, no passo de La Cristalina, um lugar belo na parte antioquenha do Magdalena Medio. Dali, partimos para um apartamento próximo à Quarta Brigada, em Medellín, e em seguida para o complexo de edifícios Suramericana, próximo à praça de touros de La Macarena.

Agora que estou me dedicando a tentar lembrar com precisão o que vivemos naquela época, é difícil saber com clareza o tempo que permanecemos enfurnados em cada esconderijo. Naquele ano, não contávamos os dias. Não importava se era domingo, segunda ou sexta. Não fazia diferença: só pensávamos em nossa segurança. Mas sabíamos que a melhor maneira de nos deslocarmos de um local ao outro era sob chuva.

– Os policiais não gostam de se molhar. Por isso, o momento ideal para o deslocamento é quando está chovendo. Com chuva não há blitze – afirmava meu pai.

Nós tínhamos, então, uma maneira diferente de interpretar a chuva. Era um manto de proteção para circular pela cidade. Com chuva, viajávamos mais tranquilos. Por isso, muitas vezes a chuva nos mostrava que era chegado o momento de partir.

Assim, sob uma chuva torrencial, chegamos ao complexo de edifícios Suramericana, e entramos pelo subsolo. Subimos até um apartamento no décimo andar, com três quartos e dependência de empregada, onde o "Angelito" ficou. A vista para a cidade era linda, e éramos esperados por um casal jovem com um bebê recém-nascido.

Conforme me contou meu pai, os guardiões do esconderijo eram um casal humilde de trabalhadores desempregados; eram recém-casados, tinham um bebê de colo e estavam sem casa própria e com um futuro incerto.

– Prometi que daria o apartamento e o carro para eles quando a gente não precisasse mais. Na verdade já são deles, estão no nome deles. Isso os deixou muito contentes; a reclusão é difícil, mas eu dou um bom dinheirinho para eles.

O melhor lugar daquele apartamento era uma pequena varanda de onde era possível ver a cidade e a passagem das viaturas do Bloco de Busca ou do Exército. Passávamos muitas horas ali.

Numa dessas noites, meu pai resolveu fumar seu baseado de maconha. Era a primeira vez que eu o via fumar aquilo. Minha mãe fez um gesto de desaprovação e se trancou no quarto, onde Manuela dormia em sono profundo. Andrea observou a cena da sala e permaneceu em silêncio enquanto tentava se distrair com algumas revistas.

Eu estava perto de meu pai e de "Angelito", que também estava fumando – uma situação que não era novidade, pois ele nunca mentiu a respeito de seu vício. Portanto, não o julguei por aquilo.

Uma vez, ele me confessou que quando eu o via caminhar para longe de casa na fazenda Nápoles era porque pretendia fumar maconha. Naquela ocasião, meu pai me deu uma aula magistral sobre os perigos do consumo de drogas, suas diferenças, efeitos e potencial viciante. Disse-me que se algum dia quisesse provar alguma, deveria fazer isso com ele, e não com amigos.

Na maioria dos esconderijos, Andrea fazia às vezes de professora de Manuela, porque minha mãe havia organizado para que mandassem exercícios do colégio. Ela tinha uma rotina diária de estudos, fosse na cidade ou na selva. Aquilo era um passatempo para ela, e também para a própria Andrea. O tédio nos confinamentos prolongados chega mais cedo se não inventamos uma maneira de ocupar nossas mentes e nossos corpos. Minha mãe também dava aulas a minha irmã, e dividia com Andrea a pequena escola de uma aluna só. Eu também recebia exercícios xerocados dos cadernos de alunos dedicados, para não interromper meu último ano do colegial. Fiz isso durante meses, sempre a contragosto, devido à dificuldade que tinha para me concentrar.

Para completar o ambiente de mal-estar em que vivíamos naqueles dias, o reconhecido e respeitado astrólogo Mauricio Puerta publicou na revista *Semana* a previsão de que meu pai morreria naquele mesmo ano. "Nessa transição, é possível que Escobar tenha seu encontro com a morte", sentenciou.

– Dê um jeito de achar esse cara e ver quem ele é, e o que tem para dizer, Tata – pediu meu pai. Ficamos surpresos, pois ele sempre fora cético em relação a adivinhações.

Minha mãe mexeu alguns pauzinhos e conseguiu localizar Puerta, a quem enviou os nomes, datas e horas de nascimento de todos nós. Ele nos devolveu fitas cassete com suas previsões, mas só o conheceríamos pessoalmente em Bogotá, depois da morte de meu pai. Seus vaticínios nos surpreenderam por estarem corretos. Para começar, ele garantiu que viveríamos por muitos anos em uma cidade ao lado de um dos maiores rios do mundo. Ele não especificou qual. Tempos depois, acabaríamos morando em Buenos Aires, cidade banhada pelas águas do grande rio da Prata. Devo dizer que, no que nos dizia respeito, Mauricio não falhou até hoje.

Todavia, como sempre, chegou a hora de nos mexermos outra vez. Esperamos a noite e, de olhos fechados, chegamos a uma velha casa dentro da cidade. Era a morada de "Monito", referência a um garoto loiro que morava lá com os pais, os ditos guardiões do esconderijo.

A casa tinha um pequeno pátio ao lado da sala de jantar e da sala de estar, por onde ao menos se podia ver o céu através das grades que impediam a entrada de estranhos. Ali, celebramos o Dia dos Pais. Cada um escreveu uma carta, como fazíamos em qualquer data comemorativa.

Dias depois, meu pai permitiu que minha mãe, minha irmã e Andrea fossem passar uns tempos com a professora Alba Lía Londoño, para que Manuela trocasse um confinamento por outro, visse outras pessoas, aprendesse um pouco de arte e melhorasse de ânimo. Preferi ficar ao lado de meu pai.

Na semana em que ficamos sozinhos, as provisões começaram a escassear, e chegou o momento de o casal de guardiões sair para comprar comida. Às cinco horas da tarde eles espiaram pela janela, mas perceberam que a polícia estava montando uma blitz bem em frente à casa onde estávamos.

– Vamos ter que cancelar a saída, irmão. Até essa gente ir embora. Não temos outra opção além de ficarmos quietinhos. Não acendam nenhuma luz, nem liguem a televisão, o rádio, nada. E o garotinho não deve fazer barulho: se quiser brincar, é melhor fazer algo lá pela cozinha. Não façam nenhum ruído até eu dizer que pode. Cuidado, isso não é por mim, mas porque não quero que eles me encontrem aqui por mero acaso – explicou ao pai do garoto, após confirmar através de uma frestinha na janela que, de fato, os policiais estavam montando uma blitz.

A situação era tensa. Meu pai disse que o melhor era passar a impressão de que a casa estava vazia para que a polícia nem se aproximasse.

Ele ficou um bom tempo espiando pelo olho mágico da porta principal, e de vez em quando me chamava para espiar com cuidado e observar os movimentos de um policial que havia parado a apenas dez centímetros de distância. Podíamos ver sua silhueta com perfeição, com o fuzil nas mãos, o cano apontado para cima e o chapéu verde com uma das abas dobradas.

Os dias passavam e a blitz permanecia ali, imóvel. A única coisa que percebíamos era que os agentes eram substituídos por outros, novos. Mas não arredavam pé. A comida havia acabado, e chegou um momento em que só o que restava para comer era uma sopa de mondongo velha e enverdecida, já em estado de decomposição, que ferveram uma segunda vez com mais água e um cubo de caldo de galinha. Não havia nada mais para comer.

Durante vários dias, senti medos de todos os tipos: passava por estados de otimismo, aceitação, negação, desespero e terror, só de imaginar a chuva de balas que haveria caso os policiais entrassem à força e meu pai os enfrentasse a tiros.

– Pai, e o que vai acontecer se esses caras ficarem aí um mês? Como vamos fazer para sair de uma casa que eles pensam que está vazia?

– Fica tranquilo, meu filho. Eles vão sair daí a qualquer momento. Relaxa, que isso é bom para a gente emagrecer – respondeu sorrindo, como se estivéssemos acampando.

Foram dias de silêncio profundo, impostos pela discrição absoluta para que não fôssemos vistos ali dentro, de forma que até as conversas eram escassas. Menos mal, pensei, que minha mãe, Manuela e Andrea não estavam lá, porque senão o drama teria sido ainda maior.

Em cima de uma mesa havia pouco mais de 2 milhões de dólares em dinheiro, mas estávamos de mãos atadas. Não podíamos gastar um único dólar daqueles, pois ninguém ali dentro tinha liberdade para sair de casa. Se quiséssemos, poderíamos comprar o supermercado inteiro. A sensação de impotência era enorme. Ao lado de meu pai, experimentei uma forma estranha de "pobreza" extrema.

Finalmente, oito dias depois, quando já estávamos sem forças, a polícia retirou a blitz e partiu, e tudo voltou ao normal.

Naquele mesmo dia, a geladeira ficou cheia outra vez. Em seguida, as três mulheres retornaram, e preferimos não comentar a experiência terrível dos dias anteriores.

A peregrinação de esconderijo em esconderijo não havia acabado. Dessa vez, chegamos à casa azul. Ainda que os Pepes hostilizassem cada vez mais os advogados de meu pai, um deles, Roberto Uribe, tinha um esquema para receber as mensagens que conseguíamos enviar por "Angelito".

O conteúdo das cartas havia variado perceptivelmente nos últimos momentos, e naquele fim de julho de 1993 meu pai havia posto na mesa a possibilidade de sairmos do país, embora desconfiasse da seriedade do Ministério Público.

— Fique tranquila, "Ula", que o Roberto Uribe está ajudando com a saída de vocês do país. É uma das condições para que eu me entregue. O promotor De Greiff se comprometeu a arranjar um refúgio para vocês em algum país, e eu me entregarei em seguida.

Nessa época, meu pai chamava minha mãe de "Ula" por deboche, porque ela andava cozinhando, limpando e passando roupa como fazia Eulalia, uma antiga empregada doméstica, um luxo que já não tínhamos desde que a guerra havia esquentado.

Manuela e eu começamos a perceber que nossos pais passavam muito tempo discutindo nosso futuro. Depois comentaram suas conversas e conclusões, que levaram rapidamente à necessidade de nos separarmos, pelo bem de todos. Eles concordavam que Manuela e eu não deveríamos interromper nossos estudos por mais tempo.

– Sei que fora do país não vai acontecer nada com vocês. Já prometeram que vão arranjar um país. Enquanto isso, fico escondido nas montanhas com os "elenos", e ninguém vai me ver por um bom tempo enquanto preparo minha rendição. Agora, também não aconteceria nada com vocês se estivessem comigo na selva. Essa opção também existe, mas vocês precisam estudar, e lá isso não é possível. Vocês são a nossa prioridade, e por isso decidi, ainda que sua mãe não confie neles, que o melhor é que o Ministério Público proteja vocês em Altos. Já autorizei o CTI a se instalar no apartamento 401 e organizar sua chegada, mas isso não precisa ser feito amanhã. Vamos passar o aniversário da sua mãe juntos aqui. Falta pouquinho.

A notícia de nossa eventual separação caiu como um balde de água fria. Pensei em meu futuro, mas também em meu pai. E ambos eram prioridades. Me vi numa grande encruzilhada, pois tinha certeza de que sua segunda entrega à Justiça traria paz. Eu tinha confiança de que ele não desperdiçaria aquela nova oportunidade. Unir-se ao ELN seria um salto no escuro. Mas a verdade é que o único ato de lealdade era aconselhar que se entregasse, sem impor mais condições.

Aqueles dias foram cinzentos e silenciosos. Estávamos deprimidos, e percebia-se uma angústia muito grande no ar. Em 3 de setembro de 1993, minha mãe completou 33 anos. Celebramos para cumprir o ritual, mas não tínhamos ânimo para nos divertir. Pela primeira vez, um dia como aquele passou despercebido, e a comida teve sabor de incerteza.

Dois dias mais tarde, em 5 de setembro, tivemos um motivo para esquecer nossas amarguras. A seleção de futebol da Colômbia venceu a Argentina por 5 a 0 fora de casa, na reta final para sua classificação à Copa do Mundo nos Estados Unidos de 1994. Naquele dia, gritamos a cada gol em frente à televisão que havia na casa. Foi um instante de felicidade que durou apenas os noventa minutos da partida. Nunca esquecerei aquele dia, não apenas pela goleada, mas também porque havia anos que não via aquela expressão de felicidade no rosto de meu pai.

Mas como o tempo não para, chegou o dia de partir, o dia em que vi meu pai chorar. Foi a primeira e única vez que ele se deixou ver daquela maneira. Eu também quis chorar, mas consegui me conter para consolá-lo quando abaixou a cabeça, com os olhos encharcados. Era 18 de setembro de 1993.

Fiquei profundamente comovido com aquela cena: era eu quem deveria apoiá-lo dali em diante e manter viva a confiança de que tudo daria certo. Eu estava ciente das dificuldades, mas nunca tive dúvidas de que meu pai encontraria a maneira certa de se entregar outra vez à Justiça.

A vida nos fez escolher entre a morte certa em algum ponto da selva colombiana ou a aposta no exílio e na rendição definitiva de meu pai.

Meu pai deu abraços intermináveis em Manuela e em minha mãe. Não conseguiu dizer nada a Andrea, a última de quem devia se despedir. Suas lágrimas não o deixavam falar. De forma atípica, eu continuava cheio de otimismo.

– Bom, infelizmente a gente tem que ir – eu disse, com a voz entrecortada, e em seguida lhe dei o último abraço e um beijo na bochecha.

Meu pai recuperou a fala e disse que ainda confiava que os agentes do Ministério Público pudessem ser "gente boa" e cumprir com a palavra de perseguir os Pepes. Suas palavras me tranquilizaram, pois era a primeira vez que ele confiava em um órgão do governo. Ele não confiava era em seu irmão, Roberto.

– Juancho e Tata, cuidem muito da menina, porque se acontecer alguma coisa comigo, e Roberto ficar com o dinheiro, pode até ser que ele lhes dê uma ajuda. Mas se não ficar, cuidem da menina, que ele é capaz de sequestrá-la. Contem a eles as informações que tenho sobre os Pepes. Levem esse endereço para lhes entregar. Eles dizem que não atacaram os Pepes porque não têm informações quentes. Agora eles vão ter. Bem, façam isso, vou seguir vocês por algumas quadras para garantir que cheguem bem, e não se esqueçam de me avisar por rádio ao chegarem.

Saímos da casa azul, e dirigi um Chevrolet Sprint verde até o edifício Altos. Olhei o tempo todo pelo retrovisor, e vi que meu pai nos seguia em outro veículo, acompanhado de "Angelito".

Senti-me seguro por nós, mas achei arriscado demais que meu pai nos acompanhasse até a porta do edifício onde viveríamos em um momento como aquele. Eram quase onze horas da noite quando virei à esquerda para chegar à portaria do edifício, e nesse momento meu pai buzinou duas vezes.

Uma vez no edifício, subimos até o terceiro andar, onde estariam os agentes do CTI, pois meu pai havia dito que chegariam em grupos pequenos, para que não se soubesse que estávamos sendo protegidos. Supunha-se que tudo seria feito com muita discrição por motivos de segurança. Bati na porta várias vezes, mas ninguém abriu.

Toquei a campainha e nada. Comecei a achar aquilo estranho quando escutei uma voz:

– Quem é? Identifique-se.

– É o Juan Pablo Escobar Henao, filho de Pablo Escobar. Estamos aqui por ordens dele para nos entregarmos à proteção do Ministério Público. Abra, por favor, estou com a minha família.

– Está armado?

– Armado? Meu Deus, por que eu estaria?

Abriram devagar e com cuidado. Eram dois agentes armados que nos olharam de cima a baixo com cara de quem enfrentaria as feras mais perigosas do mundo. No fundo do corredor do apartamento, vários homens estavam atrás das paredes apontando fuzis R-15 e metralhadoras MP-5.

– Está tudo bem, pessoal, somos nós. Peço desculpas por termos acordado vocês. Podem dormir, amanhã conversamos. Vamos subir para o nosso apartamento, o 401, e dormir lá.

– Não, esperem aí, pelo menos duas pessoas devem acompanhar vocês, por questões de segurança – disse "Alfa", um dos agentes, que parecia mandar no grupo.

– Ok, então vamos subir e ver como estão as coisas lá, porque o apartamento não tem muitos móveis – respondi.

De fato, o imóvel estava praticamente vazio. Lá, conheci os agentes "A1" e "Imperio". O lugar estava quase totalmente acabado, mas havia apenas três colchões, a cozinha se encontrava vazia e tampouco havia algo para comer ou beber. Teríamos que esperar pelo dia seguinte para resolver essas questões. Já era tarde. As luzes do edifício estavam apagadas.

No dia seguinte, minha mãe já tinha falado com uma vizinha, que nos emprestou parte de sua louça, algumas panelas e até sua empregada doméstica, que apareceu com uma bandeja cheia de comida.

Dois dias depois chegou Juan Carlos Herrera Puerta, o "Nariz", meu amigo de infância que, com o tempo, se tornou meu guarda-costas. Eu havia pedido que ele me acompanhasse porque tinha a intuição de que devíamos ter proteção extra. Ele tinha uma escopeta de oito tiros com licença vigente, e por isso os agentes do CTI não poderiam se opor à sua presença, que lhes pareceu muito suspeita, visto que os únicos autorizados a terem contato direto comigo eram "A1", "Alfa", "Imperio" e "Pantera".

Pouco a pouco, começamos a conviver, mas de uma hora para a outra "A1" me informou que "Nariz" deveria sair do edifício, pois não tinha permissão para permanecer ao nosso lado.

– Olha só, "A1": até onde sei, vocês estão cuidando da gente porque foi esse o acordo entre o meu pai, o Ministério Público e o governo, como parte do processo de rendição dele. Não tenho por que pedir sua permissão para decidir quem convido e quem não convido para vir a minha própria casa. Se entendi bem, a minha situação é de protegido, e não de prisioneiro. Ou estou enganado?

"Nariz" não foi embora. Consegui impor sua presença como nosso guarda-costas. Com a intervenção de "Imperio", a relação com "A1" melhorou nos dias seguintes, e até começamos a jogar partidas de futebol no pátio do edifício.

No entanto, o clima de descontração em Altos se desfez de maneira abrupta devido a um ataque dos Pepes.

O fato ocorreu uma tarde, após as cinco horas, quando escutamos explosões que pareciam fogos de artifício. Espiei com cuidado por uma janela, e vi que na interseção da transversal inferior com a Loma del Campestre haviam parado quatro veículos particulares cheios de homens armados e à paisana. Eles desceram dos veículos, e o que parecia ser jovens brincando com bombinhas se revelou uma intensa saraivada de balas contra a fachada do edifício.

Nos escondemos no armário do quarto principal, e "Nariz", escondido atrás de um vaso enorme, disse que não valia a pena revidar o ataque, pois sua arma não era de longo alcance. Alguns minutos depois chegaram "A1" e "Alfa", com as armas destravadas e muito nervosos.

– Olhe só, "A1", por que vocês não vão atrás desses caras e pegam eles? Estão ali na esquina atirando a torto e a direito – pedi, desesperado.

– Não tá vendo que eu não posso fazer isso? Nossa missão é proteger vocês, não sair atrás de alguém – tentou justificar.

– Então para que tem mais de vinte agentes nesse edifício para cuidar da gente, se ninguém faz nada quando somos atacados? – insisti, e nesse momento os quatro veículos desapareceram.

424

O ataque inesperado aumentou a dificuldade de Manuela para dormir, e Andrea perdeu o apetite a ponto de desmaiar alguns dias depois, o que nos obrigou a levá-la a uma clínica acompanhada de "Nariz" e quinze homens do CTI. O médico que a atendeu disse que ela precisava comer, pois seu estado era preocupante.

O Altos começou a ser transformado num forte. O Ministério armou três trincheiras com dezenas de sacos de terra: uma em cima da portaria, onde ficaria um homem vinte e quatro horas por dia, e as outras em cada uma das esquinas da avenida.

Ao mesmo tempo, chegaram mais homens de Bogotá. O número de agentes do CTI subiu para quarenta, todos armados com fuzis, pistolas e metralhadoras. As patrulhas dentro do edifício se tornaram permanentes, e uma sirene enorme e barulhenta foi instalada no terraço do edifício.

A estreia da sirene não tardou muito, pois escutamos um tiroteio e todos correram para seus postos. Nós nos escondemos rapidamente no último canto do closet do quarto principal, e "Nariz" fechou a porta para evitar que alguém entrasse. Os minutos eram intermináveis. Minha mãe, minha irmã e Andrea rezavam enquanto eu conversava com "Nariz" através das portas do banheiro e do armário.

Quando tudo se acalmou, um agente do CTI que chamavam de "Carro-bomba" informou que três homens desceram de dois carros e começaram a atirar. Um deles lançou uma granada de fuzil que colidiu com a fachada do quinto andar do edifício.

Pantera chegou algumas horas depois e disse que trazia notícias de Bogotá:

— O doutor De Greiff mandou dizer que está procurando um país para vocês, e que não está enrolando com esse assunto. É que algo tão delicado precisa ser tratado com discrição. Por isso tudo está tão devagar. Mas é para confiarem nele, porque o que ele deseja é a rendição do seu pai.

Com a intenção de informar meu pai de tudo o que acontecia, comecei a usar uma pequena filmadora, onde registrei todos esses eventos. Passei horas na sacada filmando os veículos que considerava suspeitos. Era como um diário em vídeo de cada ataque e cada acontecimento fora do normal.

Num dia daqueles, levamos um grande susto. "Imperio" se aproximou para contar que, naquele momento, o Bloco de Busca empreendia uma imensa operação contra meu pai no estado de Belén Aguas Frías, e que praticamente o haviam localizado. A intenção real do agente do CTI era estudar minha reação, pois meu pai havia sido localizado a partir da triangulação de uma conversa entre nós dois por rádio.

Dias mais tarde, recebemos uma carta de meu pai a respeito desse episódio, em que relatou detalhes horripilantes de sua fuga milagrosa. Ele disse que, quando viu os caminhões da polícia chegando, soube que o haviam rastreado por causa do rádio. Acrescentou que tinha bastante vantagem sobre eles, pois a montanha era muito íngreme. Quando viu a "lei", prosseguia ele, saiu correndo beirando uns precipícios terríveis, onde perdeu o rádio e a lanterna. Contou que se assustou muito ao pensar que aquele seria seu fim, pois o frio e a chuva começaram a debilitá-lo. Finalmente, saiu num bairro de Belén, onde as pessoas olhavam para ele porque estava todo enlameado, embora ninguém o tenha reconhecido graças à barba comprida. Então tomou um táxi e foi para a casa de uma prima.

Perdemos o contato com meu pai outra vez, até que em 6 de outubro de 1993 "Imperio" entrou correndo no apartamento e me disse:

– Fiquei sabendo que mataram um sujeito que chamavam de Angelito. Vocês o conhecem? Quem era? Estão dizendo que ele e o irmão morreram num confronto com a polícia aqui em Medellín.

– Não o conheço direito. Não era muito importante, vi ele em La Catedral, mas não era ninguém – respondi, contendo as lágrimas, pois sabia que a notícia implicava que estavam a poucos metros de pegar meu pai.

Assim, passamos o dia 31 de outubro dissimulando nosso luto com a maquiagem de uma especialista que minha mãe contratou para maquiarem Manuela e ajudar com a fantasia. Naquela noite, houve uma pequena festa de Halloween no prédio, à qual compareceram muitos vizinhos. Nada de especial, como todos os anos anteriores. "Nariz" se lamentava por não poder ver seu filhinho fantasiado, pois precisava cuidar de mim.

Os agentes do Ministério Público não sabiam como explicar o fato de que, embora revistassem quem saía e entrava do edifício, eu ainda mantivesse contato com meu pai por cartas. Não entendiam como meu pai era informado das mensagens que o promotor De Greiff enviava por meu intermédio. E o pior é que nenhum de nós saía do apartamento.

O que eles não sabiam era que diversas pessoas que passavam bem debaixo de seu nariz nos ajudavam sem segundas intenções. Como Alicia Vásquez, uma das administradoras do edifício, que se solidarizou com a nossa situação e se ofereceu para ajudar com o que precisássemos, pois não podíamos descer nem ao estacionamento de visitantes. A bem-intencionada Alicia acabou recebendo em sua casa a correspondência de alguns familiares e conseguia entrar com ela no edifício, pois não era revistada.

Outro correio eficiente era Nubia Jiménez, a babá de Manuela, que se encontrava com Alba Lía Londoño, nossa professora, e recebia as cartas entregues a ela por "Angelito", cuja origem era meu pai.

A incógnita de como eu fazia para me comunicar com meu pai logo foi resolvida. "Nariz" queria ver Camilo, seu filhinho, e me pediu permissão para sair. Eu disse para ele sair do edifício através da fenda que havia em uma das laterais da piscina, a mesma rota que havíamos utilizado para escapar dos Pepes no dia da frustrada viagem para os Estados Unidos.

— Não, Juancho, você quer que eu molhe os sapatos passando por ali? Os caras da CTI vão me escoltar, já pedi o favor e eles me disseram que sim. Fique tranquilo que pego um táxi, não vou levá-los até minha casa.

"Nariz" fez pouco caso de minhas súplicas e pediu para eu ficar tranquilo, pois "Alfa", "A1" e "Império" o levariam à avenida El Poblado no mesmo Chevrolet Sprint em que havíamos chegado no edifício dias antes.

Mas o que eu temia aconteceu. "Nariz" tinha permissão para passar o fim de semana com sua família e voltar no domingo, 7 de novembro, às seis horas da tarde. Mas ele nunca voltou, e seu corpo jamais foi encontrado. Os Pepes sumiram com ele.

Dois dias depois, em 9 de novembro, uma terça-feira, homens fortemente armados e encapuzados chegaram ao condomínio Los Almendros e, após derrubarem a porta, puxaram Alba Lía Londoño, nossa professora, pelos cabelos. Tampouco tivemos mais notícias dela. Assim que fiquei sabendo do que havia acontecido, subi correndo pelas escadas. Precisava fazer uma ligação urgente para salvar a vida de Nubia Jiménez, a babá. Ela e Alba Lía eram parte do sistema de correio familiar, e por isso seu sequestro era iminente.

Entrei no apartamento vazio e disquei o mais rápido que pude. O telefone tocou várias vezes, até que o filho de Núbia finalmente atendeu e disse que sua mãe havia acabado de sair pela portaria de seu condomínio, onde havia um táxi esperando por ela.

— Meu irmão, por favor, corra lá, não deixe ela entrar no táxi que vão matá-la. Corre, vai, vai, vai! — eu disse aos gritos, e o rapaz largou o telefone e saiu correndo.

Eu tremia e rezava com o telefone no ouvido, rogando para que ele tivesse a força necessária para alcançar a mãe e salvá-la de uma morte certa. Esperei impaciente e escutei os passos do garoto, que pegou o telefone agitado e me disse que não a havia alcançado. Ela saíra para uma falsa reunião com a professora que, àquela altura, já estava desaparecida.

Uma nova fase da caçada ao meu pai havia começado. Os Pepes sabiam que, pegando os elos do correio um a um, chegariam até ele. E como não havia regras, nenhuma vida era importante. Assim como as vidas de muitas pessoas não haviam sido importantes para meu pai. Estávamos pagando na própria pele pelos atos dele.

Achei que outras pessoas poderiam ser entregues por Nubia se os Pepes a torturassem, e propus a Andrea fazermos uma listagem de nomes. Embora a maior parte das pessoas que nos rodeava houvesse escapado, percebemos que apenas uma permanecia em sua residência habitual: "Tribilín", um dos guarda-costas de meu pai.

Deduzimos que "Tribi" certamente seria a próxima vítima, pois era fácil localizá-lo em Envigado. Não sabíamos onde ele morava, mas alguém no Altos forneceu seu endereço e enviamos uma empregada doméstica para avisá-lo de que algo podia acontecer. Mas ela voltou quarenta minutos depois, chorando:

– Quando estava chegando ao condomínio onde ele mora, havia diversos carros com homens armados e encapuzados entrando – disse, inconsolável, e implorou que fizéssemos algo para salvar a vida dele.

Mas não havia nada a ser feito. "Tribilín" foi levado ferido pelos Pepes quando tentou se defender atirando.

A partir daquela noite, não soltei mais a arma que "Nariz" havia deixado em nosso apartamento. Eu sabia que restavam poucos da longa lista dos Pepes. Praticamente todas as pessoas ligadas ao meu pai estavam mortas, e as que não estavam, além de serem poucas, haviam fugido ou mofavam em uma prisão.

Os únicos que continuavam vivos éramos nós, a família dele. Portanto, minha mãe, minha irmã e os dois filhos da professora, que haviam chegado naquela tarde, dormiam em colchões dentro do closet. Andrea, solidária e valente, permaneceu ao meu lado.

Foram as noites mais angustiantes de minha vida. Eu fechava um olho para descansar o outro. Aquela situação extrema e a interrupção da comunicação com meu pai complicavam ainda mais nossa saída do país, que não parecia avançar. "Pantera" trouxe uma notícia da diretora nacional do Ministério Público, Ana Montes, braço direito do promotor De Greiff, que havia chegado a Medellín: ela queria que meu pai se entregasse antes, para depois arranjar um país para nós irmos.

O interesse de facilitar nossa saída do país havia ficado para trás. Agora, tratava-se de chantagem. Estávamos literalmente dormindo com o inimigo.

Aquele ambiente adverso e a iminência da morte de algum de nós levaram-nos a decidir viajar para a Alemanha sem consultar ninguém, e assim mandamos comprar as passagens. Mas tudo estava sendo vigiado, e logo descobriram nosso destino: Frankfurt.

Ana Montes havia chegado a Medellín e não estava de mãos vazias. Fria, disse que o Ministério Público havia aberto duas acusações contra mim: pela suposta violação de diversas jovens em El Poblado e pelo transporte de coisas ilegais. Ficou claro que tentariam evitar mais uma vez a nossa saída do país.

– Veja bem, doutora – eu disse, sempre olhando em seus olhos. – Sua acusação de eu ter estuprado mininhas é incrível. Eu jamais faria tal coisa, e devo reconhecer diante da senhora, com o perdão da expressão, é mais fácil elas fazerem isso comigo do que o contrário. Não quero exagerar, mais muitas vezes preciso as tirar de cima de mim, porque querem ficar com o filho de Pablo a qualquer custo. Sendo assim, posso garantir que não preciso estuprar ninguém.

– Bem, na verdade é uma informação não confirmada, mas algumas garotas disseram que um dos estupradores fingia ser um familiar de Pablo Escobar e tinha cabelos loiros, por isso presumimos que estavam falando de você. Acredito em suas palavras, mas o que você tem a dizer sobre a caixa de armas com a qual entrou no edifício? – perguntou, certa de que agora me pegaria.

– Armas? Quem viu armas aqui? Em uma caixinha? Doutora, vou lhe propor o seguinte: eu fico aqui e você vai com os homens que escolher e revista o apartamento inteirinho. Se a senhora quiser, pode revirar o edifício para encontrar essa caixa que tanto a preocupa. Nem precisa de um mandato, eu dou permissão.

– Está bem, eu acredito em você, ok. Espero que não esteja mentindo. Vou a Bogotá para continuar meu trabalho. Não precisamos revirar o edifício. Mas pode informar ao seu pai de que só vamos arranjar um país para vocês se ele se entregar. Ah, e diga para ele não demorar muito para decidir, porque vamos lhes retirar a proteção nos próximos dias, e vocês continuarão apenas com a mesma segurança que o Estado colombiano oferece a todos os seus cidadãos.

– Doutora, como você pode fazer isso conosco, pelo amor de Deus? Vão deixar meus filhos e eu aqui, desprotegidos? Isso não é certo. Estamos aqui porque vocês quiseram, porque prometeram nos tirar do país e nos dar refúgio em troca da rendição de meu marido. E agora ameaçam tirar a nossa proteção! – disse minha mãe.

Finalmente, na manhã de um dia ensolarado no final de novembro, partimos para Bogotá para fazer conexão com um voo que iria direto para Frankfurt.

Mas, como havíamos previsto, a Alemanha não permitiu nossa entrada, embora tivéssemos todos os papéis em dia. Nos forçaram a retornar à Colômbia, por solicitação do governo e do Ministério Público.

Outra vez na Colômbia, em 29 de novembro, os funcionários do Ministério Público que nos receberam no aeroporto nos informaram que o único local onde podiam garantir nossa segurança era no Residencias Tequendama, um apart-hotel exclusivo no centro de Bogotá. Permanecemos lá durante as horas seguintes, pois não tínhamos informações do paradeiro de meu pai. Apenas esperávamos que ele se comunicasse a qualquer instante.

Em 2 de dezembro, meu pai acordou um pouco mais cedo que de costume. Tinha junto ao ouvido o radinho no qual escutava notícias sobre nós.

Naquela manhã, acordamos às sete horas, apesar do cansaço físico acumulado pela viagem extenuante de ida e volta à Europa em apenas quarenta e oito horas. Recebi diversas ligações com pedidos de entrevistas para veículos locais, e também para os mais prestigiados jornais de Europa, Ásia e Estados Unidos. Respondi a todos que não daríamos declarações. No dia anterior, eu dissera algumas palavras breves numa emissora de rádio com o único propósito de informar meu pai, com minha própria voz, que estávamos bem, e o parabenizei rapidamente por seu aniversário.

Depois de pedir o almoço no quarto, lá pela 13h30, nos avisaram pelo telefone que quatro generais do Exército subiriam para falar com a família inteira. Não havia como recusar aquela conversa, que foi distante, mas cordial. Após algumas frases prontas, fomos informados de que cem soldados estavam reforçando a segurança do edifício, e que haviam aberto uma exceção e mandado esvaziar o apartamento 29.

Em meio à conversa, o telefone tocou e atendi, como de costume. Era o recepcionista.

– Senhor, boa tarde, estou com o senhor Pablo Escobar na linha, e ele deseja falar com você.

– Oi, vó, tudo bem? Não se preocupa, estamos bem – eu disse a meu pai, que deve ter entendido que havia alguém por perto, e desligou a contragosto, pois queria continuar falando.

Prosseguimos com a conversa com os generais, e achei que meu pai não ligaria mais, mas cinco minutos depois o telefone tocou outra vez.

– Vó, por favor, não nos ligue de novo, a gente está bem – insisti, mas ele disse para não desligar e pediu para falar com minha mãe, que correu até o quarto ao lado.

Despedi-me dos militares e fui alertar minha mãe para que não demorasse no telefone, pois era certo de que a chamada estava sendo rastreada. Ela assentiu e se despediu de meu pai.

— Meu bem, tome muito cuidado, de todas as maneiras. Você sabe que todos precisamos disso — ela balbuciou em meio a soluços.

— Fique tranquila, amor, que meu único incentivo na vida é lutar por vocês. Estou enfiado numa caverna, estou muito, muito seguro. A parte mais difícil já passou.

Em outra ligação, comentei que no dia anterior havíamos conversado com o jornalista Jorge Lesmes, da revista *Semana*, e combinamos que ele enviaria um envelope timbrado com diversas perguntas sobre o que estava acontecendo conosco. Comentei que o questionário me transmitia confiança, pois poderíamos refletir sobre as respostas, enquanto os demais repórteres, sem exceção, queriam a entrevista na hora, ao vivo.

— Aceite a proposta e me fale sobre as perguntas quando chegarem.

Surpreendentemente, naquele momento meu pai decidira deixar de lado suas velhas precauções a respeito da duração das ligações. A regra da curta duração das comunicações, seu principal cuidado em quase vinte anos de carreira no crime, parecia não importar mais. Era como se não tivesse interesse em saber que, com toda certeza, o Bloco de Busca e os Pepes estariam rastreando o lugar de onde estava telefonando, como havia acontecido uns dias antes em Aguas Frías, quando ele escapara por um milagre.

— Pai, não ligue mais, vão acabar matando você — eu disse, muito preocupado, quando já estávamos na terceira ligação. Mas ele não deu bola.

O questionário de Lesmes chegou depois das duas horas da tarde. Quando meu pai telefonou outra vez, contei isso para ele, que me pediu para ler as perguntas enquanto "Limón" anotava tudo em um caderno. Ele estava no viva voz. Li as primeiras cinco, e ele me interrompeu e disse que telefonaria em vinte minutos.

Voltou a ligar após o tempo combinado, e comecei a anotar as respostas. Desejei ter letra de médico para poder escrever mais rápido.

– Já, já eu te ligo – disse meu pai na metade das respostas.

Me distraí folheando uma revista quando alguém telefonou. Achei que fosse ele.

– Juan Pablo, aqui quem fala é Gloria Congote. A polícia acaba de confirmar que seu pai foi dado como morto no centro comercial Obelisco, em Medellín.

Fiquei mudo e atordoado. Não podia ser verdade, fazia apenas seis minutos que havíamos nos falado.

– No centro comercial Obelisco de Medellín? E o que ele estava fazendo por lá? Parece muito estranho.

– Foi confirmado.

No mesmo instante, fiz um sinal para que Andrea ligasse o rádio. De fato, as cadeias de rádio já especulavam a possibilidade de que meu pai houvesse sido morto na operação policial.

Quando a notícia havia sido totalmente confirmada, a jornalista continuava no telefone, esperando por uma declaração. Ela conseguiu uma, muito infeliz.

– Não queremos falar nesse momento. Mas digo aos que os mataram: vou pessoalmente matar esses filhos da puta, eu pego sozinho esses malditos.

Desliguei o telefone e chorei, inconsolável. Todos choramos. Mentalmente, isolei-me e comecei a visualizar os passos que precisaria seguir para cumprir minha ameaça. O desejo de vingança era imenso.

Mas chegou um momento de reflexão que seria providencial, pois dois caminhos se apresentaram à minha frente: tornar-me uma versão mais letal de meu pai ou deixar de lado para sempre o seu mau exemplo. Naquele instante, vieram-me à mente os muitos momentos de depressão e tédio que vivemos com meu pai nos esconderijos. Então, pensei que não poderia percorrer o caminho que tantas vezes havia criticado.

Tomei a decisão de retratar-me pelo que acabara de dizer, e sem pensar duas vezes telefonei para o jornalista Yamid Amat, diretor do telejornal CM&. Passaram para ele quase que imediatamente, e eu lhe disse o que havia acontecido com Gloria Congote. Pedi que me desse a oportunidade de me retratar por aquelas declarações, e ele aceitou:

– Quero deixar claro pessoalmente que não me vingarei. Não vou vingar a morte do meu pai, porque agora a única coisa que me preocupa é o futuro da minha sofrida família. Vou lutar para que nossa vida continue e por nossa educação, para sermos pessoas de bem, e se eu puder fazer algo para que haja paz nos próximos séculos neste país, farei isso.

O que aconteceu daí em diante é história. Meu pai morreu em 2 de dezembro de 1993, às três horas da tarde, e muitos aspectos de sua vida, mas também de sua morte, seguem sendo objeto de análise e discussão.

Ao longo desses 21 anos, surgiram muitas versões sobre a verdadeira autoria dos disparos que provocaram sua morte. Existem numerosas versões a respeito, a última das quais veio à tona em setembro de 2014, quando eu dava os últimos retoques neste livro.

Em seu texto *Así matamos al patrón* (Assim matamos o patrão), o extraditado e ex-chefe paramilitar Diego Murillo Bejarano, o "dom Berna", garantiu que seu irmão Rodolfo, de apelido "Semente", deu o disparo de fuzil que matou meu pai.

Quem o matou? Pouco importa. O que importa, e quero ressaltar isso, é o fato de que o exame forense realizado às seis horas da tarde daquela quinta-feira pelos especialistas do Instituto de Medicina Legal, John Jairo Duque Alzate e Javier Martínez Medina, indica que ele recebeu três disparos, um dos quais o levou a óbito.

Um dos projéteis partiu de um fuzil de calibre indeterminado, disparado por uma pessoa que estava na rua cobrindo a saída traseira da casa onde meu pai se escondia. Quando saiu pelo telhado e tentou dar meia-volta, porque viu que o lugar estava cercado, foi atingido pelo projétil, que entrou pela parte de trás do ombro e se alojou entre os dentes 35 e 36, segundo o linguajar forense.

O documento menciona um segundo disparo que atingiu a coxa esquerda e gerou um orifício de três centímetros de diâmetro. Não obstante, nas fotografias tiradas momentos depois, não há vestígios de sangue em suas calças. E depois que estenderam seu corpo despido sobre uma lâmina de aço para realizar a autópsia, tampouco foram detectadas feridas na perna esquerda.

Não há dúvidas de que, ao receber o impacto do fuzil no ombro, meu pai caiu sobre as telhas e ficou ali, ferido. Já não tinha como fugir. Por isso quero me referir ao terceiro disparo, que o matou instantaneamente, alocado na "parte superior da concha do pavilhão auricular direito, de forma irregular, ao nível pré-auricular inferior esquerdo, com bordas invertidas". O projétil, cujo calibre não consta do relatório, entrou pelo lado direito e saiu pelo esquerdo.

Deixo claro que não pretendo abrir uma nova polêmica, mas tenho plena certeza de que esse disparo foi feito por meu pai, da maneira e no lugar onde sempre me disse que daria um tiro para não ser capturado vivo: no ouvido direito.

Em várias ocasiões durante sua implacável perseguição, ele me disse que, no dia em que se encontrasse com seus inimigos, dispararia catorze dos quinze tiros de sua pistola Sig Sauer e guardaria o último para si. Na fotografia em que aparece o corpo de meu pai sobre o telhado, é possível ver que a pistola Glock está no cinto de munições, e, a Sig Sauer, muito próxima. É visível que foi utilizada.

Lembro de um dos momentos em que ele mencionou a possibilidade de tirar a própria vida. Foi quando falava pelo rádio com um de seus homens durante uma busca de apreensão. Nunca esqueci a frase. Tampouco soube que havia sido gravada pelo Bloco de Busca, e escutei-a outra vez depois de sua morte:

"Nunca vão me capturar vivo nessa porra desta vida."

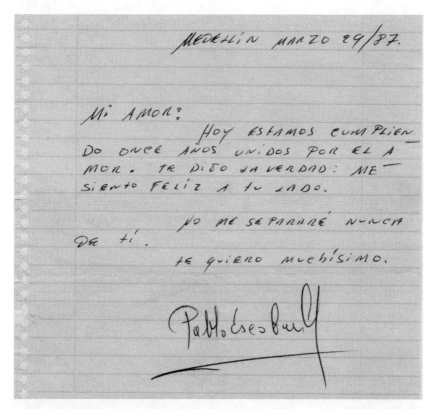

Escrever cartas nas piores circunstâncias contribuiu para o fortalecimento de nossa relação familiar.
Na imagem:
"Medellín, 29 de março de 87.
Meu amor: Hoje fazemos onze anos de casados, unidos pelo amor. Te digo a verdade: sinto-me feliz ao seu lado. Nunca vou me separar de você.
Te amo muito. Pablo Escobar"

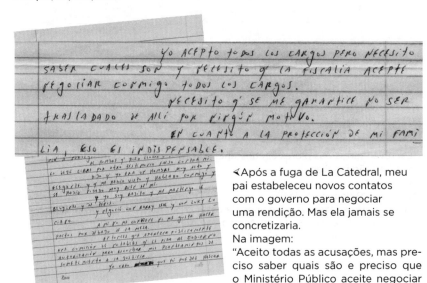

◄Na imagem:

"Sua presença aqui comigo é o melhor presente que posso ganhar nesse 24 de dezembro.

Você é o melhor filho do mundo, e sei que sua presença aqui vai me dar a força necessária para sair renovado em todas essas lutas difíceis.

A vida nos põe à prova às vezes, mas isso só vai nos tornar mais fortes, mais unidos e invencíveis. Te amo muito, de todo o coração.

Seu pai, 24/dez/1992"

◄Após a fuga de La Catedral, meu pai estabeleceu novos contatos com o governo para negociar uma rendição. Mas ela jamais se concretizaria.

Na imagem:

"Aceito todas as acusações, mas preciso saber quais são e preciso que o Ministério Público aceite negociar comigo todas as acusações.

Preciso que me garantam que não serei transferido de lá, pelo motivo que for. Quanto à proteção da minha família, isso é indispensável."

EPÍLOGO

DUAS DÉCADAS DE EXÍLIO

Sair do país era questão de vida ou morte. Radical assim. Manuela, minha mãe e eu havíamos sido recusados em boa parte das embaixadas em Bogotá: Costa Rica, Alemanha, Israel, Austrália, Argentina, Brasil, Canadá, Venezuela, El Salvador, Itália, Peru, Equador, Chile, França, Inglaterra e Estados Unidos.

A Igreja católica também nos fechou suas portas. Nos encontramos com o núncio apostólico Paolo Romeo e com o monsenhor Darío Castrillón para lhes pedir a mediação e encontrar algum lugar no planeta onde pudéssemos viver.

Recorremos ao Comitê Internacional da Cruz Vermelha, à ONU, nos reunimos com o então defensor de Pueblo, Jaime Córdova, e com o procurador Carlos Gustavo Arrieta. Eles nos receberam cordialmente, mas não obtivemos deles nenhuma ajuda. Telefonamos para Rigoberta Menchú, recém-agraciada com o Nobel da Paz, mas ela respondeu que aquilo não era problema dela.

Desesperada e sem outras alternativas, minha mãe telefonou para o ex-presidente Julio César Turbay, que lhe disse: "Lembre-se de Dianita. Senhora, sabe que seu marido fez e aconteceu, e matou a minha filha. Não posso ajudar vocês". Dissemos que não era certo nos responsabilizar por esse ato. Éramos a família de Pablo Escobar, mas não sequestradores, nem assassinos.

Esgotadas as opções para sairmos do país, nosso advogado Francisco Fernández teve a ideia de lançar mão de uma velha lei que permitia corrigir erros nos nomes ou trocá-los através de uma escritura pública em qualquer cartório.

Solicitamos uma reunião com o promotor De Greiff para apresentar a ideia. A princípio ele não viu objeções legais, mas se recusou a nos apoiar. Só o que pedíamos era que o trâmite fosse feito através da Secretaria de Proteção a Vítimas e Testemunhas, para garantir que as novas identidades permanecessem secretas. A reunião foi ficando tensa. O advogado interveio:

— Veja bem, senhor promotor, essa situação está se tornando insustentável. Vocês não podem proteger a família para sempre, e eles, com dois menores de idade e duas mulheres, não podem ficar trancados em um apartamento até a morte. A cada cinco minutos lhes dizem que vão retirar a proteção. Portanto, se vocês não vão ajudá-los a ter uma nova vida e uma nova identidade, não restará outra opção além de contarem para a imprensa tudo o que sabem e viram no Ministério. E nós dois sabemos perfeitamente que isso não convém nem ao país, nem ao senhor. Então, se o senhor insistir em deixá-los nesse limbo, vou aconselhá-los a falar tudo o que sabem. O senhor verá o que pode ser feito por eles, pois é o promotor geral da nação, e não me diga que não tem como ajudá-los. Se conseguiu barrá-los em todos os países, também pode fazer com que alguém os receba.

— Não, não, por favor. Veja bem, doutor, se tranquilize, vou ver como posso ajudar. Peço que entenda que eles não são considerados vítimas nem testemunhas, e esse escritório do Ministério não pode utilizar isso para levar a cabo a troca de identidade. Deixe-me ver o que posso fazer.

— Vou deixar uma cópia da lei. Está tudo na legalidade. Só precisamos da sua discrição e colaboração, pois de nada adiantará mudar os nomes se eles forem publicados pela imprensa no dia seguinte. Essa família já pagou um preço alto demais, como o senhor bem sabe.

No fim das contas, não apenas arranjamos novas identidades; foi por intermédio do promotor De Greiff que, em fevereiro de 1994, conhecemos Isabel, uma francesa loira e alta com uns 65 anos, vestida de preto e com um chapéu extravagante com plumas de avestruz, que alegava ter o título de condessa. Estava acompanhada por dois homens afrodescendentes de terno e gravata que diziam viver em Nova York e representar a República de Moçambique.

Eles traziam a notícia que tanto esperávamos: após escutar nossos apelos nos telejornais, o presidente de Moçambique queria nos ajudar e oferecer seu país para que começássemos uma nova vida, como forma de prestar ajuda humanitária. A condessa era a intermediária, e disse ter uma organização através da qual buscava ajuda para os países mais pobres. Disse que, caso estivéssemos dispostos a colaborar com a causa, poderia usar sua influência para que fôssemos recebidos por lá. Ficamos felizes.

O que não sabíamos era que o suposto presidente era apenas candidato ao cargo, que Moçambique era um país turbulento, que a nação estava em meio a uma negociação para dar fim a uma guerra civil que deixara cerca de 1 milhão de mortos em quinze anos, que a lei corria por conta dos capacetes azuis e que a população sofria uma das piores epidemias de fome do mundo.

Só sabíamos que, para nós, aquela oferta representava a liberdade.

Assim que Francisco Fernández ficou sabendo, reuniu-se com eles e disse já de saída:

— Bem, a família ficou muito agradecida pela ajuda humanitária que vocês desejam lhes prestar, e eu, como advogado da família, quero saber quanto lhes custará essa ajuda humanitária.

Responderam com evasivas, dizendo que não era preciso falar sobre isso tão cedo. Fiquei corado, e pedi a Fernández que não pressionasse tanto por essa informação, para evitar o mal-estar. Não podíamos nos dar ao luxo de afugentar a única possibilidade de sairmos da Colômbia.

Durante os meses seguintes, nosso advogado se manteve em contato com eles, que acabaram cobrando uma cifra considerável em dólares. Um montante para que nos ajudassem a chegar a um país que nem sequer sabíamos onde ficava. Fizemos alguns depósitos em contas oficiais do governo para formalizar nossa parte do acordo, mais especificamente em contas do "Ministério da Noz". A ideia era terminar de negociar com eles em seu território, entregando uma obra de arte e joias como parte do pagamento que ficara pendente.

Luis Camilo Osorio, à época Registrador Nacional, foi o responsável por finalmente nos entregar os passaportes, as cédulas e as carteiras de identidade com os nossos novos nomes e sobrenomes. Era novembro de 1994, e imediatamente começamos a planejar a saída do país.

Minha troca de nome foi registrada na escritura de número 4673, no Cartório 12 de Medellín, com data de 8 de junho de 1994, realizado sob supervisão da tabeliã Marta Inés Alzate de Restrepo. Na certidão de nascimento de Juan Pablo Escobar Henao constava agora o nome de Juan Sebastián Marroquín Santos. Além disso, em sua escritura, minha mãe manifestou, como tutora exclusiva de nós dois, que a troca de identidade não estava sendo feita para eludir responsabilidades penais ou cíveis, mas para a preservação de sua própria vida e da de seus filhos diante da complexa situação de conhecimento público marcada pelas ameaças de morte que nossa família recebia.

A carteira de reservista militar custou uns 20 milhões de pesos. A Secretaria de Proteção a Vítimas e Testemunhas do Ministério Público a emitiu para evitar que o Exército conhecesse minha nova identidade.

Ela chegou no dia 14 de dezembro de 1994, o momento de nos despedirmos em definitivo de minha família materna, a única que nos deu apoio e respaldo de fato após a morte de meu pai. A outra família, paterna, tinha agora interesses distintos.

Os Henao Vallejo passaram aquela última semana conosco em Santa Ana. Não sabiam nosso destino nem nossos nomes ou sobrenomes, e não voltariam a ter notícias nossas por uma década, nem nós deles, independentemente do que acontecesse. Eram 5h45 da manhã, e tudo já estava pronto para partirmos: as malas se achavam na caminhonete, nós estávamos de banho tomado e prontos. Nos reunimos pela última vez na sala e tiramos uma foto daquele momento, a última foto familiar: quase todos de pijama e profundamente tristes. Nos despedimos, e a última pessoa que abracei foi minha avó, Nora.

— Vó, me diga a verdade, vai dar certo?

— Vai sim, filho, sei que dessa vez tudo vai dar certo para vocês, e nada vai acontecer. Não pressinto nenhum perigo no seu caminho. Podem ir em paz e tranquilos, filhinho.

Quando saímos do edifício no veículo de Astado e estávamos deixando o bairro, pedi que ele parasse a caminhonete e desci para falar com "Puma", o eficiente funcionário do CTI que nos protegera desde nossa chegada ao Altos.

— Irmão, quero te agradecer por ter cuidado da gente durante todo esse tempo, que foi tão difícil para nós. Obrigado por sua decência diante dessa família e por ter arriscado sua vida em tantas ocasiões. Chegou a hora dessa família encontrar seu próprio caminho. Então, peço, por favor, que não nos proteja mais, porque vamos sair do país. Espero que entenda que, por motivos de segurança, não podemos dar nenhum detalhe. Por favor, não siga a gente.

— Agradeço à família por tratar humanamente todos os membros da escolta e por fazer com que nos sentíssemos bem, dentro do possível, enquanto cuidávamos de vocês. Desculpem qualquer coisa. Se vocês me liberam de minha responsabilidade de protegê-los, já que não estão aqui como detentos, estão livres e podem ir aonde quiserem.

A cordialidade do "Puma" lhe custou seu cargo. O promotor De Greiff ficou furioso ao saber que ele havia perdido nosso rastro. Ele respondeu que não estávamos presos, mas não lhe deram ouvidos.

Sentíamos que aquela viagem era como uma corrida para fugir de nosso próprio passado, que nos perseguia de forma severa e dolorosa. Além disso, seguíamos rumo à fronteira com o Equador e não tivéramos muito tempo de ensaiar nossas novas identidades e assumi--las como próprias. Eram como uma roupa que ficava grande demais e ainda não havia sido ajustada.

Havíamos programado cruzar a fronteira no terceiro dia de viagem, pois tínhamos assentos reservados saindo de Lima. Mas precisávamos fazer com que as autoridades migratórias carimbassem os passaportes sem olhar a identidade ou as fotos. Alfredo resolveu isso com facilidade, subornando um funcionário do DAS. Finalmente, saímos do país.

Enquanto isso, em Bogotá, Andrea, minha namorada, preparava sua saída do país em um voo direto para Buenos Aires. Ninguém a conhecia, pois seu rosto estava protegido pelo anonimato.

A mudança de identidade começava a dar resultado, pois saímos do Equador, do Peru e chegamos à Argentina sem contratempos. Em Buenos Aires, carimbaram o passaporte e nos deram vistos de turistas por três meses. Durante as 24 horas de escala antes de viajarmos para o outro lado do mundo, fiquei fascinado pela cidade, pois era verão e as ruas estavam envoltas pelo verde e violeta dos jacarandás.

– Não vá se emocionar aí, Juanchito, não vá se emocionar porque o lugar para onde vocês vão é tipo um Apartadó. Estamos aqui de passagem por apenas 24 horas e nada mais – disse o advogado Fernández, que se oferecera para nos acompanhar com sua esposa.

Na manhã seguinte, Buenos Aires me pareceu ainda mais encantadora, mas a rota já estava traçada.

No aeroporto de Ezeiza, um novo contratempo me fez pensar que eu não voltaria a ver a minha família. Um dos funcionários da alfândega me deteve. Não entendeu por que um rapaz de dezesseis anos tinha o bolso cheio de joias. Me levaram para uma salinha e me fizeram esvaziar os bolsos. O oficial argentino disse que minha situação se complicaria, pois precisaria telefonar para o consulado da Colômbia para informar o que estava acontecendo.

– Bom, pense se você não quer evitar isso tudo para poder viajar agora. Faça como quiser. Mas aí vai ter que esperar que enviem o cônsul da Colômbia, e isso complica ainda mais as coisas, então veja como quer fazer.

Pensei ter entendido suas insinuações, mas não me atrevi a oferecer nada.

– Bom, moleque, ponha trezentos dólares nessa revista aí e finja que esqueceu na mesa, aí deixo você sair. Trezentos, tá bom?

Pus quinhentos dólares entre as páginas da revista e a "esqueci" na mesa. Enfiei as joias no bolso outra vez e saí para a sala de embarque. Todos estavam me esperando, pálidos.

Até Johannesburgo, na África do Sul, a viagem foi de luxo, mas no trecho até Maputo as condições de higiene, os cheiros e a falta de comodidade anunciavam o que nos esperava.

Aterrissamos num aeroporto antigo, parado no tempo e sem aviões comerciais, com apenas quatro Hércules das Nações Unidas, de onde descarregavam sacos de grãos e farinha com o logotipo da ONU. Soldados de capacetes azuis vigiavam os alimentos da ajuda humanitária.

Na plataforma, éramos esperados pelos mesmos homens que havíamos conhecido na Colômbia e acompanhavam a condessa. Eles nos conduziram ao salão presidencial do aeroporto, que não era mais do que um quarto que parecia estar fechado havia décadas, e sobre a almofada vermelha havia uma camada espessa de pó – a mesma que cobria a poltrona presidencial.

Ao sair do aeroporto, o carro que enviaram para nos buscar bateu em outro veículo. Os motoristas desceram, observaram os danos, se cumprimentaram e se despediram. Perguntei ao condutor por que ele não havia anotado os dados do outro veículo para os trâmites do seguro.

– Aqui ninguém tem seguro. Não existem seguros. Ninguém tem dinheiro para consertar nada. Então, ninguém discute por dinheiro. Só descemos para ver os danos por curiosidade.

No trajeto até o local que haviam alugado para nós, fui começando a entender. Maputo era uma cidade semidestruída após anos de guerra civil, sem iluminação pública, calçadas ou estabelecimentos comerciais, e nas fachadas dos edifícios viam-se os rombos causados por tiros de tanques de guerras e lança-granadas, que as famílias tapavam com plásticos transparentes. Moçambique apenas iniciava sua transição para a democracia, e naquele momento era a terceira nação mais pobre do mundo. Nada disso havia sido mencionado pela condessa ou pelos homens que a acompanhavam.

Chegamos àquele que seria nosso novo lar, no bairro dos diplomatas. Era uma casa simples com quatro quartos e uma sala de jantar e estar. Mas o fedor de esgoto era insuportável. A despensa estava quase vazia, e Marleny, a empregada que nos acompanhava desde a Colômbia, precisou sair para comprar o essencial. Uma hora mais tarde, chegou de mãos vazias e com os dólares intocados.

– Senhora, aqui o dinheiro não serve de nada. O supermercado estava aberto, mas não tinha comida, água, refrigerantes ou frutas. Nada.

Era 21 de dezembro de 1994, e em três dias celebraríamos o Natal num país infinitamente pobre. Havíamos viajado por quase uma semana para enfim depararmos com uma realidade inacreditável.

Mas, como sempre, minha mãe utilizou sua velha teoria de que era preciso ver o copo meio cheio. Ela nos acalmava, dizendo que tudo ficaria bem, que poderíamos estudar e ir à universidade, nos desligando do peso do sobrenome. Dizia que podíamos aprender inglês na África do Sul ou trazer professores de lá para que nos ensinassem o idioma. Ela não estava disposta a se sentir derrotada, nem a se dar por vencida.

Como as malas não chegavam, fui com Andrea a uma pequena galeria para comprar roupas, mas só havia lugares vazios, exceto por uma loja de suvenires com camisetas de Maputo, de má qualidade... ao preço de cem dólares cada uma!

Nada, nada sugeria que pudéssemos construir uma vida por lá. De fato, quando perguntamos pelas universidades, nos alertaram que, em matéria de ensino superior, não encontraríamos mais do que algumas aulas de medicina no necrotério da capital. Não havia salas de aula, escrivaninhas ou bibliotecas, muito menos graduações em publicidade ou desenho industrial, os cursos com os quais eu e Andrea sonhávamos.

As horas passavam e eu me deprimia mais a cada minuto. Nosso hotel[9] era uma mansão espetacular cheia de capacetes azuis e televisões desligadas. Não havia sinal em nenhum canal. Àquela altura, eu preferiria viver trancado num quarto qualquer em Bogotá, ainda que isso significasse correr risco de morte.

Em um momento de total desespero, minha mãe entrou no quarto. Eu estava com um cinto na mão:

– Se não formos embora, eu me enforco com isto. Prefiro que me matem na Colômbia, mãe, mas não quero isso daqui. Estou morrendo neste lugar.

Minha mãe se assustou muito ao me ver tão resolvido. Então, pediu ao advogado Fernández que visse os voos de saída de Moçambique. Para qualquer lugar.

– O único avião que sai do país parte em duas horas, e o seguinte é só daqui a duas semanas.

---

9. Hotel de Maputo, em Moçambique, onde chegamos depois de sairmos da Colômbia, em novembro de 1994.

Em questão de segundos, empacotamos tudo – incluindo alguns jeans que minha mãe deixara de molho no tanque. Francisco Fernández ficou furioso.

– Senhora, se vocês forem embora vão jogar um ano e meio de esforços no lixo! A senhora é uma irresponsável, uma louca desvairada por dar bola ao seu filho, que acha que é um príncipe!

– Para o senhor é muito mais fácil chegar a essas conclusões, doutor, pois seu filho não está dizendo que vai se suicidar. É simples dizer que devemos ficar quando amanhã você vai pegar um voo para passar o Natal em Paris com toda a sua família. Por favor, ajude a gente a se mandar daqui, podemos dar quantas voltas ao mundo forem necessárias para encontrar um lugar digno e definitivo para essa família.

Os representantes do governo haviam nos deixado de lado até o início do ano seguinte, e jamais imaginaram que, após chegarmos com o plano de vivermos ali por dez anos, só aguentaríamos três dias.

Saímos de Maputo rumo ao Rio de Janeiro. Tentamos conhecer algo daquela cidade, mas a barreira idiomática e o trânsito caótico nos deixaram desanimados com o Brasil, de modo que compramos passagens para Buenos Aires, pois, no fim das contas, eu havia adorado a cidade. Além disso, tínhamos três meses garantidos como turistas.

Mais uma vez, Alfredo Astado nos estendeu a mão em uma situação crítica. Havíamos conseguido enviar uma mensagem de emergência para ele através de um canal secreto. Íamos até Buenos Aires, e era necessário que ele estivesse ciente de todos os pormenores para evitar alguma surpresa desagradável. Então, sem dar bola para as datas festivas, ele deixou sua família para trás, pegou um avião e chegou lá no dia 24 de dezembro, poucas horas antes de nós.

Para mim, Buenos Aires representou uma avalanche de novas experiências. Aprendi a aproveitar o privilégio de não ser ninguém. Naquela cidade, andei de ônibus pela primeira vez. O desafio de enfrentar uma vida comum e corriqueira me trouxe temores e inseguranças.

Algo tão simples como me aproximar de um balcão do McDonald's para pedir um hambúrguer me deixava em pânico. Sempre tive quem fizesse tudo por mim. Percebi como estivera isolado do mundo.

No entanto, era difícil confiar. Sem querer, eu me especializara em viver escondido, e por isso havia meses que usava óculos escuros para passar despercebido. Isso incomodava minha mãe e minha namorada. Elas diziam que não havia o que temer, pois estávamos em uma cidade de 12 milhões de habitantes, e tampouco achavam que eu era tão conhecido para ter que passar a vida me escondendo atrás daqueles óculos enormes.

Talvez tivessem razão. Portanto, em uma ocasião, atendi a seus pedidos e tirei os óculos antes de sair para comprar ingressos para um show. Peguei um táxi a uma quadra do edifício onde morávamos e, antes de me perguntar aonde ia, o motorista disse:

— Você é o filho do Pablo Escobar?

— Não, cara. Imagina! Essa gente ainda está lá na Colômbia, não os deixam saírem de lá. Você não sabe que nenhum país quer recebê-los?

E o taxista, que não era bobo nem nada, continuou me olhando pelo retrovisor, até que olhei sério para ele e disse que precisava chegar logo ao Alto Palermo. Comprei as entradas e voltei ao apartamento sentindo que todos estavam me seguindo. Que bronca dei em minha mãe e na Andrea! Disse que não deveriam ser tão ingênuas, e que eu era ainda mais estúpido do que elas por ter lhes dado ouvidos. Ou seja, passei o maior sermão.

Em contraste com as aulas oferecidas no necrotério de Maputo, em Buenos Aires havia oportunidades de estudo de sobra. Dois meses após nossa chegada, havíamos feito diversos cursos de computação. Em março, matriculei-me no programa de desenho industrial das escolas técnicas ORT. Andrea começou a graduação em publicidade na Universidade de Belgrano, onde se formou com louvor. Também foi o meu caso, com nota média de 8,8 em 10. Apaixonei-me pelos estudos e me dediquei integralmente a isso. Os professores perceberam, a ponto de me oferecerem trabalho como auxiliar em duas cadeiras: Trabalho de Conclusão de Curso e Design Computadorizado.

Manuela estava no colégio, e minha mãe vivia caminhando por Buenos Aires, juntando folhetos de todos os tipos para obter informações sobre empreendimentos imobiliários, que eram seu forte.

Em Buenos Aires, alugávamos apartamentos e a cada dois anos mudávamos de residência e telefone para evitar perseguições. Da mesma maneira, escolhíamos cuidadosamente as pessoas com quem nos relacionávamos, por medo de sermos descobertos.

No início de 1997, foi nos outorgada a residência provisória no país, e minha mãe fez os trâmites necessários para obter a residência permanente, apresentando-se como investidora com capital. Para tanto, contratou os serviços de um contador, e foi assim que Juan Carlos Zacarías Lobos entrou em nossas vidas.

Focamos em um projeto de investimento e fechamos a compra de um lote situado em frente a Puerto Madero. Mas, no início da transação, começamos a desconfiar de que talvez Zacarías não fosse muito confiável. Tínhamos a sensação de que ele havia ficado com uma boa diferença de dinheiro, que havia embutido no preço. Mas, um dia, uma oferta repentina da empresa Shell S.A. salvou sua reputação, pois ofereceram mais que o dobro do valor que havíamos pago. A venda nunca se concretizou, mas nos induziu ao erro de voltar a confiar nele.

Durante aquele ano de 1998, comecei a fazer desenhos e projeções gráficas em 3-D, uma nova técnica que substituía o lápis e que incorporei ao estúdio IQ como forma de agregar valor. Meu salário, o primeiro que recebi na vida, era de mil dólares mensais. Essa quantia, que anos antes eu gastava em dois subornos, agora representava um mês de aluguel e o pagamento dos serviços básicos.

Mas a vida voltaria a nos surpreender. O Discovery Channel anunciou na imprensa, em peças de propaganda em paradas de ônibus, no transporte público e, é claro, na televisão, um especial sobre a vida de Pablo Escobar Gaviria. Ficamos aterrorizados, e decidimos deixar Buenos Aires com destino a Cariló, um povoado na costa argentina.

Zacarías, que já conhecia nossa antiga identidade porque havia nos visto em uma edição antiga da revista *Caras*, aconselhou que transferíssemos imediatamente para o seu nome as propriedades da Investidora Galestar – uma sociedade uruguaia com sucursal em Buenos Aires que havíamos adquirido para nos dedicar a compra e venda de imóveis – e prometeu devolvê-las assim que a reviravolta do documentário se acalmasse.

Suas boas intenções duraram poucos dias, pois ele apareceu em nosso esconderijo para exigir um aumento de seu pagamento devido ao "perigo" que representava prestar serviços a uma família como a nossa.

– María Isabel, para continuar trabalhando com a senhora, preciso de um pagamento mensal de 20 mil dólares.

– Vinte mil dólares? Meu Deus, Zacarías! Não tenho como lhe pagar 20 mil dólares. Seria ótimo se tivesse isso para mim. Se você for capaz de cumprir sua promessa de fazer essa família ganhar 60 mil dólares por mês, não terei problemas em lhe pagar 20 mil deles. Mas não tenho como pagar essa fortuna do nada.

– Mas, María Isabel, não preciso do dinheiro para mim. Preciso pagar Óscar Lupia e Carlos Marcelo Gil Novoa para que cuidem de vocês.

A exigência ficou por isso, pois a maré do documentário baixou e retornamos a Buenos Aires, onde passamos o Natal e o Ano-Novo sem maiores contratempos. Morávamos num apartamento na Jaramillo, número 2010, apartamento 17 N, que Zacarías havia alugado para minha mãe e para Manuela. Andrea e eu estávamos ali de passagem, enquanto Zacarías nos ajudava a alugar um apartamento para que começássemos nossa vida de casal. Na primeira semana de fevereiro de 1999, minha mãe começou a ficar desconfiada. Zacarías não dava sinal de vida.

Prevendo as consequência possíveis do documentário do Discovery, e antes de conhecermos as intenções de Zacarías, colocamos à venda a casa no Club Campos de Golf Las Praderas de Luján, que havíamos comprado meses antes como oportunidade de investimento.

Em poucos dias apareceu um interessado, Luis Dobniewski, um advogado respeitado no país. Mas Zacarías deu um jeito de contatá-lo e cobrou um adiantamento de 100 mil dólares. Ele nunca nos entregou esse dinheiro.

– Meu Deus, esse homem sumiu e está com todo meu dinheiro. O que vou fazer? – dizia minha mãe.

Zacarías não atendia o telefone, não retornava as ligações, não respondia as mensagens. Então, minha mãe foi até o seu escritório e lhe disseram que ele estava hospitalizado devido a um episódio de estresse. Antes de sair, ela pediu emprestado o telefone fixo do escritório para realizar uma chamada. Discou o celular de Zacarías, que atendeu a ligação.

– Oi, Juan Carlos, você não estava na UTI, praticamente morrendo? Onde você está, e o que está fazendo?

– Não quero falar absolutamente nada com a senhora. Falarei com a senhora através do doutor Tomás Lichtmann – respondeu Zacarías.

– Não tenho nenhum problema em falar através de quem o senhor quiser, mas não seja atrevido e descarado. O que você está aprontando? Você está com meu dinheiro e com as minhas coisas!

– Não, você me enganou! Não me disse quem era de fato.

– Não enganei você! Meu nome é o meu nome, a questão de minha identidade é problema meu, então não vamos misturar as coisas. Devolva meu dinheiro. Você diz que eu enganei você, mas é você quem está com o dinheiro!

Após a discussão, Zacarías se comprometeu a devolver tudo, mas por intermédio de Lichtmann. Minha mãe telefonou para este último, que disse não estar interessado em ajudar, muito menos sabendo quem éramos.

— Doutor, eu não o enganei. Eu não podia contar a minha identidade a ninguém, pois é uma questão de vida ou morte para mim e para meus filhos. Por favor, me ajude, colabore. Zacarías está me roubando, e foi o senhor quem o recomendou como meu advogado. Por favor, me ajude.

Lichtmann se fez de desentendido, e Juan Carlos Zacarías ganhou ainda mais confiança para nos extorquir: com os poderes assinados por minha mãe, transferiu a posse de um terreno e dois apartamentos que havíamos adquirido em leilões a preços muito baixos para reformar e vender, e utilizou um dos documentos em branco que minha mãe havia assinado para justificar uma prestação de contas que nunca ocorreu.

No entanto, Zacarías nunca imaginou que o enfrentaríamos com a única arma que tínhamos disponível: a lei. Por isso, em outubro de 1999, minha mãe abriu um processo contra ele e seus cúmplices, Lupia e Gil.

Para a disputa judicial, Zacarías contratou Víctor Stinfale, um dos advogados mais midiáticos da Argentina naquela época, conhecido por também defender Carlos Telleldín, o primeiro acusado no ataque a bomba à AMIA, como ficou conhecido o atentado contra a Associação Mutual Judaica, em que morreram oitenta e cinco pessoas.

Num movimento típico e bem ao seu estilo, Stinfale pediu a Telleldín, então encarcerado, que desse a um jornalista a notícia da presença da família de Pablo Escobar na Argentina. Se continuássemos exigindo o que era nosso, como o próprio Stinfale disse muitas vezes a minha mãe, o plano era fazer uma armação judicial contra nós ou nos "carregar" com drogas para "nos tirar do tabuleiro".

Essas manobras tinham por único objetivo que fugíssemos do país e deixássemos o que havíamos ganho de maneira honesta. O que Stinfale e Zacarías não sabiam era que havíamos nos tornado especialistas em suportar pressões e ataques. No entanto, o mais difícil ainda estava por vir.

Um dia, retornei da aula que dei na ORT mais cedo do que de costume. Quando estava estacionando, um Renault 19 branco com quatro homens dentro se atravessou na pista. Dois deles se aproximaram pela janela. Estavam à paisana. Olhei pelo retrovisor, e uma caminhonete branca sem distintivos policiais estava bloqueando o caminho. Não entendi o que acontecia.

– Desce!

Peguei o gás paralisante que sempre levava comigo e desci do carro. Um deles, em evidente estado de embriaguez, gritou para que eu o acompanhasse. Eu estava decidido e pronto para usar o gás quando começaram a caminhar até a entrada principal do edifício.

Enquanto subíamos ao apartamento no décimo sétimo andar, eles se apresentaram como agentes da Polícia Federal Argentina. Quando chegamos, três homens aguardavam na entrada do apartamento, e outros cinco haviam conseguido entrar depois que Andrea exigira que passassem uma ordem judicial por debaixo da porta. Ela os advertiu de que havia uma idosa e duas crianças no apartamento, e que não poderiam entrar todos, muito menos mostrar as armas. Eles obedeceram.

Fiquei na sala de jantar, vigiado por dois deles. Copito, Algodona, Beethoven e Da Vinci estavam histéricos e não paravam de latir. Minha avó Nora, que estava nos visitando, não parava de chorar. De uma hora para a outra, Andrea se deu conta de que um dos agentes havia ficado em um dos quartos com Manuela e uma amiguinha do colégio, com quem estava fazendo o dever de casa, e surpreendeu-o interrogando as meninas.

Meu medo era de que "plantassem" alguma droga ali. Na Argentina, era uma prática muito comum entre os corruptos. Havia acontecido com Guillermo Cóppola, antigo empresário de Diego Maradona, que foi detido e processado logo após terem encontrado dentro de um jarro em sua casa a droga posta ali pela polícia. A Justiça o absolveu.

Os intrusos olhavam com desinteresse para os móveis, e era perceptível que não sabiam o que estavam procurando. Andrea praticamente lhes indicava no que mexer e no que não mexer. Quando estavam revistando uma das gavetas de minha mãe com documentos, ela disse para não procurarem ali porque eram os papéis das aulas de Manuela. Eles fecharam imediatamente a gaveta.

Nesse momento, Copito escutou os passos de minha mãe e foi até a porta. Olga, a empregada, também escutou e conseguiu abrir a porta e fazer sinais para que desse meia-volta, mas o cachorro saiu desesperado atrás dela. Quando estava chegando na porta lateral do edifício que dava para a rua Crisólogo Larralde, dez homens armados e à paisana interromperam seus passos.

– Parada! Entregue as armas.

– Calma, senhores. Que armas? Isso é só um cachorrinho branco – respondeu minha mãe.

No apartamento, os agentes não conseguiram fazer com que minha mãe ficasse quieta. Ela disse:

– Bem, este apartamento é a minha casa, podem revirar o que quiserem.

Tomou banho, trocou de roupa, conseguiu guardar uns papéis num envelope e escondê-lo no banheiro, e fez algumas ligações às escondidas para alertar os advogados e tabeliães que conheciam em detalhes as trapaças de Zacarías. A polícia controlava o apartamento, mas Andrea e minha mãe controlavam a polícia.

Por volta das três horas da manhã, chegou Jorge "el Fino" Palacios, comissário da Polícia Federal, que anunciou que estávamos presos.

Enquanto nos conduziam à sede da brigada antiterrorista da Polícia Federal (durante o início do expediente), o programa *Memoria*, do Canal 9, transmitia tudo ao vivo. O apresentador era Samuel "Chiche" Gelblung, um jornalista veterano com gosto conhecido por escândalos e sensacionalismo.

Nosso processo, e assim consta dos autos judiciais, começou com a denúncia do policial Roberto Ontivero, que assegurou que estava parado em uma esquina qualquer de Buenos Aires quando viu uma mulher muito parecida com a viúva de Pablo Escobar dirigindo uma caminhonete Chrysler verde com vidros escurecidos.

Ele alegou que conhecia minha mãe de fotografias que viu na Divisão de Drogas Perigosas da Polícia. Mas as imagens eram de vinte anos antes, o que tornava impossível um reconhecimento no intervalo de um semáforo e com vidros escurecidos. No entanto, seu "compromisso com a justiça" o levou a anotar a placa e investigá-la.

A caminhonete havia sido comprada por Leasing, tinha os documentos em dia e estava no nome da Galestar S.A. O juiz não precisou de mais provas e ordenou nossa captura.

Os meios de comunicação enlouqueceram. Após nossa detenção e durante os dias seguintes, aparecemos em todas as manchetes: "a viúva de Pablo Escobar" havia sido presa na Argentina. No dia seguinte, uma caravana da Polícia Federal levou eu e minha mãe ao juizado de Comodoro Py, perto do porto de Buenos Aires. Ali, elaboraram documentos para nos deixarem sob a responsabilidade do Serviço Penitenciário, mas colocaram meu nome anterior: Juan Pablo Escobar. Quando percebi, disse que aquele não era o meu nome.

– Está pensando o quê? A gente sabe o seu nome! Você não sabe mentir! – diziam, aos gritos.

Eu sabia que, se me identificasse como Juan Pablo diante de qualquer autoridade, cometeria falsidade ideológica, pois havia renunciado ao meu nome anterior e ao direito de me identificar como Juan Pablo.

— Lamento, senhores, mas ainda que vocês fiquem contrariados e não gostem disso, mesmo que gritem, meu nome é este. É o que dizem meus documentos, e é como me chamo. Este documento é legal. Não tem nada de errado com ele. Ponto. Não temos o que discutir.

— Assine! É uma ordem, assine!

— Posso assinar, mas vou deixar claro ali mesmo que me chamo Juan Sebastián Marroquín Santos. Não vou assinar como Juan Pablo Escobar, nem ao lado de Pablo Escobar.

No fim das contas eles se conformaram. Nos enfiaram em celas separadas e não tive mais notícias de minha mãe. Não tinha ideia do que acontecia lá fora, se Andrea havia sido capturada, ou de qual era a situação de minha irmãzinha e de minha avó. As celas eram muito pequenas, de mais ou menos um metro e meio de profundidade por um metro de largura, com um banquinho de concreto. Não havia espaço para deitar, só era possível ficar sentado ou de pé. Passei três dias lá sem notícias e sem comer, por medo de ser envenenado.

Nosso caso ficou a cargo do juiz Gabriel Cavallo. Era uma vedete, ou ao menos se comportava como tal. Havia ficado famoso ao declarar a nulidade da Lei de Obediência Devida e da Lei de Ponto Final. Era ambicioso, e naquele momento aspirava a uma das vagas na Câmara Federal de Apelações. Ter decretado a nulidade daquelas leis o havia envolvido em um véu de santidade que, em certo momento, me levou a pensar que ele consideraria nosso caso como uma armação tosca. Mas não.

Enquanto minha mãe e eu esperávamos na prisão, ele oferecia coletivas de imprensa em que relatava como, após um detalhado processo de perseguição, havia conseguido capturar a família do *capo*.

O que não contava era que, enquanto fazia buscas nos cartórios onde minha mãe tinha registrado sete depoimentos em envelopes selados, também havia encontrado provas para nos absolver. Lá estavam as tentativas de extorsão e as ameaças do contador Zacarías, de seu advogado e de seus cúmplices. Todas suficientemente documentadas com nossos depoimentos e com os áudios que gravávamos a cada vez que telefonavam para nos ameaçar. Em cada envelope havia uma data autenticada, e cada tabelião poderia certificar o momento em que haviam sido deixadas – as primeiras remontavam a seis meses antes.

Mas as provas não serviam de nada. O juiz alegava que eu havia cometido o crime de viajar ao Uruguai e ter desenhado um móvel. Sim, eu havia ido a lazer para o Uruguai com meu documento de identidade, e sim, havia desenhado um móvel, pois era isso que eu aprendera a fazer na faculdade, e era a essa atividade que me dedicava. O preocupante era que cada declaração que dávamos era alterada e redigida em forma de confissão. Mas nós não assinávamos.

Os promotores Eduardo Freiler e Federico Delgado, em cujas mãos estava o processo, não apresentaram nenhuma acusação formal. Em suas entrevistas com as autoridades colombianas, compreenderam que as novas identidades eram legítimas e haviam sido fornecidas por órgãos judiciais. Além disso, concluíram que a empresa Galestar S.A. havia sido adquirida de maneira legal. O resto, a casa em Praderas e os dois carros haviam sido comprados com trabalho honesto. E, por fim, a caminhonete Chrysler e o meu Mazda 121 estavam sendo pagos a prestações.

Apesar da ausência de acusações, de nossas explicações, das provas do caráter legal de nossas identidades e das provas das ameaças e da extorsão de que éramos vítimas, o juiz Cavallo tocou o processo adiante. Levou a opinião pública a acreditar que ele respaldava firmemente as declarações, fantasiosas de qualquer ângulo, de um policial a serviço de "Fino" Palacios. Como os promotores se negaram a apresentar um documento formal contra nós, ele os retirou do processo.

No quarto dia, nos enviaram à Unidade de Detenção 28. Em pleno centro da cidade. Deixaram-me tomar um banho e me acomodar sobre um colchão sujo de fezes e urina. Ainda que tivesse ficado trancado e escondido muitas vezes, naquela prisão eu entendi o sentimento daqueles que têm sua liberdade tolhida.

Esperávamos uma acusação por parte do Ministério Público, mas ela nunca chegava. O juiz devia decidir um lugar para a reclusão, e então minha mãe aproveitou para falar com ele e contou os riscos que corríamos caso fôssemos enviados para uma carceragem comum.

– Juiz, o senhor bem sabe que é responsável pelo que acontecer comigo, com meu filho e com a minha família. Enquanto estivermos presos, o senhor responde por isso diante do governo colombiano.

Assim, ele decidiu nos mandar para a Superintendência de Drogas Perigosas. Lá, podíamos receber ligações da Colômbia e visitas todas as tardes.

Naquela época, Zacarías também acabou preso, e teve tanto azar que foi enviado para a prisão de Devoto. De acordo com o que ele mesmo contou no processo, ao chegar, quase foi linchado pelos detentos. Estavam ofendidos, porque ele havia se atrevido a roubar a viúva de Pablo Escobar. O ódio contra Zacarías na penitenciária era generalizado, a ponto de transferirem-no ao mesmo prédio onde estávamos, mas para um andar acima.

Deixavam que eu e minha mãe ficássemos juntos nas celas um do outro, durante muitas horas. Foi um privilégio ser companheiro de cela de minha própria mãe. Ela, que sempre fora claustrofóbica, inventava qualquer desculpa para que a deixassem sair um pouco. Assim, propôs ao comissário pintar todas as celas, as grades e as portas. Depois, ofereceu-se para limpar os escritórios e lavar todos os dias os banheiros, com o objetivo de se manter ativa.

Havia ordens para que jamais apagassem as luzes de nossa cela, e minha mãe aproveitava para ler de tudo. Eu lia a Bíblia e orava com o salmo 91, que havia decorado durante a guerra em Medellín.

Devido a nosso comportamento, os guardas nos tratavam com cada vez menos ressentimento; dava para dizer que havíamos conquistado seu respeito.

Enquanto isso, o juiz Cavallo decidiu nos multar. Impôs uma multa de 10 milhões de dólares a minha mãe, 3 milhões de dólares a minha namorada, Andrea, e 2 milhões de dólares a mim. E a Stinfale, que já estava metido na questão, 3500 dólares.

Cavallo pressionava minha mãe. Dizia que, se ela entregasse a senha de um dos CDs encontrados naquela busca, me poria em liberdade. E que se ela desse uma declaração contra o ex-presidente Carlos Menem, a soltaria também. Ele insistia muito para que colaborasse, e alegava que ela também encontraria vantagens se fizesse isso. O que desejava era que disséssemos que nossa chegada à Argentina havia sido negociada com o ex-presidente.

Em muito pouco tempo, sete promotores haviam trabalhado em nosso caso, e nenhum encontrou razões para nos manter presos: Freiler, Delgado, Stornelli, Recchini, Cearras, Panelo e Aguilar. Num dos seus textos, este último pediu que Cavallo fosse investigado por prevaricação, abuso de autoridade e privação ilegítima de liberdade: "[...] o juiz ordenou, em claro abuso de autoridade, a detenção de María Isabel Santos Caballero (a nova identidade outorgada pela Colômbia a Henao Vallejo para garantir sua segurança) por nenhum motivo além de ser viúva de Escobar".

Eu amo e dou muito valor a Andrea. Ela escolheu vir comigo quando meu avião já estava sem combustível e as turbinas não funcionavam mais. Era o pior momento da história da família Escobar Henao, e ela arriscou tudo para ficar comigo.

Na prisão eu pensava nisso o tempo todo. Para ficar ao meu lado, ela abandonara os estudos, a família, as amigas, a identidade e a pátria. Abriu mão de tudo por mim. Por isso, naquele primeiro verão na prisão, decidi que chegara o momento de pedi-la em casamento. Era hora de dar um passo adiante. Era algo que eu desejava fazer havia muito tempo, mas sempre estava procurando "o momento ideal". Eu disse a ela apenas que queria viver o resto da vida ao seu lado. Andrea chorou e me abraçou, emocionada. Depois do sim ela disse:

— Amor, tenho fé de que tudo vai melhorar. Porque já estivemos no fundo do poço. Então, tenho confiança de que tudo será melhor. Te amo incondicionalmente.

Minha mãe, que estava na cela, nos abraçou e disse que tudo ficaria bem. Que algum dia tudo aquilo por que estávamos passando seria apenas uma experiência a ser lembrada.

Mas não queríamos nos casar numa prisão, e combinamos de fazer isso assim que nossa situação judicial fosse resolvida e estivéssemos em liberdade.

Em 29 de dezembro de 1999, conduziram eu e minha mãe a uma nova audiência no Comodoro Py, algemados e vestindo coletes à prova de balas. Era o último dia útil antes do começo das férias. Logo percebi que os guardas haviam deixado as chaves das algemas nelas. Não soube o que fazer. Não sabia se era um truque dos guardas para ver se eu tentava fugir. Mas decidi que, embora tivesse uma chance real para fugir, era melhor não fazer isso. Não passaria a vida correndo como fizera meu pai. Então, chamei uma das guardas.

— Olhe, eles esqueceram isso.

Surpresa, a mulher tirou as chaves e agradeceu pelo gesto. Disse que eu havia salvado seu trabalho.

Terminada a audiência, nos trancaram numa cela no pátio do edifício enquanto esperávamos por um veículo que nos levaria de volta para a prisão.

Ao cair da tarde chegaram nossos advogados, Ricardo Solomonoff e Ezequiel Klainer, e nos deram a boa notícia de que o juiz Cavallo havia decretado minha liberdade naquela tarde, embora houvesse imposto diversas restrições: não deixar os limites da capital federal e apresentar-me duas vezes por mês para assinar uma comprovação de que continuava na cidade.

Porém, longe de ficar emocionado, senti uma grande tristeza ao pensar que deixaria minha mãe sozinha naquele lugar. Não havia nada que pudesse ser feito, e com a ordem de soltura em mãos iniciamos os trâmites de saída. Estava fazendo isso quando vi Zacarías em uma cela próxima e me aproximei dele.

– Sebas, Sebas, te soltaram?

– Sim.

– Você é um bom rapaz, uma boa pessoa. Tudo isso foi um grande erro, um equívoco. Eu não disse tudo o que você acha que eu disse, eu não menti. A culpa de tudo isso é de Stinfale; olha como eu estou, também fui preso.

– Sabe, Juan Carlos, você ainda acha que somos otários, mas não pense que vai me enganar mais ainda. A única pessoa responsável por levar as coisas a esses extremos e circunstâncias foi você.

– Não, Sebi, estou falando a verdade, mesmo. Há equívocos, há muitas mentiras, e o juiz prometeu coisas que não cumpriu.

A conversa com Zacarías não deu em nada, e me dirigi à cela para rezar com minha mãe e agradecer a Deus pela minha liberdade, pois as coisas finalmente foram esclarecidas.

– Filho, seja corajoso. Sei que você vai lutar para me tirar daqui. Não poderíamos ter saído os dois. Tenho certeza de que você não vai me deixar aqui nem um dia mais.

Chorei muito. Chorei com ela enquanto a abraçava, sem querer me despedir. Os guardas me diziam: "Já pode ir", e eu respondia: "Me deixem só um pouquinho mais, por favor". Não consigo expressar a tristeza que senti ao deixar minha mãe lá, trancada num calabouço, vigiada por câmeras de segurança, com a luz artificial acesa vinte e quatro horas por dia, sabendo que ela era inocente.

Minha mãe me acompanhou até o elevador e nos abraçamos longamente outra vez. As guardas que estavam por lá choravam. Prometi que dedicaria cada dia para tirá-la dali, da maneira que fosse.

Após minha soltura, e por sugestão de nosso bom amigo, o cantor e compositor Piero, encontrei-me com Adolfo Pérez Esquivel, prêmio Nobel da Paz, e contei o que havia acontecido em nosso caso.

– Tudo o que você me contou parece verdade. Mas não posso me aventurar a intervir na causa através do Serpaj (Serviço de Paz e Justiça) antes que uma advogada revise tudo e me envie um relatório detalhado de possíveis violações dos seus direitos fundamentais, bem como os da sua família. Ela entrará em contato com você.

O processo durou uma eternidade, mas finalmente recebi uma cópia da carta que Pérez Esquivel endereçou ao juiz Cavallo.

O Serviço de Paz e Justiça se dirige à V. E. com a finalidade de informá-lo que recebemos em nosso escritório uma manifestação da família Marroquín Santos referente à causa que lhes diz respeito e se encontra sob vosso julgamento. Consideramos que contém um relato verídico sobre potenciais violações de Direitos Humanos.

Conforme o relato mencionado, atualmente estar-se-ia levando a cabo um Processo Judicial sobre a base de uma grave acusação de Associação Ilícita e Lavagem de Dinheiro, com fundamentos baseados essencialmente em seu parentesco familiar com Pablo Escobar Gaviria.

É nossa intenção pôr-nos à disposição do Tribunal para esclarecer os pontos expressados como violatórios dos Direitos Humanos Inalienáveis e, portanto, somos motivados apenas por uma política de bons ofícios, que tem por objetivo resguardar a circunstância não menos significante de que um estrangeiro tenha garantidos os mesmos Direitos de qualquer cidadão na Argentina.

Adolfo Pérez Esquivel

Finalmente, alguém entre os milhões de argentinos enxergou além da cortina de fumaça montada por Cavallo, Stinfale, Palacios e Zacarías. Não obstante, a perseguição não teve um fim. Um dia, descobrimos que um policial tentou se infiltrar na família, fingindo ser amigo de minha irmã. Manuela, uma jovem de quinze anos, ainda pagava o mais alto preço pelos erros de nosso pai. Ela estudou na escola Jean Piaget até o dia em que fui chamado pelo reitor, que me informou que alguns docentes se recusavam a lhe dar aulas devido à história de sua família.

– Agradeço a honestidade. Vou tirá-la desta instituição, que não respeita nem cuida de seus alunos. Esses ignorantes têm pouco ou nada a ensinar para minha irmãzinha.

Manuela teve de suportar uma nova discriminação em outro colégio de Buenos Aires, porque o apresentador Chiche Gelblung não se importou em violar a lei e publicar uma foto dela. Depois disso, muitos pais de família reclamaram, e alguns alunos fizeram todo tipo de piadas e maus-tratos com ela, e até mesmo algumas pichações contra ela.

O juiz Cavallo, por sua vez, continuava obcecado por manter minha mãe na prisão. Aquela detenção cheia de arbitrariedades foi, na verdade, um sequestro que se prolongou por um ano e oito meses. Ele chegou a argumentar um dia que apenas o fato de ser colombiana a tornava ainda mais culpada.

Em determinada ocasião durante seu encarceramento, minha mãe quase perdeu a vida. Começou a se queixar de uma forte dor em um dos molares, e os advogados solicitaram uma autorização para levá-la ao dentista, mas o juiz negou. Eles insistiram, pois a infecção estava piorando, e o juiz negou outra vez. Reiteraram a petição, e Cavallo cometeu um incrível ato de arbitrariedade: enviou um alicate para que ela mesma extraísse o molar.

O inchaço não passava, e já era sexta-feira. Fazia mais de uma semana que ela estava com a infecção, até que o aviso de que se tratava de uma emergência obrigou Cavallo a emitir a autorização. O diagnóstico: minha mãe estava a duas ou três horas de sofrer um choque séptico, ou seja, a infecção se alastraria pelo corpo inteiro.

Passado o susto, decidi encontrar os professores e alunos do Instituto ORT. Queria lhes dar minha versão dos fatos, então pedi a todos os docentes uma reunião informal durante um dos intervalos. Mal comecei e um deles interrompeu:

– Pode parar, Sebastián. Você não deve nenhuma explicação para a gente. Faz quatro anos que o conhecemos, você vem às aulas todos os dias e é um dos melhores. Além disso, era empregado e vizinho de Alan, outro de nossos docentes, e a não ser que seja possível lavar dinheiro nos bancos às três da manhã, que era quando você tinha algum tempo livre, você não precisa nos dar explicações. Mas já falamos sobre isso com as autoridades da ORT, e ninguém tem opinião diferente a julgar pelo que conhecemos de você. Se quiser, pode nos falar de outra coisa, mas não precisamos que explique nada porque a gente entendeu a armação que fizeram contra vocês.

O inverno de 2000 estava chegando ao fim, e na cidade viam-se cartazes da Universidad de Palermo convidando os jovens para estudar. Eu tinha uma paixão pela arquitetura, porque haviam me contratado outra vez no estúdio onde eu trabalhava, com liberdade para trabalhar de casa para não perder o foco na defesa de minha mãe.

Comentei com ela que queria estudar arquitetura porque a mensalidade não era muito alta, e podia escolher umas poucas matérias para continuar me dedicando à sua defesa. Foi o que fiz, e me saí bem no começo, porque me liberaram de muitos créditos graças aos meus conhecimentos de desenho industrial, mas entre o trabalho e a universidade quase não me sobrava tempo para a defesa de minha mãe. Então, decidi largar a universidade; estava saindo para oficializar minha desistência quando o advogado Solomonoff me ligou para dar a melhor notícia possível: minha mãe sairia da prisão.

Finalmente, o juiz ficara sem desculpas para mantê-la detida. A última foi uma acusação sem provas pelo crime de associação ilícita. O argumento: minha mãe era chefe de uma organização criminosa internacional porque havia contratado dois advogados colombianos, Francisco Fernández e Francisco Salazar, para cuidar de seus assuntos judiciais na Colômbia.

Essa nova manobra de Cavallo começou a cair por terra pouco a pouco, mas quando nossos advogados apresentaram uma apelação, a deputada federal Riva Aramayo, amiga de Cavallo, não respondeu às questões centrais e saiu pela tangente.

Era um dia crucial para o processo. Saberíamos se minha mãe teria a oportunidade de ser julgada na prisão ou em liberdade. Estávamos esperando a decisão quando o juiz Cavallo saiu escancarando a porta com a cara vermelha de raiva.

O motivo do desgosto do juiz foi a conclusão do Ministério Público de que não havia provas contra minha mãe, exceto nosso parentesco com Pablo Escobar.

Um de nossos advogados saiu atrás do juiz e nos deu a boa notícia de que haviam fixado uma fiança para que minha mãe saísse da prisão. Não tínhamos dinheiro, mas eu estava disposto a conseguir emprestado. No entanto, o advogado Solomonoff disse que conseguiria dinheiro emprestado para a fiança para tirar minha mãe da cadeia naquele mesmo dia, porque Cavallo poderia inventar uma nova acusação para mantê-la ali.

— Doutor, agradeço de coração por você resolver esse assunto vital para nós e para minha mãe. Mas quero deixar uma coisa clara: não só não tenho o dinheiro como não sei quando nem como vou conseguir pagá-lo. Você sabe melhor que ninguém que Zacarías nos deixou sem um peso no bolso.

— Que nada, Sebastián, não se preocupe. Esqueça isso. Sua mãe vai sair hoje. Cavallo tem que dar a liberdade a ela de qualquer forma. Ela já foi notificada e precisa sair.

Nas duas horas seguintes, haveria um forte conflito entre Cavallo e nossos advogados devido ao mecanismo de pagamento da fiança.

Até que, finalmente, Cecilia Amil, a secretária do juiz, foi ao Banco de la República Argentina contar o dinheiro de garantia.

Passadas as dez horas da noite e depois que o juiz Cavallo assinou contrariado a ordem de soltura, fomos tirar minha mãe da prisão.

Ela quis voltar à normalidade, mas ficou imersa num silêncio profundo durante vários meses. Tinha dificuldades para se reintegrar à vida e recuperar sua capacidade de curtir o mundo, até que conseguiu retornar à sua rotina e continuou estudando em várias instituições de renome.

Já com a tranquilidade de saber que estávamos em casa, o processo judicial chegaria à última instância: à Suprema Corte da Justiça. Lá, ordenou-se a realização de diversas perícias contábeis que determinaram que as supostas manobras de lavagem de dinheiro de que nos acusavam jamais haviam existido.

O encerramento das investigações chegou após sete longos anos de incertezas. Fomos absolvidos de todas as acusações pelo Tribunal Oral Federal Número 5.

As manchetes da imprensa foram muito discretas, ao contrário do enorme alcance que teve a notícia de nossa prisão.

Quase ao mesmo tempo que esse pesadelo chegou ao fim, me formei como arquiteto na Universidade de Palermo. Aos poucos, comecei a trabalhar com a profissão e abri meu primeiro escritório: Box[10] Arquitetura Latinoamericana.

Como profissional, participei da equipe de arquitetos – com os escritórios AFRA, LGR e Fernández Prieto – que ganhou o concurso para projetar o mausoléu de Juan Domino e Eva Perón. Também projetei um edifício de catorze andares e ganhei outros concursos dentro da área de Puerto Madero, junto com o então presidente da Sociedade Central de Arquitetos, Daniel Silberfaden, e de seu reconhecido colega, Roberto Busnelli.

---

10. Busca Original de Expressão.

Em dezembro de 2002, honrei minha palavra e me casei com Andrea. Tivemos a ideia de fazer o casamento a céu aberto num hotel, mas surgiu o problema de que a Igreja católica argentina proibia esse tipo de cerimônia. Como sempre, minha mãe interveio e conseguiu o impossível: o bispo de Buenos Aires, Jorge Mario Bergoglio, autorizou o matrimônio. Contra todas as possibilidades, minha mãe conseguiu falar com o agora papa Francisco.

Enquanto isso, projetei e construí duas grandes casas na Colômbia para clientes particulares. A primeira, um sítio para fins de lazer, foi um grande desafio, pois precisei fazer o trabalho à distância, tendo apenas as plantas do terreno, fotos e alguns vídeos. A segunda, em Medellín, ficou conhecida pela pureza de suas formas e pelo conforto e pela calidez de seu projeto.

Não tem sido fácil encontrar trabalhos desse tipo, pois poucos se atrevem a contratar os serviços profissionais de alguém que carrega o estigma de ser o filho de Pablo Escobar.

Em meio às minhas ocupações como arquiteto, recebi em 2005 uma ligação do diretor de cinema argentino Nicolás Entel, que me propôs (como muitos outros) a ideia de realizar um documentário sobre meu pai. Eu disse que estava sempre disposto, contanto que não fizéssemos mais do mesmo.

Elaboramos juntos a ideia geral da história, cuja filmagem durou quatro anos. Durante o processo, escrevi uma carta aos filhos de Luis Carlos Galán e Rodrigo Lara Bonilla pedindo perdão pelo mal que meu pai lhes havia causado. Dessa maneira, teve início um processo de perdão e reconciliação entre nós.

A experiência gratificante vivida durante a produção do documentário foi interrompida nos primeiros meses de 2009, quando apresentei uma denúncia penal contra um personagem nefasto que se fazia passar por mim nos Estados Unidos. Esse novo impasse foi uma invenção de meu tio Roberto, em represália às minhas reiteradas negativas de participar de um projeto com supostas empresas norte-americanas interessadas em levar a história de meu pai ao cinema.

A ideia "genial" de meu tio foi clonar o sobrinho por meio de José Pablo Rodríguez, um homem obeso, com uns trinta anos de idade e 140 quilos, de origem costa-riquenha mas nascido nos Estados Unidos, que morava em Nova Jersey.

Por instruções de Roberto, o clone fez diversas armações para arranjar meu endereço profissional de arquiteto em Buenos Aires e me mandou uma mensagem em que, sem qualquer escrúpulo, alegou que usava o nome de Pablo Escobar Jr. desde 2001 e, graças ao roubo de minha identidade, grandes empresas dos Estados Unidos, como a Nike e a Redbull, o haviam procurado com propostas de negócios milionárias. Ele também disse que rappers como NAS e 50 Cent contribuíram para torná-lo famoso. Concluía dizendo que, se eu o ajudasse a manter a farsa, ambos ficaríamos milionários.

Indignado, pedi ao meu advogado na Argentina que o denunciasse criminalmente e estendesse a batalha judicial à Colômbia. No documento, relatamos o que havia acontecido desde o começo com aquele personagem. Em um dos itens de minha acusação, observei:

> Não tenho dúvidas de que, além de José Pablo Rodríguez, também está por trás dessas ameaças meu tio Roberto de Jesús Escobar Gaviria, visto que ele já tentou me prejudicar no passado, não sei por que razão, buscando a conivência de todos os colaboradores próximos de meu pai e pedindo que depusessem contra mim e inventassem um processo penal na Colômbia para tirar minha liberdade.

O farsante ficou furioso, pois em 10 de março de 2009 respondi sua proposta com uma mensagem intitulada "Carta para um Clone", em que sugeri que buscasse seu próprio caminho, como eu mesmo já estava fazendo, e convidei-o a refletir sobre a situação, fazendo-o perceber que não havia por que se apropriar de uma história que não era sua.

Pensei que ele aceitaria meus argumentos, mas sua reação foi violenta, com ameaças e grosserias:

> Só direi uma vez. Tentei me aproximar com gentileza, mas você não quis me dar bola. Se você deseja que seus futuros filhos, ou que seus familiares ainda vivos possam chegar à velhice em vez de ir encontrar com seu papai antes da hora, seria melhor que não se metesse no meu caminho. Acredite, podemos acelerar o processo de seu reencontro com seu pai. Muita gente pagaria um bom dinheiro para saber onde você e sua família moram. Você nunca mais vai poder dormir uma noite tranquila.

Apesar de nosso enfrentamento, observamos surpresos que o clone não se deteve e, pelo contrário, foi entrevistado em meios de comunicação na Colômbia, América Central e Estados Unidos, onde inclusive foi apresentado pela famosa Cristina Saralegui em seu programa *El show de Cristina*. Além disso, meu tio Roberto permitiu que disponibilizasse vídeos no YouTube em que os dois apareciam como se fossem familiares, e meu tio o chamava de "sobrinho Pablo".

Fui inteirado da entrevista com Cristina uma semana antes de ir ao ar, e após reclamar consegui um direito de réplica. Imagino a surpresa de meu tio, que certamente havia convidado muita gente para ver o show televisivo que havia montado. No programa, expus o clone, mostrei as denúncias e deixei claro que se tratava apenas de um farsante.

Superado esse incidente incômodo, *Pecados de mi padre* (Pecados de meu pai) finalmente estreou no Festival de Cinema de Mar del Plata, em novembro de 2009. Depois disso, foi apresentado nos festivais mais importantes do mundo, como Sundance, Estados Unidos, Miami, Holanda, Japão, Havana, Equador, França, Polônia, Alemanha, México, entre outros.

As Nações Unidas também fizeram uma sessão em setembro de 2010 para celebrar o Dia Internacional da Paz. Literalmente, esse documentário reabriu as portas do mundo para mim ao arrebatar sete prêmios e reconhecimentos importantes.

Os países onde foi exibido me concederam vistos de entrada, incluindo os Estados Unidos, que o outorgou por cinco anos. No entanto, três dias depois, recebi um telefonema da embaixada anunciando que haviam encontrado um erro no visto. O erro era eu ser filho de Pablo Escobar, e por isso ele foi cancelado.

Fizeram isso apesar de John Cohen, chefe da DEA na Argentina, ter dito diante de mim, de uma cônsul norte-americana e de um representante do Departamento de Estado que "a DEA investigou Sebastián durante anos e ele não tem nenhuma relação com as atividades de seu pai, nem com as drogas, e portanto a DEA não se opõe a sua entrada nos Estados Unidos, visto que não representa nenhum risco ao país". Faz vinte e dois anos que, por causa dos atos de meu pai, e não dos meus, minha entrada é proibida naquele país.

Também fundei a "Escobar Henao", uma microempresa de moda que vende roupas exclusivas inspiradas em documentos inéditos de meu pai, com mensagens inequívocas de paz e reflexão nas estampas, convidando a não repetir aquela história. Mas a discriminação não demorou a aparecer, e alguns fabricantes se negaram a trabalhar conosco. Um banco chegou a fechar nossas contas.

Muitos se apressaram para criticar a ideia e, entre eles, lamentavelmente, estava o senador Juan Manuel Galán, que considerou meu direito a trabalhar "um insulto, uma agressão". Ele acrescentou: "Não sou contrário à realização de romances e à escrita de livros", mas a respeito de minha empresa insistiu que "não estão enviando nenhuma mensagem além do culto à personalidade de um criminoso e assassino".

Em geral, muitas pessoas acham que vivemos da grande herança de meu pai. Mas sobrevivemos graças à ajuda de minha família materna, à habilidade de minha mãe para negócios relacionados ao mundo das artes e ao mercado imobiliário, e aos nossos salários. Ninguém melhor do que nós para saber que o dinheiro ilícito só traz tragédias, e não queremos que elas se repitam em nossas vidas.

Minha mãe e minha família temos o direito a uma vida em paz. Caminhamos nessa direção, e continuaremos assim. Aprendemos a viver e a trabalhar com dignidade, sempre atrelados à lei e colhendo os frutos de nossa educação e de nossos esforços cotidianos. Pedi perdão por atos perpetrados até mesmo antes de eu nascer, e continuarei pedindo pelo resto da vida. Mas minha família e eu merecemos a oportunidade de viver sem sermos vítimas de revanchismo social.

A história de meu pai nos deixou sem amigos, sem irmãos, sem tios, sem primos, sem a metade da família e sem pátria. Em troca, nos deixou o exílio e uma grande carga de medo e perseguição.

Durante anos eu negava a possibilidade de ser pai porque me parecia ilógico e egoísta ter um filho a quem deixar de herança o peso de uma história que teria que levar pelo resto da vida. Hoje, penso diferente. Quero ter a oportunidade de ensinar a meus filhos o valor do trabalho honesto, do esforço próprio, do estudo e do respeito à vida e às leis. Quero criar meus filhos como pessoas de bem. O melhor traço que posso deixar neles ao terminar meus dias será fazer com sejam capazes de caminhar sempre numa direção que os conduza à paz.

⋏Encontrar-me com os filhos de Luis Carlos Galán e Rodrigo Lara foi um momento histórico. Pedi perdão pelo dano que meu pai lhes causou, e eles também me consideraram uma vítima da violência na Colômbia.

Para celebrar o dia internacional da paz em 2010, a ONU exibiu o documentário *Pecados de mi padre.*⋎

⋏Escobar Henao é o nome de uma microempresa que fundei para vender trajes inspirados em documentos inéditos do meu pai, com mensagens inequívocas de paz.

A exibição de *Pecados de mi padre* me levou a visitar uma dúzia de países. O documentário recebeu sete prêmios.⋎

⋏Ficar na cadeia com minha mãe foi doloroso. Mas, em alguns momentos, como em um de seus aniversários, reunimos forças para comemorar.

AGRADECIMENTO

A meu pai, que me ensinou o caminho a não ser seguido.

Este livro foi composto em Adobe Garamond Pro e impresso pela Intergraf
para a Editora Planeta do Brasil em março de 2016.